인격 성숙의 새로운 지평
–율곡의 인간론

인격 성숙의
새로운 지평
-율곡의 인간론

김경호

이 책은 정부의 재원으로 한국학술진흥재단의 '2006년도 출판지원사업'에 의해 출판되었습니다.(KRF-2006-814-A00037)

함께했던 인연들께 이 책을 바칩니다

| 책머리에

'인간이란 어떤 존재이며
　　어떻게 살아야 하는가?'

　이 책은 현실적인 삶의 지평에서 드러나는 부조리와 시대의 모순을 해결하기 위해 분주했던 율곡 이이의 철학사상을 수양공부를 포함한 심성론을 중심으로 구명하려는 데 목적이 있다. 필자가 이이의 심성론에 주목하는 이유는 그의 논의가 리기理氣·심성心性에 관한 형이상학적 이론 탐구에 머물지 않고, 도덕과 윤리실천을 통한 자기혁신과 사회개혁을 추구하는 실천철학의 면모를 보여주고 있기 때문이다. 이이는 심성론과 수양공부론을 포함한 자기 철학의 근본명제를 어떠한 문제의식을 바탕으로 구획하고, 개인과 개인, 개인과 사회 등 '관계의 중첩'에서 비롯한 다양한 갈등 양상을 어떤 방식으로 해결하려 했는가를 밝히는 것이 이 책이 의도하는 바이다.
　성리학에서 다루고 있는 심성心性의 문제는 '인간이란 어떤 존재이며 어떻게 살아야 하는가?'라고 하는 인간존립의 근본적 물음에 대한 성찰이자, 도덕의 근원 및 윤리적 행위실천의 근거를 탐구하는 것이다. 우주와 만물의 기원 그리고 인간에 대한 존재론적 해명을 시도하는 리기론도 따지고 보면 인간의 심리 현상을 포함한 심성心性의 문제를 보다 근원적이고 정합적으로 설명하기 위한 것이다. 이렇게 본다면 '마음心의 문제'를 근간으로 하여 도덕·윤리 실천에 관한 이론을 다루고 있는 심성론 체계는 리기理氣·심성心性에 대한 형이상학적 논거와 유기적인 연관을 맺으면서 성립함을 알 수 있다. 심성론은 마음心과 본성性에 대한 이론적 성찰과 아울러 윤리·도덕에 대한 실천적 행위의 문제를 포함하는 논의이기 때문에, 세계와 인간에 대한 철학적 탐색은 이를 해명하기 위한 전제라고 해도 과언이 아니다.

이런 점에서 성리학자들은 자신의 리기론을 기반으로 마음心과 본성性의 다양한 문제를 해명하고 있다. 나아가 현실 생활을 영위하는 존재자의 삶의 태도와 가치를 실현하기 위한 실천적 행위인 수양의 문제를 철학적 주제로 다룬다. 그러므로 성리학자들에게서 발견되는 심원한 사색과 다채로운 논변은 '하늘로부터 부여받은 덕성을 조금도 훼손하지 않으면서 어떻게 온전히 드러내어 완전한 인격을 성취할 수 있는가?'라고 하는 근본적인 '물음'에 귀결된다. 이 '물음'은 세계와 소통할 수 있는 '자기 진정성 확립'을 위한 실천론의 모색 과정이자 '주체로서의 자기완성의 길'이라고 할 수 있다.

필자는 이이의 철학사상을 기본적으로 그 자신의 학문적 성취와 철학적 지향에 근거하여 이해하지만, 아울러 16세기 조선사회의 내부적인 학술 역량의 강화와 동시대 중국의 학술사조에 따른 영향 등의 유기적 관계성 또한 고려한다. 이러한 관점에서 필자는 이이 철학사상을 앞서 살았던 서경덕이나 이황의 철학사상과 무관한 것으로 보지 않는다. 오히려 서경덕과 이황에 대한 '계발적繼發的 연장선延長線'에 있다고 이해한다. 필자는 이이 철학사상을 서경덕과 이황을 포함한 16세기 전·중기 조선성리학에 대한 '재해석'을 통해 성립되었다고 파악하는 것이다. 필자가 특히 '서경덕과 이황에 대한 재해석'이라고 규정한 이유는 이이의 학문 체계가 '기氣를 중심에 두고 정靜을 중시'하는 서경덕과 '기氣보다는 상대적으로 리理를 중심에 두고 경敬을 강조'하는 이황을 주체적으로 수용하고 비판하는 과정에서 형성되었다고 보기 때문이다.

그러나 이이의 철학사상은 단지 리기理氣·심성心性 측면의 사변철학에 머물지만은 않는다. 이이는 리기理氣·심성心性에 대한 이론을 근거로 하여 심성수양心性修養의 도덕적 행위 영역과 정치적 실천의 영역까지 다루고 있다. 사변을 통한 논리의 정립과 수양을 통한 도덕심성道德心性의 배양을 바탕으로 현실·사회의 문제를 진단한다. 그리고 이 진단에 따른 실질적인 대안을 제시함으로써 '변화와 혁신'을 추구한다. 곧 도덕심성의 확충과 더불어 현실의 모순과 부조리를 일신하려는 개혁을 추구한다는 점에서 이이의 철학사상은 '사변철학으로부터 윤리학으로, 사회철학적인 실천철학'의 영역으로 확장된다. 이러한 이이 철학사상의 면모는 서경덕이나 이황이 사회적 변혁에 대한 관심에도 불구하고 상대적으로 자기완성의 내향적인 심성수양心性修養에 치중하는 것과는 다른 일면이다.

필자가 주목하는 것도 바로 이 점이다. 이이는 어떠한 이유로 서경덕의 기氣를 중심으로 하는 학문경향을 수용하면서도 그를 비판하고, 또 이황의 리理와 경敬을 중심으로 하는 철학적 사색에 대하여 일정 부분 동의하면서도 그와 다른 문제의식을 가지게 되었는가 하는 점이다. 연령의 차이는 있지만 서경덕·이황·이이는 16세기 조선이라는 시공간에서 역사적 현실을 살았기 때문에 이들의 차이점은 더욱 흥미를 끌 수밖에 없다. 이들의 철학적 관심과 지향을 결정지은 요인은 과연 무엇이었을까?

이를 해명하기 위하여 필자는 서경덕과 이황을 가상의 토론장으로 불러들이고, 이들의 리기론과 심성론 및 수양공부론에 대한 이이의 비평을 기술함으로써 삼자간의 철학적 입장을 재구성하고자 한다. 이것은 단순히 이이의 철학적 면모를 종합적으로 재구성한다는 것에 그치지 않고 심성수양心性修養을 통해 '이상적 인격완성을 지향'하는 조선성리학의 특징적인 면모를 가시화하는 연구의 일환이기도 하다.

필자가 이와 같은 방법론을 채용한 것은 지금까지 주로 차별적 대립구도로 이해되었던 서경덕·이황·이이의 철학사상을 '다름 속에서 같음'을 찾고 '같음 속에서 다름'을 발견하는 '통섭統攝과 분별分別'의 원리성을 '계승繼承과 회통會通'의 측면에서 재검토하기 위해서이다. 이는 곧 서경덕과 이황의 철학사상을 종합·지양하는 '계발적繼發的 연장선延長線'에서 이이의 철학사상을 조명하는 시도이다. 이러한 점은 이 책의 구체적인 논의를 통해서 확인될 것이다.

이 책은 원래 2002년도 필자의 박사학위 청구 논문으로 제출되었던 것이다. 출간을 미루고 있던 중 '한국학술진흥재단'의 지원을 받게 되었고, 그 과정에서 내용의 일부를 수정·보완하여 출판하게 되었다. 박사학위 논문 제목은 '율곡 이이의 심성론에 관한 연구'였다. 이것이 출판하는 과정에서 '인격 성숙의 새로운 지평-율곡의 인간론'이란 이름으로 변경된 것이다. 이렇게 제목이 바뀐 이유는 이이의 심성론이 리기理氣·심성心性의 문제와 실천적인 수양의 문제를 포괄하는 성리학의 핵심을 다루면서 '성인聖人'과 같은 '완전한 인격 성취'를 위한 '새로운 패러다임'을 제시하고 있다는 점을 보다 분명히 하기 위해서이다. 그리고 '새로운 지평地平'이라는 표현을 쓰고 있는데, 필자는 심성론을 포함한 이이의 철학사상이 기존의 학술사상에 대한 비판적 재해석을 통해서 새로운 '열림의 가능성에 대한 모색'이자 '기성 체계에 대한 도전'의 성격을 띠고 있다고 판단하기 때문이다. 한 시대를 신산하게 살았던 이이의 '참다운 인간', '참다운 가치'를 위한 '도전'은 '부정을 위한 저항', '저항을 위한 부정'이 아니라 '도식적인 틀과 인습적인 가치체계에 대한 저항'의 성격을 띠고 있다. 이것은 '닫힌 사고'에 대한 '열림의 시도'이다. 곧 인간적 가치 실현을 위한 '변화와 혁신의 꿈'이며 '새로움에 대한 열망'이다. 이이의 철학사상이 오늘의 시점에서 재음미될 수 있는 것도 바로 이러한 점에 기인한다고 필자는 판단한다.

이 책의 출간을 빌어서 그동안 필자에게 많은 도움을 주었던 고맙고 때론 아쉬웠던 인연들께 감사의 마음을 전하고 싶다. 항상 노심초사하면서도 말없이 믿고 바라보는 부모님과 가족들, 힘겨운 시간을 함께했던 도경순, 뒤늦게 학문하는 태현에게 먼저 고마움을 전한다. 학문하는 것이 곧 '자중자애自重自愛'임을 준엄하게 가르쳐주신 윤사순 선생님과 사람다움을 일깨워주신 김충렬·김하우

선생님을 비롯한 고려대 철학과 선생님들, 원고를 꼼꼼히 읽고 조언을 아끼지 않았던 장숙필·이승환·유권종·김낙진·김용헌·안영상 선생님과 한국철학 동학께도 깊은 감사의 말씀을 전한다. 그리고 나로부터 비롯한 어리석음에 힘겨워하는 사람들, 이제는 아픈 기억을 딛고 새로움을 준비하는 사람들, 어려운 시절 홍제암을 떠돌던 바람과 오대산의 달빛, 깨달음을 찾아가는 모든 인연께도 감사와 고마움을 전한다. 이제 시작임을….

2008년 1월, 지리산 자락에서
김경호 쓰다

| 차례 |

●인격 성숙의 새로운 지평-율곡의 인간론

○책머리에 8

제1장‖ 서론 17

제2장‖ 이이 심성론의 리기론적 기초 33

    1. 리기에 대한 기본 관점 …………………………………… 35
    2. 서경덕 리기론에 대한 비판적 수용 …………………… 41
        (1) 서경덕 리기론의 특징 ……………………………… 41
            ①선천과 태극 ……………………………………… 42
            ②후천과 리 ………………………………………… 54
        (2) 이이의 수용과 비판 ………………………………… 62
            ①서경덕 리기론의 수용 측면 …………………… 62
            ②서경덕 리기론에 대한 비판 …………………… 70
    3. 이황 리기론에 대한 비판적 수용 ……………………… 78
        (1) 이황 리기론의 체계 ………………………………… 78

①'허'에 대한 이황의 해석 ………………………………… 79
②이황의 서경덕 리기론 비판 ……………………………… 82
　(2)이이의 수용과 비판 ………………………………………… 88
4. 이이 리기론의 정립 ………………………………………… 97
　(1)리기지묘와 기발리승 …………………………………… 97
　(2)리일분수와 리통기국 …………………………………… 109

제3장 ‖ 이이 심성론의 이론적 특색　131

1. 심통성정과 심에 대한 관점 ……………………………… 135
2. 이이 심성론의 정립 ………………………………………… 155
　(1)본연대기질지성과 기질포본연지성 …………………… 155
　(2)사단대칠정과 칠정포사단 ……………………………… 162
　(3)인심대도심과 인심청명어도심 ………………………… 179
3. 심성론의 도설적 해석 ……………………………………… 197
　(1)이황의 심통성정도 ……………………………………… 197
　　①정복심의 심통성정도 ………………………………… 197
　　②이황의 심통성정도 …………………………………… 202
　(2)이이의 심성정도 ………………………………………… 213
　(3)이이의 인심도심도 ……………………………………… 221

제4장 ‖ 이이 심성론의 실천적 성격　229

1. 이이의 성경수양공부론 …………………………………… 231
　(1)서경덕과 이황의 경 중심의 주정주의 ………………… 232

(2)이이 성경수양공부론의 형성 ·················· 247
　　　　　①수양공부의 가능근거 ···················· 248
　　　　　②성경수양공부론의 확립 ···················· 254
　　2. 성경에 근거한 수기론 ························ 278
　　　(1)거경·궁리·역행 ························ 280
　　　(2)입지와 실심지성 ························ 290
　　　(3)복기성과 교기질 ························ 297
　　3. 성경에 근거한 치인론 ························ 306
　　　(1)현실대응으로서 시무와 경장 ·················· 308
　　　(2)시대의 급무로서 개혁론 ···················· 314
　　　　　①공론과 책임정치 ························ 314
　　　　　②옛 법제의 개혁 ························ 320
　　　　　③공납과 군역제도의 개혁 ···················· 323

제5장 ‖ 결론　331

　　1. 이이 심성론의 특징과 의의 ···················· 333
　　2. 남는 문제 ···························· 347

○참고문헌　351

서론

서론

'변화'를 화두로 하여 후기산업사회·정보화사회로 이행하고 있는 오늘의 현실에서 전통철학에 대한 관심은 점점 높아 가고 있다. 이는 단지 물질문명의 폐해를 극복하기 위한 대안으로서 전통적 삶의 방식과 사고에 대한 복고적 요청에 의한 것만은 아니다. 전통철학에는 현재라는 시간 속에 매몰된 우리 삶의 모습을 반성적으로 고찰하고 나아가 미래에 대한 전망을 가능하게 해주는 선인들의 지혜가 담겨 있기 때문이다. 따라서 전통철학을 심도 있게 연구하기 위해 연구자들 간에 새로운 연구모델을 설정하고, 또 다양한 방법론을 적용하고 있는 것도 사실이다. 그러나 무엇보다도 중요한 것은 전통 철학자들이 사용한 철학적 방법론에 대한 명확한 이해이다.

이와 같은 측면에서 전통철학, 특히 조선시대 유학자인 이이(李珥, 栗谷: 1536~1584)가 구체화시킨 학문체계에 대한 관심은 서경덕

(徐敬德, 花潭: 1489~1546)·이황(李滉, 退溪: 1501~1570) 등의 학문체계에 대한 관심과 더불어 다양한 측면에서 연구가 진행되고 있다.

이들에 대한 연구는 주로 개별 인물의 특징적인 철학사상을 드러내는 데 중점을 두거나, 서경덕과 이이 혹은 이황과 이이 철학사상을 비교·고찰하여 서로간의 차별적 성격을 부각하는 데 중점을 두고 있다. 그러나 이 책에서는 심성론을 중심으로 한 이이의 철학적 성격을 해명하기 위하여 서경덕과 이황 그리고 이이의 철학적 관점과 이론을 상호 연관하여 연구하고자 한다.

기존의 이이 철학사상에 대한 연구 동향을 보면, 주로 리理와 기氣를 중심으로 존재의 근거에 대해 논의한 리기론이나 사회개혁의 문제를 다루고 있는 경세론에 집중되어 있다. 리기론과 경세론 중심의 연구 경향은 부분적으로 '기氣를 중심으로 하여 현실 개혁'을 추구하는 이이 철학사상의 특징적 일면을 잘 보여주고 있다. 그러나 인간의 내밀한 심리상태와 선악의 근거를 다루면서 일상적 삶의 태도와 직결된 도덕심성道德心性의 배양을 위한 수양공부에 대한 연구는 상대적으로 소략하고 미진하다. 이러한 연구의 불균형은 이이라는 인물이 지향하는 전체적인 철학적 면모라든지, 이이를 중심으로 하는 율곡학파의 철학적 특색을 온전히 드러내기에는 한계를 노정하고 있다는 점 또한 사실이다.

근자에 들어 이와 같은 문제의식에 입각해 이이의 철학사상 가운데 '마음心의 문제'를 중심으로 한 심성론과 수양공부론에 대한 연구가 부분적으로 진행되고 있다. 이것은 이이 철학사상의 엄밀한 이론적 특징뿐만 아니라 윤리도덕의 문제와 관련한 실천적인 면모를 재조명한다는 점에서 매우 고무적인 일이다.

송석구의 「율곡의 철학사상연구-성의정심을 중심으로」[1]는 이이의 철학사상을 성의誠意와 정심正心의 두 측면에서 분석하고 있다. 특히 이 논문은 이이의 실천철학적인 면모를 처음으로 드러냈다는 점에서 의의가 있다.

노영찬(Ro Young-chan)의 「The Korean Neo-Confucianism of Yi Yulgok」[2]는 영어권에서 이이의 철학사상을 해명하고 있다는 점에서 주목된다. 이 논문은 이이철학의 특징을 성誠에서 찾고, 이를 『중용中庸』과 『대학大學』의 용례를 통해 분석하여 이이 철학사상의 실용성을 강조하고 있다.

장숙필의 「율곡 이이의 성학 연구」[3]는 「성학집요聖學輯要」를 중심으로 이이의 철학사상을 '성학聖學'의 관점에서 조명하고 있다. 이 논문에서 주목되는 점은 이전 시기에 소략히 다루어져 왔던 수양의 측면을 부각하여 리기론·심성론과 연결시키고, 이를 성학聖學의 완성이란 측면에서 고찰한 점이다.

리기용의 「율곡 이이의 인심도심론 연구」[4]는 이이의 철학사상을 '인심人心과 도심道心'이라고 하는 '마음心의 문제'를 중심으로 다루고 있다는 점에서 주목된다. 이 논문은 특히 인심人心과 도심道心을 리기理氣로 분속分屬하여 해석하는 과정에서 야기된 이이와 성혼(成渾, 牛溪:1535~1598)의 논변을 통해 인심도심人心道心뿐만 아니

---

1) 宋錫球, 「栗谷의 哲學思想硏究-誠意正心을 中心으로」(동국대학교 박사학위 논문, 1981)
2) Ro Young-chan, 「The Korean Neo-Confucianism of Yi Yulgok」(State University of New York, 1989)
3) 張淑必, 「栗谷 李珥의 聖學 硏究」(고려대학교 박사학위 논문, 1992.2)
4) 李基鏞, 「栗谷 李珥의 人心道心論 硏究」(연세대학교 박사학위 논문, 1995.8)

라 사단칠정四端七情의 문제까지 아울러 해명하려 한 점에서 일정한 성과를 거두고 있다.

그리고 근자에 학위 논문으로 제출된 정원재의 「지각설에 입각한 이이철학의 해석」5)은 이이의 철학사상 전반을 '지각설知覺說'이란 개념틀을 통해 분석하고 있다. 이 논문에서 정원재는 이이가 주희(朱熹, 晦庵: 1130~1200)의 철학을 거부하고 '지각론知覺論'의 맥락을 잇고 있는 호상학湖湘學에 근거한다고 '주장'하는데, 이 점은 논란의 여지를 남기고 있다.6)

개별 논문 가운데 윤사순의 「율곡사상의 실학적 성격」7)은 심성수양心性修養의 문제를 경세經世의 문제와 결부하여 거론하고 있다는 점에서 주목된다. 이 논문에서는 이이의 '무실務實' 개념을 특징적으로 부각하여 그의 경세사상經世思想을 밝히면서, 이를 '무실적務實的 수기론修己論'의 측면에서 아울러 고찰하고 있다.

황의동의 「율곡의 수기론」8)은 기존의 연구가 리기론에 치우친 점을 비판하면서, '인간되어짐'으로서 수기修己의 문제를 거론하고 있다. 이 논문은 이이의 저술 가운데 「성학집요聖學輯要」·「격몽요결擊蒙要訣」·「만언봉사萬言封事」·「동호문답東湖問答」·「어록語錄」 등

---

5) 丁垣在, 「知覺說에 입각한 李珥哲學의 해석」(서울대학교박사학위 논문, 2001.2)
6) 이이 철학사상의 특징적 면모를 보여주는 理通氣局, 心統性情, 心是氣 등과 같은 주요 명제와 수양공부론 그리고 이이 철학사상의 성격규정에 대하여 필자는 정원재와 견해를 달리한다. 이 문제들은 제2장·제3장 그리고 특히 제4장에서 구체적으로 언급될 것이다. ** 필자는 정원재가 학위 논문(2001)에서 제기하고 있는 주장에 대해서 2002년 학위 논문을 제출하면서 한계와 오류를 비판적으로 검토한 바 있다. 이후 정원재의 주장에 대한 반론이 「오늘의 동양사상」(제7·8·9호, 2002·2003)에 소개되어 이이 철학사상의 연원과 성격 규정에 관한 논쟁이 벌어지기도 하였다.
7) 尹絲淳, 「栗谷思想의 實學的 性格」, 『韓國儒學論究』(玄岩社, 1980)
8) 黃義東, 「栗谷의 修己論」, 『儒敎思想研究』9(韓國儒敎學會, 1997)

을 중심으로 수양의 이론을 도출하고 있다.

이상의 연구 성과물에서 보듯이 이이의 철학사상에서 수양의 문제를 포함한 심성론을 다루는 분야는 아직도 미진한 상태이다. 이는 마음心과 본성性의 문제가 도덕심성의 함양과 윤리적 실천 행위까지 포괄하는 수양공부의 측면과도 결부되기 때문에 단순히 이론 분석의 방법론을 통해서 해결할 수 없기에 더욱 그러하다. 그러므로 심성心性의 문제를 본격적으로 거론하기 위해서는 이이 철학사상에 대한 개별적 분석의 방법도 중요하지만, 독립적으로 보이는 이론체계를 하나의 일관된 틀에서 유기적으로 연결하여 전체적으로 재구성해보는 종합적 고찰이 더욱 절실히 요청된다.

이 책은 다음과 같은 내용으로 구성되었다.

제2장에서는 심성수양론心性修養論의 근간을 이루고 있는 이이 심성론의 리기론적 기초를 다룬다. 이는 우주의 생성과 존재에 대한 성리학적 입론인 리기론을 분석하는 것이다. 여기서 이이의 리기론 형성과정을 시간적 계기를 중심으로 살펴보는 방법은 이론 형성의 순차적 입장을 확인할 수 있지만, 구체적 논점과 그에 대한 대응방식을 파악하기에는 적지 않은 제약이 따르게 된다. 이런 점에서 본 연구는 이이 리기론의 형성과정을 시간적 선후를 고려하면서도 논점 중심으로 재구성한다.

이이의 철학사상에서 존재에 대한 근본적 이해라고 할 수 있는 리기론은 서경덕의 기氣를 중시하는 측면과 이황의 리理를 중시하는 측면에 대한 수용과 비판의 방법론을 통하여 형성된다. 이이는 리理보다 기氣를 중시하는 서경덕에 대한 재해석을 통해서 궁극적 원리로서 리理의 존재론적 근거를 확보하고, 기氣보다 리理를 중시하는 이황에 대한 재해석을 통해서 리理에 비하여 상대적으로 약화되었던 기氣의 영역을 적극적으로 인정하는 자신의 리기론을 정립한다.

그러나 엄밀하게 따진다면 이이의 서경덕과 이황에 대한 비판은 모두 리理의 애매성을 극복하고 리理의 존재론적 위상을 명확히 규정하기 위한 논의이다. 기氣를 중시하는 서경덕의 체계에서 리理와 기氣의 문제는 비록 리기무선후理氣無先後의 입장을 취한다 할지라도 궁극적인 실재는 기氣로 정의된다. 따라서 이이는 서경덕에 대한 비판과 그의 제자 박순(朴淳, 思菴: 1523~1589)과의 논변을 통하여 리기론의 영역에서 리理의 측면을 적극 확대하려는 입장을 보이게 된다.

이와 달리 리理를 중시하는 이황의 체계에서는 리理의 개념 규정이 문제가 된다. 이이가 보기에 이황은 리理의 실제적 동정動靜을 말하고 또 '리생기理生氣'라 하여 리理가 기氣를 낳는다고 파악함으로써 '리理는 무형無形·무위無爲'라는 정의적 특성을 위반하고 있다고 이해한다. 결국 이이는 리기론에서 궁극적 원리로서 리理를 확고히 정초함으로써 이후 심성론과 수양론에서도 선善의 원리이자 불변적 가치의 근거로서 리理를 확보하려는 입장을 명확히 드러낸다.

제3장에서는 이이 심성론의 이론적 특색을 다룬다. 먼저 심성론의 기초가 되는 심통성정心統性情과 마음心에 대한 관점을 살펴보고, 이어서 이황의 이론에 대비되는 이이의 심성론을 고찰한다.[9] 다음으로 사변적인 성리학 이론에 대한 고찰을 근거로 그림으로 표현

된 도상圖像과 이에 대한 해설을 곁들인 설설의 구조를 이루고 있는 도설圖說의 비교를 통해서 이이와 이황의 마음心과 본성性에 대한 이해방식과 관점을 확인한다.

심성론의 기본적 전제는 심성정心性情의 이해에서부터 출발한다. 주희는 이 심성정心性情의 관계를 장재張載의 표현을 빌려 심통성정心統性情이라 하고, 마음心에 대해서는 '합리기合理氣'의 측면과 '기지정상氣之精爽'의 두 측면을 인정한다. 이러한 주희의 심통성정心統性情과 마음心에 대한 기본 이론을 바탕으로 이이와 이황의 심성론이 전개된다.

여기서 주목되는 것은 이이나 이황이 주희가 사용하는 심통성정心統性情의 명제를 동일하게 사용하고 있음에도 마음心·성性·정情의 개념을 이해하는 면에서 일정한 차이가 있다는 것이다. 이황은 마음心의 능력으로서 '지각知覺'을 인정하지만 마음心을 주로 '리기지합理氣之合'의 구조로 파악한다. 이 구도는 마음心을 리적理的인 측면과 기적氣的인 측면으로 분리해서 볼 가능성을 안고 있기도 하다. 반면 이이는 마음心을 구조적인 측면에서 '성여기性與氣'라고 하고 있지만, 작용상의 관점에서 '심시기心是氣'로 정의한다. 따라서 이이는 마음心의 기능을 기氣로 이해하게 되고, 이 기적氣的 마음心에 의하여 본구本具되어진 리理로서 성性이 정情으로 드러나게 된다고 본다.

이러한 마음心에 대한 이해의 차이는 본연지성本然之性과 기질지

---

9) 심성론 부분에 관한 서경덕의 이론이 거의 없기 때문에 3장에서는 서경덕을 제외하고 이황과 이이의 심성에 대한 이론을 주로 다룬다.

성氣質之性, 사단칠정四端七情, 인심도심人心道心의 구체적인 심성心性 이론에서도 그대로 드러나게 된다. 필자는 이황의 심성론을 '본연지성대기질지성本然之性對氣質之性·사단대칠정四端對七情·인심대도심人心對道心'의 구도로 보고, 이에 대한 이이의 '기질포본연氣質包本然·칠정포사단七情包四端·인심청명어도심人心聽命於道心'의 이론을 검토함으로써 이이 심성론의 특징적 면모를 이론적으로 고찰하려고 한다.

필자는 한편으로 심성心性 이론을 도상圖像으로 표현한 도설圖說의 비교를 통해서 보다 입체적으로 이이의 심성론에 접근하고자 한다. 사실 조선시대의 성리학자들은 자신의 정주성리학程朱性理學에 대한 이해를 사변적인 논문이나 편지글을 통해서 쟁점화 하는 경향이 있었고, 경우에 따라서 이를 도圖와 설說의 형태로 표현한 도설圖說의 방식을 취하기도 하였다. 이 글에서는 이황의「성학십도聖學十圖」가운데 제6도인 〈심통성정도心統性情圖〉와 이이의 〈심성정도心性情圖〉·「인심도심도설人心道心圖說」을 중심으로 그림과 설명에 나타난 이론적 특징을 분석한다.

이황의 〈심통성정도心統性情圖〉와 이이의「인심도심도설人心道心圖說」은 두 사람이 체득한 성리학의 진수가 응축되어 있다고 해도 과언이 아닐 정도로 풍부한 철학적 사색을 담고 있다. 또한 이 도설圖說들은 두 사람의 말년기 저작이라는 점에서 학문적 지향이 어디에 있는가를 엿볼 수 있게 한다. 한 가지 흥미로운 사실은 두 도설圖說이 모두 왕에게 올려졌고, 그것도 동일한 왕 선조(宣祖: 1567~1608)에게 올려졌다는 점이다.

이황의「성학십도聖學十圖」는 등극한 지 1년이 채 안 된 17세의 어린 선조를 교육시키고자 하는 목적에서 그가 죽기 2년 전인 68세(1568년)에 쓴 글이다.10) 선조宣祖는 특히 제6도 〈심통성정도心統性情圖〉에 관심을 갖고 이황을 불러 궁금한 점을 직접 물어 볼 정도였다. 이러한 일면이 당시 학계의 분위기를 전적으로 대변할 수 없다고 할지라도 왕까지 질문할 정도로 리기理氣·심성心性에 대한 논의는 당시에 중요한 문제였고 이해하기도 어려운 것이었다.

공교롭게도 장년의 선조宣祖는 10여 년이 흐른 후 이이에게 리기理氣·사칠四七 및 심성心性의 문제에 대한 견해를 제출하라고 명령한다. 그것이 이이가 죽기 2년 전인 47세(1582년)에 작성한 「인심도심도설人心道心圖說」이다. 이런 전후 사정을 고려할 때, 비록 14년이라는 시간적 편차가 있기는 하지만 이황과 이이가 작성한 〈심통성정도心統性情圖〉와 「인심도심도설人心道心圖說」을 중심으로 두 사람의 마음心과 본성性에 대한 이론을 분석한다면, 이들 철학사상의 긴요한 부분을 확인할 수 있을 것이다.

필자는 이 도설圖說 연구라는 방법론의 도입을 통해서 기존 연구가 지닌 이론 위주의 평면적 분석의 한계점을 보완하여 이이와 이황이 과연 어떤 관점에서 마음心과 성정性情의 문제에 접근하고, 실제로 무엇에 중점을 두고 있는지를 밝혀보려는 것이다. 따라서 이 장에서 주안을 두는 점은 첫째 마음心과 본성性 문제에 대한 이론적 탐색을 통해서 이이와 이황이 추구했던 점은 무엇인지 확인하

---

10) 이 글에는 聖學으로 표현되는 성리학의 핵심과 수양의 조목을 10개 항목으로 설정하고 대표적인 圖像을 통해 간명하게 정리하고 있으며, 아울러 그에 따른 圖解를 모아 놓았다. 대부분이 송대 이후 程朱性理學의 저술 속에서 채택된 것이지만 이황 자신이 직접 圖像을 그려 넣은 것으로는 〈제6도 心統性情圖 中·下圖〉 외에 〈제3도 小學圖〉, 〈제5도 白鹿洞規圖〉, 〈제10도 夙興夜寐箴圖〉 등이 있다.

고, 둘째 이황과 이이의 도설圖說에 나타난 작도作圖를 분석하여 그 의미를 확인한다.

제4장에서는 이이의 성경誠敬에 근거한 마음心의 문제와 실천론實踐論을 다룬다. 이는 이이 심성론의 실천적 성격을 성誠과 경敬을 중심으로 수기론修己論과 치인론治人論의 양 측면을 고찰하는 것이다.

이이의 철학사상에서 수양공부론은 형이상학적인 리기理氣·심성心性에 대한 이론적 논거를 바탕으로 하여 마음心의 문제와 도덕적 실천의 원리 그리고 윤리적 행위의 근거를 다룬 것이다. 그러나 행위실천의 문제를 다루고 있는 수양공부론이라고 하여도 우리는 일상생활을 통해 구체적으로 드러나는 행위 하나하나를 모두 살필 수는 없다. 본 연구는 행위실천의 영역인 수양공부의 문제를 다루면서 이론적 탐색에 한정한다. 필자는 도덕실천의 영역에서 논의되는 '진정성을 회복한 진실한 나'를 찾기 위한 수기론修己論이 어떻게 구성되어 있고, 또 이를 바탕으로 구체적 현실문제에 직면하여 '도덕적 이상을 구현'하기 위한 치인론治人論은 어떻게 전개되는지를 고찰한다.

필자는 '진정성을 회복한 진실한 자기'를 찾고 이를 사회적 실천과 연결하여 '도덕적 이상을 구현'하고자 하는 이이 수양공부론의 특징적인 면모를 성의誠意의 강조와 성경誠敬의 문제로 규정한다. 기존의 이이 수양공부론과 관련한 연구는 주로 이황의 '경敬' 중심의 수양공부에 대한 이이의 대응 개념을 찾는 데 주안점을 두고 있다. 즉 이황의 '경敬'에 대한 이이의 '성誠' 혹은 '성의誠意' 개념을 특징적인 면모로 부각하려는 것이 그것이다. '성誠'이나 '성의誠

意' 개념이 이이 수양공부론의 특징적인 일면을 보여주고 있다는 점에서는 이론의 여지가 없다. 그러나 그것이 이황의 '경敬'과 비견되는 이이만의 독특한 이론이라 하기에는 부족한 점 또한 없지 않다.11) 필자는 이런 문제점을 고려하여 이이의 '경敬'에 대한 논의뿐만 아니라 '성誠' 혹은 '성의誠意' 개념을 포함하는 '성경誠敬'을 중심으로 그의 수양공부론을 연구하고자 한다.

이이의 성경수양공부론誠敬修養工夫論을 검토하기에 앞서 서경덕과 이황의 수양공부론을 고찰할 것이다. 서경덕과 이황은 수양공부의 측면에서 보면 매우 유사한 점을 발견하게 된다. 이들은 모두 경敬을 강조하면서 '동動'보다는 '정靜'을 강조하여 '주정主靜'의 입장을 취한다. 필자는 이들의 이러한 경향을 '경敬' 위주의 '주정주의主靜主義'라고 정의한다.

서경덕은 '지경관리持敬觀理'라는 용어를 사용하면서 '경敬'에 의한 수양공부를 강조한다. 그러나 이 경敬이 동적動的인 상태를 전혀 배제한 것은 아니라고 하더라도 서경덕은 궁극적으로 정靜의 상태를 유지하기 위한 것으로 이해한다. 이런 점에서 그는 '주정主靜'을 강조한다. 이황의 경우에도 지경持敬을 강조하면서 동動과 정靜, 미발未發과 이발已發을 포괄하는 경敬 공부에 치중하는 면모를 보여준다. 이황의 경敬에 대한 입장은 「성학십도聖學十道」에 구체적으로 드러나는데, '경敬은 성학聖學의 시작과 끝'12)이라고 할 정도이다. 경

---

11) 장숙필은 "이이에게 있어 誠과 敬은 상호보완적인 관계"라고 파악하면서, "誠으로 矯氣質의 功을 이루기 위해 敬이 요청"된다고 설명한다. 張淑必, 『栗谷李珥의 聖學硏究』, (고려대학교 민족문화연구소, 1992) 135쪽 참조.
12) 『退溪全書』 7:33. 「聖學十圖」敬齋箴圖. "敬爲聖學之始終."

敬에 근거한 이황의 입장은 결국 이발已發보다는 미발未發을, 동動보다는 정靜을 근본적인 상태로 파악한다.13)

이처럼 서경덕과 이황이 경敬을 중심으로 동動보다는 상대적으로 정적靜的인 수양공부에 치중하는 면을 보이는 반면, 이이는 성경誠敬을 중심으로 정靜과 동動을 아우르는 수양공부의 입장을 보여준다. 이이의 성경수양공부론誠敬修養工夫論은 경敬의 일상공부를 통한 끊임없는 자기 성찰과 성誠·리理의 불변적 가치의 확보라는 두 계기성을 가지고 실제성實際性을 중시하는 사상경향에서 도출된다.

성경誠敬을 근거로 한 이이의 수양공부론은 미발未發 시기의 '거경함양居敬涵養'과 이발已發 시기의 '성찰궁리省察窮理'를 중심축으로 하는 주희의 수양공부론을 그대로 답습하지는 않는다. 이이는 주희가 제시한 '거경궁리居敬窮理'의 수양공부론을 수용하면서도, 경敬의 체용론體用論을 들어서 미발未發의 정靜 공부와 이발已發의 동動 공부를 연결한다. 즉 미발未發 시기의 경敬 공부는 경敬의 요법인 '주일무적主一無適'으로 파악하여 거경함양居敬涵養을 논하고, 이를 근거로 이발已發 시기의 경敬 공부는 경敬의 활법인 '수작만변酬酌萬變'으로 파악하여 거경성찰居敬省察과 역행力行을 논한다. 이것은 거경居敬을 통하여 미발未發과 이발已發을 연결하면서, 이발已發 시기의 구체적 행위의 단계를 역행力行으로 설정하여 '거경居敬·궁리窮理·역행力行'의 체계를 세우는 것이다.

---

13) 이황과 서경덕이 敬을 위주로 '主靜'의 측면을 강조하고 있지만, 이들은 '敬'의 내용과 지향에 있어서 근본적인 차이를 보인다. 따라서 '主靜'의 입장 또한 그 내용상에서는 서로 다르게 된다. 이 점은 제4장에서 보다 구체적으로 기술될 것이다.

이이 수양공부의 또 하나의 특징은 본심本心에 갖추어진 리理로서 본성性을 배양하는 데 그치지 않고 이를 적극적으로 실현하는 구체적인 행위까지 수기修己의 영역으로 삼고 있다는 것이다. 이 점은 이황이 존양성찰存養省察을 통해 내면적 덕성의 함양涵養이란 측면에서 수기공부修己工夫를 정의하는 것과는 일정한 차이를 보인다.

이와 같은 성경誠敬을 중심으로 한 이이의 수양공부론은 그가 리기론과 심성론에서 일관하여 주장하였던 '구체적인 현상세계의 변화에 대한 주체적인 대응'이라는 측면과 맞물리고 있다는 점에서 주목된다. 그러므로 이이는 성경誠敬을 통한 수양공부는 수기修己 차원의 공부에 한정하지 않고 치인治人의 영역까지 확대하여 거론함으로써 구체적인 사회개혁社會改革 방안을 논의하는 경장론更張論까지 제기하게 되는 것이다. 새로운 사회를 향한 이이의 열망이 구체적으로 드러나는 치인治人 지향의 사회개혁론社會改革論의 범위까지가 필자가 수양공부를 통하여 고찰하려는 연구영역이다.

결국 본 연구는 조선성리학의 특징적 면모라고 할 수 있는 수양공부를 포함한 심성론에 관한 연구를 통하여 형해화形骸化된 이이의 철학적 면모를 완정한 체계로 재구성하려는 것이다. 이 과정을 통하여 필자는 이이 철학사상의 성격과 지향을 구명하고, 아울러 오늘의 현실에서 이이 철학사상이 어떻게 재해석될 수 있는지 그 현재적 가용성과 현대적 의미 맥락을 찾고자 한다.

이이 심성론의
리기론적 기초

1
리기에 대한 기본 관점

성리학자들에게 있어서 리理와 기氣에 대한 개념 규정은 리기理氣의 관계규정을 통해서 이루어진다. 리기理氣 관계를 어떻게 이해하고 있는가를 살피는 것은 이들의 철학적 지향을 파악할 수 있는 단서이기도 하다. 이러한 점에서 송대宋代의 많은 성리학자들은 리理와 기氣의 관계를 자신의 철학적 관점에 따라 리선기후理先氣後·리기무선후理氣無先後 혹은 기선리후氣先理後 등과 같이 선후관계로 나타내거나, 리理와 기氣의 차이를 전제로 불상리不相離·불상잡不相雜과 같이 결합관계로 표현하여 자신들의 리기관理氣觀을 천명하고자 하였다.

주희(朱熹, 晦庵: 1130~1200)의 경우에도 리理와 기氣의 선후관계를 해명하는 작업은 그것이 성즉리性卽理의 사고와 연관되기 때문에 매우 중요한 문제였다.[1] 그는 리理와 기氣의 관계를 추상적인 이치의 측면에서 파악하는 '재리상간在理上看'의 관점과 경험적인 사물의 측면에서 파악하는 '재물상간在物上看'의 관점을 제시하고 있다.

주희는 재리상간在理上看의 관점에서 리理와 기氣는 '리선기후理先氣後'이고, 재물상간在物上看의 관점에서 '리기무선후理氣無先後'라고 이해한다.2) 즉 재리상간在理上看이라고 하는 논리적인 관점에서 리理와 기氣의 관계를 말한다면, 리理는 존재 일반의 원리인 소이연所以然일 뿐만 아니라 가치상의 소당연所當然을 의미하기 때문에, 유형한 기氣의 존재 여부를 떠나서 리理가 먼저 존재해야 한다는 사고이다. 그러나 구체적인 사물의 측면에서 대상을 파악하는 재물상간在物上看의 관점에서는 경험적으로 리理와 기氣를 보기 때문에 리기理氣는 엄격히 구별되지 않고, 또 그렇기 때문에 어느 것이 먼저고 어느 것이 나중이라고 할 수도 없다는 것이다.3)

이렇게 주희에 의해 설정된 리기선후理先氣後, 리기무선후理氣無先後의 관점은 그 자체로 하나의 세계관을 의미하는 것이기도 하다. 왜냐하면 성리학에서는 세계의 구성과 인간의 심리적 상태까지도 리理와 기氣라는 두 개념을 통해서 해명하려 하고, 특히 우주의 근원적 존재로 무엇을 설정하는가에 따라서 철학적 입장과 이론이

---

1) 大濱晧(이형성 역), 『범주로 보는 주자학』(예문서원, 1997) 142~148쪽 참조.
2) 『朱子大全』 46:26, 「答劉叔文」. "所謂理與氣, 此決是二物. 但在物上看, 則二物渾淪不可分開, 各在一處, 然不害二物之各爲一物也. 若在理上看, 則雖未有物, 而已有物之理, 然亦但有其理而已, 未嘗實有是物也."
3) 주희의 '리기선후'에 대한 논의는 일면 모순적인 면도 발견된다. 왜냐하면 그는 리가 있고 나서야 기가 있는 것이라고 하면서(理先氣後), 한편으로는 리와 기는 선후를 나누어 말할 수 없다(理氣無先後)고 하기 때문이다. 그러나 주희의 주된 관심은 인간의 도덕적 근원성을 해명하려는 것에 있기 때문에 리와 기의 선후를 분명히 구분하려는 입장을 보여준다.

달라질 수밖에 없기 때문이다.

이러한 리理와 기氣의 설정방식을 전제로 할 때, 서경덕·이황·이이는 흥미로운 일면을 보여준다. 리기理氣 개념 및 리기선후理先氣後 관계에 대한 관점이 서로 다름에도 불구하고, 이들은 모두 '리기무선후理氣無先後'의 입장을 취하고 있다는 점이다.[4] 리기무선후理氣無先後는 문자 그대로 '리理와 기氣는 그 선후를 나눌 수 없다'는 의미이다. 서경덕의 경우 그는 "리理는 기氣보다 앞서 존재하는 것은 아니다"[5]라고 하여 리기무선후理氣無先後의 입장을 보여주고 있다. 이황도 사물의 유행처流行處 즉 현상現象의 측면에서 리기무선후理氣無先後를 말하고 있고, 이이의 경우에는 특히 리理와 기氣의 무선후無先後를 강조한다. 이렇게 본다면 리기무선후理氣無先後의 입장은 세 사람에게 동일하게 나타나고 있다는 것을 알 수 있다.

그러나 문제는 리기무선후理氣無先後를 이해하는 방식과 이를 적용하는 영역에 있어서 세 사람이 서로 다른 입장을 보이는 데 있다. 서경덕의 경우, 그는 본체本體로서의 선천先天뿐만 아니라 현상現像으로서의 후천後天에 일관하여 '리불선어기理不先於氣'를 말하면서 리기무선후理氣無先後를 주장한다. 이황은 기본적으로 주희의 리기理氣에 관한 재물상간在物上看·재리상간在理上看의 관점을 받아들여 자신의 이론적 근거로 삼는다.[6] 따라서 그는 리理와 기氣의 관

---

4) 서경덕은 본체와 현상에서 리기는 '무선후'이지만 본체에서 궁극자는 기라 하고, 이황은 본체에서는 '리선기후'이고 현상에서는 '리기무선후'라 한다. 이이는 본체와 현상에서 리기는 '무선후'라고 한다.
5) 『花潭集』 2:14, 「理氣說」. "理不先於氣."
6) 『退溪全書』 41:21, 「非理氣爲一物辯證」. "朱子答劉叔文書曰, 理與氣決是二物. 但在物上看, 則二物渾淪不可分開, 各在一處, 然不害二物之各爲一物也. 若在理上看, 則雖未有物而已有

계를 원두源頭·본원처本源處의 측면에서 리기선후理氣先後를 말하고, 사물의 유행처流行處에서는 리기무선후理氣無先後를 인정한다. 즉 리기理氣 관계를 논리적인 측면에서 볼 때는 당연히 리理가 기氣보다 앞서야 하고, 현상現象의 구체적인 사물에서는 리기理氣를 분별할 수 없다는 것이다. 그러나 이황은 리理와 기氣에 가치론價値論을 적용하여 '리귀기천理貴氣賤'으로 이해한다.

이이의 경우에는 서경덕이나 이황과는 다른 점이 발견된다. 성혼(成渾, 牛溪: 1535~1598)은 "본원의 측면에서는 선후가 있다고 할 수 있으나 구체적인 사물의 측면에서는 선후가 없다"[7]라고 자신의 리기관理氣觀을 이이에게 밝힌다. 성혼은 이황의 리기론을 지지하여 현상現象 사물에서는 리기理氣의 선후를 나눌 수 없고, 본원상本源上에서는 리理가 기氣보다 우선한다는 입장을 보여준다. 이것은 달리 말하면 본체本體의 측면과 현상現象의 측면을 각기 리기선후理氣先後, 리기무선후理氣無先後로 나눠 이해하는 것이다. 그러자 이이는 이를 반박한다. 이이가 성혼의 이원적 분석에 반대하는 것은 리기선후理氣先後는 본체本體의 영역에서 논리적으로 추론한 것이고, 리기무선후理氣無先後는 경험적인 현상現象의 영역에서 관찰한 결과이기 때문에, 그 적용 범주가 서로 다르다는 점에 있다. 논리적 추론과 사실적 관찰 결과는 서로 비교할 수 없다는 것이다. 그러므로 이이는 여기서 자신의 리기理氣 관계에 대한 기본적 관점이 리기무선후理氣無先後에 있기는 하지만, 리기理氣가 존재할 수 있는 근거를

物之理, 然亦但有其理而已, 未嘗實有是物也."
[7] 『栗谷全書』 10:38, 「與成浩原」. "極本窮源者, 爲有先後, 而以物上看者, 爲無先後."

추론하여 본다면 부득이하게 리기理氣의 선후를 분별하여 말할 수도 있다는 점을 제시한다.

> 리기는 시작이 없으니 실제로 선후를 나누어 말할 수는 없다. 다만 그 소이연의 근본을 미루어 본다면, 리는 곧 추뉴·근저이기 때문에 부득이 리가 먼저라 한 것이다. (이와 관련된) 성현들의 말이 비록 많지만 대체적인 의미는 이와 같은 것에 지나지 않는다. 만약 사물의 측면에서 보면 분명히 먼저 리가 있은 후에 기가 있다. 대개 천지가 아직 생기기 전에 천지의 리가 없다고 할 수 없으니, 이것을 미루어 볼 때 모든 존재가 다 그러하다.[8]

리기理氣의 선후를 말할 수 없는 것은 '리기理氣가 시작이 없기 때문'이다. 이것이 이이가 이해하는 리기관理氣觀이다. 이이가 '리기무시理氣無始'를 리기理氣 관계를 이해하는 핵심 단서로 파악하는 것은 그가 리理와 기氣를 '발생론적發生論的 선후관계先後關係'로 보지 않는다는 점을 의미한다. 그렇기 때문에 리理와 기氣는 시간적으로 선후를 나눌 수 없는 리기무선후理氣無先後라는 것이다. 그러나 리기理氣가 '무시無始'이고 '무선후無先後'하기는 하지만 존립하는 근거를 따져본다면 리理는 추뉴樞紐·근저根柢이기 때문에 기氣보다는 리理가 앞선다. 따라서 이이는 성혼과 같은 논리라면, 즉 본체本體에서는 리선기후理先氣後이고 현상現象에서는 리기무선후理氣無

---

[8] 『栗谷全書』 10:38, 「與成浩原」. "理氣無始, 實無先後之可言. 但推本其所以然, 則理是樞紐根柢, 故不得不以理爲先. 聖賢之言, 雖積千萬, 大要不過如此而已. 若於物上觀, 則分明先有理而後有氣. 蓋天地未生之前, 不可謂無天地之理也, 推之物物皆然."

先後라는 구분법이라면, 본체本體의 측면뿐만 아니라 현상現象 사물의 측면에서도 존재의 근본 원리인 리理가 당연히 먼저 있어야 하고, 그 실제적 내용으로서 기氣는 원리로서 리理 다음일 수밖에 없다고 분석한다. 본체本體나 현상現象이나 리기理氣의 존재 근거를 추론하여 보면 리선기후理先氣後라는 것이다. 왜냐하면 리理는 형이상의 근원·근거로서 추뉴樞紐·근저根柢이기 때문이다. 이것은 결국 리기理氣의 존재원인을 소급·추론할 경우에는 '리기理氣의 선후先後'를 말할 수는 있지만, 본체本體나 현상現象이나 모든 리기理氣의 실재적인 존재양상은 '리기무선후理氣無先後'라는 것이다.

이러한 관점에서 이이는 리理와 기氣는 '혼융混融하여 원래 분리할 수 없는 것'9)으로 '본래 한 덩어리처럼 있는 것'10)이라고 파악하는 것이다. 그러므로 이이는 주희나 이황이 기氣 없이도 리理가 있을 수 있다고 보는 것과 달리 기氣와 분리되어 있는 리理는 존재하지 않는다고 보며, 그런 이해선상에서 기氣를 떠난 리理의 초월적 존재를 인정하지 않는다.11)

---

9) 『栗谷全書』 14:04, 「人心道心圖說」. "理氣渾融, 元不相離."
10) 『栗谷全書』 10:39, 「與成浩原」. "理氣本自混合, 皆本有也."
11) 이이의 주된 관점이 리기의 실재적인 존재양상을 파악하는 것에 있기 때문에 본체에서는 '리선기후', 현상에서는 '리기무선후'라 하여 이분하면서 리기의 선후를 나누어 보려는 성혼의 리기관을 비판하는 것이다. 이이의 성혼에 대한 비판은 곧 간접적으로 이황에 대한 비판의 성격을 띤다. 왜냐하면 성혼은 이황의 견해에 의탁하여 이이와 논의를 전개하고 있기 때문이다.

2
서경덕 리기론에 대한 비판적 수용

(1) 서경덕 리기론의 특징

　서경덕은 자신의 리기론을 본체本體와 현상現象, 선천先天과 후천後天의 두 양상을 통해 설명하고 있다. 서경덕의 이와 같은 리기론은 소옹(邵雍, 康節: 1011~1077)의 상수학象數學에서 보이는 선천先天・후천後天 등의 개념을 장재(張載, 橫渠: 1020~1077)의 기철학氣哲學에서 사용된 태허太虛・태화太和・취산聚散 등의 개념과 연결하여 재구성한 결과이다.12) 따라서 필자는 서경덕의 논의 구조를 먼저 '선천先天과 태극太極'으로 설정하여 여기서 드러나는 태극太極 개념을 고찰하고, 이어서 '후천後天과 리理'의 문제를 살펴봄으로써 그

---

12) 김태호는 "화담의 기론은 중국 북송의 소옹・주돈이, 특히 장재의 그것으로부터 비롯하여 다시 이들을 종합하고 있다는 것이 두드러진 특색"이라고 지적한다. 金泰昊,「花潭氣論硏究」(고려대학교 석사학위논문, 1990) 8쪽 참조.

의 리理에 대한 관점을 고찰할 것이다.13)

① 선천과 태극

주돈이(周惇頤, 濂溪:1017~1073)가 『태극도설太極圖說』에서 '무극이태극無極而太極'이란 언구를 사용한 이래 '무극無極'과 '태극太極'의 개념을 규정하기 위하여 무수한 논의가 있어 왔다.14) '무극이태극無極而太極'에 대해서 주희는 '무형이유리無形而有理'라고 하여 '형체는 없지만 이치가 있는 것'15)이라고 해석한다. 육구연(陸九淵, 象山: 1139~1192)과의 논쟁을 통하여16) 주희는 '무극無極'의 측면을 '무형無形'이라고 해석함으로써 초월적 형이상자의 의미를 부각시키고17), 태극太極에 대해서는 '유리有理'라고 해석함으로써 모든 변화의 궁극적 원리라는 의미를 정초한다. 따라서 주희처럼 태극太極을 해석할 경우에는, 태극太極은 '초월적 형이상자'로서 '모든 변화의

---

13) 윤사순은 태극의 문제는 그것이 '태극의 동정'에 대한 해석과 맞물리면서 조선 성리학에서 이황과 이이 등의 리기철학에 심대한 영향을 미치게 되어, 결국 主理・主氣의 철학적 성격으로 분기되는 단초를 제공하였다고 설명한다. 尹絲淳, 「東洋本體論의 意義」, 『東洋哲學의 本體論과 人性論』(연세대학교출판부, 1982) 참조.
14) 김충렬은 '주돈이의 태극도설은 유가적 사유를 바탕으로 당시의 佛・道의 사상을 흡수한 것'이라 설명하면서, 주돈이의 태극관은 '기론이 정론'이지만 '無極而太極'이라 애매모호하게 설명하였기 때문에 장재는 이를 '太虛卽氣'라 하여 기로 해석하고, 주희는 자신의 철학적 입장에 따라 리로 해석하였다고 밝힌다. 金忠烈, 「宋代 太極論의 諸問題」, 『東洋哲學의 本體論과 人性論』(연세대학교출판부, 1982) 참조.
15) 『朱子語類』 94. "無極而太極, 只是說無形而有理."
16) '無極而太極'에 대한 해석의 차이는 철학적 입장 차이와 직결되는데, 육구연은 '무극으로부터 태극이 생긴다'라고 해석하고, 반면 주희는 '무극이면서 태극이다'라고 해석한다.
17) 『朱子大全』 卷36, 「答陸子靜」. "不言無極, 則太極同於一物, 而不足爲萬化根本, 不言太極, 則無極淪於空寂, 而不能爲萬化根本."

궁극적 원리'라는 의미를 갖는다.

그렇다면 서경덕은 '태극太極'에 대하여 어떤 해석을 하고 있는가? '태극太極'은 장재에게서 보듯이 기氣[18]를 의미하는가? 아니면 주희처럼 '리일理一로서 통체일태극統體一太極'과 '분수리分殊理로서 각구일태극各具一太極'을 의미하는가?

조선성리학계에서 태극太極에 대한 해석이 논란이 되는 것은 조한보(曹漢輔, 忘機堂: 未詳)와 손숙돈(孫叔暾, 忘齋: 未詳)의 '무극태극無極太極' 논변에 손숙돈의 조카인 이언적(李彦迪, 晦齋: 1491~1553)이 「서망재망기당무극태극설후書忘齋忘機堂無極太極說後」를 발표하여 반론을 제기한 데서 비롯한다. 이후의 논변에서 이언적은 조한보의 '일기태허설一氣太虛說'을 비판하고, '무극이태극無極而太極'이란 '아무 것도 없는 듯한 가운데에 궁극적인 무엇이 있는 것'이라고 해석한다.[19] 곧 주희의 해석에 따라 '무無이면서 유有'라고 이해하는 것이다.

이언적은 태극太極이란 도의 본체本體로서 본말·상하에 일관하여 실재하는 리理이며[20], 이 태극太極인 리理가 있고 나서 음양陰陽인 기氣가 있게 된다고 하여 기氣보다는 리理를 강조하는 주리적主理的 입장을 나타낸다.[21] 결국 이언적은 '태극太極'이란 '모든 존재의 근거'이고 '무극無極'은 이 '태극太極을 형용한 것'이라고 이해함

---

18) 『正蒙』, 「參兩篇」. "天所以參, 一太極兩儀而象之, 性也." 『正蒙』, 「大易篇」. "一物而兩體, 其太極之謂與."
19) 『晦齋集』 5:10, 「答忘機堂」. "至無之中, 至有存焉, 故曰無極而太極"
20) 『晦齋集』 5:9, 「答忘機堂」. "夫所謂太極者, 乃斯道之本體, 萬化之領要…本末上下, 貫乎一理, 無非實然而不可易者也."
21) 『晦齋集』 5:10, 「答忘機堂」. "有理而後有氣, 故曰太極生兩儀."

으로써, '무극태극無極太極'인 리理를 중심으로 하는 성리학의 본체관념本體觀念은 도가道家나 불가佛家의 그것과 근본적으로 다르다는 점을 명확히 한다.

이언적의 '무극이태극無極而太極'에 대한 논변이 28세 전후에 이루어진 것을 고려하면 그보다 두 살 연상인 서경덕도 당시의 주류 학문으로 등장하는 정주성리학程朱性理學에 대한 접촉을 예상할 수 있다. 그러한 증거는 서경덕이 격물치지格物致知를 통하여 이치를 터득하려 했고, 또 주희의 학문 경향에 대하여 숙지하고 있다는 점에서도 드러난다.[22] 그렇다면 서경덕도 어쨌든 동시대에 가장 첨예한 철학적 주제로 등장한 '태극太極' 문제에 대해서 자유로울 수는 없었을 것이라고 본다. 서경덕의 단편적인 저술 가운데 '태극太極'이라는 용어는 그의 말년 저작[23]인 「원리기原理氣」에 보인다.

> 태허의 맑고 형체가 없는 것을 선천이라 한다. 그 크기는 한이 없고, 그 시초는 처음이 없으며 그 유래는 궁구할 수도 없다. 그 맑게 비고 고요한 것이 기의 근원이다. …『역』에서는 '적연부동'이라 하고, 『중용』에서는 '성자자성'이라 하였다. 그 맑은 본체를 말로 표현하여 '일기'라 하고, 그 혼연한 둘레를 말하여 '태일'이라 한다. 주렴계도 이것에 대하여는 어찌할 수 없어서 다만 '무극이태극'이

---

[22] 『花潭集』 2:15, 「鬼神死生論」. "程張朱說, 極備死生鬼神之情狀." "嘗欲發揮, 繫辭微旨, 程朱皆極其力."

[23] 서경덕의 리기에 대한 기본 입장을 엿볼 수 있는 저술은 「原理氣」를 비롯한 「理氣說」, 「太虛說」, 「鬼神死生論」 등 4편이다. 이 글들은 그가 56세 때 병이 들어 위중해지면서 선유들이 아직 설파하지 못한 것들을 더 이상 미뤄둘 수 없다 하여 저술된 것이다. 죽음을 목전에 둔 서경덕의 학문적 열정과 진지성을 엿볼 수 있는 대목이다.

라 하였다. 이것이 선천이니 그것은 기이하지 아니한가? …갑자기 뛰어오르기도 하고 갑자기 열리기도 하는데, 누가 그렇게 시키는 것인가? 스스로 그러한 것이고, 스스로 그러하지 않을 수가 없는 것이니, 이것을 '리지시'라 한다. 『역』에서는 '감이수통'이라 하고 『중용』에서는 '도자도'라 하고, 주렴계는 '태극동이생양'이라 하였다. …이미 '일기'라 하였지만 '일'은 스스로 '이'를 품고 있으며… '일기'가 음양으로 나누어지고 양의 극이 진동하여 하늘이 되었으며, 음의 극이 모여서 땅이 되었다. …그것이 땅에 있어서는 물과 불이 되었는데, 이것을 후천이라 부르며 곧 활동이 있게 되는 것이다.[24]

서경덕은 주돈이의 「태극도설太極圖說」처럼 우주의 생성 과정과 현존을 구체적으로 선천先天과 후천後天으로 나누어 짧은 글에 압축적으로 표현하고 있다. 그는 '선천先天'을 '태허太虛가 담연무형湛然無形하여 형체가 없는 것'이라 규정한다. 그와 같은 상태를 『주역周易』에서는 '적연부동寂然不動'하고, 『중용中庸』에서는 '성자자성誠者自成'이라고 하며, 주돈이의 표현으로는 '무극이태극無極而太極'이라고 할 수 있다는 것이다. 그리고 이러한 선천先天은 담연湛然한 본체本體의 측면에서 '일기一氣'이고, 그 기氣의 공간적 영역의 측면

---

[24] 『花潭集』 2:11, 「原理氣」. "太虛湛然無形, 號之曰先天. 其大無外, 其先無始, 其來不可究. 其湛然虛靜, 氣之原也…易所謂寂然不動, 庸所謂誠者自成. 語其湛然之體 曰一氣, 語其混然之周 曰太一. 濂溪於此不奈何, 只消下語曰 無極而太極. 是則先天不其奇乎…倏爾躍, 忽爾闢, 孰使之乎. 自能爾也, 自不得不爾, 是謂理之時也. 易所謂感而遂通, 庸所謂道自道, 周所謂太極動而生陽者也…旣曰一氣, 一自含二…一氣之分爲陰陽, 陽極其鼓而爲天, 陰極其聚而爲地…其在地爲水火焉, 是謂之後天, 乃用事者也."

에서 '태일太一'로 나타내고 있다. 선천先天에 대한 개념 규정에 있어서, 선천先天의 담연무형湛然無形한 상태로부터 후천後天의 구체적 세계상이 구성되는 과정을 서경덕은 '합벽闔闢'이라 규정한다. 이 합벽闔闢이 개벽開闢이다. 합벽闔闢의 후천後天 상태를 『주역周易』에서는 '감이수통感而遂通'이라 하고, 『중용中庸』에서는 '도자도자道自道'로 표현하고 있으며, 이를 주돈이의 표현을 차용하면 '태극동이생양太極動而生陽'이라고 할 수 있다는 것이다.

이처럼 서경덕은 자신의 우주론을 전개하면서 이를 각각 선천先天과 후천後天으로 나누어 해석하고, 또 선천先天과 후천後天을 각각 주돈이의 '무극이태극無極而太極'과 '태극동이생양太極動而生陽'에 대응시키고 있다. 이러한 기술은 서경덕이 보기에 존재의 근원과 그로부터 연원하여 발생하는 현상現象에 대한 주돈이의 설명이 너무 소략했다고 판단했기 때문이다.

그러므로 서경덕은 주돈이가 존재의 근원을 달리 '어찌 할 수 없어서' 다만 '무극이태극無極而太極'이라고 하여 애매모호하게 표현하고 있다고 지적하고, 자신의 새로운 개념으로 존재의 근원을 이해한다.[25] 바로 존재의 근원은 태허太虛인 선천先天이고, 이 태허太虛인 선천先天은 본체本體의 측면에서 '일기一氣'이며 혼연渾然한 공간의 측면에서는 '태일太一'이라고 규정하는 것이다.

이렇게 본다면, 서경덕은 주돈이가 「태극도설太極圖說」에서 우주

---

25) 전호근은 서경덕의 이와 같은 입장을 "無極而太極이라는 모호한 표현만으로는 전체와 부분이라는 기의 개념을 명료하게 제시할 수 없다는 것을 지적하여 비판한 것"이라고 이해한다. 田好根, 「徐敬德의 氣一元論的 世界觀에 대한 一考察」, 『儒敎思想研究』 7, 11쪽 참조.

자연을 포함한 인간발생의 기원과 그 변화 과정을 설명하기 위해 사용하고 있는 '무극이태극無極而太極'과 '태극동이생양太極動而生陽'이라고 하는 두 축을 자신의 입장에서 '선천先天'과 '후천後天'을 통해 재해석하고 있다. 여기서 한 가지 의문이 발생한다. 서경덕이 존재의 근원이라고 한 '선천先天'과 주돈이가 표현한 '무극이태극無極而太極' 그리고 현상계現象界를 나타내는 서경덕의 '후천後天'과 주돈이의 '태극동이생양太極動而生陽'은 어떤 상관성을 갖는가 하는 점이다.

이 문제는 서경덕이 '태극太極' 혹은 '리理'의 개념을 어떻게 받아들이고 있는가 하는 점으로 귀결된다. 필자가 서경덕의 '태극太極'과 '리理' 개념에 주목하는 이유가 여기에 있다. 지금까지 서경덕의 리기철학理氣哲學에 대한 연구는 주로 선천先天의 본체계本體界로부터 후천後天의 현상계現象界에 이르는 일기一氣의 체용론體用論을 통해 '기일원론氣一元論'이라 규정하고, 심지어는 '유기론唯氣論'이라고 정의하기도 하였다. 이것은 부분적으로 타당한 근거를 갖기도 하지만, 이 규정이 보다 합리적인 설명이 되기 위해서는 넘어서야 할 서경덕의 개념이 있다. 그것이 바로 '태극太極'과 '리理'의 개념이다.[26]

서경덕의 저술이 매우 적은 분량이기는 하지만, 태극太極과 리理

---

[26] 기존의 서경덕철학에 대한 연구는 주로 그의 기론체계를 해명하는 데 주안점을 두어 왔다. 따라서 서경덕의 경우 리 혹은 태극의 문제는 크게 조명 받지 못한 것도 사실이다. 그나마 부분적이지만 서경덕철학에서 '태극'을 언급하고 있는 논문은 다음과 같다. 尹天根, 「徐敬德(花潭)의 氣哲學에 있어서의 世界의 問題」, 『哲學硏究』 8. 田好根, 「徐敬德의 氣一元論的 世界觀에 대한 一考察」, 『儒敎思想硏究』 7. 金敎斌, 「徐花潭의 氣哲學에 대한 考察」, 『東洋哲學硏究』 5.

를 언급한 글이 전혀 없는 것은 아니다. 서경덕은 「원리기原理氣」에서 리理·신神·성誠·도道를 언급하고, 이러한 특성을 다 갖추고 있는 것을 태극太極이라고 이해한다.

> (기 작용의) '소이'를 말할 경우 리라 하고, 그 '소이묘'를 말할 경우 '신'이라 하며, 그 '자연진실'함을 말할 경우 '성'이라 하고, 능히 뛰어 올라서 유행하는 것으로 말할 경우 '도'라 하며, 이 모두를 구비하여 총괄하여 말할 경우 '태극'이라 한다.[27]

즉 기氣 운동을 설명하는 방식에서 기氣 작용이 가능한 법칙의 측면에서 리理라 하고, 기氣 작용의 신묘神妙한 측면에서 신神이라 한다. 그리고 기氣 작용이 어그러짐이 없이 항상恒常된다는 점에서 성誠이라 하고, 기氣가 약동하여 유행하는 운동의 측면에서 도道라 한다. 이러한 리理·신神·성誠·도道의 측면을 총괄하여 말할 때는 태극太極이라는 것이다.

여기서 리理·신神·성誠·도道의 각각의 측면과 태극太極의 관계를 좀 더 살펴보자. 서경덕은 「원리기原理氣」에서 선천先天의 영역을 설명하면서 『중용中庸』의 '성자자성誠者自成'을 인용하고 있다.[28] 성誠은 선천先天의 영역에 속하는 것이다. 또 '기氣가 담연하여 형용이 없는 묘妙를 신神'[29]이라 하여 신神도 마찬가지로 선천先天의 영역

---

27) 『花潭集』 2:13, 「原理氣」. "語其所以曰理, 語其所以妙曰神, 語其自然眞實者曰誠, 語其能躍以流行曰道, 總以無不具曰太極."
28) 『花潭集』 2:11, 「原理氣」. "太虛湛然無形, 號之曰先天. 其大無外, 其先無始, 其來不可究. 其湛然虛靜, 氣之原也…易所謂寂然不動, 庸所謂誠者自成."

에 포함시키고 있다. 그리고 후천後天의 영역에 대해서는 『중용中庸』의 '도자도道自道'를 인용하여 도道를 언급30)하고, 선천先天으로부터 후천後天의 기氣 작용이 나타나는 과정을 '리지시理之時'라고 하여 리理를 포함하고 있다.31)

이렇게 보면 신神과 성誠은 선천先天의 영역에서, 리理와 도道는 후천後天의 영역에서 언급되고 있다. 따라서 태극太極을 '총괄하여 구비되지 않음이 없음을 말하는 것'이라고 한 점을 감안해 볼 때, 서경덕이 생각하는 태극太極의 개념은 '신神·성誠'이라고 표현된 선천先天 영역에서뿐만 아니라 '리理·도道'라고 표현된 후천後天 영역에서도 적용되는 개념임을 알 수 있다. 그러나 아직은 '태극太極' 개념이 명확하게 잡히지 않는다.

「리기설理氣說」에서는 태극太極의 개념이 리理·기氣와 함께 거론된다는 점에서 그 의미를 보다 분명하게 이해할 수 있는 단초가 마련된다.

> 개폐할 수 있고 동정할 수 있고 생극할 수 있는 까닭의 근원을 가리켜 '태극'이라 한다. 기 밖에 리는 없으니 리는 기의 주재이다. 주재라는 것은 (기) 밖으로부터 와서 이것을 주재하는 것이 아니라, 그 기의 작용이 그러한 법칙의 정당성을 잃지 않게 하는 것을 가리

---

29) 『花潭集』 2:13, 「原理氣」. "語其所以曰理, 語其所以妙曰神."
30) 『花潭集』 2:11, 「原理氣」. "攸爾躍, 忽爾闢, 孰使之乎…易所謂感而遂通, 庸所謂道自道, 周所謂太極動而生陽者也."
31) 『花潭集』 2:11, 「原理氣」. "是則先天不其奇乎…攸爾躍, 忽爾闢, 孰使之乎. 自能爾也, 自不得不爾, 是謂理之時也."

켜 이것을 주재라 하는 것이다. 리는 기보다 앞서는 것이 아니다. 기는 시작이 없고 리도 진실로 시작이 없다.32)

여기서 '변화·운동 자체'와 그 '변화·운동할 수 있는 이유'에 대해서 생각해 볼 필요가 있다. 서경덕은 운동 자체에 대한 설명으로 '합벽闔闢'·'동정動靜'·'생극生克'을 들고 있다. 그리고 이러한 '합벽闔闢'·'동정動靜'·'생극生克'의 운동이 일어날 수 있는 소이所以를 추론하여 밝힐 때, 그것을 태극太極이라 규정한다. 따라서 태극太極은 운동의 '법칙法則'으로 설정되고 있다. 그렇다고는 하나 '소이所以'로서 '태극太極'은 기氣로부터 드러나는 것임을 전제로 한다. 왜냐하면 운동 그 자체를 통해서 그 운동의 법칙을 추론해 내는 것이기 때문이다.

서경덕은 운동 그 자체와 운동할 수 있는 '소이所以'인 태극太極을 논한 다음에, 이어지는 글에서 기氣와 리理는 '기氣 밖에 리理는 없으니 리理는 기氣의 주재主宰'라고 언급한다. 서경덕은 운동 자체를 말하고, 또 그 운동의 법칙인 태극太極을 말한 후에 리理와 기氣를 연결하여 언급하고 있다. 여기서 '운동 자체'와 '태극太極' 그리고 '기氣와 리理' 개념들의 상관관계를 유추해 볼 수 있다.

서경덕은 리理와 기氣의 관계에 대해서, '기氣 밖에 리理는 없다' 하고, 또 '리理는 기氣보다 앞서는 것이 아니다'라고 한다. 그러면서 '리理는 기氣의 주재主宰'라고 하고, 또 '주재主宰라는 것은 기氣

---

32) 『花潭集』 25:14, 「理氣說」. "原其所以能闔闢, 能動靜, 能生克者而名之曰太極. 氣外無理, 理者氣之宰也. 所謂宰非自外來而宰之, 指其氣之用事, 能不失所以然之正者而謂之宰. 理不先於氣. 氣無始, 理固無始."

밖으로부터 와서 이것을 주재主宰하는 것이 아니다'라고 한다. 따라서 이 주재主宰라는 것은 '기氣의 작용이 그러한 법칙의 정당성을 잃지 않게 하는 것을 가리키는 말'이라고 한다.[33] 즉 리理가 기氣를 직접적으로 주재主宰한다는 것이 아니라 기氣의 운동변화 작용을 주재主宰한다는 의미이다.

이렇게 보면 리理는 기氣 없이 홀로 존립할 수 있는 것이 아니라 기氣에 의존하는 개념이고, 또한 리理는 기氣의 주재主宰라는 의미를 갖기는 하지만 그것은 다만 '기氣가 그대로 드러날 수 있게 하는 것'이기도 하다. 리理는 기氣 작용의 법칙法則·근거根據라는 개념을 갖는다. 이는 이미 '기氣 작용의 법칙을 말할 때는 리理'라고 한「원리기原理氣」의 설명에서 나온 개념이다. '법칙·이유', 곧 '소이所以'라는 측면에서 '태극太極'과 '리理'는 상통하는 개념임이 드러난다.

그렇다면 이제 '운동 그 자체'와 '태극太極' 그리고 '기氣와 리理'의 상관관계에 대한 하나의 입론을 설정할 수 있다. 운동 자체와 태극太極의 관계에서 보면, 운동 그 자체 속에서 드러나는 운동의 법칙을 태극太極이라고 할 수 있다. 그리고 기氣와 리理의 관계에서 보면, 기氣 그 자체 속에서 드러나는 기氣 운동의 법칙을 리理라고 할 수 있다. 이러한 점에서 태극太極은 기氣 그 자체는 아니라는 것이 확인된다. 그렇다면 태극太極은 리理라고 할 수 있는가?

---

[33] 그렇다고는 하나 여기서 기의 주재로서 리는 기의 존재를 벗어난 독립적 지위에서 드러나는 것이 아니라는 점에서 어디까지나 기의 속성일 뿐이다. 이때 '주재'의 의미는 리가 기를 주재한다는 말이 아니라 기의 운동변화 작용을 주재한다는 의미가 된다. 이러한 면에서 본다면, 서경덕이 사용하고 있는 '宰'는 정주성리학에서 사용하는 '使之'의 의미와는 다른 점이 발견된다.

서경덕은 태극太極과 리理의 관계에 대해서 '태극太極이 곧 리理'라고 명확하게 밝히고 있지 않다. 이 점이 많은 의혹을 낳게 하는 요인이다. 하지만 태극太極과 리理의 관계를 추론할 수 있는 근거가 전혀 없는 것도 아니다. 「원리기原理氣」에서 서경덕은 태극太極을 선천先天 영역에서 '신神과 성誠'이 가능한 근거로 파악할 뿐만 아니라, 후천後天의 영역에서 '리理와 도道'의 근거로 이해하고 있다. 따라서 태극太極은 '기氣 작용이 가능한 법칙을 담보한 개념'으로서 선천先天과 후천後天에 모두 적용되는 개념이며, 특히 태극太極을 리理와 대비하여 이해한다면 서경덕은 태극太極을 리理를 포괄하는 개념으로 사용하고 있음을 알 수 있다.

　　지금까지의 논의를 정리해 보면, 서경덕이 어찌하여 태극太極 개념을 설정하고 있는지 밝혀지리라고 본다. 정리에 앞서 필자는 선천先天의 영역에서 거론되는 본체本體의 기氣를 본원기本原氣로 설정하고 후천後天의 영역에서 거론되는 현상기現象氣를 유행기流行氣로 설정하여 파악하고자 한다.[34]

---

[34] 성리학자들은 특히 현상계에서 구체적인 존재를 리와 기를 통해서 설명한다. 아울러 이러한 사고의 연장에서 본체계에 대한 설명도 리와 기의 개념을 적용한다. 심지어 인간의 심리현상에 대해서도 마찬가지이다. 그러나 리와 기를 적용하는 방식에 있어서는 학자들 개인간의 입장차이로 인해 서로 다양하게 나타난다. 필자는 성리학자 일반이 사용하고 있는 본체계와 현상계에 대한 리기론적 해석의 틀에서 보다 일반화된 개념을 적용하여 고찰하고자 한다. 왜냐하면 본체를 지칭할 경우 학자에 따라서 리를, 혹은 기를, 혹은 리와 기를 함께 거론하여 매우 복잡한 양상을 띠기 때문이다. 따라서 본체계에서 지칭할 경우, 그것이 '본체의 기'를 나타낼 경우에는 '本原氣'로, '본체의 리'를 나타낼 경우에는 '本原理'로 나타내고자 한다. 마찬가지로 현상계에서 지칭할 경우, 그것이 '현상의 기'를 의미할 경우 '流行氣'로, '현상의 리'를 의미할 경우 '流行理'로 나타내고자 한다. 필자가 사용하려는 이와 같은 용어는 학계에서 일반화된 것은 아니지만, 이 구분법을 적용해 본다면 본체와 현상을 이해하는 성리학자 일반의 사고체계를 좀 더 분명하게 이해할 수 있을 것이다. 이 글에서는 이

서경덕은 기본적으로 우주의 궁극적 근원자로서 본원기本原氣인 선천기先天氣를 말하고 있다. 그가 아무리 태극太極과 리理를 다루고 있다고 하더라도, 서경덕에 있어서는 태극太極과 리理는 기氣에 부속하는 것이다. 따라서 서경덕의 리기론 체계에서는 기氣만이 '유일한 실재'로 설정된다. 기氣라는 점에서만 본다면 본체계本體界와 현상계現象界는 동일하다고 할 수 있다. 그러나 기氣의 본래적 특질을 따진다면, 본체계本體界에서 기氣는 담연허정湛然虛靜한 본원기本原氣로서 '기氣의 체體'이지만, 현상계現象界에서 기氣는 취산聚散의 작용을 하는, 변화 운동하는 가변적인 유행기流行氣로서 '기氣의 용用'이라는 점에서 구별된다. 가변적인 현상現象의 유행기流行氣는 본체本體의 허정虛靜한 태허太虛로 끊임없이 회귀하려 한다.

기본적으로 기론자氣論者들이 기氣를 말할 경우에는 이미 '기氣에 내재內在하는 리理'를 포함한다고 하더라도 서경덕은 이 관계를 보다 정합적으로 설명할 필요성을 느낀 듯하다. 이런 점에서 서경덕은 비록 기氣를 중시하는 기론자氣論者[35]이기는 하지만, 현상계現象界를 설명하면서 기氣가 구체적으로 작용할 때에 드러나게 되는 '리理의 역할'을 언급하는 것이다.

그런데 기氣의 경우에는 체體와 용用의 관계로 선천기先天氣와 후천기後天氣를 자연스럽게 설명할 수 있지만, 후천後天의 현상계現象界에 갑자기 등장하는 리理를 설명할 때는 어려운 문제에 봉착하지 않을 수 없다. 따라서 그는 본체계本體界와 현상계現象界를 포괄하여

기준에 따라 서술할 것이다.
35) 필자는 서경덕을 기론자로 파악한다. 왜냐하면 그가 리기론을 통하여 기뿐만 아니라 리 혹은 태극을 말하고 있더라도, 궁극적인 실체로 기를 상정하고 있기 때문이다.

기氣 작용의 법칙이란 의미로 태극太極을 설정한다. 그 태극太極은 현상계現象界에서 리理로 나타나게 된다. 이런 구도를 통해서, 서경덕은 본체本體의 영역에서 본원기本原氣인 태허太虛와 그 태허太虛 속에 태극太極을 설정하고 있으며, 현상現象의 영역에서는 운동변화하는 유행기流行氣와 유행리流行理를 설정하고 있는 것이다.

그러므로 현상계現象界의 기氣가 구체적인 사물현상의 작용으로 드러날 때 함께 작동하는 리理의 가능적 근거는 바로 본체本體에 예비된 태극太極에 의한 것이라는 설명이 가능하다. 그러나 비록 리理의 가능 근거로서 선천先天의 영역에 태극太極이 설정되어 있다고는 이해되지만, 서경덕의 리기관理氣觀에서 태극太極은 기氣에 부속하는 것이라는 점에서 실재하는 것은 아니다. 결국 서경덕은 본체本體의 영역에서 본원기本原氣인 태허太虛와 함께 기氣 작용의 법칙과 같은 추상적 원리로서 태극太極을 파악하고 있다.

② 후천과 리

서경덕은 선천先天 상태에서 태허太虛로서 기氣뿐만 아니라 이 기氣에 내속하는 법칙으로 태극太極이 함께 있다고 하는 리기무선후理氣無先後의 관점36)을 취하고 있다. 이 관점은 후천後天의 현상계現象界에서도 동일하게 적용된다.

이제 서경덕이 설정한 후천後天의 현상계現象界는 구체적인 사물

---

36) '리기선후'에 대한 서경덕과 이황, 그리고 이이의 견해는 김경호, 「理氣先後 문제에 관한 花潭·退溪·栗谷의 見解와 爭點」, 『退溪學報』 109(退溪學研究院, 2001.4) 참조.

이 생성된다는 점에서 기氣와 리理의 양상이 문제가 된다. 서경덕은 장재와 달리 리理를 일정한 법칙성을 갖는다고 이해하면서 후천後天에서는 태극太極이라는 포괄적인 개념보다 리理라는 구체적인 개념을 사용한다.37)

서경덕은 「원리기原理氣」에서 본체本體의 기氣를 의미하는 본원기本原氣를 '그 크기는 한이 없고, 그에 앞서는 아무런 시작도 없으며, 그 유래는 추구할 수도 없는 맑게 비고 고요한 것'38)이라 이해하고 있다. 즉 선천先天에서의 기氣는 별도의 외재적 존재를 필요로 하는 것이 아닌 스스로 완전한 궁극자로서 존재한다.

비록 서경덕이 본체계本體界에서도 태허太虛뿐만 아니라 태극太極도 언급하면서 리기무선후理氣無先後의 입장을 취하고 있기는 하지만, 선천先天에서 기氣 운동의 잠재적 원리인 태극太極은 '다만 존재할 따름'이다. 그러나 서경덕은 후천後天의 현상계現象界는 선천先天의 상태와는 달리 구체적인 사물의 운동변화가 일어나는 세계로 이해한다. 즉 기氣의 응결凝結과 취산聚散 등이 구체화되는 것이 후천後天이다. 바로 이러한 기氣의 운동변화가 일어나는 시점에서 서경덕은 리理를 언급하고 있다.

그렇다면 후천後天의 기氣는 선천先天의 기氣와 어떠한 차이가 있으며, 선천先天의 영역에서 거론되지 않았던 리理는 어떤 의미를 갖

---

37) 서경덕은 현상계에서 일어나는 기 운동의 법칙을 말할 경우 理라 하고, 그 유행을 말할 경우 道라 한다. 또한 선천에서 기의 미묘함을 말할 경우 神이라 하고, 기의 항상성을 말할 경우 誠이라고 한다. 서경덕은 이 모두를 총괄하여 구비하고 있는 것이 太極이라고 이해한다.
38) 『花潭集』 2:11, 「原理氣」. "其大無外, 其先無始, 其來不可究, 其湛然虛靜."

는가? 이러한 의문을 풀어 가는 단초는 서경덕이 선천先天으로부터 후천後天으로 개벽할 때 언급하고 있는 '리지시理之時'에서 찾아 볼 수 있다.

> 선천은 기이하지 아니한가? 기이하고 기이하다. 오묘하고 오묘하다. 갑자기 뛰어오르기도 하고 갑자기 열리기도 하는데, 누가 그렇게 시키는 것인가? 스스로 그러한 것이고, 스스로 그러하지 않을 수가 없는 것이니, 이것을 '리지시'라고 한다.[39]

서경덕은 운동변화의 가능성을 내재하고 있는 담연허정湛然虛靜한 선천기先天氣로부터 이 기氣의 '스스로 그러한' '자능이自能爾'의 능동성能動性에 의해서, 또 '저절로 작용할 수밖에 없는' '자부득이自不得爾'한 필연성必然性에 의해 후천後天이라는 현상계現象界가 열리게 된다고 이해한다. 이것이 개벽開闢이다. 바로 이러한 구체적인 현상계現象界의 사물들이 구성되는 순간에 리理는 기氣 운동의 원리로 작동한다. 그것이 바로 '리지시理之時'이다. 그렇다면 '리지시理之時'에서의 '리理'는 기氣 운동 변화의 기계적인 필연성을 말하는 것인가? 이럴 경우라면 리理는 기氣의 조리條理에 불과하게 된다. 그러나 '리지시理之時'의 의미는 명확하지 않다. 서경덕은 다른 한편에서는 '기氣의 주재主宰'로서 리理를 말하고 있다.

---

39) 『花潭集』 2:12, 「原理氣」. "先天不其奇乎. 奇乎奇. 不其妙乎. 妙乎妙. 倏爾躍, 忽爾闢, 孰使之乎. 自能爾也, 自不得不爾, 是謂理之時也."

기 밖에 리는 없으니, 리는 기의 주재이다. 주재라는 것은 기 밖으로부터 와서 이것을 주재하는 것이 아니라, 그 기의 작용이 그러한 까닭의 정당성을 잃지 않게 하는 것을 가리키어 이것을 주재라 한다. 리는 기보다 앞서는 것이 아니다. 기도 시작이 없고 리도 진실로 시작이 없다. 만일 리가 기보다 앞서 존재한다고 한다면, 이 기에는 시작이 있는 것이다. 노자는 '허가 능히 기를 생한다'라고 하니, 이렇게 되면 기는 시작과 한계가 있게 된다.[40]

서경덕은 리理와 기氣는 '무선후無先後'이고, 리理와 기氣의 관계에서 리理는 '기氣의 주재主宰'이며, 이때 '주재主宰'란 '기氣가 작용할 때 그 작용의 올바름을 잃지 않게 하는 것'이라고 한다. 여기서 서경덕은 기氣 작용이 구체적으로 일어나는 현상現象의 차원에서 리理의 역할론을 제기하고 있다. 왜냐하면 선천先天의 태허太虛는 담연허정湛然虛靜하지만, 변화무쌍한 후천後天의 기氣는 취산聚散을 통하여 구체적인 사물을 구성하기 때문이다. 따라서 후천後天에서 리理는 선천先天의 상태와는 다르게 기氣의 활동에 대한 일정한 방향성을 제시하는 작용을 하게 된다. 그러므로 서경덕은 기氣가 올바르게 작용할 수 있도록 '리理가 일정한 역할'을 하고 있다는 것을 '기氣의 주재主宰'로 나타내고 있다.

그러나 이어지는 글에서 서경덕은 '리理는 기氣보다 앞서는 것이 아니다'라고 재천명한다. 이것은 리理가 기氣의 올바름을 잃지 않

---

40) 『花潭集』 2:14, 「理氣說」. "氣外無理, 理者氣之宰也. 所謂宰非自外來而宰之, 指其氣之用事能不失所以然之正者而謂之宰. 理不先於氣, 氣無始, 理固無始. 若曰, 理先於氣, 則是氣有始也. 老氏曰, 虛能生氣, 是則氣有始有限也."

도록 주재主宰하는 역할을 하지만, 그 리理라는 것은 기氣와 별개의 또 다른 존재가 아니라는 것이다. 서경덕은 '기氣의 주재主宰로서 리理'는 '기氣에 내재한 리理'에 불과하다는 점에서 기氣의 내재적 원리로 이해하고 있음을 확인하게 된다.

앞서 살펴보았지만, 리理는 기氣 없이 단독으로 존재할 수 있는 것이 아닌 기氣에 의존하는 개념이다. 때문에 능동적인 작용력을 갖는다고 할 수는 없다. 그런 면에서 '리지시理之時'라고 할 때는 기氣 운동의 '필연적 법칙'에 부수한 '조리條理'로서 리理를 의미한다고 볼 수 있다. 그렇지만 여기서 기氣 운동을 '자연이연自然而然'하게 해 주는 '조절자調節者'의 역할도 간과할 수 없다. 따라서 리理는 '주재主宰'·'법칙法則'이라는 점에서 단순히 기氣의 속성으로만 이해할 수도 없는 점이 있다. 또 한편에서 서경덕은 '기氣의 주재자主宰者'로서 리理를 말하면서 동시에 '기외무리氣外無理'라고 하여 이 리理는 기氣를 벗어날 수 없다고 한다. 이렇게 보면 서경덕은 리理를 이해하는 측면에서 이중적인 면모를 드러내고 있다고 판단된다.

이런 점을 고려한다면, 서경덕이 말하고 있는 '리지시理之時'[41]를 해석할 여지가 전혀 없는 것은 아니다. 필자는 '리理'에 대한 서경

---

41) 서경덕의 '理之時'에 대해서 김교빈은 "기 운동의 自然必然의 共存態가 다시 구체화하는 時間性"으로 이해한다. 金敎斌, 「徐花潭의 氣哲學에 대한 考察」, 『東洋哲學硏究』 5(東洋哲學硏究會, 1984), 20쪽 참조. 이상익의 경우에는 배종호·이동준·최일범·전호근의 '理之時'에 대한 해석을 소개하면서 자신은 "리가 기를 주재함으로써 기와 관계를 맺는 때"라고 해석하고 있다. 李相益, 「徐花潭의 理氣論에 대한 재해석」, 『退溪學報』 97(退溪學硏究院, 1998), 81~82쪽 참조. 김충렬은 기 운동의 '自然必然'이 아닌 '自然而然'이라고 이해한다.

덕의 논의를 참고하여 '리지시理之時'의 의미를 해석하고자 한다.

'리지시理之時'는 본체계本體界의 일이 아니라 현상계現象界의 일이다. 이것을 단적으로 표현한 것이 '합벽闔闢'이다. 곧 '선천先天'의 담연무형湛然無形한 혼돈42)의 상태로부터 '후천後天'의 구체적인 세계상이 건설되는 그 순간이 '합벽闔闢'이다. 그 순간은 또한 '리지시理之時'이기도 하다.

선천先天의 기氣는 그 자체로 완전한 것이고, 또한 구체적인 운동의 현상이 없으므로 원리로서 태극太極만을 상정할 수 있을 뿐이다. 그러한 기氣가 변화 운동을 시작할 때, 선천기先天氣의 특성을 그대로 유지할 수도 있고 그렇지 못할 경우도 있게 된다.43) 만일 선천기先天氣의 특성이 그대로 유지된다면 기氣를 조절할 무엇인가는 필요치 않다. 그러나 그렇지 못할 경우, 기氣 운동이 올바름을 잃지 않게 해 줄 무엇인가를 필요로 하게 된다. 서경덕은 그것을 리理로 파악하는 것이다.

따라서 필자는 '리지시理之時'를 '기氣를 조절調節하는', '기氣가 조절調節되는 시기'라고 해석하고자 한다. 여기서 '조절'은 두 측면을 갖는다. '기氣를 조절하는 시기'라고 할 때의 '조절'은 기氣를 조

---

42) 여기서 혼돈이란 무질서를 의미하는 것이 아니라 '가득 차 있으면서 그러나 없는 듯한 상태'를 지칭한다. 김충렬은 선천을 '氣의 廣場'이면서 또 '廣場이 아닌 상태'라고 해석한다.
43) 이와 유사한 논의는 이이의 리기론에서 발견할 수 있다. 이이는 本然之理와 流行之理, 그리고 本然之氣와 所變之氣를 논한다. 本然之理는 구체적인 사물의 세계에서 流行之理가 되더라도 그 본연성을 잃지 않지만, 本然之氣는 參差不齊한 기 운동의 결과 현상세계에서 대부분 본연성을 잃는 所變之氣로 변모한다고 한다. 이런 이유로 이이는 理(本然之理)의 '無所不在'함과 氣(本然之氣)의 '多有不在'함을 통하여 理一分殊와 理通氣局을 말하는 것이다. 이러한 이이의 입장은 서경덕의 一氣長存에 대한 비판이기도 하다.

절하는 주체가 리理가 되므로 '주재主宰'의 의미가 사용되고, '기氣가 (저절로) 조절되는 시기'라고 할 때는 조절의 주체는 기氣이므로 리理는 기氣에 따른 '조리條理'의 의미가 된다. 결국 서경덕의 '리理'를 이해하기 위해서는 그것이 기氣의 '조리條理'라는 측면과 '주재主宰'・'법칙法則'이라는 측면을 동시에 파악해야 하는 부담이 따르게 된다.44)

그러면 후천後天의 현상계現象界에서 기氣는 어떤 위상을 갖는가? 서경덕은 '리지시理之時'의 현상계現象界를 기氣의 취산聚散에 의하여 구체적인 사물이 생성되고 또한 소멸되는 변화의 세계로 파악한다. 이런 의미에서 그는 '역易'을 말한다.45) 그리고 이 일정한 흐름의 과정을 그는 기氣의 취산聚散으로 설명한다. 따라서 서경덕은 생멸의 현상적 시간 속에서 존재하는 모든 것들은 시간적・공간적 속성으로서 형체만 사라질 뿐이고 기氣 그 자체는 없어지는 것은 아니라고 파악한다.46) 현상계現象界의 후천기後天氣는 본체계本體界인 선천기先天氣, 곧 태허太虛로 돌아가는 것이다. 이처럼 서경덕은 기氣를 생멸을 떠나 영원히 회귀하는 존재로 설정하면서 '일기장존一氣長存'을 말하고 있다.

필자는 이와 같은 서경덕의 논의는 현상現象보다는 본체本體 지

---

44) 서경덕이 리를 기에 부속하는 속성의 측면에서 '條理'로 이해하고 있지만 한편으로 기에 일정한 작용을 하는 듯한 '主宰'・'法則'의 개념으로 파악하고 있다는 점을 고려한다면, 서경덕의 제자인 박순이 후일 이이와의 토론에서 '沖漠無朕'을 '理與氣'라고 해석하는 입장은 이미 서경덕으로부터 연원하고 있다고 볼 수 있다. 따라서 이이가 서경덕과 박순을 비판하는 것은 결국 화담학파에서 보이는 '리에 대한 관점'의 애매성을 탈각시키기 위한 논의라고 필자는 이해한다.
45) 『花潭集』 2:14, 「理氣說」. "若外化而語妙, 非知易者也."
46) 『花潭集』 2:15, 「鬼神死生論」. "其氣終亦不散."

향의 철학적 함의를 갖는다고 이해한다. 서경덕은 리理를 설명하면서 기氣와 더불어 '무시무종無始無終'하고 또 기氣를 주재主宰하는 것이라고 하여 주재성主宰性까지 언급함으로써 기철학氣哲學의 체계에서 리理의 역할을 어느 정도 인정한다. 그러나 리理와 기氣는 시간적 선후를 나눌 수 없고 또 리理가 기氣의 주재主宰라고 하더라도, 리理는 기氣 작용의 조리條理라는 점에서 이미 가치 평가의 대상이 될 수 없다. 따라서 가치 평가의 대상을 찾는다면 그것은 리理가 아닌 기氣에 있게 될 것이다. 그렇다고 기氣의 현상적 속성인 음陰과 양陽을 통해서만 가치의 우열이 결정된다는 것은 아니다.[47] 왜냐하면 서경덕이 비록 본체계本體界의 영역인 선천先天과 현상계現象界의 영역인 후천後天을 '기氣'라는 매개로 연결하고 있지만, 선천先天과 후천後天을 구분함으로써 태허太虛인 본원기本原氣와 유행기流行氣를 구분하려는 의식을 드러내고 있기 때문이다.

이러한 점에서 서경덕은 현상계現象界에서 드러나는 기氣 작용의 왜곡을 방지하기 위하여 리理의 역할을 설정하여 리지시理之時라 하면서 현상기現象氣인 유행기流行氣의 끊임없는 본원기本原氣로의 전환을 말하고 있다고 판단한다. 서경덕이 이처럼 '현상기現象氣로부터 본원기本原氣로의 전환'을 말하는 것은 그가 운동 변화하는 가

---

47) 김형찬은 "서경덕의 경우에 기와 리의 우열 관계나 선후 관계는 의미가 없다"고 밝히면서 현상적 기의 측면에서 음과 양이라는 전통적 가치론을 언급하고 있다. 이 점에 대해서 필자는 김형찬의 의견에 동의하지만, 서경덕의 리기론이 갖는 특성을 고려한다면 선천과 후천의 가치구분도 가능하리라고 본다. 따라서 필자는 서경덕의 리기론 체계에서 선천의 湛然虛靜한 太虛 즉 '本原氣'와 후천의 凝結聚散하는 가변적인 기 즉 '流行氣'가 함의하는 바가 다르므로 가치론적으로 구분 가능하다고 이해한다. 金炯瓚, 「理氣論의 一元論化 硏究 : 鹿門 任聖周와 蘆沙 奇正鎭을 중심으로」(고려대학교 박사학위논문, 1996) 37쪽 참조.

변적인 현상계現象界를 부정하는 것은 아니지만, 허정虛靜한 본체계 本體界를 보다 근본적으로 파악한 결과라고 이해한다. 그렇기 때문 에 그는 수양공부론에서도 지경持敬을 강조하면서 동動의 상태보다 는 주정主靜의 '허정虛靜한 상태'를 중시하는 경향을 나타낸다.

(2) 이이의 수용과 비판

이황과 달리 이이는 서경덕의 리기론에 대한 수용과 비판의 재 해석을 통해 자신의 이론을 정립하고 있다. 이 때문에 그의 철학적 색채가 '서경덕과 유사한 기철학氣哲學'이라는 퇴계학파의 비판에 대하여 자유롭지 못한 일면이 있다.[48] 그렇다 하더라도 이이의 리 기철학理氣哲學은 서경덕과 또 다른 '리철학理哲學'의 특징이 분명하 게 드러나고 있다는 점에서 퇴계학파의 비판을 전적으로 수긍하기 는 어려운 점도 있다.

① 서경덕 리기론의 수용 측면

이이가 서경덕을 긍정하는 점은 우선 그가 일관하여 리기理氣를 시간적 선후로 구분하지 않고, 서로 분리되어 있지 않다는 리기불 상리理氣不相離의 관점을 강조하는 데 있다. 리기불상리理氣不相離

---

48) 퇴계학파의 인물들은 이이가 서경덕과 마찬가지로 '리기를 一物로 보아 리를 기로 파악하는 잘못이 있다'고 지적한다.

관점에서 리기무선후理氣無先後를 주장하는 이이와 서경덕은 동일한 입장에 있다고 볼 수 있다. 그러나 이이는 서경덕이 궁극적 실체로 기氣를 상정하고 있다는 점에서는 서로 다른 입장이다. 이이는 본체本體와 현상現象을 리기理氣가 혼재한다고 보고, 본체本體와 현상現象의 이원적 분리를 인정하지 않는다. 그에 따르면 본체本體 가운데 현상現象의 속성이 예비되어 있고, 현상現象 가운데 본체本體의 본질이 들어 있다.[49]

그런데 이이가 서경덕을 높이 평가하고 있는 리기불상리理氣不相離의 관점은 리기理氣를 '하나의 것'(一物)으로 이해하는 것이 아님에도 리기일물理氣一物의 혐의가 있는 것도 사실이다. 실제로 이황이 서경덕을 비판하는 주요한 이유 중의 하나는 그가 보기에 서경덕은 리理와 기氣를 '하나의 것'(一物)으로 파악하는 오류를 범하고 있기 때문이다.

이황의 서경덕에 대한 비판이 이러한 만큼, 서경덕 리기론을 일정 부분 수용하고 있는 이이는 자신의 리기무선후理氣無先後, 즉 리기불상리理氣不相離의 관점이 리기理氣를 동일한 것으로 보는 것이 아님을 명백히 하려 한다. 그는 리기불상리理氣不相離의 관점이 리理와 기氣를 '하나의 것'(一物)으로 보는 것이라는 의심을 해소하기 위하여 오히려 '리기일물理氣一物의 관점'에 대하여 비판한다.

리기일물理氣一物의 관점을 대표하는 인물로 이이는 나흠순(羅欽順, 整菴: 1465~1547)을 지목한다. 나흠순은 리理와 기氣를 분리하여 이물二物로 보는 관점에 반대하여 리기理氣는 '혼연무간渾然無間'하

---

49)『栗谷全書』10:38,「與成浩原」. "本體之中, 流行具焉, 流行之中, 本體存焉."

다고 파악한다.

> '하늘의 도를 세워 음과 양이라고 한다' '한 번 음이 되고 한 번 양이 됨을 일러서 도라고 한다'라는 이 두 말은 각각 몇 글자에 불과할 뿐이지만, 이것은 곧 형이상·형이하가 혼연하여 무간함을 나타내는 것이다. …'도(道)'와 '기(器)'는 나눠지는 것이 아니다.50)

나흠순은 『곤지기困知記』에서 '음양陰陽 그 자체'와 '음양陰陽이 되는 근거'를 각기 분리하여 보는 입장에 반대한다. '음양陰陽'과 '음양陰陽이 되는 근거'를 각기 '기器'와 '도道'라고 하지만, 이 '도기道器'는 혼연무간渾然無間하여 구분할 수 없다는 것이다. 따라서 나흠순은 "내가 비록 총명하지는 않지만 정주程朱의 학문에 종사하여 수년간 되풀이해서 이것저것 자세히 살펴보아 리理와 기氣는 하나라고 여겼는데, 이것은 명도선생明道先生의 말에서 체득한 것이지 내 마음대로 억지로 생각한 것은 아니다"51)라고 하여 리기일물理氣一物의 관점을 보이고 있다. 리理와 기氣는 혼연渾然하기 때문에 서로 구분할 수 없고, 설혹 나눈다 할지라도 그것은 리理와 기氣의 명목상의 구분에 불과하기 때문에 사실적으로 리기理氣는 일물一物이라는 것이다.

이이는 나흠순이 리理와 기氣를 분리하여 서로 다른 별개의 것으

---

50) 羅欽順, 『困知記』 28, 「四續」(中華書局, 1990). "蓋立天之道曰陰與陽, 及一陰一陽之謂道二語, 各不過七八字耳, 卽此便見形而上下渾然無間…蓋道器自不容分也."
51) 『困知記』 附錄, 「答林次崖僉憲壬寅冬」. "僕雖不敏, 然從事於程朱之學也, 蓋亦有年, 反覆參詳, 彼此交盡, 其認理氣爲一物, 蓋有得乎明道先生之言, 非臆決也."

로 보는 리기이물理氣二物의 관점에 반대하여 리기理氣를 '혼연하여 틈새가 없는 상태'(渾然無間)라고 이해한 것은 탁월한 식견이라고 인정한다. 그러나 이이는 비록 나흠순이 리기理氣를 이물二物로 구분하는 것에 대해 반대한 것은 옳지만, 혼연무간渾然無間하다 하여 일물一物로 파악한 것은 '리기일물지병理氣一物之病'에 빠진 오류를 범하고 있다고 지적한다.52) 그러면서 이이는 자신의 '리기불상리理氣不相離'의 관점을 '리기지묘理氣之妙'로 나타낸다.

> 리기의 미묘함은 보기도, 말하기도 어렵다. 리의 근원은 하나일 뿐이요, 기의 근원도 하나일 뿐이다. 기가 유행하여 이리저리 고르지 않으면 리도 역시 이리저리 고르지 않다. 기는 리를, 리는 기를 떠나지 않는다. 이와 같다면 리기는 하나이다.53)

이이는 '리理의 근원'과 '기氣의 근원'은 하나여서 '리理는 기氣를 떠날 수 없고' '기氣는 리理를 떠날 수 없다'고 하여 마치 '리기일물理氣一物'의 관점을 보이는 듯하다. 이것은 나흠순의 견해와 거의 동일하다. 그러나 위 인용문은 '리기理氣가 일물一物'이라는 것을 말하는 것이 아니라, 리기理氣가 서로 섞이지 않는 불상잡不相雜이라는 것을 이이 리기론의 특징적 용어인 '리기지묘理氣之妙'를 통해 설명하려는 데 있다. 따라서 이이는 "리理와 기氣는 서로 떠나지 않아서 흡사 한 물건과 같으나, 그 다른 점은 리理는 무형無形이고 기氣

---

52) 『栗谷全書』 10:8, 「答成浩原」. "至如羅整菴, 以高名超卓之見, 亦微有理氣一物之病."
53) 『栗谷全書』 10:17, 「答成浩原」. "理氣之妙, 難見亦難說. 夫理之源一而已矣, 氣之源亦一而已矣. 氣流行而參差不齊, 理亦流行而參差不齊. 氣不離理, 理不離氣, 夫如是則理氣一也."

는 유형有形이며, 리理는 무위無爲이고 기氣는 유위有爲이다"54)라고 단정한다. 리理와 기氣는 '불상리不相離'하지만 리理는 '무형無形·무위無爲'이고 기氣는 '유형有形·유위有爲'라는 개념적 특성을 갖기 때문에 '불상잡不相雜'하여 서로 구분되는 것이라고 이해한다.

이이는 리기理氣의 '불상잡不相雜'을 인정하면서도, '불상리不相離' '혼융무간渾融無間'에 중점을 두고 리기지묘理氣之妙를 주장하기 때문에 이황의 비판에도 불구하고 서경덕을 옹호한다. 이 때문에 이이는 서경덕의 논의가 비록 기氣에 치중되어 있기는 하지만 "리기理氣가 서로 떠날 수 없는 묘처를 밝게 깨달아 타인의 독서 의양依樣에 비길 바가 못 된다"55)고 하는 비교적 긍정적인 평가를 내린다. 이 평가는 서경덕이 비록 리理를 기氣로 잘못 인식하는 오류를 범하고 있더라도 '자득自得'을 통하여 리理와 기氣는 서로 분리될 수 없다는 것을 깨달았다는 점에 대한 긍정이다. 그리고 한편으로, 서경덕과 같이 스스로의 깨달음(自得)에 의한 체득의 옹호는 독서를 통해서 타인에게 이론적 근거를 의탁(依樣)하고 또한 리기理氣를 분리하여 보는(分開) 이황에 대한 비판이기도 하다.

이이는 기氣 운동을 서경덕과 동일하게 '기자이機自爾'의 용어를 통해 설명한다. 이것은 서경덕의 '기자이機自爾'로부터 영향 받은 것으로 판단된다. 이이는 "음양동정陰陽動靜은 기틀이 스스로 그러할 뿐, 따로 그렇게 시키는 것이 있어서 그런 것이 아니다"라고 설명한다.56) 여기서 '기틀이 스스로 그럴 뿐'(機自爾)이라는 것은 기

---

54) 『栗谷全書』 10:25, 「答成浩原」. "理氣元不相離, 似是一物, 而其所以異者, 理無形也, 氣有形也, 理無爲也, 氣有爲也."
55) 『栗谷全書』 10:38, 「答成浩原」. "其於理氣不相離之妙處, 瞭然目見, 非他人讀書依樣之比."

氣 운동의 능동성과 자율성을 말한다. 즉 '기틀(機)'의 움직임은 기氣 자체 내에 귀속된 것이지 외부의 어떤 계기에 의해서 주어지는 것이 아니라는 점이다.

따라서 기자이機自爾 속에서는 기氣 운동의 '자연성' 혹은 '스스로 그러함'이라는 '능동성' 혹은 '당연성'이 발견되며[57] 다른 외부적인 힘이 강제적으로 운동을 야기하는 것은 아니다. 그렇다면 이것은 자기 동인에 의한 변화운동을 말하는 것이 된다. 이것은 달리 말하면 기氣는 그 자체의 동인에 의하여 변화 운동한다는 것이며, 그런 점에서 리理는 운동하지 않는다는 말과 같다. 이처럼 이이는 '기자이機自爾'를 통해서 기氣의 실제적인 운동을 설명하고 있다. 이 점은 리동理動 혹은 리발理發을 통해 리理의 '움직임을 시사하는' 이황의 입장과는 크게 다르다.

그러나 한편으로 이이는 변화·운동하는 것은 기氣이지만, 그러한 운동이 가능한 근거로서 분명하게 리理를 말하고 있다. 이이는 "음양동정陰陽動靜은 그 기機가 스스로 그러한 것이나 그 음양동정陰陽動靜하는 까닭은 리理"[58]라고 말한다. 기氣가 변화·운동할 수 있는 원인은 리理에 있다는 것이다. 그렇다면 기氣의 변화·운동이라는 측면에서 이이는 서경덕과 동일하게 '기자이機自爾'의 용어를 사용하면서도 어떠한 이유로 그러한 기氣 운동의 '소이연所以然'을 언급하고 있는 것인가? 우리는 여기서 서경덕과 이이의 리기관리

---

56) 『栗谷全書』 10:38, 「答成浩原」. "陰陽動靜, 機自爾也, 非有使之者也."
57) 金敎斌, 「徐花潭의 氣哲學에 대한 考察」, 『東洋哲學硏究』5(東洋哲學硏究會, 1984), 24~27쪽 참조.
58) 『栗谷全書』 10:38, 「答成浩原」. "陰陽動靜, 其機自爾, 而其所以陰靜陽動者, 理也."

氣觀 사이에 드러나는 유사성과 차별성을 동시에 확인할 수 있게 된다.

앞서 살펴보았지만 서경덕은 선천先天으로부터 후천後天으로의 급격한 변화를 기氣 자체의 '스스로 그러한'(自能爾)·'스스로 그러하지 않을 수가 없는'(自不得不爾) '자연이연自然而然'한 본질적인 특성에 의한 것이라고 하면서 '기자이機自爾'를 언급하였다. 그러면서 이러한 후천後天에서의 변화·운동의 과정을 '리지시理之時'로 표현하였다.

필자는 이런 점에서 서경덕이 후천後天의 현상계現象界에서 '기氣 작용의 법칙으로서 리理' 개념을 상정하고 있다는 것을 이미 밝혔다. '법칙으로서 리理' 개념은 이황이나 이이에게 보이는 리理 개념과 별반 차이가 없다. 그러나 서경덕은 리理 개념을 '리지시理之時'에서 보듯이 기氣 작용의 '조리條理'로 파악하는 입장을 보이면서, 한편으로 기氣의 작용이 항상 바름을 유지할 수 있도록 경계하는 '기氣의 주재主宰'로서 리理를 말한다. 결국은 '리理가 기氣보다 앞선 것이 아니다'라고 하여 리理를 기氣에 포함시키게 된다. 이렇기 때문에 서경덕은 변화·운동의 원리성과 변화·운동의 현상을 기氣 자체에서 찾아내는 것이다.

이이가 비판하는 것이 바로 '변화·운동 그 자체와 변화·운동의 법칙을 기氣'에서 찾고 있는 서경덕의 관점이다. 이이는 태극음양太極陰陽은 본유本有한 것으로 '원래 주어져 있는 것'으로 이해한다. 이것은 '이미 주어진 세계' 속에서 기氣 작용 자체는 기氣의 내재적 동인에 의한 것이기는 하나, 그렇게 운동할 수 있게 하는 근본 근거는 태극太極으로서의 리理에 의한 것이라고 이해하고 있음을 보여준다. 아울러 이와 같은 이이의 관점은 리理와 기氣는 불상리不相離하여 구분될 수 없지만, 변화·운동 그 자체는 '기자이機自爾'로서 기氣의 작용에 의한 것이고 운동할 수 있는 근거는 리理이므로, 리理와 기氣는 불상잡不相雜이고 '비리기일물非理氣一物'이라는 것을 보여준다. 곧 리理는 기氣를 통해 드러나는 것이 아니라는 것이다.

이렇게 본다면 이이는 서경덕의 '기자이機自爾' 용어를 사용하고 있기는 하지만 그 용법이 서경덕과 다르다는 것이 드러난다. 이이는 자신의 철학적 입장에 따라 '기자이機自爾'를 해석하여 이미 주어진 세계의 운동·변화는 기氣 자체에 있고, 기氣 운동의 가능적 근거는 기氣 자체에 있는 것이 아니라 그것을 가능하도록 해주는 '소이연所以然으로서의 리理'가 있기 때문이라고 본다. 리理가 있기에 기氣 운동이 가능하다는 것이다. 이 점은 서경덕이 리기론에서 리理를 기氣에 포함시켜 이해하는 관점을 부정하는 것이며, 그런 의미에서 서경덕에게 모호하게 나타나는 리理 개념을 '기氣를 주재主宰하는 리理'로서 확고히 자리매김하는 것이다.

결국 이이는 서경덕의 리理보다는 기氣를 중시하는 입장에서 사용된 각각의 개념들로부터 리理와 기氣의 애매성을 구분해내고 리理의 존재론적 위상을 명확히 하려는 태도를 보여준다. 즉 현상現象에서 운동·변화하는 것은 기氣 작용에 의한 것이고, 그 기氣 작용을 조절調節·주재主宰하는 역할은 리理에 있다는 점에서 '기자이機自爾'라고 하는 서경덕의 개념을 이이는 자신의 입장에서 재해석하는 것이다. '기자이機自爾'에 대한 이이의 재해석은 리기론뿐만 아니라 심성론에서 일관하여 적용되는 기발리승氣發理乘의 명제로 드러나게 된다.

② 서경덕 리기론에 대한 비판

이이가 서경덕과 같이 기氣의 능동성과 아울러 리기理氣의 무선후無先後와 불상리不相離를 강조하고 있기는 하지만, 리理는 추뉴樞紐·근저根柢라는 점에서 기氣보다 앞설 수밖에 없다고 인정한다. 이것이 서경덕과 구별되는 점이다. 이이의 이러한 입장은 서경덕을 가장 잘 잇고 있다고 평가되는 박순(朴淳, 思菴: 1523~1589)과의 태극음양太極陰陽에 대한 논의에서 확인된다.59)

이이는 리선기후理先氣後의 입장에서 본체本體와 현상現象을 모두 리기무선후理氣無先後로 설명하는 서경덕과 박순을 비판한다. 이이가 비록 이치상으로 볼 때 리선기후理先氣後를 인정하고 있다 하더라도 그의 근본적 입장은 리기무선후理氣無先後에 있다. 그렇다면 이이는 어떠한 이유로 리선기후理先氣後의 입장에서 리기무선후理氣無先後의 입장을 비판하는 것인가?

서경덕은 '리기무선후理氣無先後'의 입장을 취하여 리기理氣가 서로 분리되지 않는다는 것을 말하고 있다. 그러나 서경덕은 리기理氣의 관계에 있어 보다 궁극적인 상태는 태허太虛로서 선천先天의 기氣를 상정하고 있다. 이렇게 본다면 유행기流行氣로서의 후천後天

---

59) 박순과 이이의 태극음양에 대한 논의는 모두 3차례의 질의응답을 통해 이루어지고 있다. 주요한 논점은 '만물의 근원처로 무엇을 설정하여야 하는가? 궁극적인 존재는 氣인가, 理인가? 서경덕의 방식으로 이해한 太虛·一氣가 근원적 존재인가, 아니면 이이 방식으로 이해한 理로서 太極을 궁극적 근원자로 보아야 하는가?'의 문제이다. 그리고 이러한 본체에 대한 논의를 통해서 볼 때, '현상과 다른 본체는 실재하는 것인가, 아니면 논리적 구성물에 불과한 것인가? 태극과 음양은 어떠한 존재방식을 갖는가?'의 문제로 귀착된다. 박순과 이이의 본체에 대한 논의는 김경호, 「花潭 本體論과 그에 대한 思菴·栗谷의 論辨」, 『栗谷思想硏究』 4(栗谷學會, 2001.11) 참조.

의 기氣에 비하여 본원기本原氣로서의 선천先天의 기氣를 강조하는 것은 당연한 귀결이다.60)

선천先天인 본체本體에 대한 강조는 서경덕의 제자인 박순에게서 더욱 두드러지게 나타난다. 그는 기본적으로 서경덕의 리기理氣에 대한 관념을 계승하여 후천後天의 세계뿐만 아니라 선천先天의 세계에서도 리기理氣는 무선후無先後한 관계임을 인정한다. 서경덕은 '리불선어기理不先於氣'라는 표현을 통해서 리理와 기氣의 불상리不相離한 측면을 드러내고 있지만 선천先天인 본체本體에서 리理의 존재에 대해서는 명확한 언급이 없다. 서경덕의 다소 미온적인 태도에 반하여 박순은 본체本體를 나타내는 '충막무짐冲漠無朕'을 '리여기理與氣'로 표현하고 '담일허명지기澹一虛明之氣'를 '리역재기중理亦在其中'으로 표현함으로써61) 선천先天의 영역에서 리理를 구체화하고 있다.62) 그렇다 하더라도 이 세계의 궁극적 근원자는 담일청허湛一清虛한 태허太虛의 기氣라는 입장은 변함이 없다.

이이는 리기무선후理氣無先後라는 박순의 입장에 대하여 본체本體인 원두처源頭處를 논리적으로 추론할 경우 리선기후理先氣後라는 입장에서 비판한다. 즉 본체本體인 원두처源頭處와 현상現象인 유행流行

---

60) 이는 '회귀'와 '새로운 운동·변화의 시작'이라 의미를 갖는 '復卦'를 중시하고, 또 수양공부에 있어서는 靜에 치중하는 主靜의 양상을 보이고 있다는 점에서도 확인된다.
61) 『思菴集』 4:10, 「答李叔獻書」. "澹一虛明之氣, 理亦在其中. 雖無形象之可指, 旣曰理氣, 則便是道與器, 何必待具形, 然後始謂之道器乎. 沖漠無朕者, 理與氣也. 動而陽, 靜而陰者, 理與氣也. 沖漠無朕之理氣, 爲天地萬物之理氣, 本是一也, 有何疑焉."
62) 박순의 이러한 입장은 서경덕이 先天의 본체계에서 理氣無先後를 말하면서도 理의 존재에 대해서 분명하게 언급하지 않음으로써 氣의 원리성을 의미하는 개념으로 太極을 말하기는 한다. 실체를 氣로만 파악하려는 태도와 달리, 본체계의 영역에 理와 氣라는 두 실체를 인정하는 관점이다.

의 양 측면에서 리기理氣의 존재방식을 살펴보면 선후가 없지만, 논리적인 측면에서 추론하여 본다면 리理가 기氣보다 앞서 존재할 수밖에 없다는 점을 부각하려는 의도이다. 그러므로 궁극적 근원자는 기氣가 아니며, 결국 선천기先天氣는 궁극적 존재가 될 수 없음을 밝히려는 것이다.

이러한 관점에서 이이는 서경덕과 박순이 선천先天의 기氣라고 지칭한 '담일허명澹一虛明한 기氣'에 대하여, "이른바 담일허명澹一虛明의 기氣라는 것이 음陰입니까? 양陽입니까?"[63]라고 본질적인 질문을 던진다. 이 질문은 후천後天의 현상계現象界뿐만 아니라 선천先天의 본원처本原處에 대하여 리기무선후理氣無先後의 입장을 견지하는 박순의 관점을 비판하기 위한 것이다. 이이는 본원처本原處에서 리기理氣의 관계를 논리적으로 따져 본다면 오히려 리선기후理先氣後가 되어야 하며, 그러할 경우 궁극적인 존재는 기氣가 아닌 리理가 되어야 한다는 의도가 내포되어 있다. 이이는 이 질문을 통하여 박순이 존재의 근원으로 설정한 기氣, 곧 '담일허명지기澹一虛明之氣'라고 언명한 바로 그러한 기氣는 절대적 제일성을 갖지 못하는 부차적 존재라는 점을 드러내고자 하는 것이다.[64]

그러므로 이이는 담일허명지기澹一虛明之氣가 기氣인 이상 어쨌든 음陰과 양陽, 두 성질 중 하나이어야만 한다는 점을 강조한다. 이는 음陰과 양陽, 혹은 양陽과 음陰은 그 자체로 홀로 존립할 수 있는 것

---

63) 『栗谷全書』 9:17, 「答朴和叔」. "所謂澹一虛明之氣, 是陰耶陽耶."
64) 『栗谷全書』 9:17, 「答朴和叔」. "台教所謂澹一虛明之氣, 是陰耶陽耶. 若是陰則陰前于是陽, 若是陽則陽前于是陰, 安得爲氣之始乎. 若曰別有非陰非陽之氣, 管夫陰陽, 則如此怪語, 不曾見乎經傳也."

이 아니고, 상생相生 상극相剋하는 상호 대대적인 것이기 때문에 근원자가 될 수 없다는 것을 논증하려는 것이다. 이이의 의도는 결국 기氣는 근원자가 될 수 없다는 것이고, 박순이 말한 '담일허명지리기澹一虛明之理氣'에서 '담일허명지기澹一虛明之氣'의 면을 탈각시킨 나머지 즉, '담일허명지리澹一虛明之理'만이 근원자가 될 수밖에 없지 않느냐는 것이다. 그러나 박순은 다음과 같이 반문한다.

> 만일 '어찌 태허담일지기가 있겠는가?'라고 한다면, 태극은 허공에 매달려 따로 떨어져 음양을 낳는다는 것인가? 리기는 본래 선후가 없다.65)

박순은 이이가 궁극적인 존재는 리理일 뿐이라고 하자, '태허담일지기太虛澹一之氣'라고 하는 기氣의 측면을 제거하게 될 경우 '태극太極'만이 어떻게 존재할 수 있는가?' 하고 반문한다. 이러한 입장은 후천後天의 '천지지이생天地之已生'과 대비되는 선천先天의 '천지지미생지전天地之未生之前'을 논리적인 측면에서 인정하고, 그러한 조건하에서는 태극太極으로서 리理만이 존재한다고 주장하는 이이의 관점에 대한 이의제기이다. 박순은 실재적인 존재로서 '천지미생지전天地未生之前'을 말하고 있으며 아울러 그러한 상태는 리기무선후理氣無先後의 상태라는 것을 인정해야 하지 않겠느냐는 것이다.

이이는 그렇지 않다고 반박한다. 선천先天의 경우에도 태극太極은

---

65) 『思菴集』 4:11, 「答李叔獻」. "若曰安有太虛澹一之氣, 則太極懸空獨立而生陰陽乎. 理氣本無先後也."

존재하며, 선천先天에서 후천後天으로 개벽開闢할 때, 태극太極은 기氣와 더불어 존재한다. 따라서 태극太極은 음양陰陽의 기氣와 항상 함께 존재하기 때문에 태극太極만이 홀로 존재하지는 않는다고 반론한다.

이러한 측면에서 이이는 장재가 제기한 '청허일대淸虛一大'를 재해석한다. 이이는 장재가 '청허일대淸虛一大'라 하여 현상적 속성을 지닌 기氣의 차원이 아닌 본체本體로서 기氣를 언급한 바로 그 점은, 궁극적인 근원자를 현상적 존재와 동일한 기氣로 설정하고 리理를 도외시한 결과이므로 기일변氣一邊에 떨어졌다고 비판한다. 또 서경덕의 경우에는 장재보다 더욱 기氣의 근원성을 강조함으로써 궁극적 존재를 기氣로 설정하는 잘못을 저지르고 있다는 것이다.

그렇기 때문에 이이는 기氣를 중시하는 서경덕이나 박순 같은 사람들은 '음양추뉴지묘陰陽樞紐之妙'를 제대로 이해하지 못하여 음양陰陽을 추동하게 하는 근거가 태극太極에 있다는 것을 알지 못하게 되었다고 본다. 이는 다시 말하면, '일양一陽이 생기기 전의 기氣가 음陰인 것으로서 음양陰陽의 근본을 삼고 있는 것'과 같다는 것이다. 이이는 현상現象의 존재로써 궁극적 근원자를 삼고 있는 서경덕과 박순을 비판하는 것이다.[66]

이와 같은 맥락에서 이이는 서경덕의 일기장존설一氣長存說 또한 비판한다. 서경덕은 '촛불의 비유'를 통하여 일기一氣의 장존長存을

---

66) 『栗谷全書』 9:18, 「答朴和叔」. "台諭又曰, 然則太極懸空獨立, 此又不然. 前天地旣滅之後, 太虛寂然, 只陰而已, 則太極在陰, 後天地將闢, 一陽肇生, 則太極在陽. 雖欲懸空, 其可得乎. 張子之論, 固爲語病, 滯於一邊, 而花潭主張太過, 不知陰陽樞紐之妙在乎太極, 而乃以一陽未生之前氣之陰者, 爲陰陽之本, 無乃乘聖賢之旨乎."

설명한다. 그는 현상계現象界의 사물이 지닌 물리적 형태의 소멸이 곧 기氣의 '유무有無'를 말하는 것은 아니라고 하여, 현상계現象界에서 기氣가 흩어지면 태허太虛의 본체계本體界로 돌아간다는 의미에서 일기一氣의 불멸성을 언급하고 있다.67)

그러나 이이가 비록 '원기元氣'나 '본연지기本然之氣'를 인정한다고 하더라도, 그는 기본적으로 기氣는 '끊임없이 생겨나 그침이 없는 것'으로 보고, 또한 서경덕이 말하는 '담일청허지기湛一淸虛之氣'와 같은 것은 존재하지 않을 때가 많다고 본다.68) 따라서 이이는 "이미 가버린 기氣는 이미 있는 바가 없으나 서경덕은 곧 일기一氣가 장존長存하여 간 것은 지나간 것이 아니고, 오는 것도 있는 것이 아니라고 여겼으니 이것은 서경덕이 기氣를 리理로 생각한 병이 있게 된 이유"69)라고 분석한다. 그러므로 서경덕의 일기장존설一氣長存說은 부정될 수밖에 없다. 대신 이이는 기氣의 장존長存이 아닌, 무소부재無所不在한 리理의 편재성遍在性70) 곧 리理의 무제약성을 말하고 있다. 이러한 이이의 관점이 확장되어 리통기국설理通氣局說이 도출된다.71)

리통理通이란 리理가 분수分殊에 의해 '분수지리分殊之理' 곧 '유행지리流行之理'가 되더라도 그 본연本然의 묘妙는 그대로 있어서 사물

---

67) 『花潭集』 2:15, 「鬼神死生論」. "大小之聚散於太虛…其氣終亦不散… 一片香燭之氣, 見其有散於目前, 其餘氣終亦不散, 烏得氣之盡於無耶."
68) 『栗谷全書』 10:37, 「答朴和叔」. "湛一淸虛之氣, 則多有不在者也."
69) 『栗谷全書』 10:38, 「答朴和叔」. "已往之氣, 已無所在, 而花潭則以爲一氣長存, 往者不過, 來者不續, 此花潭所以有認氣爲理之病也."
70) 『栗谷全書』 10:26, 「答成浩原」. "理無所不在."
71) 李珥의 '理通氣局說'은 〈2장 4절 '이이 리기론의 정립'〉에서 자세히 언급될 것이다.

의 근거가 된다는 점을 말한다. 그리고 기국氣局이란 기氣의 본연本然이 비록 '담일청허湛一淸虛'하더라도 분수分殊에 의하여 '소변지기所變之氣'가 되면 그 본연성을 잃고 질화質化되어 시공적인 국한성을 띠게 되어 사물세계를 구성하게 된다는 점을 말한다.

여기서 리통理通과 기국氣局은 각기 리일理一과 분수分殊, 더 엄밀히 말하면 리일理一과 기분수氣分殊의 양상을 보이며[72], 이것은 리理는 '무형無形·무위無爲'이고 기氣는 '유형有形·유위有爲'라는 리理·기氣의 개념적 특성을 명백히 보여주는 것이다. 이이는 리통기국설理通氣局說을 통하여 리기理氣의 불상리不相離하면서 불상잡不相雜한 측면을 설명하고 있지만, 기氣의 본체(氣之本體)는 '다유부재多有不在'하여 제한되고(제한성), 리理의 본체(理之本體)는 '무소부재無所不在'하여 어디에나 존재한다(편재성)는 점에서 '리철학理哲學'의 입장을 견지하고 있다. 그러므로 선善을 실현할 수 있는 가능 근거는 '가변적이고 제한적인 기氣'가 아니고 '불변적이고 보편적인 리理'를 통해서 확보된다.[73]

결국 이이는 서경덕이 담일청허湛一淸虛한 기氣가 존재하지 않을

---

[72] 氣一分殊가 가능하려면, 分殊 자체보다는 氣一이 '無所不在'함을 먼저 증명해야 한다. 그러나 이이는 氣之本體는 '多有不在'하다고 명백히 밝힌다. 그런 점에서 氣一分殊나 氣通氣局도 이이의 입장에서는 설명될 수 없는 논리이다. 이이와 달리 기를 궁극적 근원자로 파악하는 서경덕의 경우에는 氣一分殊가 가능하다. 그는 궁극적 존재로 리가 아닌 기를 인정하고, 先天의 本原氣인 氣一로부터 비롯하여 後天의 流行氣로 나타나며, 현상의 流行氣는 다시 본체의 本原氣인 一氣로 돌아간다고 보기 때문이다. 그리고 리는 기 작용의 主宰이기는 하지만 條理로서 파악되기 때문에, 分殊조차도 기의 특성을 나타낸다. 따라서 氣一分殊라고 한다면 氣通氣局이 될 수도 있다.
[73] 장숙필은 理通을 해석하면서 이것이 '本體의 완전함은 불변적임'을 나타낸다 하고, 또한 '善의 근거'가 됨을 밝힌 것이라고 한다. 「율곡 이이의 리통기국설과 인물성론」, 『인성물성론』(한길사, 1994) 72쪽 참조.

때가 없다고만 여기고 그 위에 리통기국理通氣局이라고 하는 한 구절이 있음을 몰랐기 때문에 일기一氣의 장존長存을 말하고 있다고 이해한다.74) 바로 이러한 비판을 통해서 이이는 서경덕이 말하는 태허지기太虛之氣의 보편성 및 불멸성을 부정하고, 궁극적 존재는 리理임을 리통기국설理通氣局說을 통하여 재확인하고 있다.

---

74) 『栗谷全書』 10:37, 「答成浩原」. "以爲湛一淸虛之氣, 無物不在, 自以爲得千聖不盡傳之妙, 而殊不知向上更有理通氣局一節. 繼善成性之理, 則無物不在, 而湛一淸虛之氣, 則多有不在者也...花潭則以爲一氣長存, 往者不過, 來者不續, 此花潭所以有認氣爲理之病也."

3
이황 리기론에 대한 비판적 수용

(1) 이황 리기론의 체계

서경덕은 이황과 이이에게 있어서 중요한 비판의 대상이다. 특히 이황에 있어서는 더욱 그러하다. 왜냐하면 리理를 중시하는 이황철학이 성립하기 위해서 서경덕은 반드시 극복해야 할 대상이기 때문이다. 그러나 아쉽게도 서경덕과 이황의 직접적 논변은 찾아볼 수 없고, 다만 서경덕 이론에 대하여 이황과 이이의 해석이 부분적으로 산견된다.

이황과 서경덕 문인 사이에는 남언경(南彦經, 東岡: 1528~1594)과의 자료가 일부 남아 있고, 서경덕의 이론에 대하여 이황의 문인, 특히 정유일(鄭唯一, 文峯: 1533~1576)과의 문답을 통해서 이황의 서경덕에 대한 이해를 확인할 수 있다. 여기서는 서경덕의 리기론에 대한 이황의 긍정과 부정 두 측면의 이론을 고찰하겠다.

① '허'에 대한 이황의 해석

　이황이 서경덕의 철학적 입장에 대하여 조목조목 비판하고 있긴 하지만 서경덕의 '허虛' 개념에 대해서는 예외적인 태도를 보인다. 이황은 "허虛가 기氣를 낳을 수 있는 허虛라고 한다면, 그 허虛를 리理로 보아도 잘못이 없겠다"[75]라고 하여 이 경우에 있어서는 자신의 관점에서 서경덕의 철학적 입장을 선취하는 경향을 보인다.
　서경덕에 있어서 '허虛' 개념은 현상現象이 아닌 본체本體의 영역에서 사용되는 개념이다. 「태허설太虛說」에서 서경덕은 자신이 생각하는 '허虛'의 의미를 다음과 같이 밝힌다.

　　태허는 허하면서 허하지 않으니 허는 곧 기이다. 허라는 것은 끝도 없고 밖도 없으니, 기도 끝이 없고 밖도 없다. 이미 허라고 했으니 어떻게 기라고 할 수 있는가? 허정은 기의 체요, 모였다가 흩어지는 것은 기의 용이다. 허가 허가 되지 않음을 안다면 이것을 무라 할 수 없을 것이다.[76]

　서경덕은 '허즉기虛卽氣'라 하여 텅 빈 듯한 공간을 가득 채우고 있는 것이 바로 기氣라고 정의하고, 이 허虛와 기氣를 '무궁무외無窮無外'라 하여 시간적으로나 공간적으로 한계 지을 수 없다고 이해한다. 그리고 '텅 빈 듯함'(虛)과 그 '텅 빈 공간의 고요함'(靜)을 기

---

75) 『退溪全書』 25:36, 「答鄭子中別紙」. "虛能生氣之虛, 若作理字看, 則無害."
76) 『花潭集』 2:14, 「太虛說」. "太虛虛而不虛, 虛卽氣. 虛無窮無外, 氣亦無窮無外. 旣曰虛安得謂之氣. 曰虛靜氣之體, 聚散其用也. 知虛之不爲虛, 則不得謂之無."

氣의 체體로, 기氣의 '모이고 흩어짐'(聚散)을 용用으로 파악한다.

이처럼 서경덕은 본체本體에서 기氣의 무시간성과 무제한성을 '허즉기虛卽氣'로 나타내고 있는 것이다. 그러나 이때의 허虛는 감각적으로 파악될 수 없다고 하여도 아무 것도 없는 '무無'는 아니다. 따라서 서경덕은 '유생어무有生於無', '허능생기虛能生氣'라고 하는 노자의 입장에 대하여, 이는 '허虛가 곧 기氣'라는 것을 알지 못했기 때문이라고 비판한다.[77] 서경덕에게서 '무無'는 '무궁무외無窮無外한 허虛'를 의미하며, 이 허虛는 다름 아닌 기氣이다. 그렇다면 이황은 허虛를 어떻게 이해하고 있는가?

> 대개 진실해서 허망함이 없는 것으로 말한다면 천하에 리보다 더 진실한 것이 없고, 소리도 없고 냄새도 없는 것으로 본다면, 천하에 리보다 더 허한 것이 없다.[78]

> 지극한 허이면서 지극한 실이요, 지극한 무이면서 지극한 유이다.[79]

위 인용문은 이황이 리理를 정의하는 내용이다. 이황은 여기서 '리理'를 '허虛'로 이해하고 있다. 이황은 본원本源의 리理를 '지극한 허虛이면서 지극한 실實' 혹은 '지극한 무無이면서 지극한 유有'라 표현하고, 또 '소리도 없고 냄새도 없는 점에서 말하면 천하에 리理

---

77) 『花潭集』 2:14, 「太虛說」. "老氏曰, 有生於無, 不知虛卽氣也...又曰, 虛能生氣, 非也."
78) 『退溪全書』 25:22, 「與鄭子中別紙」. "蓋自其眞實無妄而言, 則天下莫實於理, 自其無聲無臭而言, 則天下莫虛於理."
79) 『退溪全書』 16:46, 「答奇明彦·論四端七情第二書別紙」. "至虛而至實, 至無而至有."

보다 더 허虛한 것은 없다'고 하여 허虛를 리理로 이해한다. 이러한 이황의 관점은 기대승(奇大升, 高峯: 1527~1572)이 '리理를 허虛라고 할 수 없다'고 비판함에도 불구하고 하나의 신념처럼 일관되게 유지한다.[80]

서경덕이 말하는 허虛를 이황의 이해 방식대로 연결한다면, 허虛를 리理로 대치할 수 있고, 그렇다면 리理가 능히 기氣를 낳는 것이 되며, 이것은 이황이 리기理氣를 이해하는 근본 논리가 된다. 그러나 서경덕은 이황과 달리 허虛가 기氣를 낳을 수 있는 것이 아님을 분명히 밝힌다.[81] 그렇다면 이황은 어떤 이유에서 서경덕의 허虛에 주목한 것일까?

이황이 '허虛가 기氣를 낳을 수 있는 허虛라면'이라고 단서를 달고 있기는 하지만, 그는 허虛를 리理로 이해하고 있다. 이것은 서경덕이 본체本體에서 궁극적 근원자로 태허太虛인 기氣를 설정하여 이를 선천先天이라 하고, 현상계現象界는 그러한 본체本體에서 기氣 작용으로 생성된 세계라 하여 이것을 후천後天이라 한 것에 대해 이황이 재해석하는 것이다. 즉 '허虛'·'리理'라고 하는 궁극적인 본체本體와 '기氣'·'리理'가 혼재된 가변적인 현상現象을 구분하여 이해하려는 것이다.

따라서 양상은 다르지만 현상現象과 본체本體를 분리하려는 점에서 서경덕철학과 이황철학이 접목될 가능성을 발견하게 된다.[82]

---

80) 이황이 虛를 理로 보아야 한다는 입장은 『退溪全書』 16:39~41, 「答奇明彦論四端七情第二書」後論, 『退溪全書』 25:22~23, 「與鄭子中別紙」에 자세히 언급되어 있다.
81) 『花潭集』 2:14, 「太虛說」. "虛能生氣, 非也."
82) 이와 같은 서경덕과 이황의 지향은 修養工夫論에서 지속적으로 발견된다. 즉 이황과

서경덕은 기氣를 매개로 하여 현상現象의 후천後天과 본체本體의 선천先天을 연결하고 있지만, 현상現象의 취산聚散·변화變化하는 유행기流行氣와 다른 본체本體의 허정虛靜한 본원기本原氣가 실재한다고 이해한다. 그러므로 현상現象의 가변적인 유행기流行氣보다는 본체本體의 허정虛靜한 태허太虛로서의 본원기本原氣를 중시한다는 점에서 서경덕은 본체本體를 더 강조한다고 볼 수 있다.

서경덕과 이황이 비록 궁극적인 존재로 서로 다른 기氣와 리理를 인정하고 있기는 하지만, 이들은 모두 현상現象보다는 본체本體를 중시한다는 점에서는 동일한 입장에 있다고 할 수 있다. 이 점은 이들의 수양공부에서 주정主靜의 태도를 우선시하는 것에서도 확인된다.

② 이황의 서경덕 리기론 비판

이황은 기氣보다는 리理를 중시하는 입장에서 서경덕의 기氣 중심의 리기론을 비판한다. 이황에 따르면, 리理와 기氣는 선후先後가 있을 것 같으면서도 실제로 그 선후先後를 나누기 어려우나, 사물이 존재하기 이전에 리理가 이미 갖추어져 있기 때문에 원리·법칙으로서 리理는 사물생성 이전에 존재한다고 이해한다.

따라서 이황은 서경덕이 '추하고 얕은 형기形氣의 일면에 떨어져' 리기理氣를 일물一物로 여기고,[83] 또한 본체本體에서조차 '리불

서경덕은 已發보다는 未發을, 動보다는 靜을, 現象보다는 本體를 강조하는 경향을 보인다.
83) 이황은 『退溪全書』 41:21, 「非理氣爲一物辯證」을 통하여 서경덕과 서경덕 문하의 李

선어기리理不先於氣'와 '기외무리氣外無理'[84]의 입장을 취하면서 리기무선후理氣無先後를 주장하는 것은 큰 병폐라고 지적한다. 이황은 나아가 서경덕이 리理라는 근원적 존재를 부정하고 대신 기氣를 그 위치에 놓음으로써 '리理를 기氣로 인식'하거나 혹은 '기氣를 가리켜 리理'[85]라 잘못 이해하고 있다고 본다. 이는 리기理氣를 명확하게 구분하여 파악하지 못한 결과라는 것이다.

서경덕이 이해한 기氣의 운동성에 대해서도 이황은 비판적이다. 서경덕은 기氣의 운동성을 '기자이機自爾'로 설명하는데, 이황은 이 '기자이機自爾'의 개념에 대하여 반대한다. 이황은 기氣의 운동능력에 관하여 그것을 기氣 자체의 본질적인 속성으로 파악하지 않고 리理에 의한 것으로 이해한다. 따라서 "비약하는 움직임은 기氣의 작용이지만 비약케 하는 까닭은 리理 때문"[86]이라 하여 운동의 법칙을 기氣가 아닌 리理에서 구하고 있다.

이러한 이황의 견해는 기氣보다 먼저 존재하는 리理에 이미 동정動靜이 있으므로 기氣에도 동정動靜이 있는 것이고, 리理에 동정動靜이 없다면 기氣에도 동정動靜이 있을 수 없다는 입장으로 이어진다. 또한 손발이 움직이는 동작이나 혹은 보고 듣는 감각기능을 다만 기지묘처氣之妙處라 하여 간단히 기氣에 국한하여 설명해 버리고 리理를 고려하지 않은 서경덕의 입장은 편향된 것이라고 비판하게

球 등을 羅欽順과 더불어 비판하고 있다.
84) 『花潭集』 2:14, 「理氣說」. "氣外無理."
85) 『退溪全書』 14:08, 「答南時甫」. "因思花潭公所見於氣數, 一邊路熟, 其爲說, 未免認理爲氣, 亦或有指氣爲理者."
86) 『退溪全書』 40:13, 「答僑姪問目中庸」. "其飛其躍, 固是氣也, 以所以飛所以躍者, 乃是理也."

된다.[87] 이처럼 이황은 운동의 능력이나 감각기능을 단지 기氣의 작용으로만 설명한 서경덕의 입장을 비판하면서 운동의 근거를 리理에서 찾고 있다.

기氣의 '취산聚散'과 '유무有無'에 대한 문제도 이황이 서경덕을 비판하는 중요한 논점이다. 서경덕은 기氣는 '모이고(聚) 흩어짐(散)'은 있으나 이 기氣는 없어지는 것은 아니라고 본다. 왜냐하면 이 세계는 단지 형체가 있고 없는(有形無形) 현상으로 나타나지만, 일기一氣의 차원에서 보면 후천後天의 기氣는 태허太虛 자체에 있는 것이기 때문이다. 이것이 서경덕의 일기장존설一氣長存說이다.

서경덕이 비록 리理와 기氣의 무선후無先後를 주장하고 있다고는 하나, 그는 기氣의 취산聚散을 통하여 일기장존一氣長存을 설명함으로써 기氣를 영속永續하는 근원자로 파악하고 있다. 그러나 서경덕은 리理에 대해서는 후천後天에서 비로소 '리지시理之時'라고 언급하여 기氣와는 다르게 이해하는 면을 보여준다.[88]

서경덕에 있어서 선천先天의 기氣인 태허太虛, 즉 본원기本原氣는 공간적으로나 시간적으로나 그 어떤 것에 의해서도 제한되지 않는 존재이다.[89] 따라서 기氣 작용을 주재主宰할 어떠한 근거도 요구되지 않는다. 여기서 서경덕의 리기理氣 관계에 대한 기본 관점이 리기무선후理氣無先後임을 고려한다면, 본원기本原氣인 태허太虛에서 리

---

87) 『退溪全書』 25:36, 「答鄭子中別紙」. "手持足行目視耳聽, 花潭但謂氣之妙處, 而不歸之於理, 固是偏也."
88) 『花潭集』 2:12, 「原理氣」. "先天不其奇乎. 奇乎奇. 不其妙乎. 妙乎妙. 倐爾躍, 忽爾闢, 孰使之乎. 自能爾也, 自不得不爾, 是謂理之時也."
89) 『花潭集』 2:11, 「原理氣」. "其大無外, 其先無始, 其來不可究, 其湛然虛靜."

理는 다만 존재할 따름일 뿐 아무런 역할도 하지 못한다는 것을 알 수 있다.[90]

그러나 후천後天의 현상계現象界는 기氣의 취산聚散에 따라 존재하는 유한한 생멸生滅의 세계이다. 따라서 후천後天의 상태에서 리理는 기氣 활동에 일정하게 개입하게 된다. 그러므로 서경덕은 후천後天에서 구체화되는 기氣 운동의 조리條理가 리理이며, 이 리理가 드러나는 단계를 '리지시理之時'라고 표현하는 것이다.

이와 같은 '리지시理之時'의 설정에 대하여 이황은 서경덕이 기氣가 아닌 리理에 오히려 '유무有無'가 있는 것으로 이해하고 있다고 판단한다. 즉 서경덕이 말하는 리理는 선천先天에서는 아무런 작용도 하지 못하고 또 그 존재 여부도 확인할 수 없다가 후천後天에서야 비로소 '조리條理'로 드러나게 되므로, 이렇게 된다면 없던 것이 생겨나는 것과 같다는 것이다. 그러나 이황은 리理에는 '유무有無'가 없고 다만 기氣에만 '유무有無'가 있다고 본다. 따라서 이황은

---

[90] 여기서 주의할 점은 서경덕이 本體의 영역에서 理라는 용어를 사용하고 있지 않다는 점이다. 서경덕이 理를 언급하는 것은 구체적으로 後天의 영역에 한정된다. 그러나 서경덕은 「原理氣」에서 "氣 작용의 법칙을 말할 경우 그것을 理라 하고, 氣 작용의 미묘한 법칙을 말할 때는 神이라 하고, 氣 작용의 자연스럽고 진실함을 말할 때는 誠이라 하고, 氣가 약동하여 유행함을 말할 때는 道라 하며, 총괄하여 구비되지 않음이 없음을 말할 때는 太極"이라고 한다.(語其所以曰理, 語其所以妙曰神, 語其自然眞實者曰誠, 語其能躍以流行曰道, 總以無不具曰太極) 또 「原理氣」에서 神과 誠은 先天의 영역에서, 理와 道는 後天의 영역에서 각각 언급되고 있다. 따라서 神·誠의 先天의 영역뿐만 아니라 理·道의 後天의 영역을 포괄하여 太極이라고 하는 점을 미루어 보아 太極은 先天뿐만 아니라 後天의 氣 작용의 원인성을 의미하는 개념이라고 추측된다. 이렇게 본다면, 서경덕은 本體인 太虛의 영역에서는 理를 말하고 있지 않지만, 本原氣(太虛)의 원리성·법칙성을 나타내는 理의 측면으로 太極을 잡아내고 있다는 점에서 先天의 本體界와 後天의 現象界를 일관하여 理氣無先後의 관점에 서 있음을 확인할 수 있다.

'기氣의 유무有無'에 대하여 다음과 같이 밝힌다.

> (서화담이) 이른바 '모임과 흩어짐은 있으나 유와 무가 없다'고 한 것은 매우 정밀하다고 하겠으나, 또 스스로 '그 기가 흩어져 천지의 기와 더불어 혼합하여 칸살이 없다'고 말한 이 몇 가지는 의심할 만하다. 무릇 리는 본래 유와 무가 없으나 오히려 유와 무로 말할 수 있는 것이 있으니, 이를테면 기의 경우에는 이르러서 펴지고, 모여서 형상을 이루게 되면 유가 되고, 돌이켜 돌아가 흩어져 사라지면 무가 되는 것이다. 어찌 유와 무가 없다고 하겠는가? 기가 흩어지면 자연히 소진되어 사라지는 것이지, 반드시 천지의 기와 완전히 혼합하여 칸살이 없기를 기다린 연후에 사라지는 것은 아니다.91)

이황의 입장에서 보면 리理는 우주의 근원적 실재이기 때문에 유무有無를 초월한 것이지만, 기氣는 현상적인 존재이기 때문에 제한된다. 따라서 리理는 어디에나 존재하는 반면에 기氣는 서로 모여서 형백形魄이라는 구체적인 형태를 가질 경우에만 현실적으로 존재하게 된다. 기氣는 흩어지게 되면 단시간에 사라지지 않는다 하더라도92) 영속할 수 없는 유한한 것에 불과하다. 그렇기 때문에

---

91) 『退溪全書』 25:21, 「答鄭子中講目」. "所謂有聚散而無有無者, 爲甚精, 又自云, 其氣却散, 而與天地之氣, 混合無間, 此數處爲可疑. 蓋理本無有無, 而猶有以有無言者, 若氣則至而伸, 聚而形爲有, 反而歸散而減爲無. 安得謂無有無耶. 氣之散也, 自然消盡而泯減, 不待必與天地之氣混合無間而後就泯也."
92) 『花潭集』 2:15, 「鬼神死生論」. "聚散之勢, 有微著久速耳."

기氣는 불멸不滅한다고 할 수 없다는 것이다. 따라서 이황은 기氣는 생멸生滅·소멸消滅하는 것이라고 단언한다.

결국 이황은 서경덕이 기氣에는 유무有無가 없고 리理에 마치 유무有無가 있는 듯이 말하고 있지만, 오히려 리理는 유무有無가 없고 기氣에 유무有無가 있기 때문에 일기一氣가 장존長存한다는 서경덕의 견해는 잘못된 것이라고 비판한다.93) 이러한 이황의 서경덕 비판은 근본적으로 본체本體의 영역에서 리기무선후理氣無先後를 설정하면서 한편으로 기氣를 궁극적인 존재로 파악하는 것에 대한 비판이며, 따라서 근원자는 기氣가 아닌 리理라는 것이다. 이는 곧 이황이 리理를 기氣보다 우선시하는 리선기후理先氣後의 입장에 서 있음을 보여준다.

정리하자면 이황의 서경덕 비판의 요지는 결국 서경덕이 본체本體의 면에서 리기무선후理氣無先後라 하여 비록 리理의 존재를 부정하지는 않지만, 근원적 존재로 기氣를 설정하고 현상계現象界에서는 리理의 존재를 다만 기氣 운동의 조리條理로만 인정하고 있다는 점에 대한 비판이다. 이황은 이러한 비판을 통하여 본체계本體界의 유일한 근원자로서 리理를 재확립하고, 아울러 본체本體뿐만 아니라 현상現象에 있어서도 리理가 기氣를 주도主導·주재主宰하는 입장을 견지하면서 리理의 능동성과 자발성을 강조하는 입장을 전개한다. 이것이 이황의 리기론에서는 리동理動으로 나타나고94), 심성론에

---

93) 서경덕의 一氣長存에 대하여 이황은 南彦經에게 그것이 輪廻說과 비슷하다고 공박한다. 『退溪全書』 14:07, 「答南時甫」. "花潭則以爲眞有, 其物聚則爲人, 物散則在空虛, 迭成迭壞, 而此物, 終古不滅, 此與一箇大輪廻之說, 何擇歟."
94) 『退溪全書』 25:35, 「答鄭子中別紙」. "蓋理動則氣隨而生, 氣動則理隨而顯."

서는 리발理發로 나타나게 되는 것이다.95)

(2) 이이의 수용과 비판

이황과 이이는 태극太極을 형이상자形而上者인 리理로, 음양陰陽을 형이하자形而下者인 기氣로 파악한다. 또한 리기理氣 관계에 있어서도 불상리不相離와 불상잡不相雜의 관점을 수용하고 있다는 점에서 정주성리학의 연장에 있다. 그리고 이황과 이이는 서경덕의 리기론에 대하여 '인기위리認氣爲理'의 관점에 빠져 있음을 지적하면서, 궁극적 근거로 리理를 상정하고 있음도 동일하다.

이처럼 리理와 기氣에 대한 기본적 사고에서는 이황과 이이가 동일한 입장에 서 있다고 할 수 있지만, 리理와 기氣에 대하여 가치론적 우열을 상정하는 점96)과 리기理氣의 불상리不相離·불상잡不相雜을 이해하는 관점에서 서로 다른 측면에 치중하고 있다는 것97) 등에서는 차이가 난다. 그러나 리기론에서 이황과 이이가 구별되는 가장 큰 특징은 무엇보다도 본체本體에 대한 그들의 인식이다.98)

---

95) 『退溪全書』 16:32, 「答奇明彦論四端七情書」改本. "四則理發而氣隨之, 七則氣發而理乘之."
96) 『退溪全書』 30:17, 「答李達李天機」. "理極尊無對, 命物而不命於物故也."
97) 이황은 주희의 在物上看과 在理上看의 관점을 통하여 사물현상에서 리기는 나눌 수 없으나 도리상·이치상에서 볼 때는 리와 기는 엄격히 분리된다고 본다. 그리고 "기는 있지 않을 때가 있으나 성은 항상 있다"(『退溪全書』 41:21, 「非理氣爲一物辨證」. "氣有不在, 性却常在")라고 하여 기는 존재하지 않은 때가 있으나, 성(리)은 기가 없이도 홀로 존재할 수 있다고 본다는 점에서 그는 理氣決是二物의 관점을 위주로 한다. 이것은 리기를 分開해서 보려는 입장이며, 그러한 점에서 이황은 리기의 不相離보다는 不相雜의 관점에 서 있다고 볼 수 있다.

이황은 본체本體에서는 리선기후理先氣後이고, 유행流行의 현상現象에서는 리기무선후理氣無先後라고 하여 현상現象과 본체本體를 각기 다른 차원으로 이해하고 있다. 반면 이이는 본체本體와 현상現象을 일관하여 리기무신후理氣無先後를 언급하고 있다. 이이가 비록 사물존재의 소이연所以然을 궁구할 때, 리선기후理先氣後를 인정하고 있기는 하지만, 리기理氣에 대한 그의 기본적 관점은 무선후無先後하다는 점에 있다.

따라서 이이는 서경덕을 비판하던 입장과는 다른 리기무선후理氣無先後의 입장에서 이황의 리선기후理先氣後의 논리를 비판한다. 즉 이황이 본체本體와 현상現象을 각기 리선기후理先氣後와 리기무선후理氣無先後라고 이분二分하여 파악하는 관점에 대하여 이이는 본체本體와 현상現象을 리기무선후理氣無先後로 이해하는 입장에서 비판한다.99) 이러한 이황과 이이의 본체本體에 대한 인식의 차이는 근본적으로 태극음양太極陰陽과 동정動靜에 대한 이해에서 비롯한다.

태극太極과 음양陰陽의 관계에 대해서 이황은 주돈이 주희의 이해방식을 보다 구체화한다. 그는 태극太極의 동정動靜은 바로 태극太極 자체가 스스로 동정動靜하기 때문100)이라고 하여 태극太極의

---

98) 김경호, 「理氣先後 문제에 관한 花潭·退溪·栗谷의 見解와 爭點」, 『退溪學報』 109집 (退溪學研究院, 2001) 212~218쪽 참조.
99) 이이는 현상뿐만 아니라 본체의 경우에도 리기는 단독으로 존재할 수 없다고 이해한다. 이런 점에서 太極陰陽本有를 말한다. 이는 곧 理氣無先後라는 것이다. 그러나 이이는 리기가 서로 분리되어 있는 것은 아니라 하더라도 이러한 리기가 존재하는 근원을 추론하여 본다면 '리가 기보다 앞선다'고 하는 理先氣後의 입장을 보여준다. 왜냐하면 리는 樞紐根柢이기 때문이다. 그렇다 하더라도 리기는 사실상 不相離의 존재양상을 띤다고 본다. 따라서 이이는 理氣本有의 근본적인 관점을 전제로 하여 현상에서는 理氣無先後라 하고, 본체에서는 理先氣後라 하는 이황의 理氣觀을 비판하는 것이다.

운동성을 말하면서, 자신의 태극음양관太極陰陽觀을 설명한다.

> 주자가 일찍이 '리에 동정이 있기 때문에 기에 동정이 있다'고 하였으니, 만일 리에 동정이 없다고 한다면 기에 어찌 동정이 있겠는가? 대개 리가 동하면 기가 따라서 생기고 기가 동하면 리가 따라서 드러난다. 주렴계가 '태극이 움직여 양을 낳는다'고 한 것은 바로 '리가 움직여 기를 낳는다'는 것을 말하는 것이다.101)

이황은 이 인용문에서 자신의 창의적인 '태극생음양관太極生陰陽觀'을 보여 주고 있는데, 그 이론적 근거를 다름 아닌 주돈이가 말한 '태극太極이 움직여 양陽을 낳는다'는 것과 주희가 말한 '리理에 동정動靜이 있기 때문에 기氣에 동정動靜이 있다'는 것에 두고 있다. 이황도 '리理에 동정이 있다'라고 한 주희의 이론이 매우 함축적이고 다양한 해석의 여지가 있음을 알고 있지만, 그럼에도 그는 그 리理의 동정動靜을 실제적인 차원에서 파악하고자 한다. 따라서 기氣의 움직임·운동은 리理의 움직임 때문에 가능한 것이고, 태극太極이 음양陰陽을 낳는 것처럼 리理가 기氣를 낳는 관계로 이해하는 것이다. 이것이 이황의 '태극생음양太極生陰陽' 혹은 '리생기理生氣'의 입장이다.

이렇게 본다면 주희가 '리理에 동정動靜이 있다'는 명제를 제시하

---

100) 『退溪全書』 13:17, 「答李達李天機」. "太極自動靜也."
101) 『退溪全書』 25:35, 「答鄭子中別紙」. "按朱子嘗曰, 理有動靜, 故氣有動靜, 若理無動靜, 氣何自而有動靜乎. 蓋理動則氣隨而生, 氣動則理隨而顯. 濂溪云, 太極動而生陽, 是言理動而氣生也."

고도 그 의미를 분명하게 밝히지 못했던 것을 이황은 자신의 입장에서 독자적으로 해석하여 '리동理動'을 추론하고 있다. 이처럼 리理에 대한 운동의 가능성을 열어 놓았다는 점에서 이황의 이론은 성리학의 이론직 발전을 가져왔다고도 볼 수 있다.102)

그러나 한편으로 이황의 리동理動에 대한 논의는 리理의 무위無爲 혹은 무조작無造作이라고 하는 성리학의 기본적 전제에 상치하는 견해이다. 이황도 이러한 문제점을 모를 리 없기 때문에 리동理動에 대한 이론적 정립을 시도하고 있는데, 이것을 리理의 체용體用을 통해 해명한다.103)

결국 이황은 주희의 '리유동정理有動靜'을 자신의 체계 속에서 재해석하여 리동설理動說을 제시함으로써 리理의 활동성을 인정하고, 이러한 근거를 태극太極인 '리理가 음양陰陽인 기氣를 생성한다'(理生氣)고 하는 태극생음양관太極生陰陽觀에서 찾고 있음을 볼 수 있다. 이와 같은 이황의 입장은 태극太極과 음양陰陽에 대한 논의를 재해석하면서 존재의 근원성을 태극太極에서 찾고 있다는 증거이며, 그러므로 태극太極과 음양陰陽은 존재론적으로 선후가 나뉘는 태극선음양후太極先陰陽後의 관계, 곧 리선기후理先氣後의 관계가 설정된다.

그렇다면 이이는 태극음양太極陰陽의 동정動靜에 대하여 어떻게 이해하고 있을까? 이이는 태극太極과 음양陰陽의 관계에 대하여 '본

---

102) 윤사순은 이황이 '太極生兩儀說'을 통해서 "理에 動靜이 있다"는 주희의 명제를 재해석함으로써 '理動'의 개념을 추론하고 있다고 이해한다. 尹絲淳, 『退溪哲學의 硏究』 (고려대출판부, 1980), 52~53쪽 참조.
103) 『退溪全書』 39:38, 「答李浩問目」. "朱子嘗曰, 理有動靜, 故氣有動靜, 若理無動靜, 氣何自而有動靜乎. 知此則無此疑矣. 蓋無情意云云, 本然之體, 能發能生, 至妙之用也…理自有用, 故自然而生陽生陰也."

래 있는 것'(本有)이라고 하는 관점을 제시한다. 그는 주돈이가 말한 "태극이 움직여 양을 낳고 고요해지면 음을 낳는다"는 명제에 대해 그것은 음양陰陽이 본래 없다가 태극太極에 의해서 생성되는 것이 아니라는 점을 분명히 한다.104)

이이는 태극음양太極陰陽에 대한 논의가 정리되지 못하는 가장 큰 이유는 『주역周易』의 「계사繫辭」에서 '태극太極이 양의兩儀를 낳는다'는 구절에 대한 구체적인 설명이 없었기 때문이라고 지적한다.

> 성현의 설도 과연 미진한 곳이 있다. 이것은 다만 '태극이 양의를 낳는다'고만 말하고 '음·양은 본래부터 있는 것이요 처음으로 생긴 때가 있는 것이 아니다'라는 것을 말하지 않았기 때문이다.105)

이이는 '태극太極이 양의兩儀을 낳는다'는 것에 그칠 것이 아니라, '음양陰陽은 본래 있는 것이어서 처음 생기는 때가 있는 것은 아니다'라고 하는 문구를 추가했더라면 불필요한 오해의 여지는 없을 것이라고 확신한다. 이이의 이와 같은 생각은 태극음양설太極陰陽說에 있어 태극太極과 마찬가지로 음양陰陽은 어느 한 순간에 생긴 것이 아님을 분명히 하는 것이다. 왜냐하면 음양陰陽은 본유本有한 것으로서 음陰·양陽의 양단은 끊임없이 순환하여 본래 그 시초라는

---

104) 『栗谷全書』 10:21, 「答成浩原」. "周子曰, 太極動而生陽, 靜而生陰, 此二句, 豈有病之言乎. 若誤見則必以爲陰陽本無, 而太極在陰陽之先, 太極動然後陽乃生, 太極靜然後陰乃生也. 如是觀之, 大失本意, 而以句語釋之, 則順而不礙."
105) 『栗谷全書』 9:18, 「答朴和叔」. "聖賢之說, 果有未盡處. 以但言太極生兩儀, 而不言陰陽本有, 非有始生之時故也."

것이 없기 때문이다.106) 그러므로 이 음음陰이 다하면 양양陽이 생기고, 또 양양陽이 다하면 음음陰이 생겨 한 번은 음음陰이 되었다가 한 번은 양양陽이 되었다가 하지만, 태극太極이 거기에 있지 않을 때가 없다107)고 파악한다.

이는 태극太極이란 음양陰陽과 더불어 있고 음양陰陽도 태극太極과 더불어 있다는 의미로, 태극太極과 음양陰陽은 본래부터 동시적으로 존재한다는 것이다. 이이는 태극太極이란 리理로서 음양陰陽인 기氣와 동시적으로 존재하는 것이기 때문에 시간적 선후를 나눌 수 없으며, 그러한 점에서 태극太極과 음양陰陽은 생성론적生成論的 관계가 아니라 내재적內在的 관계로 파악함을 알 수 있다.

이처럼 태극음양太極陰陽의 관계에서 이이는 이황이 제기한 '태극생음양太極生陰陽'을 부정하고 '태극음양본유太極陰陽本有'를 주장한다. 이러한 관점의 연장에서 이이는 '리유동정理有動靜'에 대해서도 이황과 다른 해석을 하게 된다. 즉, '리유동정理有動靜'이란 '리理가 동정動靜에 있다'는 말이지 리理 자체가 동정動靜하는 것은 아니라고 이해한다.108) 왜냐하면 리理는 '형이상자形而上者'로서 '무형무위無形無爲'하기 때문이다.

따라서 이황이 말하고 있는 형이상자形而上者인 리理의 운동성을 부정하고, "음양동정陰陽動靜은 기氣가 스스로 그러할 뿐이지 누가 시켜서 그러한 것이 아니다"109)라고 하여 동정 자체는 음양陰陽의

---

106) 『栗谷全書』9:19, 「答朴和叔」. "陰陽兩端, 循環不已, 本無其始."
107) 『栗谷全書』9:19, 「答朴和叔」. "陰盡則陽生, 陽盡則陰生, 一陰一陽, 而太極無不在焉."
108) 『栗谷全書』10:26, 「答成浩原」. "陽之動則理乘於動, 非理動也, 陰之靜則理乘於靜, 非理靜也."

기氣에 의한 것임을 분명히 한다. 바로 음양陰陽이 동정動靜하는 것은 리理의 동정動靜에 의한 것이 아니라 기氣가 스스로 그러할 뿐이라는 것이다. 따라서 '기틀이 스스로 그러할 뿐'(機自爾)이며 '그렇게 시키는 것이 있는 것도 아니며'(非有使之) 또한 '저절로 그러한 상태'(自然而然爾)일 뿐이다.110)

이제 이이는 "양陽의 움직임이란 리理가 움직임에 타는 것이지 리理가 움직인다는 것이 아니요, 음陰의 고요함이란 리理가 고요함에 타는 것이지 리理가 고요하다는 것이 아니다"111)라고 말한다. 리理가 동정動靜함에 따라 음양陰陽이 동정動靜하는 것이 아니라 음양陰陽의 동정動靜이라는 기氣의 작용성에 의해 리理는 단지 '동정動靜에 타는 것'(乘於動靜)에 불과하다고 본다. 이와 같은 견해는 태극太極인 리理의 운동성을 철저히 부정하고 오직 음양陰陽인 기氣만의 운동성을 인정하는 태도이다. 이이는 '리유동정理有動靜'을 리理가 동정動靜에 타는 것에 불과하다 하여 이황이 제기한 리동설理動說을 전면적으로 부정한다. 이렇게 되면 이황이 현상現象에서 리理와 기氣의 관계를 리기무선후理氣無先後라고 이해하는 방식과는 달리 본체本體의 차원에서 제기한 태극선음양후太極先陰陽後, 즉 리선기후理先氣後라는 이해 방식도 부정될 수밖에 없다.

이황은 태극太極인 리理는 음양陰陽인 기氣보다 앞서 존재하며, 또한 태극太極인 리理는 기氣라는 의존적 근거 없이도 존재할 수 있는

---

109) 『栗谷全書』 10:26, 「答成浩原」. "陰陽動靜, 機自爾也, 非有使之者也."
110) 『栗谷全書』 14:56, 「天道策」. "愚未知其孰使之然也, 不過曰自然而然爾."
111) 『栗谷全書』 10:26, 「答成浩原」. "陽之動, 則理乘於動, 非理動也, 陰之靜, 則理乘於靜, 非理靜也."

초월적 실재로 파악하는 경향을 보여준다.112) 그러므로 그는 본원本原의 세계에서 리선기후理先氣後라고 이해하는 것이다. 그러나 이이는 본원本原의 세계라 할지라도 태극太極과 음양陰陽은 시간적 선후와 같은 차별적인 생성의 관계에 있지 않기 때문에 신후先後 관계로 파악할 수 없다고 이해한다.

> 음양은 처음도 없고 끝도 없고 바깥도 없으며, 일찍이 움직이지도 않고 고요하지 않을 때도 없다. 한 번 움직이고 한 번 고요하고 한 번 음이 되고 한 번 양이 됨에 리가 있지 않음이 없기 때문에, 성현이 우주의 근원을 밝히려는 논의도 다만 태극은 음양의 근본이라고 한 것에 불과하여 그 실상에 있어서는 본래 음·양이 생기지 않고서 태극이 홀로 있을 때는 없다.113)

이러한 이이의 이해는 태극太極을 초월적 실재로 파악하지 않으며 단지 음양陰陽의 관계 속에서 태극太極을 파악하고 있음을 드러낸다. 따라서 '본래 음양陰陽이 생기지 않고서 태극太極이 홀로 있을 때는 없다'고 말하는 것이다. 이는 태극太極이란 리理로서 음양陰陽인 기氣와 동시적으로 존재하며, 이 태극太極과 음양陰陽은 태극太極이 음양陰陽을 낳는, 즉 시간적 선후에 의한 발생發生·분화分化라고 하는 생성론적生成論的 관계가 아니라 내재적內在的인 관계에 있다는

---

112) 尹絲淳, 『退溪哲學의 硏究』(고려대학교 출판부, 1980), 48쪽 참조.
113) 『栗谷全書』 9:18, 「答朴和叔」. "陰陽無始也, 無終也, 無外也, 未嘗有不動不靜之時. 一動一靜一陰一陽, 而理無不在, 故聖賢極本窮源之論, 不過以太極爲陰陽之本, 而其實本無陰陽未生太極獨立之時也."

이이 심성론의 리기론적 기초 95

의미가 된다.

결국 이황이 본체本體의 측면에서 리선기후理先氣後의 관점에서 입론한 태극생음양太極生陰陽과 리동理動의 이론은 이이가 바라보는 '태극음양본유太極陰陽本有'의 관점에서 비판되고 있다. 이이는 태극음양太極陰陽의 본체本體의 측면에서 리理와 기氣는 시간적 선후先後가 있는 것이 아니라는 점을 분명히 하고, 운동의 속성을 기氣에 한정하면서 리기무선후理氣無先後를 일관되게 견지한다.

이처럼 이이의 리기무선후理氣無先後의 관점은 서경덕과 이황에 대한 수용과 비판의 재해석을 통하여 보다 명확한 이론 틀로 구축된다. 이러한 과정에서 그만의 독특한 철학적 특징이 드러나게 되는데, 그것이 바로 그의 철학체계에서 리기론뿐만 아니라 심성론에 일관되게 적용되는 기발리승氣發理乘과 리통기국설理通氣局說이다.

4
이이 리기론의 정립

　이이는 서경덕과 이황의 리기론을 비판적으로 수용하면서 자신의 리기론을 정립한다. 이이 리기론의 특징적인 면모는 리기理氣 관계를 '리기지묘理氣之妙'로 파악하는 점에서 잘 드러난다. 그리고 리理와 기氣는 작용상의 면에서 기氣가 운동함에 따라 리理가 기氣에 타게 된다는 기발리승氣發理乘의 이론으로 구체화된다. 이이는 이러한 리기지묘理氣之妙와 기발리승氣發理乘을 근거로 성리학의 주요명제 중 하나인 리일분수理一分殊를 재해석함으로써 리통기국理通氣局이라고 하는 자신의 최종적인 리기관理氣觀을 천명하게 된다.

(1) 리기지묘와 기발리승

　이이는 리기理氣의 불상리不相離를 강조하는 서경덕과 마찬가지로 리기理氣의 본유本有·본합本合이라는 '원불상리元不相離'의 입장에서 리理와 기氣를 결시이물決是二物로 보고 리기선후理氣先後로 나누는 이황의 입장을 비판한다. 이것은 리기理氣가 서로 다른 정의적 특성을 갖는다는 점에서는 구분되는 것(理氣不相雜)이기는 하지만, 실질적으로 서로 구분할 수 없는 것(理氣不相離)을 강조하는 입장이다. 바로 이런 점에서 리기理氣는 '혼연무간渾然無間'하고 '원불상리元不相離'하기 때문에 이물二物이 아니지만, '혼연지중渾然之中'에도 '불상잡不相雜'하므로 일물一物도 아니라는 입장이다.

이이는 이와 같은 리理와 기氣의 불상리不相離·불상잡不相雜한 관계를 '묘妙'로 파악하여 리기지묘理氣之妙라고 한다.114) 여기서 '묘妙'라고 표현한 것은 리理와 기氣에 대한 본질적 파악은 '사실'에 대한 인식의 범주를 넘어서는 '직관直觀'의 영역임을 보여준다. 따라서 리기지묘理氣之妙라고 하는 새로운 언표는 리理와 기氣의 '혼융무간渾融無間'하며 또한 '불상리不相離', '불상잡不相雜'한 구조를 이이 자신의 직관적인 사유언어로 재구성하여 표현하는 것으로 볼 수 있다.

사실 '묘妙'라는 글자는 형식논리를 통하여 명쾌하게 해명할 수 없지만 그렇다고 부정할 수도 없는 경우에 사용되는 직관적인 표현이다. 주희의 경우에도 '태극太極'이나 '무극無極'을 '음양오행陰陽五行'과 결부시켜 설명할 때 '묘妙'라는 글자를 사용하여 '본연지묘本然之妙'115)·'태극지묘太極之妙'116)라는 표현을 하고 있다. 이이는

---

114) 황의동은 理氣之妙의 연원 및 의미를 한국유학의 전개와 관련하여 고찰하고 있다. 黃義東, 『栗谷哲學硏究』(經文社, 1987) 26~43쪽 참조.
115) 『朱子語類』 65:21, 「易一」, 陰陽. "皆是天地本然之妙元如此, 但略假聖人手畫出來."

태극太極과 음양오행陰陽五行이 혼융무간渾融無間한 상태, 즉 리기理氣의 결합상태를 묘합妙合이라고 표현한다.117) 그러면서도 이이는 리기理氣의 관계를 '묘합妙合'이라고 하였을 때 발생할 수 있는 오해의 소지를 예견하여 다음과 같은 주의를 잊지 않는다.

> 리와 기는 원래 서로 떠나지 못하는 것인데 어찌 합하겠는가? 혼융하여 틈이 없으므로 묘합이라고 한 것이니 역시 융통성 있게 보아야 한다.118)

이이는 '합合'이라고 할 경우 원래 서로 분리되어 있던 리理와 기氣가 특정 시점에 결합된 것이라고 볼 수 있는 오해의 소지를 염려한다. 따라서 리기理氣가 혼융무간渾融無間하다는 점을 '묘합妙合'이라고 정의한다. 이것은 비록 '합合'이라는 표현을 쓰고 있다고는 하지만, 이로 인하여 리기理氣의 분리 상태를 상정해서는 안 된다는 것이다. 일물一物도 아니면서 이물二物도 아닌 리기理氣의 관계를 나타내는 것이 바로 리기지묘理氣之妙이다. 이이는 리기지묘理氣之妙를 '일이이一而二·이이일二而一'로 설명한다.

> 리라는 것은 기의 주재요 기라는 것은 리가 타는 것이다. 리가 아

---

116) 『朱子語類』 94:50, 「周子之書」太極圖. "太極之妙, 未嘗不在焉. 此所謂所乘之機, 無極二五所以妙合而凝也."
117) 『栗谷全書』 20:40, 「聖學輯要」2 窮理章. "妙合者, 太極二五本, 渾融而無間也."
118) 『栗谷全書』 20:40, 「聖學輯要」2 窮理章. "理氣元不相離, 豈有合哉. 只是渾融無間, 故妙合, 亦可活看."

니면 기는 뿌리내릴 곳이 없고, 기가 아니면 리는 의지할 데가 없다. (리와 기는) 이물도 아니요, 또한 일물도 아니다. 일물이 아니기 때문에 하나이되 둘이요, 이물이 아니기 때문에 둘이되 하나이다.119)

리理가 비록 기氣의 주재主宰라 하더라도 기氣가 없으면 그 스스로는 존립할 수가 없다. 기氣도 또한 리理 없이는 존재할 수 없다. 이와 같이 리기理氣는 불상리不相離하면서도 불상잡不相雜한 관계이기 때문에 '이물二物'도 아니면서 또한 '일물一物'도 아니다. 이이는 이것을 '일이이一而二, 이이일二而一'로 표현한다. 그렇다고는 하나 '일이이一而二, 이이일二而一'이라는 이이의 언명에서 문제가 되는 것은 '일一'은 무엇을 말하고 '이二'는 어떤 의미를 지니며, 이 '일一'과 '이二' 양자는 '이而'를 매개로 어떻게 해석되어야 하는가 하는 점이다.120)

---

119) 『栗谷全書』 10:2, 「答成浩原」 壬申. "大理者, 氣之主宰也, 氣者, 理之所乘也. 非理則氣無所根柢, 非氣則理無所依著. 卽非二物, 又非一物, 非一物. 故一而二, 非二物, 故二而一也."
120) '一而二, 二而一'에 대하여 현상윤은 "理氣는 二면서 一이오, 一이면서 二인 것이다. 그리하여 理氣는 최초부터 동시에 존재하고 또 영원무궁하게 相離치 않는 것이다"라고 이해한다. (玄相允, 『朝鮮儒學史』, 114쪽 참조.) 이을호는 이와 관련된 이론들을 소개하면서 문제의 소재는 '二'보다는 '一'에 있으며 아울러 접속사인 '而'에 있다고 밝힌다. 결국 "一과 二라는 것은 대립된 두 개의 존재가 아니라 현상으로서 관계상황으로 이해"해야 하며, '而'는 "A와 B라는 상호 이질적 관계의 접속사"로서 "A와 B는 '而'에 의하여 同時 同所性을 지니게 되기" 때문에 "A와 B가 一에의 指向이 可能"하게 된다고 본다.(李乙浩, 「一而二의 구조적 성격」, 『韓國思想의 本質과 栗谷學』, 栗谷思想硏究院, 1978, 147~175쪽 참조) 필자는 논리적인 측면에서 볼 때 '一'과 '二'는 명백히 구별되는 것임에도 존재론적인 측면에서 보면 '一'과 '二'는 분리될 수 없는 것으로 보기 때문에 송석구의 "理와 氣는 一物이되 二物이요, 二物이되 一物이다"라고 한 해석을 따랐다.(『栗谷의 哲學思想硏究』, 螢雪出版社, 1987, 78쪽 참조)

일一이라는 동일성의 차원에서 이二라는 차별성의 차원이 동시적으로 존재한다는 것은 쉽게 납득할 수 없는 것 또한 사실이다. 이이의 '일이이一而二·이이일二而一'이라고 하는 설명 방식은 형식논리로는 받아들일 수 없는 모순이다. 이이도 이것을 모를 리 없었을 것이다. 그가 리기理氣 관계를 '일이이一而二, 이이일二而一'로 나타낸 것은 리理와 기氣의 관계를 함축적인 언어문자로 표현하는 것에는 한계가 있다는 점을 보여준다. 따라서 리기지묘理氣之妙는 쉽사리 이해되거나 파악할 수 있는 것이 아니므로 '난견難見·난설難說'121)이라 실토하고 있다. 이이는 '리기불상리理氣不相離'와 '리기불상잡理氣不相雜' 두 가지 설을 합하여 완색(合二說而琓索)할 때 비로소 리기지묘理氣之妙의 의미를 파악할 수 있다고 말한다.122) 이것은 언어문자를 넘어서는 활연관통豁然貫通의 단계, 즉 활간活看을 통한 직관적直觀的인 체득體得의 경지를 상정하는 것이다. 곧 리기에 대한 인식론적 앎에 한정하는 것이 아니라 직관적 체험에 의한 '직각적直覺的 깨달음'까지 포함한다.

이러한 '직관적인 체험의 방식'을 통하여 이이는 이황의 견해를 리기이물理氣二物의 관점이라고 이해하여 '리기선후지병理氣先後之病'이 있다고 비판한다.123) 그리고 나흠순에 대해서는 그가 비록 리理와 기氣를 분리하여 이물二物로 파악하지 않은 점은 탁월한 식견이었지만, 리기理氣를 일물一物로 보는 '리기일물지병理氣一物之病'이

---

121) 『栗谷全書』 10:17, 「答成浩原」. "理氣之妙, 難見亦難說."
122) 『栗谷全書』 20:59, 「聖學輯要」窮理章. "合二說而琓索, 則理氣之妙, 庶乎見之矣."
123) 『栗谷全書』10:08, 「答成浩原」附問書. "退溪之精詳謹密, 近代所無, 而理發氣發隨之說, 亦微有理氣先後之病."

있다고 지적한다.[124]

이제 이이는 리기理氣가 불상리不相離하면서도 불상잡不相雜하다고 하는 리기지묘理氣之妙의 관계성을 전제로 리기理氣의 발출현상을 설명한다. 이 발출현상은 기발리승氣發理乘의 개념으로 정식화된다. 기발리승氣發理乘의 개념은 분개分開에 치중한 이황의 리기호발理氣互發을 부정하는 이론이기 때문에 이황과 이이 성리학의 차별성이 극명하게 드러나는 결절점이기도 하다. 이이는 이황이 호발설互發說의 근거로 들고 있는 호유발용互有發用의 입장과 이것을 소주所主로 나누어 파악하는 것에 대하여 비판한다.

> 리는 형이상자요, 기는 형이하자이다. 이 둘은 서로 떨어질 수 없는 것이니 이미 서로 떨어질 수 없다고 한다면 그 발용은 한가지일 뿐이어서 '서로 발용함이 있다'고 할 수 없다. 만약 '서로 발용함이 있다'고 한다면, 이것은 리가 발용할 때에 기가 혹 미치지 못하는 경우도 있고, 기가 발용할 때에 리가 혹 미치지 못하는 경우도 있는 것이다. 이렇다면 리와 기는 '흩어짐과 모임'이 있고 '앞과 뒤'가 있으며, 동정에 '단서'가 있고 음양에 '시작'이 있는 것이니 그 오류가 적지 않다.[125]

이이는 리기불상리理氣不相離의 입장을 들어 '발용發用은 하나'이

---

124) 『栗谷全書』 10:08, 「答成浩原」. "至如羅整菴, 以高名超卓之見, 亦微有理氣一物之病."
125) 『栗谷全書』 10:12, 「答成浩原」. "理, 形而上者也, 氣, 形而下者也. 二者不能相離. 旣不能相離, 則其發用一也, 不可謂互有發用也. 若曰互有發用, 則是理發用時, 氣或有所不及, 氣發用時, 理或有所不及也. 如是則理氣有離合, 有先後, 動靜有端, 陰陽有始矣, 其錯不小矣."

며, 만일 호유발용互有發用을 인정하게 될 경우에 리理는 무위無爲한 것이 아니라 유위有爲한 것이 되므로 형이상자形而上者가 될 수 없다고 본다. 또한 리기理氣가 호발互發한다고 하면 리기불상리理氣不相離·리기무선후理氣無先後·동정무단動靜無端·음양무시陰陽無始를 말할 수도 없게 된다. 따라서 리기理氣는 "무선후無先後, 무이합無離合"이기 때문에 호발互發은 불가한 것이다.126)

이처럼 이이가 이황의 호발설互發說을 철저히 부정하고 다만 '기발리승일도氣發理乘一途'를 주장하는 근거는 '리무위理無爲', '기유위氣有爲'127)라고 한 성리학의 리理와 기氣의 개념 정의에 있다. 이이는 리理라고 하는 것은 운동성이 철저히 배제된 현상배후의 주재성의 원리라고 보고 있으며, 기氣만이 운동성을 가진다고 파악하는 것이다. 이이는 기발리승氣發理乘을 다음과 같이 해석한다.

'기가 발하여 리가 탄다'는 것은 무엇을 말하는 것인가? 음이 정하고 양이 동하는 것은 기틀이 스스로 그러한 것이요, 시키는 것이 있는 것이 아니다. 양이 동하면 리가 동에 타는 것이요, 리가 동하는 것이 아니며, 음이 정하면 리가 정에 타는 것이지 리가 정한 것이 아니다. 그러므로 주자는 "태극이란 것은 본연의 묘리요, 동정이라는 것은 이것이 타는 기틀이다"라고 하였다. 음이 정하고 양이 동하는 것은 그 기틀이 스스로 그러한 것인데, 음이 정하고 양이 동하는 그 근거는 리이다. 그러므로 주렴계는 "태극이 동하여 양을

---

126) 『栗谷全書』 10:05, 「答成浩原」. "非氣則不能發, 非理則無所發, 無先後無離合, 不可謂互發."
127) 『栗谷全書』 10:26, 「答成浩原」. "理無爲, 而氣有爲, 故氣發而理乘."

생하고, 정하여 음을 생한다"고 하였다. 이른바 "동하여 양을 생하고 정하여 음을 생한다"는 말은 그 미연에 근원하여 말한 것이요, "동정은 이것이 타는 기틀이다"라는 말은 그 이연을 보고서 말한 것이다. 동정에는 끝이 없고 음양에는 처음이 없으니, 리·기의 유행은 모두 이연한 것뿐이다. 어찌 미연한 때가 있겠는가. 이러하기 때문에 천지의 조화와 우리 마음의 발함이 모두 기가 발하여 리가 타지 않는 것이 없다.[128]

기氣의 운동은 바로 '기자이機自爾'이다. 그것은 '비유사지자非有使之者'이기도 하다. 따라서 음양陰陽인 기氣가 동動하고 정靜함에 따라 리理는 그 동動하고 정靜한 기氣에 타는 것(乘載)[129]이지 리理 자체가 동動하고 정靜한 것은 아니다. 리理는 본래 무위無爲이기 때문이다. 그러나 동정動靜을 가능케 하는 근원은 리理에 있다. 이처럼 리理와 기氣는 서로 별개의 것으로 존재하는 것은 아니다. 리기理氣는 본유本有한 것이다. 이러하기 때문에 이이는 '태극太極…본연지묘야本然之妙也', '동정動靜…소승지기所乘之機'라는 것은 이연已然의 현상계現象界를 말한 것이고 '태극동이생양太極動而生陽', '정이생음靜而生陰'이라는 것은 미연未然의 궁극처를 말한 것이라 이해한다.

---

128) 『栗谷全書』 10:26, 「答成浩原」. "氣發而理乘者, 何謂也. 陰陽動靜, 機自爾也, 非有使之者也. 陽之動, 則理乘於動, 非理動也, 陰之靜, 則理乘於靜, 非理靜也. 故朱子曰, 太極者本然之妙也, 動靜者所乘之機也. 陰靜陽動, 其機自爾, 而其所以陰靜陽動者, 理也. 故周子曰, 太極動而生陽, 靜而生陰. 夫所謂 動而生陽, 靜而生陰者, 原其未然而言也, 動靜所乘之機者, 見其已然而言也. 動靜無端, 陰陽無始, 則理氣之流行, 皆已然而已, 安有未然之時乎. 是故天地之化, 吾心之發, 無非氣發而理乘之也."
129) 『朱子語類』 94:20, 「周子之書」太極圖. "乘, 如乘載之乘."

결국 이연已然의 현상계現象界에서 다양한 사물의 생성과 변화의 양상을 초래하는 것은 바로 리기理氣의 유행流行 때문이며, 이는 기발氣發일 뿐이다. 따라서 이황이 말하는 것처럼 기발氣發 이외에 리발理發이 따로 가능한 것은 아니다. 이와 같은 이해를 통해서 이이는 리발理發·기발氣發의 호발설互發說을 부정하고 기발리승일도氣發理乘一途라고 단언한다.

그런데 기발리승氣發理乘의 양상에 있어서 하나의 의문점이 발생할 수 있다. 그것은 다름 아니라 기氣가 정지하고 있을 때 어떻게 기발리승氣發理乘이 가능한가라는 것이다. 즉 기氣가 움직일 때에는 당연히 '탄다'(乘)는 글자를 놓을 수 있기 때문에 '기발리승氣發理乘'이라고 할 수 있다. 그러나 만일 기氣가 움직이지 않고 정지 상태라고 한다면 과연 '탄다'(乘)라고 말할 수 있을까? 이이는 제자와의 문답에서 다음과 같이 밝힌다.

> 문: 『태극도』의 주에서는 '동과 정이라는 것은 태극이 타는 기틀이다'라고 하였는데, 제 의견으로는 "기가 발하면 리가 올라탄다"고 한 것은 기가 움직일 때에는 원래 당연히 '탄다'는 글자를 놓을 수 있지만 그것이 정지할 때에는 아마 '탄다'고 말할 수 없을 것 같습니다.
> 답: 리와 기는 원래 서로 떠날 수 없는 것이므로 그렇게 말한 것이다. 이것을 사람(人)과 말(馬)에 비유하면 (사람이) '말을 타고 가는 것'도 탔다(乘)고 말하고, '말을 타고서 가지 않는 것'도 또한 탔다고 말하는 것과 같다.[130]

이 질문은 기발리승氣發理乘이라고 할 때 기발氣發과 리승理乘이라는 두 개의 층위를 어떻게 보아야 하는가에 대한 문제 제기이다. 곧 기발리승氣發理乘을 리理와 기氣의 시간적 선후를 구분하는 것이라는 관점을 적용할 수 있는가의 여부를 묻는 것이다. 만일 기발氣發과 리승理乘을 각기 독립된 층위로 본다면 기발氣發과 리승理乘에는 시간적 선후가 있게 되며, 시간적 선후를 말할 수 있다면 이는 곧 선기발후리승先氣發後理乘이 되므로 리기理氣는 불상리不相離라고 할 수 없게 된다.

이이도 이 점을 의식하고 리기지묘理氣之妙의 관점에서 기발리승氣發理乘을 설명을 하면서, 이것을 성리학자들이 즐겨 사용하는 '인승마人乘馬'의 비유를 들어서 말한다. 즉 사람과 말은 서로 구분되지만(不相雜) 사람이 말을 타고 있는 상태는 사람과 말을 따로 구분하여 볼 수 없다는 것(不相離)이다. 이러한 설명이 가능한 것은 이이가 밝혔듯이 기발리승氣發理乘은 '이연已然의 상태'를 말한 것이기 때문이다. 따라서 이이는 다음과 같이 기발리승氣發理乘을 설명한다.

> 이른바 기발리승이란 것은 기가 리에 앞선다는 것이 아니다. 기는 유위요, 리는 무위이니, 그 말이 그렇지 않을 수 없다.[131]

---

130) 『栗谷全書』 31:10, 「語錄」上. "問太極圖註曰, 動靜者所乘之機, 愚意以爲, 氣發而理乘之云者, 於氣之動底, 固當下乘字, 而於其靜底, 恐不可謂之乘也. 曰理氣元不相離, 故如是云云. 譬之於人馬, 則騎馬而行者, 謂之乘, 騎馬而不行者, 亦謂之乘也."

131) 『栗谷全書』 10:27, 「答成浩原」. "所謂氣發理乘者, 非氣先於理也. 氣有爲而理無爲, 則其言不得不爾也."

즉 기발氣發을 리승理乘의 앞에 놓았다고 해서 '기氣가 리理에 앞서 발하고 이어서 리理가 그 기氣를 탄다'고 하는 기선리후氣先理後의 의미가 아니라는 것이다. 이는 기氣의 유위성有爲性을 통해 리理의 무위성無爲性이 드러나게 되므로 부득이하여 기발리승氣發理乘이라고 한 것뿐이다. 이이는 기발리승氣發理乘의 논리를 보다 쉽게 이해하기 위한 방편으로 '물과 그릇'의 비유를 통하여 다음과 같이 설명한다.

> 그릇이 움직일 때 물이 움직이는 것은 기가 발할 때 리가 타는 것이요, 그릇과 물이 함께 움직이나 그릇의 움직임과 물의 움직임에 다름이 있지 않음은 리기가 호발하는 것의 구분이 없는 것과 같다. 그릇이 움직이면 물이 반드시 움직이나 물이 스스로 움직이지 못함은 리는 무위요, 기는 유위인 것과 같다.132)

'물'을 리理에 비유하고 '그릇'을 기氣에 비유하여 리기호발理氣互發의 불가함과 기발리승氣發理乘의 가능함을 동시에 설명하고 있다. '물'인 리理는 무위無爲이기 때문에 스스로 발하여 움직일 수 없고 '그릇'인 기氣는 유위有爲이기 때문에 '물'이 '그릇'과 함께 움직인다. 그러나 여기서 호발互發의 설명이 가능하려면 '물'이 움직이는 것과 '그릇'이 움직이는 것의 차이가 있어야 함에도 그러한 차이는 없다는 것이다. 따라서 '물과 그릇'이 함께 움직일 수 있는 것은 리

---

132) 『栗谷全書』 10:14, 「答成浩原」. "器動而水動者, 氣發而理乘也. 器水俱動, 無有器動水動之異者, 無理氣互發之殊也. 器動則水必動, 水未嘗自動者, 理無爲而氣有爲也."

기리氣가 불상리不相離하기 때문임과 동시에 기氣가 발하여 리理가 그 기氣에 타기 때문에 가능한 것이다.

그러나 만일 이황과 같이 리기호발理氣互發을 인정한다면 어떻게 될까? 이이는 다음과 같이 공자의 말을 인용하여 자신의 이론에 대한 근거를 제시하고 있다.

> 만약 기발리승의 일도가 아니고서 리도 또한 따로 작용함이 있다고 한다면 리를 무위라고 할 수 없다. 공자는 무엇 때문에 '사람이 능히 도를 넓히는 것이지 도가 사람을 넓히는 것은 아니다'[133]라고 하였겠는가? 이와 같이 본질을 꿰뚫어 본다면 '기발리승의 일도'가 분명하고 환할 것이다.[134]

이이는 '리발이기수지理發而氣隨之'는 있을 수 없고 '기발이리승지氣發而理乘之'만이 가능하다고 본다. 이러한 논리는 리기理氣에 국한되는 것이 아니고 인성人性에도 일관되는 것이기도 하다는 의미에서 공자의 '인능홍도人能弘道, 비도홍인非道弘人'을 인용한다. 즉 도道 그 자체가 인간의, 인간을 위한 길을 넓히는 것이 아니라 인간에 의해서 인간의 길이 확장된다는 의미이다. 이이는 이황이 리기론과 심성론에서 각각 리동理動과 리발理發을 말함으로써 리理라는 형이상학적인 근원根源·원리原理·이념理念을 기氣라는 가변적인 현상성現象性보다 우위에 두려는 태도와 달리 현상現象 속에서 본질을

---

133) 『論語』, 「衛靈公」. "人能弘道, 非道弘人乎."
134) 『栗谷全書』 10:27, 「答成浩原」. "若非氣發理乘一途, 而理亦別有作用, 則不可謂理無爲也. 孔子何以曰, 人能弘道, 非道弘人乎. 如是看破, 則氣發理乘一途, 明白坦然."

추구하려는 태도를 드러내고 있다.

이이의 기발리승氣發理乘의 논리는 바로 기氣의 유위성有爲性에 대한 강조로서 드러나며, 리理는 무위無爲한 성질로 인하여 기氣에 타는 것(乘)으로 파악된다. 그렇다고는 하나 리理의 무위성無爲性이 리理의 주재성主宰性을 약화시키는 것이라고만 볼 수 없다. 오히려 리理의 무위성無爲性을 통하여 궁극자의 절대성을 강화하는 입장을 표출하는 것으로도 해석할 수 있다.

이러하기 때문에 이이는 "발하는 것은 기요, 발하게 하는 근거는 리다. 기가 아니면 능히 발할 수 없고, 리가 아니면 발할 바가 없다"135)고 하면서 "'발지發之' 이하의 23자는 성인이 다시 나타난다고 해도 이 말은 바꿀 수 없을 것이다"136)라고 하여 기발리승일도氣發理乘一途에 대한 강한 신념을 표명한다.137)

(2) 리일분수와 리통기국

리일분수설理一分殊說은 정이(程頤, 伊川: 1033~1107)가 장재張載의 「서명西銘」을 해석하면서 리理와 기氣에 대한 형이상학적 해명을 시도함과 아울러 인간의 존재 양상을 밝히기 위해 설정한 이론이다.

---

135) 『栗谷全書』 10:05, 「答成浩原」. "發之者氣也, 所以發者理也. 非氣則不能發, 非理則無所發."
136) 『栗谷全書』 10:05, 「答成浩原」. "發之以下二十三字, 聖人復起, 不易斯言."
137) 이동준은 氣發理乘一途說을 "自己變革과 誠實을 다하여 道를 능동적으로 실현하여야 할 인간의 자세를 보다 적극적으로 강조하는 사상"이라고 해석한다. 李東俊, 「栗谷에 있어서 理의 究極性에 관한 考察」, 『東喬閔泰植博士 古稀記念 儒教學論叢』 151쪽 참조.

이것은 주희에 의해 보다 구체화되어 성리학의 근본구조를 표현하는 대표적 용어로 사용된다. 주희는 리理를 보편개념으로 파악하지만 한편으로는 특수개념으로 파악하기도 한다. 이러한 경향이 그대로 드러나는 것이 바로 '리일분수理一分殊'이다.

주희에 따르면 존재일반의 보편법칙으로서 통체일태극統體一太極은 현상세계의 사물들 각각의 법칙인 리理로서 각구일태극各具一太極으로 드러난다. 주희의 관점을 공유하는 이이는 리일理一인 '통체일태극統體一太極'이 만리萬理라는 '각구일태극各具一太極'으로 어떻게 전이되는지를 분수分殊를 통해서 설명을 한다.

> 리가 어찌하여 무수하게 갈라지게 되는가 하면, 기가 가지런하지 못하므로 기를 타고 유행하면서 무수하게 갈라지게 되는 것이다. 리가 어찌하여 유행하는가 하면, 기가 유행할 때에 리가 그 기틀을 타기 때문이다.[138]

무위無爲인 리理는 유위有爲의 운동성을 가진 기氣의 참치부제參差不齊로 말미암아 유행流行을 하게 되면서 무수히 갈라지게(萬殊) 된다. 여기서 '승기유행乘氣流行'에 주목해 보자. 이이는 리발理發이란 있을 수 없고 다만 '기발리승일도氣發理乘一途'만을 말하고 있는데, 이 기발리승氣發理乘이 바로 리일理一로부터 만수萬殊로 전화轉化되는 내적 동인인 셈이다. 이러하기 때문에 승기유행乘氣流行이란 기氣의

---

138) 『栗谷全書』 12:20, 「答安應休」. "理何以有萬殊乎, 氣之不齊, 故乘氣流行, 乃有萬殊也. 理何以流行乎, 氣之流行也, 理乘其機故也."

유행流行인 동시에 리理의 유행流行이기도 한 것이다. 그러나 리理가 기氣를 타고 유행流行하여 변화가 무궁하다고 해서 이것을 보고 리理에 움직임도 있고 작위함도 있다고 하는 것은 리기理氣를 잘못 이해하는 것이나. 따라서 이이는 "천도유행天道流行"도 "리지승기자理之乘氣者"라 해석한다.139) 이러한 근거로 이이는 주희의 말을 인용한다.

> 주자는 "태극이란 것은 본연의 묘함이고, 동정이란 것은 타는 바의 기틀이다"라 하였고, "리는 본래 작위가 없는 것이나 기를 타고 유행하여 만 가지로 변화하고 비록 유행하고 변화하나 그 무위의 본체는 그대로 있는 것이다"라고 하였다.140)

태극太極인 리理 자체는 유위有爲의 능력이 없으므로 유위有爲한 기氣의 운동에 리理가 타는 것이다. 그러나 리理가 유행流行하는 기氣에 탔다고 해서 리理 자체의 성질에 변화를 가져오는 것은 아니다. 리理는 본연지리本然之理일 뿐이다. 따라서 이이는 리理의 만수萬殊와 리理의 유행流行에 대하여 "소략하게 알아서는 안 된다"(不可草草理會)141)고 하여 엄밀하게 파악해야 함을 강조한다. 이이는 리일理一로부터 현상現象으로 전화되는 리일분수理一分殊의 양상을 다음

---

139) 『栗谷全書』 12:20, 「答安應休」. "朱子所謂天道流行者, 指理之乘氣者也."
140) 『栗谷全書』 12:20, 「答安應休」. "朱子曰太極者, 本然之妙也, 動靜者, 所乘之氣也. 理本無爲, 而乘氣流行, 變化萬端, 雖流行變化, 而其無爲之體, 則固自若也."
141) 『栗谷全書』 12:20, 「答安應休」. "理本無爲, 而乘氣流行, 變化萬端...而其無爲之體, 則固自若也. 此等處, 不可草草理會也."

과 같이 설명한다.

> 리는 비록 하나이나 이미 기에 탔으므로 그 나누어짐이 무수히 다르므로 천지에 있어서는 천지의 리가 되고, 만물에 있어서는 만물의 리가 되며, 사람에 있어서는 사람의 리가 된다. 그러므로 이렇게 무수히 고르지 못한 것은 기 때문이다.[142]

본연本然의 리理는 기氣의 유행流行에 의해 현상화되어 개별사물의 리理가 되지만 그것은 리일理一로부터 나뉘어진 것이므로 동질의 리理가 된다. 이것이 '각일태극各一太極'이면서 '통체일태극統體一太極'이다. 따라서 이이는 이러한 리일분수理一分殊에 의해서 리理가 분기分岐되지만 본체本體의 리理와 현상現象의 리理는 질적인 차이를 갖지 않는다고 본다.

> 본연이란 것은 리일이요, 유행이란 것은 분수이다. 유행의 리를 버리고 따로 본연의 리를 구하는 것은 진실로 옳지 않지만 만약 리에 선악이 있다는 것으로써 리의 본연으로 삼는다면 이것도 역시 옳지 않다.[143]

이이는 여기서 리理의 체용體用을 들어 리일분수理一分殊를 설명하

---

142) 『栗谷全書』 10:02, 「答成浩原」. "理雖一, 而旣乘於氣, 則其分萬殊. 故在天地, 而爲天地之理, 在萬物, 而爲萬物之理, 在吾人, 而爲吾人之理. 然則參差不齊者, 氣之所爲也."
143) 『栗谷全書』 9:39, 「答成浩原」. "夫本然者, 理之一也, 流行者, 分之殊也. 捨流行之理, 而別求本然之理, 固不可. 若以理之有善惡者, 爲理之本然, 則亦不可."

고 있다. 리理에 체용體用을 적용시켜 이해하는 관점은 이황에서도 발견된 바이다. 이이는 "리理에는 체용體用이 있으니 진실로 그러하다. 일본지리一本之理는 리理의 체體요, 만수지리萬殊之理는 리理의 용用이다"144)라 하여 리理에 체용體用이 있음을 말하고, 본연지리本然之理인 리일理一을 리理의 체體로, 유행流行하여 분수分殊된 만수지리萬殊之理・유행지리流行之理를 리理의 용用으로 파악한다. 그러나 본연本然과 유행流行, 체體와 용用의 구분이 있다고 하더라도 그것은 리理에 본질적인 차별성이 있다는 의미는 아니다.

따라서 이이는 분수지리分殊之理로서 리理의 체體는 기氣의 유행流行에 의해 현상화되는 유행지리流行之理로서 리理의 용用이 된다 할지라도 그 본연本然에는 변함이 없다는 것이다. 그러므로 이이는 리일분수理一分殊라는 네 글자에 대하여서는 "가장 체인하고 궁구해야 한다"(最宜體究)145)라고 표현함으로써 그 본의를 '직관적인 체험적 차원'에서 제대로 파악해야 함을 강조한다. 그렇지만 만일 리일분수理一分殊에 대해 '최의체구最宜體究'하지 않고 잘못 파악하게 되는 경우에는 본체本體만 알고 현상現象을 보지 못하거나, 또는 현상現象만 보고 본체本體를 알지 못하는 오류에 빠질 수 있음을 지적한다.

한갓 리일만 알고 분수를 알지 못한다면 이는 불교에서 작용을 성으로 생각하여 함부로 방자한 것과 같은 것이요, 한갓 분수만 알고

---

144) 『栗谷全書』 12:19, 「答安應休」. "理有體用, 固也. 一本之理, 理之體也, 萬殊之理, 理之用也."
145) 『栗谷全書』 9:39, 「答成浩原」. "理一分殊, 四字最宜體究."

리일을 알지 못한다면 순자와 양웅이 성이 악하다든지 선악이 혼효되어 있다든지 하는 것과 같은 것이다.146)

이이는 리일理一과 분수分殊 두 측면에 대한 '차별적 인식'에 그쳐 '전일적 인식'이 가능하지 않게 된다면 왜곡될 수 있음을 지적한다. 그러한 경우를 불교佛敎와 순자荀子·양웅揚雄의 예를 든다. 불교佛敎의 경우 일체만물이 곧 불성佛性이라고 하여 본체本體의 측면에서 리일理一만 보고 현상現象의 분수分殊를 모르기 때문에 작용作用을 본성性으로 여겨서(作用爲性) 조금만 깨달아도 함부로 날뛰고 방자하게 되는(猖狂自恣) 오류에 빠지게 된다고 본다. 순자와 양웅은 현상現象의 분수分殊만 알고 본체本體의 리일理一을 모르기 때문에 인간 본성性의 순선함을 믿지 않고 '성을 악하다'(性爲惡)고 하거나 '성에는 선악이 혼효되어 있다'(性善惡混淆)고 여기게 되었음을 지적한다.

이처럼 이이의 리일분수설理一分殊說은 리理의 체용體用을 적용하여 파악한다는 특징을 지닌다. 이는 리일理一이라는 본질이 기발리승氣發理乘의 유행流行을 통하여 현상화된다 하더라도 그 본연本然의 특질에는 조금도 변화가 없다는 점을 강조하기 위한 이이 나름의 방법론을 적용한 것이다.

그런데 이이의 리일분수설理一分殊說에서 주목되는 점은 리理를 분수지리分殊之理와 유행지리流行之理로 나누어 본체本體와 현상現象의 리

---

146) 『栗谷全書』 9:39, 「答成浩原」. "徒知理之一, 而不知分之殊, 則釋氏之所以作用爲性, 而猖狂自恣, 是也. 徒之分之殊, 而不知理之一, 則荀揚以性爲惡, 或以爲善惡混者, 是也."

理로 구분한 것처럼, 기氣에 있어서도 일기一氣와 유행지기流行之氣로 나누어 이해하고 있다는 점이다.

> 일기가 운행 변화하여 흩어져 무수하게 나뉘어지는 것이니 나누어서 말하면 천지만상이 각기 하나의 기이지만, 합하여 말하면 천지만상이 동일한 기이다.[147]

> 합해서 말하면, 천지와 만물이 동일한 기이고, 나누어 말하면 천지와 만물이 각각 한 기를 가지는 것이다. 동일한 일기이기 때문에 리일인 것이요 각각의 기이기 때문에 분수하는 것이다.[148]

이것은 일기一氣, 즉 본연지기本然之氣가 변화 운행하여 만상萬象의 기氣가 되지만 그것은 곧 본연本然의 기氣와 같다는 의미이다. 이이는 여기서 리일분수理一分殊와 기화氣化의 현상을 종합하여 설명하고 있다. 즉 천지만상天地萬象은 일기一氣이면서 각각의 구체적인 기氣인데 일기一氣이기 때문에 리일理一이 가능하고, 각각의 기氣이기 때문에 만리萬理로 분수分殊된다고 보는 것이다. 이러한 기화氣化의 현상성은 다름 아닌 기분수氣分殊의 다른 표현이라고 할 수 있다. 그러나 이이가 기분수氣分殊를 리일분수理一分殊와 같이 명시적으로 말할 수 없었던 것은 기일분수氣一分殊라고 하였을 때 기일氣一

---

147) 『栗谷全書』 14:60, 「天道策」. "一氣運化, 散爲萬殊, 分而言之, 則天地萬象, 各一氣也. 合而言之, 則天地萬象, 同一氣也."
148) 『栗谷全書』拾遺 5:21, 「壽夭策」. "合而言之, 則天地萬物, 同一氣也, 分而言之, 則天地萬物, 各有一氣也. 同一氣, 故理之所以一也, 各一氣, 故分之所以殊也."

과 분수기分殊氣라는 두 개의 기氣가 지닌 성격규정의 문제가 생김을 알았기 때문이었을 것이다.

이이는 "리理의 본연本然은 순선純善할 뿐이나 기氣를 탈 때에는 고르지 못하고 가지런하지 않다. 맑고 깨끗하며 지극히 귀한 물건이나 지저분하고 더러우며 지극히 천한 곳에도 리理가 존재하지 않는 데가 없다"[149]라 하여 분수지리分殊之理의 보편성은 현상現象과 본체本體에 구애됨이 없이 드러난다고 본다. 이것은 리理의 '전일적 본질'에 대한 강조라고 볼 수 있다. 그러나 기氣에 있어서는 "이미 그 본연을 잃어버리면 기氣의 본연本然은 이미 있는 데가 없다"[150]고 하여 본연지기本然之氣가 일관되게 존재할 수 없다는 한계를 드러내 보임으로써 그 보편적 성질이 제약될 수 있다고 보는 것이다.

따라서 기일氣一의 보편성普遍性이 아닌 가변적可變的 특수성特殊性이 드러나는 것이다. 이 본연지기本然之氣와 다른, 즉 현상 속에서 구체적으로 변화된 기氣가 소변지기所變之氣이다.[151] 이러한 일기一氣가 본연지기本然之氣를 잃고 편색偏塞이 있게 되는 원인을 이이는 다음과 같이 설명한다.

기의 본체는 담일청허할 뿐인데, 어찌 일찍이 조박·외신·분양·

---

149) 『栗谷全書』 9:39, 「答成浩原」. "夫理之本然, 則純善而已. 乘氣之際, 參差不齊. 淸淨至貴之物, 及汚穢至賤之處, 理無所不在."
150) 『栗谷全書』 10:26, 「答成浩原」. "旣失其本然, 則氣之本然者, 已無所在."
151) 『栗谷全書』 10:28, 「答成浩原」. "氣有變乎本然之理者, 則亦變乎本然之氣也. 故理亦乘其所變之氣."

오예 등의 기가 있겠는가? 오직 그것이 승강·비양하여 조금도 쉬
지 않아 천태만상으로 고르지 않아서 무수한 변화가 생긴다. 이에
기가 유행할 때에 그 본연을 잃지 않는 것도 있고, 그 본연을 잃어
버리는 것도 있으니, 이미 그 본연을 잃어버리면 기의 본연은 이미
있는 데가 없다.[152]

　기氣는 변화·운동의 속성을 가지기 때문에 항상 전일全一한 상
태를 유지할 수 없다는 것이다. 즉 기氣는 본체本體가 유행流行하면
서 그대로 발현되어 그 본연本然의 담일청허湛一淸虛함을 잃지 않을
경우도 있지만, 한편으로 승강비양升降飛揚하는 변화의 과정에서 기
氣의 본연本然을 잃게 되어 조박糟粕·외신煨燼·분양糞壤·오예汚穢
등의 '변질된 기氣'가 될 가능성이 있다는 것이다. 이 기분수氣分殊
의 가변성으로 인하여 보편의 리理가 제약을 당하고 엄폐掩蔽된다.
　이러한 까닭에 주희는 "만물의 시초에 부여하는 천명天命 유행流
行은 같을 뿐이므로 리理는 같으나, 음양오행陰陽五行의 기氣는 맑고
탁한 것과, 순수하고 섞인 것이 있기 때문에 기氣는 다르다. 만물이
이미 이것을 얻은 뒤에 비록 맑고 탁한 것과 순수하고 섞인 것이
같지 않은 것이 있으나, 이 음양오행陰陽五行의 기氣를 같이 하였기
때문에 기氣는 서로 가깝고, 그 어둡고 밝은 것과, 열리고 막힌 것
이 매우 멀기 때문에 리理는 절대로 같지 아니하다"[153]라고 말한

---

152) 『栗谷全書』 10:26, 「答成浩原」. "氣之本, 則湛一淸虛而已, 曷嘗有糟粕煨燼糞壤汙穢之氣
哉. 惟其升降飛揚, 未嘗止息, 故參差不齊, 而萬變生焉. 於是氣之流行也, 有不失其本然者,
有失其本然者, 旣失其本然, 則氣之本然者, 已無所在."
153) 『栗谷全書』 20:44, 「聖學輯要」 窮理章. "朱子曰方賦與萬物之初, 天命流行, 只是一般, 故

다. 이것은 만물의 동일한 근원을 보면 리理는 같지만 기氣는 다르며, 만물의 서로 다른 형태를 보면 기氣는 오히려 서로 가까우나 리理는 절대로 같지 않다는 것이다.

그렇다면 어찌하여 기氣는 '상근相近'하고 리理는 '부동不同'한 것인가? 본체本體에서 볼 때 기氣의 다름은 순수하기도 하고 섞인 것이 같지 않기 때문이지만, 현상現象에서 볼 때는 바로 그러한 점 때문에 '상근相近'이다. 그리고 리理는 본선本善으로 완전한 것이지만 현상現象에서 볼 때 리理는 기氣에 구애되어 온전하게 드러나지 않기 때문에 다르다고 한 것이다. 주희는 이것을 본체本體로 볼 때는 '리동기이理同氣異'이지만 현상現象에서 볼 때는 '리절부동理絶不同'이라고 말한다.

주희의 위와 같은 이해는 형이상학적 사변의 세계로부터 구체적 현상 세계의 문제로 그 관심이 이행하는 과정이기도 하다. 이 논의는 결국 보편성普遍性의 문제가 개별 사물에게서 드러나는 양상을 고찰함으로써 존재 일반의 당위성當爲性을 확보하려는 성리학적 모색이다. 이 문제에 대하여 이이는 어떻게 생각하고 있는가? 즉 보편성의 문제는 어떻게 현상現象에서 구체화될 수 있는가?

이 문제를 푸는 열쇠는 이이의 현상現象과 본체本體에 대한 인식에 있다. 이이는 리일분수理一分殊를 통하여 본체本體와 현상現象을 일관하는 리理의 특성에 주목하였고, 또한 현상現象의 가변성을 담지한 기氣의 작위성에 주목하였다. 이러한 리理와 기氣에 대한 파악

理同. 二五之氣, 有淸濁雜駁故氣異, 萬物已得之後, 雖有淸濁純駁之不同, 而同此二五之氣, 故氣相近, 以其昏明開塞之甚遠, 故理絶不同."

을 통하여 이이는 리理의 문제를 포함하여 구체적인 현상現象을 구성하는 기氣의 문제를 아울러 중시하게 된다. 이이는 여기서 리理와 기氣, 본체本體와 현상現象을 매개할 고리로 본연지기本然之氣를 설정함으로써154), 현상現象과 본체本體를 분리하지 않고 현상現象 속에서 본체本體를 재구성하려는 입장을 드러낸다.

결국 분수지리分殊之理로부터 유행지리流行之理, 통체일태극統體一太極으로부터 각구일태극各具一太極의 관계와 본연지기本然之氣로부터 각일기各一氣를 종합하여 설명해야 할 문제가 발생한다. 이것은 본체本體와 현상現象, 현상現象과 본체本體를 어떻게 하나의 일관된 틀로써 설명할 수 있는가의 문제이기도 하다. 이러한 지향성에 의해 제시되는 이이의 이론이 바로 리통기국理通氣局이다.

리통기국理通氣局은 자의字義로만 해석한다면 리理는 두루 통하고(通) 기氣는 국한된다(局)는 의미이다. 그러나 리통理通과 기국氣局이란 의미는 그렇게 단순하지만은 않다. 이이의 리통기국설理通氣局說은 성혼과의 논변과정에서 새롭게 제기된 논의이다. 이이는 이황의 이론을 지지하는 성혼과 리기理氣·심성心性에 대한 논변을 벌이던 중, '만약 극처極處까지 말하여 그 본원本源을 궁구하지 않는다면 마침내는 견해가 귀일될 날을 기약할 수 없다'고 판단하게 된다. 이에 이이는 성현聖賢의 뜻을 근거로 경전經典에 산재해 있는 관련 내용을 수집하고 종합하여 리통기국理通氣局의 개념을 제출한다.155)

---

154) 『栗谷全書』 10:26, 「答成浩原」. "於是氣之流行也, 有不失其本然者, 有失其本然者, 旣失其本然, 則氣之本然者, 已無所在, 偏者, 偏氣也, 非全氣也, 淸者, 淸氣也, 非濁氣也, 糟粕煨燼, 糟粕煨燼之氣也, 非湛一淸虛之氣也, 非若理之於萬物本然之妙, 無乎不在也, 此所謂氣之局也."

리통기국 네 글자는 스스로 발견하여 얻은 것이라고 여기면서도 또 내가 독서가 많지 않아 벌써 이런 말이 있는 것을 미처 보지 못하였나 싶다.156)

이이는 리통기국理通氣局이라고 하는 새로운 용어는 '자위견득自謂見得'한 것, 즉 "스스로 발견하여 얻은 것"이라 하여 자신의 독자적인 용어라고 말한다. 그러면서도 한편으로 선유先儒의 글에 리통기국理通氣局이라고 말한 것이 있을지도 모르지만 자신의 독서량이 부족하여 아직까지 리통기국理通氣局이라는 말을 확인하지 못했노라고 겸양의 말을 첨부한다. 이이는 리통理通을 다음과 같이 설명한다.

리가 통한다는 것은 무엇을 말하는가 하면, 리는 본말도 없고 선후도 없고, 본말도 없고 선후도 없으므로 아직 감응하지 아니하였을 때에도 먼저인 것이 아니며, 이미 감응하였을 때에도 뒤인 것이 아니다. 그러므로 기를 타고 유행하여 천태만상으로 고르지 않지만 그 본연의 묘리는 없는 데가 없다. 기가 치우치면 리도 역시 치우치게 되나 그 치우친 바는 리가 아니라 기이며, 기가 온전하면 리도 역시 온전하나, 온전한 바는 리가 아니라 기이다. 맑고 탁하고 순수하고 잡박한 것과 찌꺼기·재거름·오물 가운데도 리가 있지

---

155) 『栗谷全書』 10:25, 「答成浩原」. "今被兄窮問到底, 若不說到極處, 窮其本源, 則終無歸一之期, 故又磬欬中所有, 此皆聖賢之意也. 或散出於經傳, 而不總合而言之, 故珥今合而爲說耳."
156) 『栗谷全書』 10:25, 「答成浩原」. "理通氣局四字, 自謂見得, 而又恐珥讀書不多, 先儒此等言而未之見也."

않은 곳이 없어서 각각 그 성이 되지만 그 본연의 묘리는 손상되지 않고 그대로이다. 이것을 리통이라고 하는 것이다.157)

리理는 본말本末·선후先後가 없다. 리理에 본말선후本末先後의 차별성이 없으므로 리理는 일관하다는 의미이기도 하다. 그러나 기氣는 참치부제參差不齊한 까닭으로 인해 치우치기도 하고 온전하기도 한 편전偏全이 있다. 이는 구체적 사물현상에 있어 편전偏全의 원인은 리理에 있는 것이 아니라 기氣의 참치부제參差不齊한 작용, 곧 기 자이機自爾 때문임을 말하는 것이다. 그러나 한편으로 기氣의 이러한 변화에도 불구하고 리理는 그 본연성을 훼손당하지 않고 그대로 유지된다. 분수지리分殊之理는 기氣가 발함에 따라 타서(乘) 유행지리流行之理가 된다 하더라도 그 본체本體의 속성을 잃지 않고 '어디에든 항상 존재하는 것'(無所不在)이다. 리理의 이러한 특성을 이이는 '리통理通'이라 말하는 것이다.

결국 리통理通이란 정주성리학의 리일분수理一分殊라고 하는 개념을 이이의 방식으로 재해석하고 있는 셈이다. 본체本體로서 리일理一이 분수分殊되어 무수한 리(萬理)가 됨에도 불구하고 '통체일태극統體一太極'은 '각구일태극各具一太極'으로 존재하는 것, 이것이 리통理通이다. 기국氣局에 대해서는 다음과 같이 설명한다.

---

157) 『栗谷全書』 10:26, 「答成浩原」. "理通者, 何謂也. 理者, 無本末也, 無先後也. 無本末先後, 故未應不是先, 已應不是後. 程子說是, 故乘氣流行, 參差不齊, 而其本然之妙, 無乎不在. 氣之偏, 則理亦偏, 而所偏非理也氣也. 氣之全則理亦全, 而所全非理也氣也. 至於淸濁粹駁糟粕煨燼糞壤汙穢之中, 理無所不在, 各爲其性, 而其本然之妙, 則不害其自若也, 此之謂理之通也."

기가 국한된다는 것은 무엇을 말하는가? 기는 이미 형적에 관계되기 때문에, 본말이 있고 선후가 있다. 기의 본체는 담일청허할 뿐이니, 어찌 일찍이 조박·외신·분양·오예 등의 기가 있겠는가? 오직 그것이 승강비양하여 조금도 쉬지 않아서 천태만상으로 고르지 않기 때문에 무수한 변화가 생긴다. 이에 기가 유행할 때에 그 본연을 잃지 않는 것도 있고, 그 본연을 잃어버리는 것도 있으니, 이미 그 본연을 잃어버리면 기의 본연은 이미 있을 곳이 없다. 치우친 것은 '치우친 기'요 '온전한 기'가 아니며, 맑은 것은 '맑은 기'요 '탁한 기'가 아니며, 조박외신은 '조박외신의 기'요 '담일청허의 기'가 아니다. 이는 리가 만물 가운데서 그 본연의 묘리가 어디서나 그대로 있는 것과는 같지 않으니, 이것이 이른바 기의 국한이란 것이다.158)

기氣는 구체적인 현상성을 지칭한다. 따라서 그 현상現象에는 선후先後·본말本末이 있다. 여기서 '선先'이라 함은 기지본연氣之本然, 즉 본연지기本然之氣로서 담일청허湛一淸虛를 말하고 '후後'란 본연지기本然之氣가 유행流行의 과정을 통해 발현된 소변지기所變之氣를 말한다. 이러한 본연지기本然之氣는 기자이機自爾한 유위성有爲性으로 기발氣發하게 되고 그 참치부제參差不齊함으로 말미암아 다양한 변화의 양상이 있게 된다. 그러나 기氣의 유행流行 과정에서 담일청허

---

158)『栗谷全書』10:26,「答成浩原」. "氣局者, 何謂也. 氣已涉形迹, 故有本末也, 有先後也. 氣之本, 則湛一淸虛而已, 曷嘗有糟粕煨燼糞壤汙穢之氣哉. 惟其升降飛揚, 未嘗止息, 故參差不齊, 而萬變生焉. 於是氣之流行也, 有不失其本然者, 有失其本然者, 旣失其本然, 則氣之本然者, 已無所在, 偏者, 偏氣也, 非全氣也, 淸者, 淸氣也, 非濁氣也. 糟粕煨燼, 糟粕煨燼之氣也, 非湛一淸虛之氣也. 非若理之於萬物本然之妙, 無乎不在也, 此所謂氣之局也."

湛一淸虛한 기氣의 본연本然은 그대로 보존될 수도 있고, 그것이 변질될 가능성도 있다. 기지본연氣之本然은 현상現象 속에서 항상 전일하게 존재하는 것만은 아닌 다유부재多有不在한 것이므로 이이는 이를 '기氣의 국한 됨'(氣之局)이라고 말하는 것이다. 이이가 기일분수氣一分殊를 말하지 못하는 이유가 바로 여기에 있다.[159]

이렇게 본다면, 분수지리分殊之理는 기발氣發에 의하여 유행지리流行之理가 된다 하더라도 그 본연성을 훼손당하지 않고 '무소부재無所不在'하기에 이를 일러 '리통理通'이라 하는 것이다. 그리고 본연지기本然之氣는 그것이 본연지리本然之理와 함께 유행流行하면서 참치부제參差不齊함으로 말미암아 담일청허湛一淸虛함이 '다유부재多有不在'하게 되므로 이를 일러 '기국氣局'이라고 하는 것이다.

이렇듯 이이는 자신의 리理와 기氣에 대한 인식을 통해 리통理通과 기국氣局을 설명하고 있다는 것을 알 수 있다. 리통理通과 기국氣局의 개념적 특수성은 바로 이이가 이해하고 있는 리理와 기氣에 대한 인식으로부터 리理를 '통通'이라 하고 '기氣'를 '국局'이라 하는 데서 오는 것이다. 이이는 '리理는 무형無形'이기 때문에 '리통理通'이라 하고 '기氣는 유형有形'이기 때문에 '기국氣局'이라고 말한다. 리理는 무형성無形性으로 인해 시간·공간에 제약받지 않지만 기氣는 유형성有形性으로 인해 시간·공간에 제약을 받게 된다. 따라서 "물은 그릇에 따라 모나고 둥글며, 허공은 병을 따라 작고 커진

---

[159] 이이가 氣一分殊에 대하여 구체적으로 언급하지 못한 것은 다름 아닌 本然之氣의 全一하지 못함 때문이었다. 그러나 이러한 이이의 氣一分殊에 대한 제약성은 임성주에게서 적극적으로 논의된다. 임성주는 '氣一'의 本原氣가 유행하여 현상 사물에 分殊된다고 봄으로써 확연히 氣一分殊를 말하고 있다. 金炫, 「鹿門 任聖周의 哲學思想」(고려대학교 박사학위논문, 1992) 109~111쪽 참조.

다"160)고 하여 물(水)과 공기(空)로 표현되는 리理는 '방원의 그릇'(方圓器)과 '병의 대소'(小大甁)로 표현된 기氣에 의해 구체화된다.

바로 이러한 점에서 통通과 국국局의 의미가 드러나게 된다. 즉 리理는 형이상자로서 시공을 일관하는 보편성을 지니므로 통通이라는 것이고 기氣는 형이하자로서 구체적 사물의 현상으로 드러나는 특수성이므로 국국局이라고 하는 것이다. 그러므로 이이는 "소이연所以然의 리理를 품휘조화品彙造化의 추뉴근저樞紐根柢로 보고, 천지나 만물의 현상을 기화氣化로 보면서 그 기화氣化의 시공성을 기국氣局으로 규정하고, 그 소이연所以然으로서 추뉴근저樞紐根柢를 리理로 보아 그 초시공성超時空性을 리통理通이라 하는 것"이다.161)

그렇다면 이러한 리통理通의 측면과 기국氣局의 측면은 어떠한 상관관계를 가지며, 그것이 궁극적으로 의미하는 바는 무엇인가? 이이는 '고목枯木'과 '사회死灰'를 들어 구체적인 현상사물을 통해 리통理通과 기국氣局의 관계를 설명한다. 이이의 입장은 개별 사물에는 그 사물에 의해 국한되는 기氣가 있을 뿐만 아니라 사물에 의해 제약받지 않는 리理도 존재한다고 본다.

> 리가 기를 탄 것으로 말하면, 리가 마른나무와 식은 재에 있는 것은 본래 기에 국한되어 각각 한 개체의 리가 되는 것이나, 리의 본체로써 말하면, 비록 마른나무와 식은 재에 있어서도 그 본체의 혼연한 것은 본래 그대로이다. 그러므로 마른나무와 식은 재의 기는

---

160) 『栗谷全書』 10:22, 「理氣詠呈牛溪道兄」. "水逐方圓器, 空隨小大甁"
161) 裵宗鎬, 「栗谷의 理通氣局說-華嚴思想의 理事와 比較」, 『東方學志』 27(연세대학교 국학연구소, 1981) 37쪽 참조.

살아 있는 나무와 타고 있는 불의 기가 아니나, 마른나무와 식은 재의 리는 곧 살아 있는 나무와 타고 있는 불의 리이다. 오직 그 리가 기를 타서 한 개체의 물건에 국한되기 때문에 주자는 "리는 절대로 같지 않다"고 하였으며, 오직 그 리가 비록 기에 국한되었다 하더라도 본체는 스스로 같기 때문에 주자는 "리는 리대로, 기는 기대로 서로 뒤섞이지 않는다"라고 하였다. 사물에 국한된 것은 기의 국한 됨이요, 리는 리대로 기와 서로 뒤섞이지 않는 것은 리의 통이다.162)

현상화된 리理, 즉 리理의 용用의 측면에서 보면 리理는 기氣에 국한되지만, 체體의 측면에서 보면 각각의 사물에 체體로서 리理는 다 존재하는 것이다. 이는 다시 말하면 현상화된 리理는 하나의 사물에 국한될 수밖에 없으므로 각기 다른 개체의 리理는 서로 같을 수 없으나, 그러한 현상화된 개체의 리理라 하더라도 체體로서 리理 그 자체와 결코 다르지 않고 한결같다는 것이다. 아무리 본연本然의 리理가 현상화되어 사물의 리理가 될지라도 그 각기 본질적인 속성은 개체 속에 그대로 보존된다. 왜냐하면 '사물에 국한된 것'은 '기氣의 국국' 때문이고, '리理는 리理대로 기氣와 뒤섞이지 않는 것'이기 때문에 '리理는 통통'이다.

이이의 이러한 리통理通과 기국氣局에 대한 인식의 근저에는 리

---

162) 『栗谷全書』 10:33, 「答成浩原」. "以理之乘氣而言, 則理之在枯木死灰者, 固局於氣. 而各爲一理, 以理之本體言, 則雖在枯木死灰, 而本體之渾然者, 固自若也. 是故枯木死灰之氣, 非生木活火之氣, 而枯木死灰之理, 卽生木活火之理也. 惟其理之乘氣, 而局於一物. 故朱子曰, 理絶不同, 惟其理之, 雖局於氣, 而本體自如, 故朱子曰, 理自理, 氣自氣, 不相挾雜. 局於物者, 氣之局也. 理自理, 不相挾雜者, 理之通也."

일분수리一分殊理로부터 리기理氣는 불상잡不相雜하면서도 불상리不相離하다는 리기지묘理氣之妙의 관점이 놓여 있다고 볼 수 있다. 그러므로 리통기국理通氣局을 이원적으로 분리하여 리통理通을 본체本體라 하고 기국氣局을 현상現象이라 규정할 수는 없다. 즉 리통理通과 기국氣局은 구별되는 듯도 하지만 서로 분리할 수도 없는 것이다. 따라서 이이는 본체本體와 현상現象을 아울러 활간活看해야만 리통기국理通氣局의 의미를 제대로 파악할 수 있다고 본다. 그렇다면 이이의 본체本體와 현상現象에 대한 리통기국理通氣局의 사고는 궁극적으로 무엇을 말하고자 함인가? 이이는 다음과 같이 말한다.

> 리통기국이라는 것은 요컨대 본체상에서 말해야 할 것이나 또한 본체를 떠나서 따로 유행을 구할 수는 없다. 사람의 본성이 사물의 본성이 아닌 것은 기의 국한된 것이요, 사람의 리가 곧 사물의 리인 것은 곧 리의 통이다. 모나고 둥근 그릇은 같지 않지만 그릇 속의 물은 한 가지요, 크고 작은 병은 같지 않지만 병 속의 허공은 한 가지이다. 기가 근본이 하나인 것은 리의 통 때문이요, 리가 무수하게 나누어지는 것은 기의 국한 때문이다. 본체 속에 유행이 갖추어져 있고, 유행 속에 본체가 있으니, 이것을 미루어 보면 리통기국설이 과연 일변에 떨어졌겠는가?[163]

---

[163] 『栗谷全書』 10:40, 「與成浩原」. "理通氣局, 要自本體上說出, 亦不可離了本體, 別求流行也. 人之性非物之性者, 氣之局也. 人之理卽物之理者, 理之通也. 方圓之器不同, 而器中之水一也. 大小之瓶不同, 而瓶中之空一也. 氣之一本者, 理之通故也. 理之萬殊者, 氣之局故也. 本體之中, 流行具焉, 流行之中, 本體存焉. 由是推之, 理通氣局之說, 果落一邊乎."

리통기국설理通氣局說은 본체本體의 측면에서 '리理는 두루 통하고 (通) 기氣는 국한된다(局)'는 것을 의미한다. 그러나 이 본체本體라는 것은 구체적인 현상現象을 통하여 드러나기 때문에 현상現象과 구별되어 별도로 존재하는 것은 아니라고 한다. 여기서 주목되는 점은 이이의 '본체本體' 관념이다. 이이는 '리통기국理通氣局'이 '본체本體의 측면'에서 논의되는 것임을 분명히 말하고 있다. 이이는 이미 태극음양太極陰陽의 '무시무종無始無終'을 말하고, 또 '태극음양본유太極陰陽本有'를 말하고 있어 리기理氣가 서로 떨어져서 별개의 것으로 있을 수 없다는 점을 분명히 하였다. 그는 이와 동일한 사유의 연장에서 '리통기국理通氣局'을 말하고 있으며, 이 논리는 '리기불상리理氣不相離'를 전제로 하는 것이다.

이러한 이이의 본체本體에 대한 이해는 이황이 본체本體를 리선기후理先氣後로 정의하면서 리理를 말하고, 서경덕이 리기무선후理氣無先後를 말하지만 리理는 '기氣의 리理'라고 하는 것과는 전혀 다른 방식이다. 이이가 창안한 리통기국理通氣局의 논리는 그것이 본체本體의 측면에서 말한 것이기는 해도 또한 유행流行, 즉 현상現象을 떠나서는 본체本體를 말할 수 없다는 점이다. 이것은 '본체本體 속에는 현상現象의 가능성이 마련'되어 있고 '현상現象 속에는 본체本體의 본질이 들어 있다'는 것을 분명히 확정하고 있는 셈이다. 바로 현상現象과 본체本體의 불가분리성을 말하는 것이다.

필자는 이이의 리통기국설理通氣局說이 리理와 기氣의 차별적 특성을 전제로 한다는 점에서 '리기理氣가 뒤섞일 수 없다'는 리기불상잡理氣不相雜의 관점이 내포되어 있음을 인정한다. 그러나 리理는 '무형무위無形無爲'하고 기氣는 '유형유위有形有爲'하다는 리기理氣의 개념적 정의를 통하여 설정된 '통통과 국局'의 원칙은 리기理氣를 서로 분리할 수 없다는 불상리不相離의 전제 속에서 유의미하게 된다. 즉 본체本體와 현상現象은 실제로 리기무선후理氣無先後라는 것이다. 따라서 이이의 논지는 리통기국설理通氣局說을 통해서 리理와 기氣를 '두 층위로 분리分離·분개分開'해서 보려는 데 있는 것이 아니다. 필자는 이러한 점에서 이이의 리통기국설理通氣局說이 적어도 이이철학 자체에서 '리理와 기氣'를 나누고, 이를 각기 '통通과 국局'으로 분리하여 해석할 수 있다고 하는 일부 학자의 이분법적 분개分開의 견해에 동의하지 않는다.164) 이 견해는 퇴계학파에서 이이를 비판할 때 주로 사용하는 논리와 유사하다.165)

이이는 리통기국理通氣局의 논의를 통해 본체本體와 현상現象을 '리理 혹은 기氣'와 '리기무선후理氣無先後'로 구분하려는 이황과 서경덕의 이론을 비판하고, 나아가 이러한 본체本體 또한 현상現象을 통해 구체화·현실화 된다는 점을 강조하고 있다. 이것은 이이가 리통기국설理通氣局說을 통하여 성性을 정의하는 방식에서도 드러나고 있으며, 특히 미발공부未發工夫를 근거로 이발공부已發工夫를 강조하는 성경수양론誠敬修養論도 동일한 방식이라고 필자는 이해한다. 바로 기국氣局의 현실 속에서 리통理通의 원칙을 확인해야 하고, 또한 기국氣局의 현실을 리통理通의 원칙을 통해 개선해야 한다는

---

164) 정원재는 이이의 리통기국설은 理와 氣, 本體와 現象을 엄격히 이원적으로 분리하는 논의라고 해석하는데, 필자는 이러한 해석과 다른 입장이다. 「지각설에 입각한 이이 철학의 해석」(서울대학교 박사학위논문, 2001년)
165) 『愚潭集』 8:36, 「四七辨證總論」. "其云理通者, 雖曰無所不通, 而又未免言理於窈冥, 言氣於粗淺, 則是理是氣, 常隔斷阻絶, 不能相須以爲體, 相對以爲用, 而終未見渾淪之中自有分開, 分開之中自有渾淪之妙矣."

강력한 실천성을 요구하는 것이 이이의 리통기국설理通氣局說이다.

이이의 리통기국에 대한 논의는 결국 인간의 현상적 불완전성이 바로 참치부제參差不齊한 기氣로부터 비롯하지만 그러나 동시에 선善의 근거인 리理가 어디에나 존재하기 때문에 그 신善을 추구하고 실현하기 위한 인간의 노력을 요청하고 있는 셈이다. 그러므로 이이는 심성론에서도 리통기국설理通氣局說을 통하여 인간은 누구나 '성인聖人이 될 가능성'을 가지고 있다166)고 하면서 궁극적으로 성인聖人을 성취하기 위한 수양공부를 강조하게 된다. 이는 곧 '사물의 존재 원리'이자 도덕의 근거로서 리理를 확보하는 것에 그치는 것이 아니라, 리理를 일상적 현실에서 체험하고 또 적극적으로 확충해 나가는 것을 중시하는 이이철학의 실천적 성격을 엿보게 한다.167)

---

166) 張淑必, 『栗谷李珥의 聖學硏究』(高麗大學校 民族文化硏究所, 1992) 54쪽 참조.
167) 이 점은 〈제4장 이이 심성론의 실천적 성격〉에서 자세히 다루어질 것이다.

이이 심성론의 이론적 특색

이이 심성론의
이론적 특색

　이이의 심성정心性情에 대한 견해는 리기론의 형성과정에서 살핀 것과 마찬가지로 이황의 이론에 대한 비판적 관점에서 성립한다. 그런데 문제는 이이의 이황에 대한 비판뿐만 아니라, 이이에 의해 정립된 심성心性 이론이 과연 주희의 이론과 얼마나 같고 다르며, 그럴 경우 어떤 철학적 함의를 담고 있는가 하는 점이다.

　최근 이이에 대한 연구자 가운데 '심시기心是氣'를 말하고 있는 이이철학은 정주성리학의 '심통성정心統性情' 명제를 부정하고 있으며, 따라서 주희철학보다는 호상학파湖湘學派의 호굉胡宏의 이론에 맞닿아 있다고 하는 주장이 제기되고 있어 흥미를 끈다.1) 필자는 본 장에서 이이의 심성心性 이론이 주희철학에서 벗어나 있다고 하는 주

---

1) 정원재는 「知覺說에 입각한 李珥 철학의 해석」(서울대학교 박사학위 논문, 2001년)을 통해 이러한 주장을 하고 있다. 필자는 위 저자와 다른 견해를 가지고 있음을 '心統性情'·'心是氣'를 논의하면서 밝히겠다.

장이 과연 타당한지 그 여부를 이황의 이론 및 주희의 이론과 비교 검토하면서 고찰해 보겠다.

1
심통성정과
심에 대한 관점

　　주희에 이르러서는 이전에 논의되었던 심성心性 이론2)이 동시대의 장식(張栻, 南軒: 1133~1180), 여조겸(呂祖謙, 東萊: 1137~1181), 육구연(陸九淵, 象山: 1139~1192) 등과의 논의를 통하여 한층 심화되고 체계적으로 정리된다. 이것이 심즉리性卽理와 심통성정心統性情을 중심축으로 하는 주희의 심성론3)이며, 특히 심통성정心統性情은 중화

---

2) 송대에 이르러서는 불교와 도교의 영향을 통해 심성에 대한 형이상학적 논의가 심화되면서 정주성리학의 틀을 갖추기 시작한다. 심성의 문제에 국한하여 살펴보면, 장재는 '心이 性情을 統한다'(張載, 『語錄』. "心統性情也.")라고 한다. 정이(程頤, 伊川: 1033~1107)는 '性이 형체를 가진 것을 心'(程頤, 『語錄』. "性之有形者謂之心, 性之有動者謂之情, 凡數者皆一也.")으로 이해하면서 '性卽理'(『二程全書』, 「伊川語錄」. "性卽理也, 所謂理, 性是也." "性無不善, 而有不善者, 才也, 性卽是理.")의 명제를 제시한다. 아울러 정호(程顥, 明道: 1032~1085)와 정이는 『書經』에서 언급되었던 인심과 도심의 문제를 마음의 영역으로 끌어들여 새롭게 해석하게 된다.
3) 심성정의 문제를 다루는 주희의 기본적 명제는 정이가 제기한 '性卽理'와 장재가 제시한 '心統性情'이다. 정이는 '性卽理'를 인성론에 적용하여 인간의 본성을 리로 규정

신설中和新說의 형성과 밀접한 관련이 있다.4) 이러한 중화신설中和新說이 정립되는 과정에서 주희는 호굉의 '성체심용性體心用'의 이론5)

한다. 주희는 이 명제를 "性이란 天理"(『朱子語類』 5:96, 「性理」. "性者, 卽天理也.")라 하여 성의 근거로 천리를 설정함으로써 성의 존재론적 근거를 모색하게 된다. 이는 『中庸』의 '天命之謂性'을 계승하여(『朱子語類』 5:82, 「性理」. "理者, 天之體. 命者, 理之用. 性是人之所受.") '天卽理'로부터 '性卽理'의 개념을 도출하고자 하는 것이다.(『朱子語類』 5:82, 「性理」. "天與命, 性與理, 四者之別. 天則就其自然者言之, 命則就其流行而賦於物者言之, 性則就其全體而萬物所得以爲生者言之, 理則就其事事物物各有其則者言之. 到得合而言之, 則天卽理也, 命卽性也, 性卽理也, 是如此否. 曰, 然.") 그리고 심성의 측면에서 性卽理의 사고방식은 "心에 있을 때는 性이라 부르고, 일에 있을 때는 理"라 정의하게 된다.(『朱子語類』 5:82, 「性理」. "性卽理也. 在心喚做性, 在事喚做理.") 즉 性은 마음이 가지고 있는 理이며, 이럴 경우 마음은 理가 모이는 곳이라는 의미이다.(『朱子語類』 5:88, 「性理」 "性便是心之所有之理, 心便是理之所會之地.") 그러나 장재의 心統性情은 간명한 어구로 끝나기 때문에 그것이 의미하는 바를 정확히 확인할 수 없다. 그럼에도 주희는 이 두 명제를 자신의 심성론을 해명하는 핵심 주제로 다루고 있다.(『朱子語類』 5:92, 「性理」. "伊川性卽理也, 橫渠心統性情, 二句, 顚撲不破.")

4) 주희는 장재에 의해 사용된 心統性情을 자신의 철학적 입장에서 재해석하여 이해한다. 그가 사용하는 心統性情의 의미는 '中和說'의 형성과 밀접한 연관을 맺고 있다. 주희는 스승인 이동(李侗, 延平: 1093~1163)으로부터 배운 未發 시기의 수양공부에 대하여 의문을 갖고 있던 중 장식을 통하여 先察識·後涵養, 곧 已發 시기의 수양공부를 강조하는 湖湘學의 견해에 경도된다. 이것은 '心以成性'이라고 하여 性體心用을 논하는 호굉(胡宏, 五峯:1106~1161)의 이론을 근거로 한 것인데, 호굉은 體로서 性 공부보다는 用으로서의 心 공부를 중시하여 已發 시기의 窮理를 우선적으로 생각한다. 그러나 이와 같은 湖湘學의 수양공부론에 대하여 점차 회의를 갖던 주희는 40세 때, 蔡元定과 토론을 통하여 '已發 시기의 察識'만을 강조한 채 '未發 시기의 涵養'을 도외시했던 자신의 견해가 잘못 되었다는 것을 깨닫는다. 이후 주희는 기존의 이론 즉 中和舊說을 버린다. 주희는 새롭게 '心之未發'을 '性의 상태'로, '心之已發'을 '情'으로 파악하게 된 것이다. 따라서 그는 未發과 已發 어느 한쪽에 치우친 공부가 아닌, '心之未發의 中'을 얻을 수 있는 '涵養工夫'와 '心之已發의 和'를 얻을 수 있는 '省察工夫' 두 측면을 나란히 설정한다. 이것이 '靜과 動', '未發과 已發'의 두 시기를 아우르는 것으로 '灑掃應對進退'와 같은 小學的 實踐工夫로서 敬을 중시하는 中和新說이다. 주희가 이처럼 호굉의 性體心用의 관점을 비판하면서 心統性情의 명제를 확립하는 것은 한편으로 心性과 다른 '情'의 영역을 중시하게 되었음을 의미한다. 왜냐하면 情은 性이 현실적으로 드러난 상태를 의미하기 때문이다. 주희는 이제 호굉의 논의에서 배제된 性의 현실태인 情을 心性과 아울러 논의하는 것이다. 이 中和新說의 확립은 곧 湖湘學에서 언급하지 않았던 未發 시기의 수양공부에 비중을 두게 되었음을 의미하고, 또한 心의 已發 상태인 情의 영역을 心性의 관계망 속에서 명확히 구분하여 이해하게 되었다는 것을 의미한다.

5) 주희는 호굉이 性體心用을 말하는 것은 정호와 정이의 제자였던 사량좌(謝良佐, 上蔡:

을 비판하면서 자신의 '심통성정론心統性情論'을 제시한다.

주희는 장식·여조겸 등과 논의를 통하여 호굉의 『지언知言』에서 언급되고 있는 심성心性 이론에 대하여 문제를 제기하고, 심성정心性情의 관계를 심통성정心統性情으로 파악하여 '통統'을 '주재主宰'와 '겸섭兼攝'의 의미로 해석한다.6) 이와 같은 심통성정心統性情의 '통

1050~1103)로부터 비롯되었다고 이해한다.(朱熹, 『朱子集』 73, 「胡子知言疑義」. "熹按心性體用之云, 恐自上蔡謝子失之. 此云性不能不動, 動則心矣, 語尤未安. 凡此心字皆欲作情字, 如何.") 사량좌는 '性을 本體'라 보고 耳目手足이 視聽擧運의 작용으로 드러나는 것을 心이라고 정의하였기 때문이다.(謝良佐, 『上蔡語錄』. "性, 本體也. 目視耳聽手擧足運見於作用者, 心也.") 性을 本體로 보고 心을 작용으로 이해하는 사량좌나 호굉의 관점은 결국 性을 감각기관에 의한 감각작용의 體로서만 파악하고 心을 已發·動 상태로만 한정하는 결과를 초래한다고 보는 것이다. 따라서 性體心用의 관점에서는 天理로서 性이 갖는 도덕법칙의 근원이라는 점이 탈락되어 있고, 心의 未發·靜 상태를 도외시하게 된다. 주희는 바로 이러한 자신의 입장을 근거로 호굉이 말하는 '性은 능히 움직일 수 없으니 움직이는 것은 心이다'(性不能不動, 動則心矣)라고 하는 관점을 비판하는 것이다. 왜냐하면 '心'은 '動의 상태'만 있는 것이 아니고 '靜의 상태'도 있기 때문이다. 이제 주희는 호굉의 性體心用論에서 배제된 情의 영역을 새롭게 규정함으로써 '性'과 '情', 그리고 '心'을 구분하려는 입장을 보여준다. 이 점을 주희는 장식에게 질의하게 되는 것이다. 이에 대하여 장식은 心性을 體用으로 나눈 호굉의 관점에 잘못이 있음을 인정하면서도 주희가 '性은 능히 움직일 수 없고, 움직이는 것은 곧 情'이라고 고친 것도 역시 잘못되었다고 한다. 왜냐하면 정호는 "저절로 性이 형체를 가진 것, 그것을 일러 心이라 하고 저절로 性에 움직임이 있는 것, 그것을 일러 情"이라고 했기 때문이다. 장식은 정이의 말을 근거로 주희의 心性情의 구분을 반대하지만, 주희는 "'性은 능히 움직일 수 없다'는 이 말은 도리어 적당한 듯하다"고 하면서 "性은 능히 움직일 수 없고, 움직이는 것은 情이다. 心은 性情을 主管한다."고 자신의 입장을 정리한다. 이처럼 주희는 心統性情을 통하여 性과 구분되는 情을 언급함으로써 호굉의 性體心用의 관점을 벗어나 性體情用을 주장하게 된다.

6) 心統性情에서 '統'에 대한 주희의 해석은 다음과 같은 과정을 통해서 이루어진다. 호굉은 "心이라는 것은 천지를 알아서 만물을 주관함으로써 性을 이루는 것"(朱熹, 『朱子集』 73, 「胡子知言疑義」. "心也者, 知天地, 宰萬物以成性者也.")이라고 하여 心을 知의 측면(天地)과 宰의 측면(萬物)으로 나누어 본다. 이는 心을 인식적인 측면과 의지적인 측면으로 나누어서 파악하는 것으로 性體心用의 관점이다. 이러한 호굉의 '心以成性'의 관점에 대하여 주희는 "'마음으로써 性을 이루는 것'이라고 한 이 구절은 의심스럽다. '以統性情'이라고 하면 어떤가?"(朱熹, 『朱子集』 73, 「胡子知言疑義」. "熹謂以成性者也, 此句可疑. 欲作而統性情也, 如何.")라고 장식에게 질의한다. 주희는 호굉의 心性에 대한 관점, 즉 '心以成性'에 대하여 '心統性情'으로 바꿀 것을 제안하는 것이다. 이

統'에 대한 두 해석은 말년에 정리된 『주자어류朱子語類』에서 보다 명확하게 나타난다. 주희는 '통통統'을 마치 군대를 통솔統率[7]하는 것과 같은 의미로 사용하여 마음心의 '미발未發과 이발已發', '동動과 정靜'의 두 상태를 주재主宰하는 것[8]으로 이해한다. 따라서 심통성정心統性情에서 '통통統'은 '주재主宰'·'통솔統率'·'관섭管攝'[9]의 의미를 갖는다. 그리고 또한 '통통統'을 '겸兼'[10]의 의미로 이해하고, 이 '겸兼'은 곧 '포괄包括'[11]·'포득包得'[12]이며, 마음心이 성정性情을 갖춘다는 의미로 '구具'[13]라고도 한다.

에 대하여 장식은 "'統'자도 역시 잘못된 듯싶으니, '以主性情'이라고 하면 어떻겠는가?"(朱熹, 『朱子集』 73, 「胡子知言疑義」. "栻曰, 統字亦恐未安, 欲作而主性情, 如何.")라고 하여 '統'보다는 '主'로 바꿀 것을 역제안하고 있다. 그리고 주희는 "심을 논할 때는 반드시 性情을 兼한 연후에 말의 의미가 온전하게 갖춰지게 된다."(朱熹, 『朱子集』 73, 「胡子知言疑義」. "熹謂論心必兼性情, 然後語意完備.")라고 하여 '統'을 '兼'으로도 해석한다. 이에 대하여 여조겸은 "成性은 진실로 의심스럽지만, 지금 개정하여 곧 '兼性情'이라고 말하면 본문에 문제를 제기한 것과는 상응하지 않게 된다."(朱熹, 『朱子集』 3, 「胡子知言疑義」. "祖謙曰, 成性固可疑, 然今所改定乃兼性情而言, 則與本文說問不相應.")라고 하여 '統' 대신 '兼'자를 쓰는 것에 대하여 회의적인 입장을 보이고 있다. 그러나 주희는 여조겸의 이의 제기에도 불구하고 '統'의 의미 속에 '兼'을 포함시킨다. 이렇게 본다면, 주희는 장식과의 논의를 통해서 '心主性情'이라고 할 때의 '主宰'의 의미를 '統'의 내용으로 확보하고, 여조겸과의 논의를 통해서 그가 비록 이의를 제기하지만 '心兼性情'이라고 할 때의 '兼攝'의 의미를 '統'의 의미로 포함하게 된다.

7) 『朱子語類』 98:41. "性者, 理也. 性是體, 情是用. 情性皆出於心, 故心能統之. 統, 如統兵之統, 言有以主之也." 『朱子語類』 98:42. "問. 心統性情, 統如何. 曰. 統是主宰, 如統百萬軍."

8) 『朱子語類』 5:55. "性者, 心之理. 情者, 性之動. 心者, 性情之主." 『朱子語類』 5:72. "心, 主宰之謂也. 動靜皆主宰, 非是靜時無所用, 及至動時方有主宰也. 言主宰, 則混然體統自在其中. 心統攝性情, 非儱侗與性情爲一物而不分別也."

9) 『朱子語類』 5:73. "性以理言, 情乃發用處, 心卽管攝性情者也."

10) 『朱子語類』 98:39. "心統性情. 統, 猶兼也."

11) 『朱子語類』 20:128. "心者, 兼性情而言. 兼性情而言者, 包括乎性情也."

12) 『朱子語類』 5:71. "性是未動, 情是已動, 心包得已動未動. 蓋心之未動則爲性, 已動則爲情, 所謂心統性情也."

13) 『朱子語類』 5:68. "心, 統性情者也. 性不是別有一物在心裏, 心具此性情."

이처럼 주희의 '심통성정心統性情'은 '겸兼'의 의미를 함축할 경우에는 '포섭包攝'・'포괄包括'의 의미가 있고, '주主'의 의미를 함축할 경우에는 행위의 주체라는 의미와 주재主宰・통솔統率의 의미를 갖는다. 따라서 심통성정心統性情을 말할 경우에는 그것이 적용되는 문맥을 통해서 해석해야 하는 어려움이 따르게 된다.14)

　마음心을 이해하는 접근 방식에서 이이와 이황은 심통성정心統性情의 관점에 서 있음을 발견할 수 있다.15) 우선 이황의 경우를 살피면, 주희와 마찬가지로 심성정心性情의 관계를 심통성정心統性情으로 파악한다.

---

14) 필자는 주희가 心統性情의 이론을 제시한 것은 호굉의 '心以成性'의 관점, 즉 심성을 體用의 관계로 이해하는 것에서 비롯하였다고 판단한다. 이 性體心用의 관점은 未發 시기의 공부를 간과한 것이고 또한 已發 시기의 情의 영역에 대하여 명확히 제시하고 있지 못하는 한계점을 노정하고 있기 때문이다. 호굉의 심성에 대한 체용적 이해는 性 자체는 마음에 의해서 완성된다는 측면으로, 현실적으로 마음만이 존재한다는 이론이다. 즉 性은 없는 것이나 마찬가지가 된다. 이것은 가치의 본질은 현상적인 마음의 작용을 통해서 만들어진다는 것과 차이가 없다. 주희는 바로 이 점에서 마음의 體로서 性, 곧 객관적 가치의 본질로서 리는 마음의 작용에 의해서 만들어지는 것이 아니라 불변적 원리로서 이미 존재하는 것임을 분명히 하고자 한다. 그것은 이미 인간의 마음속에 본성으로서 本具되어 있다는 것이다. 따라서 이제 마음의 활동성을 강조하는 호굉의 이론으로는 마음의 靜的인 측면을 설명할 수 없는 어려움에 봉착한다. 이것은 마음의 未發 상태를 염두에 둔 것이다. 주희는 未發 시기의 存養工夫를 통해서 已發 시기의 察識工夫가 확보된다고 판단한다.
　이와 같은 이유로 주희는 마음과 性을 體用의 관점으로 이해하는 호굉의 견해를 부정하고 오히려 마음을 體用으로 나누어서 이해하는 관점을 제시한다. 그것이 마음의 體는 性이요, 마음의 用이 情이라는 것이다. 이것은 未發의 공부와 已發의 情 영역을 분명히 보여주는 것이다. 그리고 이 마음과 性과 情의 관계를 적절히 설명할 수 있는 개념이 필요한데, 이것을 장재의 '心統性情'에서 잡아내고 있는 것이다.
15) 권근의 경우에는 마음을 '사람이 하늘에서 얻은 것'으로 '一身을 主宰'하고, '理氣가 妙合'하여 '虛靈洞徹'하며, 또한 '神明의 머무는 곳'일뿐만 아니라 '性情을 統率・兼攝'하는 것이라 정의한다.(權近, 『入學圖說』 3, 「天人心性分釋之圖」. "心者, 人所得乎天, 而主乎身, 理氣妙合, 虛靈洞徹, 以爲神明之舍, 而統性情.")

리와 기가 합하여 마음이 되므로 자연히 허령지각의 묘가 있는 것이다. 고요하여 뭇 이치를 갖춘 것이 성이고, 이 성을 담고 있는 것이 마음이며, 움직여서 모든 일에 응하는 것이 정이다. 이 정을 드러내는 것 역시 마음이다. 그러므로 심통성정이라고 한다.16)

이황은 마음心을 구조상에서 보면 '리理와 기氣가 합하여 이루어진 것'이고, '합리기合理氣'의 구조로 이루어져 있기 때문에 마음心은 자연히 '허령지각虛靈知覺'한 능력을 갖는다고 이해한다.17) 그리고 심성정心性情을 서로의 상관관계에서 보면, '고요하나 뭇 이치를 구유하고 있는 것'이 성性이고, '이 성性을 담고 있는 것'이 마음心이며, '움직여서 만사에 응하는 것'이 정情이다.

이렇게 성性으로부터 정情으로 드러나게 하는 것이 마음心이다. 곧 성性을 담고 있는 마음心이 움직여 구체적인 사태에 감응하여 정情으로 표출되는 것이므로, 이 관계를 심통성정心統性情이라고 한다. 따라서 이황은 마음心을 '리기理氣가 합하여, 성정性情을 통섭統攝·주재主宰하는 것'으로 정의하는 셈이다.18)

---

16) 『退溪全書』18:12, 「答奇明彦別紙」. "理氣合而爲心, 自然有虛靈知覺之妙. 靜而具衆理, 性也, 而盛貯該載此性者, 心也, 動而應萬事, 情也. 而敷施發用此情者, 亦心也. 故曰心統性情."

17) 주희는 靈明한 능력은 마음의 본체(『朱子語類』 5:87, 「性理」. "虛靈自是心之本體)로서 氣이지 理 혹은 性은 아니며(『朱子語類』 5:85,「性理」. "問, 靈處是心, 抑是性. 曰, 靈處只是心, 不是性. 性只是理."), 知覺은 '心의 先天的 能力'(『朱子語類』 20:465, 「論語·學而篇上」. "知覺便是心之德.")이라고 한다. 따라서 이 마음이 본질적으로 갖춘 虛靈性과 마음의 능력인 知覺을 결합함으로써 마음을 '虛靈知覺'으로 정의한다.(朱熹, 『中庸章句』序. "心之虛靈知覺 一而已矣.") 따라서 주희는 心의 虛靈과 知覺을 體와 用의 관계로 파악한다. 그러나 조선시대의 성리학자 金昌協은 '虛靈한 知覺'을 하나로 보아 虛靈과 知覺을 體用의 관계로 설정하지 않고 虛靈知覺 자체를 心의 本體로 이해하는 입장을 보이고 있다.

이이도 심성정心性情의 문제를 이황과 동일한 방식으로 접근한다. 그는 '마음心이 성정性情을 통섭統攝·주재主宰한다'고 하는 '심통성정心統性情'의 명제를 근거로 본성性이 마음心의 작용을 통해 감정으로 드러나는 과정을 분석한다.

> 천리가 사람에게 부여된 것을 일러서 성이라 하고, 성과 기가 결합하여 일신을 주재하는 것을 일러서 마음이라 하며, 마음이 사물에 응하여 밖으로 드러나는 것을 일러 정이라 한다. 성은 마음의 체요, 정은 마음의 용이니, 마음은 곧 미발·이발의 총명이다. 그러므로 심통성정이라고 한 것이다.[19]

유학(성리학)의 세계에서 하늘(天)은 우주자연을 상징하고, 이 우주자연으로서의 하늘(天)은 이법(理)으로 표상表象된다. 여기서 '하늘이 곧 이치'라고 하는 '천즉리天卽理'의 명제가 도출되고, 이것은 '인간의 본성이 곧 이치'라고 하는 '성즉리性卽理'의 명제로 정식화된다. 이이도 이러한 성리학적 관념을 통해 인간과 우주자연을 이해하는데, 그는 천리天理가 인간에게 부여된 것이 본성性이고, 이 천리天理로서 본성性이 기질氣質과 결합(合性與氣)되어 일신一身을 주재主宰하게 되는 것이 마음心이며, 마음心이 사물에 감응感應하여 밖으로 드러나는 것을 정情이라 정의한다. 그리고 이 마음心과 성性의

---

18) 『退溪全書』 25:20, 「答鄭子中講目」. "蓋合理氣, 統性情者, 心也"
19) 『栗谷全書』 14:04, 「人心道心圖說」. "天理之賦於人者, 謂之性, 合性與氣, 而爲主宰於一身者, 謂之心, 心應事物, 而發於外者, 謂之情. 性是心之體, 情是心之用, 心是未發旣發之總名, 故曰心統性情."

관계로부터 정情이라고 하는 감정感情은 리理로서의 성性을 담고 있는 마음心이 사물에 감응感應하여 드러나는 것으로 이해한다. 곧 성性과 정情은 마음心의 내용을 드러내는 것이라고 할 수 있다.

이렇게 마음心과 성性, 그리고 정情의 관계를 하나의 맥락 속에서 파악할 때 심통성정心統性情의 의미가 잡히게 된다. 따라서 이이는 '성性은 마음心의 체體로 미발未發'이고 '정情은 마음心의 작용으로 이발已發'이며, '미발未發과 이발已發을 총칭하는 마음心'은 이러한 성性과 정情을 통섭統攝 또는 주재主宰하는 존재라고 해석한다.

이와 같이 본다면, 심성정心性情의 관계를 주희의 심통성정心統性情의 방식으로 이해하는 것은 이황이나 이이에게 큰 차이점을 찾을 수는 없다. 문제는 심성정心性情을 상호관계의 양상에서 파악하는 것이 아니라 리기理氣로 해석할 때이다.[20] 이 경우 마음心과 성性을 리기理氣로 어떻게 정의하고, 또 정情을 어떤 측면에서 사단四端과 칠정七情으로 정의하는가에 따라서 심통성정心統性情을 해석하는 데 차이점이 발생할 수 있는 가능성도 배제할 수 없다. 이황과 이이는 마음心에 대한 리기理氣 해석상에서 일정한 차이점을 보이고 있다. 주희는 마음心과 성性을 변별하면서도 마음心은 성性을 담고 있는 것으로 이해한다.[21] 이러한 점에서 주희는 마음心을 두 가

---

20) '心性情의 관계'를 心統性情으로 파악하는 것은 李滉과 李珥의 입장에서 동일하게 나타난다. 그러나 이들은 '心·性·情에 대한 이해 방식'이 다름으로 해서 四端七情과 人心道心의 이론에 대하여 다른 입장을 보이게 된다. 이것은 〈2. 이이 심성론의 정립〉에서 다루어질 것이다.
21) 心은 비록 理인 性을 감싸서 갖추고 있다가 사물에 응접하면서 구체적으로 드러나게 된다 하더라도(『朱子語類』 5:88, 「性理」. "性是理, 心是包含該載, 敷施發用底.") 心은 性과 같지 않고 性은 心과 같지 않다는 입장이다. 왜냐하면, 心은 대개 官吏와 흡사하고, 하늘의 命은 임금의 명령장과 같으며, 性은 맡은 직무와 같기 때문이다. 이것은

지 측면에서 정의하는데, 하나는 마음心을 작용의 관점에서 '기氣의 정상精爽'으로서 '지각知覺'으로 보는 것이고[22], 다른 하나는 마

곧 하늘이 命한 본질적 직무로서 '性'과 관리로서 '心'을 변별하는 것이다.(『朱子語類』 4:64, 「性理」. "天命之謂性, 命便是告箚之類, 性便是合當做底職事, 如主簿銷注, 縣尉巡捕, 心, 便是官人.") 다시 말하면, 性이라는 주어진 직분 혹은 도덕 행위의 근거가 존재하며, 그것을 구체적으로 실현시키는 주체는 다름 아닌 心이라는 해석이다. 따라서 朱熹는 心과 性은 흡사 하나인 듯도 하고, 또 둘인 듯도 하지만, 서로 구분되는 것이기 때문에 이것을 가장 절실하게 체득해야 한다고 강조한다.(『朱子語類』 5:89, 「性理」. "大抵心與性, 似一而二, 似二而一, 此處最當體認.") 그러나 心은 性을 담고 있는 것이기도 하다. 그렇지만 心이 性으로서 理를 담고 있다 해도, 理라고 할 수 없다. 왜냐하면, 心이 性을 담고 있는 구조적인 측면에서 보면, 理와 氣가 결합된 존재이기 때문이다. 김경호, 「李珥의 心性情圖·人心道心圖說」, 『圖說로 보는 韓國儒學』(예문서원, 2000.11) 〈心에 대한 두 관점: 氣之精爽과 合理氣〉 참조.

22) 주희는 心은 그 자체가 氣이지만 구체적인 형태를 가진 물질은 아니라는 점을 분명히 한다. 그 心은 지극히 맑고 텅 비어 밝을 뿐만 아니라 모든 理를 담고 있으나(『朱子語類』 5:94, 「性理」. "心之全體, 湛然虛明, 萬理俱足.") 형체가 없으므로 그 위치가 정해져 있는 것이 아니다. 그것은 사물에 따라 드러낼 뿐이다. 이 '心'은 잡으면 간직되고 놓으면 잃어버리는 것이므로 자취가 있다는 점에서 '形而上'이라고 할 수 없고, 기질에 비하여 '저절로 그러하면서 靈明한 것'이라는 점에서 '形而下'라고도 할 수 없다. 주희가 五行으로 이루어진 물질적인 心臟과 다른 神妙不測하며 靈明한 '心'을 상정하고 있다는 점(『朱子語類』 5:87, 「性理」. "問, 人心形而上下如何. 曰, 如肺肝五臟之心, 却是實有一物. 若今學者所論操舍存亡之心, 則自是神明不測. 故五臟之心受病, 則可用藥補之, 這簡心, 則非菖蒲, 茯苓所可補也. 問, 如此, 則心之理乃是形而上否. 曰, 心比性, 則微有跡, 比氣, 則自然又靈.")은 주목할 만하다. 그는 '구체적인 물리적인 것'으로서의 心臟과 구분되는 '형체가 없는 氣의 精爽'으로서의 '心'을 상정하는 것이다.(『朱子語類』 5:85, 「性理」. "心者, 氣之精爽.") 그리고 이러한 心의 '神妙不測'하고 '靈明'한 능력은 性의 능력이 아니라 心의 능력이다. 따라서 주희는 靈明한 心은 氣이지 理 혹은 性은 아니라고 본다.(『朱子語類』 5:85, 「性理」. "問, 靈處是心, 抑是性. 曰, 靈處只是心, 不是性. 性只是理.") 왜냐하면 性은 理로서 無爲하기 때문에 작용이 없고, 心은 氣로서 有爲하기 때문에 靈明한 작용이 있다고 보는 것이다. 주희는 이러한 靈明한 능력은 心이 본질적으로 갖춘 것이고, 心 그 자체는 형체도 없는 것으로 이해한다.(『朱子語類』 5:87, 「性理」. "虛靈自是心之本體, 非我所能虛也. 耳目之視聽, 所以視聽者卽其心也, 豈有形象. 然有耳目以視聽之, 則猶有形象也. 若心之虛靈, 何嘗有物.") 즉 보고 듣는 감각 작용에는 구체적인 감각 기관인 형체가 있는 눈과 귀가 있어야 하지만 그러한 감각 작용을 가능케 하는 靈明한 능력은 心 때문이다. 곧 耳目이 視聽하는 그 근거로써 형상이 없는 心을 말한다. 결국 心의 虛靈性은 인위적인 조작에 의한 것이 아니라 心 자체의 고유한 능력으로 한정하고자 한다. 바로 心의 靈明한 특성은 다름 아닌 知覺 능력이며, 知覺 능력이란 곧 氣이다.

음心을 구조적으로 파악하여 리理와 기氣가 결합된 것(合理氣)으로 본다는 것이다.[23]

이황과 이이는 주희와 마찬가지로 '지각知覺'의 용어를 사용하고, 또 마음心을 합리기合理氣로 이해한다.[24] 그런데 여기서 주목되는 것은 두 사람이 '지각知覺'을 어떻게 정의하고 있는가 하는 점이다.

주희는 마음心을 작용상에서 지각知覺이라고 표현하고 있는데, 지각知覺이라는 용어는 장재의 『정몽正蒙』에서 보인다.[25] 주희는 지각知覺을 '마음心의 선천적 능력'(知覺便是心之德)이라고 이해하게 된다.[26] 이는 장재의 지각知覺을 '마음心의 선천적 능력'으로 재해석

---

23) 주희는 心을 구조상에서 접근할 경우에는 '合理氣'로 이해한다. 즉 理와 氣가 결합된 존재로 心을 이해하는 것이다. 따라서 氣로서 心의 능력, 곧 知覺 능력을 '心是氣'라 하더라도 理로서 性의 영역인 '지각내용'은 서로 구분된다. "지각하는 내용은 心의 理이고, 지각할 수 있는 능력은 虛靈한 (心의) 氣이다."(『朱子語類』 5:85, 「性理」. "所覺者, 心之理也, 能覺者, 氣之靈也.") 주희는 지각 능력(能知覺)인 氣에 의하여 지각되는 지각 내용(所知覺)은 心 속에 性으로서 존재하는 理(心之理)라고 파악함으로써 지각은 반드시 氣라고 만할 수 없는 측면을 제시한다. 이렇게 본다면, 주희가 제시하고 있는 지각이란 '지각능력'과 '지각내용'을 합한 개념임을 알 수 있다.
24) 心을 구조상에서 파악할 때, 이황은 '理氣之合'이라 하고, 이이는 '性與氣'라 한다.
25) 장재 이전에 知와 覺은 각각 '알다' '깨닫다' 의 의미로 사용되어 왔으나, 그것이 결합되어 하나의 단어로 사용되지는 않았다. 十三經에도 知覺이라는 단어는 나타나지 않는다. 장재는 "太虛로 말미암아 天이란 명칭이 있고, 氣化로 말미암아 道란 명칭이 있고, 虛와 氣를 합하여 性이란 명칭이 있고, 性과 知覺을 합하여 心이란 명칭이 있다." (『正蒙』, 「太和」. "由太虛, 有天地名. 由氣化, 有道之名. 合虛與氣, 有性之名. 合性與知覺, 有心之名.")고 한다. 이에 대하여 주희는 "性과 知覺을 합하여 心이라고 이름 짓는 것은 아마도 병폐가 아닐 수 없으니, 이러면 마치 性 밖에 따로 知覺이 있는 듯하다."(『朱子語類』 5:92, 「性理」 2. "合性與知覺, 有心之名, 則恐不能無病, 便似性外, 別有一箇知覺了.")라고 하여 장재가 心의 작용으로서 知覺과 性을 대비시켜 心을 정의하는 것은 잘못이라고 한다. 그러면서 주희는 心의 體로서 虛靈性을 知覺과 결합하여 心을 '虛靈知覺'으로 정의한다.(朱熹, 『中庸章句』 序. "心之虛靈知覺 一而已矣.") 주희의 知覺에 대한 이러한 입장은 사량좌가 정호의 '手足不仁'과 다른 '生意로서 仁'(『宋元學案』 24, 「伯逢問答」. "今人身體麻痺, 不知痛癢謂之不仁, 桃杏之核, 可種而生者謂之仁, 言有生之意.")을 계승하면서 일종의 깨달음과 같은 知覺으로 仁을 파악하는 것(『宋元學案』 24, 「伯逢問答」. "心有知覺之謂仁")과도 다른 측면이다.

하여 마음心의 본체를 나타내는 '허령성虛靈性'과 결합함으로써, 마음心의 영역과 능력에 대하여 '허령지각虛靈知覺'이라고 정의를 내린 것이다.27) 그러나 이 '허령虛靈'이라는 체體와 '지각知覺'이라는 용用은 서로 분리된 것이 아니라 마치 '체용일원體用一源'의 관계이다.

이황은 "리와 기가 합하여 마음心이 되므로 자연히 허령지각의 묘가 있는 것"이라 하여 마음心의 자연스런 능력으로서 '허령지각虛靈知覺'을 언급하고 있다.28) 이황은 주희의 설명을 근거로 지각知覺을 다음과 같이 이해한다.

> 어떤 사람이 주 선생에게 "지각은 마음의 허령함이 본래 그런 것인가, 아니면 기가 그렇게끔 하는 것인가"라고 물었다. 답하였다. "이것은 기만이 혼자 하는 것이 아니라 먼저 지각의 리가 있어서이다. 그러나 리가 바로 지각하는 것이 아니고, 기가 모여서 형체를 이룩할 때, 리가 기와 합하여야 곧 지각할 수 있는 것이다. 비유하자면, 촛불이 기름을 얻었기 때문에 허다한 광명을 내는 것이다." 라고 하였다. 또 말하였다. "깨닫는 것은 마음의 리요, 깨달을 수 있는 것은 기의 령이다."라고 하였다. 내가(이황) 생각하기에 불이 기름을 얻어서 허다한 광명을 내기 때문에 촛불이 깊고 어두운 곳을 밝힐 수 있고, 거울이 수은을 얻어서 그러한 밝음을 내기 때문에 곱고 더러움을 비춰 주는 것처럼 리와 기가 합하여 마음이 되어

---

26) 『朱子語類』 20:465, 「論語・學而篇上」. "知覺便是心之德."
27) 朱熹, 『中庸章句』 序. "心之虛靈知覺 一而已矣."
28) 『退溪全書』 18:12, 「答奇明彦別紙」. "理氣合而爲心, 自然有虛靈知覺之妙."

서 그러한 허령불측함을 갖기 때문에 사물이 이르자마자 곧 지각할 수 있는 것이다.[29]

이황은 지각知覺을 기氣만의 능력이 아니라 리理와 결합될 경우에 성립한다고 하는 주희의 설명과 촛불과 기름의 비유에 근거하여 자신의 지각知覺에 대한 이론을 정리한다. 즉 불과 기름이 결합하여 빛을 발하고, 거울과 수은이 결합하여 청명함을 드러내는 것처럼, 지각知覺이 가능한 것은 마음心이 리理와 기氣가 결합되었기 때문이라는 것이다. 이것은 곧 마음心의 능력으로서 지각知覺을 이해하는 것이다. 따라서 이황은 마음心을 곧바로 '지각知覺'이라고 정의하지는 않는다.

이렇게 본다면, 이황의 지각知覺에 대한 이해는 그의 관점이 마음心을 '합리기合理氣'로 파악하는 것에 근거하고 있음을 알 수 있다. 이러한 이황의 '합리기合理氣'로서 마음心에 대한 이해를 고려할 때, 그가 마음心의 작용에 있어서도 리理의 측면을 위주爲主로 이해하거나 기氣의 측면을 위주爲主로 이해할 수 있는 가능성을 배제할 수 없다.[30] 이것은 다시 말하면, 이황이 마음心을 구조상에서 '합리

---

[29] 『退溪全書』 25:25, 「答鄭子中別紙」. "有問於朱先生曰, '知覺是心之靈, 固如此, 抑氣爲之耶.' 曰, '不專是氣, 是先有知覺之理. 理未知覺, 氣聚成形, 理與氣合, 便能知覺. 譬如這燭火, 是因得這脂膏, 便有許多光焰.' 又曰, '所覺者, 心之理也, 能覺者, 氣之靈也.' 況因謂火得脂膏, 而有許多光焰, 故能燭破幽闇, 鑑得水銀, 而有如許精明, 故能照見姸媸, 理氣合而爲心, 有如許虛靈不測, 故事物纔來, 便能知覺."

[30] 이황은 心을 '合理氣'로 이해하지만 실제로 心의 理的인 측면과 氣的인 측면을 분리하여 이해하는 면모를 보여준다. 이것은 그가 四端七情을 所旨의 측면뿐만 아니라 所從來를 구분하여 이해하려는 경향에서 두드러지게 나타난다. 특히 「心統性情圖」의 中圖는 心에서 氣를 배제할 수는 없지만 心을 거의 理로 이해하는 경향을 드러내고, 「心統性情圖」의 下圖는 心을 主理의 측면과 主氣의 측면에서 四端七情을 설명하고 있음

기合理氣'라고 이해할 뿐만 아니라, 실제 작용상에서도 '합리기合理
氣'의 관점에 있다는 점을 시사한다.

한편으로 이이는 마음心은 '성을 담고 있는 그릇'(盛貯性之器)이
며31) 그 체體는 '허령虛靈하고 통철洞徹하여 만리萬理가 구비'되어
있다고 본다.32) 그런데 여기서 주목되는 것은 마음心의 허령성虛靈
性을 파악하는 이이의 관점이다.

> 마음이 허령한 것은 다만 성이 있어서 그러할 뿐만이 아니다. 지극
> 히 통하고 지극히 바른 기가 엉기어 마음이 되었으므로 허령한 것
> 이다.33)

이이는 '마음心의 허령함'을 단지 마음心이 천리天理로서 성性을
담고 있기 때문에 그러한 것이 아니라, 지통지정至通至正한 기氣가
응취凝聚되어 마음心을 이루기 때문이라고 설명한다. 마음心의 허령
虛靈을 기氣의 특성으로 보는 것이다. 그러나 이황은 '허령虛靈'을
분개分開하여 리기理氣에 분속分屬한다. 즉 허虛를 리理에 배속하

이 확인된다. 이상은도 이황의 '合理氣'의 관점에서 心을 이해할 때, 心統性情의 '統'
을 해석하는 데 일정한 문제가 발생할 수 있음을 지적하고 있다. 즉 '統'을 '兼攝'이
라고 할 경우 '心이 性과 情을 갖추고 있다'는 의미이지만 '統率'의 의미로 해석할 경
우 '主宰'의 의미를 갖게 되므로, 이 때 心은 '理에 따른 主宰인가' 아니면 '氣에 따
른 主宰인가'의 문제가 발생할 수 있다는 것이다. 이상은은 이 문제를 四端七情의 主
理主氣 문제와 연결시키고 있다. 李相殷, 『퇴계의 생애와 학문』, 예문서원, 1999. 16
0~161쪽 참조.
31) 『栗谷全書』 9:36, 「答成浩原」 壬申. "性則心中之理也, 心則盛貯性之器也."
32) 『栗谷全書』 10:3, 「答成浩原」 壬申. "但心之爲物, 虛靈洞徹, 萬理具備."
33) 『栗谷全書』 31:12, 「語錄」 上. "心之虛靈, 不特有性而然也, 至通至正之氣, 凝而爲心, 故虛
靈也."

고34), 영靈을 기氣에 배속하여 파악한다.35) 이황은 마음心의 능력으로써 지각知覺을 '합리기合理氣'의 관점에서 이해하듯이 허령虛靈도 또한 '합리기合理氣'의 관점에서 이해하는 것이다.

이이는 마음心의 허령성虛靈性을 기氣로 이해하는 것처럼 마음心의 지각작용知覺作用을 또한 기氣로 이해한다.36) 따라서 그는 '지각즉심知覺卽心'이라고 정의한다.37) 이처럼 이이는 마음心이 본성性으로서의 리理를 담고 있는 것이지만, 이 마음心이 드러나는 작용상의 관점에서 파악한다면, 마음心은 기氣이다. 따라서 이이는 마음心을 기氣라고 정의하는 것이고, 이것이 '심시기心是氣'이다.

---

34) 이황이 '虛'를 '理'로 파악하는 관점은 2장 3절 이황 리기론에 대한 비판적 수용 〈① '허'에 대한 이황의 해석〉에서 이미 살펴보았다.

35) 虛靈을 理氣를 분속하여 파악하는 것은 『天命圖說』에 나타난다. 「天命圖說後叙」(『退溪全書2』 41:8)에서는 "靈者, 心也, 而性具其中, 仁義禮智信五者是. 秀者, 氣與質也, 右質, 陰之爲, 卽所謂形旣生矣者也, 左氣, 陽之爲, 卽所謂神發知矣者也."라고 하여 心을 '靈'으로만 나타내고 있다. 그런데, 「天命圖說」圖與序(『退溪全書3』 8:12)에서는 "吾人之心, 虛而且靈, 爲理氣之舍."라 하고, '虛' 아래에 '理', '靈' 아래에 '氣'로 小註를 붙이고 있다. 여기서는 虛와 靈을 각기 理와 氣로 분속하여 파악하는 것이다. 그러나 기대승과 사단칠정에 대하여 논변을 벌이면서(『退溪全書』 16:7, 「答奇明彦」) "如心之虛靈分屬理氣, 理虛無對等語, 但論以未安, 而不示其所以未安之故."라고 하여 虛靈을 理氣에 분속한 것은 표현상에 문제가 있다고 한발 물러난 듯한 입장을 보여준다. 그리고 「後論」(『退溪全書』 16:40, 「答奇明彦論四端七情第二書, 後論」)에서는 "至其論虛靈處以虛爲理之說, 則亦有所本, 恐未可以分註二字之非, 倂此非之也."라고 하여 '虛'와 '靈'을 각기 '理'와 '氣'로 분속하여 파악하는 것에 대한 오류를 시인하지만, 이황은 '朱子謂至虛之中'뿐만 아니라 程頤·張載 등의 '虛'에 대한 논의를 인용하면서 '虛'를 '理'로 파악한 것은 잘못되지 않았다고 주장한다. 心의 虛靈에 대한 이황의 입장은(『退溪全書』 7:7, 「進聖學十圖箚,幷圖」) "夫心具於方寸, 而至虛至靈, 理著於圖書, 而至顯至實, 以至虛至靈之心, 求至顯至實之理, 宜無有不得者…然而心之虛靈, 若無以主宰, 則事當前而不思, 理之顯實, 若無以照管, 則目常接而不見."라 하여 명확히 理氣로 분속하지는 않게 된다.

36) 권근의 경우에도 '心의 虛靈知覺은 하나일 뿐'이라 하여 '虛靈'을 心之體로 파악하고, '知覺'을 '心之用'으로 이해한다.(權近, 『入學圖說』 7, 「天人心性分釋之圖」. "心之虛靈知覺, 則一而已矣. 然語其虛靈之所以爲體… 語其知覺之所以爲用….")

37) 그렇지만 知覺할 수 있는 근거는 理에 있다. 『栗谷全書』 31:35, 「語錄」上. "心之知覺氣耶理耶. 曰, 能知能覺者氣也, 所以知所以覺者理也…知覺卽心也."

주자는 "마음의 허령지각은 하나일 뿐이나 혹 성명의 바름에서 근원하고 혹은 형기의 사사로움에서 생기기도 한다"라고 하여 먼저 하나의 마음이라는 글자를 앞에 놓았으니 마음은 기이다. 혹 근원하기도 하고, 혹은 생기기도 하여 마음에서 발하지 않음이 없으니, 어찌 기발이 아니겠는가?[38]

주희는 『중용中庸』 장구章句에서 '마음心'을 '허령지각虛靈知覺'으로 정의하고 이것에 근거하여 도심道心・인심人心을 '혹원어성명지정或原於性命之正'・'혹생어형기지사或生於形氣之私'의 관계로 파악한다. 이이는 구절을 인용하면서 '심시기心是氣'와 '인심人心・도심道心'이 모두 기발氣發이라는 이론을 내놓고 있다. 이러한 이이의 이해 방식은 마음心의 체體는 허령虛靈하고, 그 용用은 지각知覺이라는 것으로, 이는 마음心을 작용의 관점에서 이해하기 때문이다.[39] 그러나 체體와 용用은 서로 다른 별개의 것이 아니다. 그것은 마음心의 전체를 이루고 있으므로 하나일 뿐이다. 따라서 마음心의 허령함과 지각작용知覺作用이 일어나는 것은 심기心氣[40]에 의한 것이므

---

38) 『栗谷全書』 10:28, 「答成浩原」. "朱子曰, 心之虛靈知覺, 一而已矣. 或原於性命之正, 或生於形氣之私. 先下一心字在前, 則心是氣也. 或原或生, 而無非心之發, 則豈非氣發耶."
39) 『栗谷全書』 31:30, 「語錄」上. "曰, 虛靈本體之心, 主宰乎內, 而事物之來, 隨感照應而已. 譬如鏡之照物也, 物來而照之也, 非鏡逐物而照管也. 曰, 然則虛靈之體, 在於內, 故照應之用, 發於外也. 曰然. 先生曰, 是也."
40) 이이는 心氣와 身氣를 구분하기도 한다. 즉 心氣는 浩然之氣이고, 身氣는 眞元之氣이다. (『栗谷全書』 31:02, 「語錄」上. "浩然之氣 心上氣也 眞元之氣 身上氣也") 그러나 이 心氣와 身氣는 서로 표리의 관계를 이루고 있다. 즉 心氣와 身氣는 하나이면서 둘이고, 둘이면서 하나이다. 心氣는 身氣 가운데 포함되어 있고, 身氣는 心氣 속에 뿌리를 박고 있다. 안에 心氣의 虛靈한 것이 없으면, 몸의 아픈 것도 가려운 것도 알 도리가 없어서 沙石의 頑物과 같을 것이다.(『栗谷全書』 31:35, 「語錄」上. "曰, 心氣身氣, 相爲表裏耶. 曰, 其氣一而二, 二而一也, 心氣包於身氣之中, 身氣根於心氣之中矣. 內無心氣之虛

로 이를 '심시기心是氣'라고 하는 것이다.

이와 같이 본다면 이이는 마음心을 구조적인 측면에서 리理와 기氣가 결합된 것(性與氣)이라고 이해하지만, 마음心의 작용적인 측면에서 '심시기心是氣'라 파악한다는 것을 알 수 있다. 그러므로 허령지각虛靈知覺한 마음心의 작용성은 바로 내 마음心이 드러나는 것(吾心之發)이고 이것은 곧 천지의 변화(天地之化)와 동일한 기발氣發일 뿐이다.[41]

그렇다면 마음心을 구조상에서 '성여기性與氣'라 이해하고, 그 작용상에서 '심시기心是氣'라 이해하는 이이의 관점은 심통성정心統性情의 이론과 어떤 연관 해석이 가능한가?

지각知覺은 마음心의 작용으로서 기氣이다. 그런데 마음心은 미발未發과 이발已發의 두 계기를 갖는다. 그러나 미발未發 상태는 '사려미맹思慮未萌'일 뿐 '지각불매知覺不昧'는 아니다. 따라서 미발未發 상태에서도 지각知覺은 있다는 의미이다.[42] 그리고 이발已發 상태에는 미발未發의 심체心體, 곧 성性을 정情으로 드러내 주는 것이 마음心이므로 또한 기氣라는 것이다.

따라서 이이의 심성론에서 마음心은 기본적으로 성여기性與氣의 구조를 이루고 있지만, 그 작용상의 관점에서 심시기心是氣라 파악

靈, 則身之疾痛痾痒無所之, 而同於砂石之頑物也.") 心氣와 身氣를 구분하는 이이의 방식은 후에 이익에 의해 心氣(小體)는 心統性情에 한정하고, 身氣(大體)는 形氣를 지칭하는 것으로 나타난다.

41) 『栗谷全書』 10:5, 「答成浩原」, 壬申. "天地之化, 卽吾心之發也. 天地之化, 若有理化氣化者, 則吾心亦當有理發者氣發者矣, 天地旣無理化氣化之殊, 則吾心安得有理發氣發之異乎."

42) 『栗谷全書』 21:21, 「聖學輯要」 正心章. "未發之時, 此心寂然, 故無一毫思慮. 但寂然之中, 知覺不昧, 有如冲漠無朕, 萬象森然已具也. 此處, 極難理會. 但敬守此心, 涵養積久, 則自當得力, 所謂敬以涵養者, 亦非他術. 只是寂然不起念慮, 惺惺無少昏昧而已."

하는 것이다. 즉 심시기心是氣는 마음心의 모든 작용은 기氣라는 것이고, 이것은 또한 마음心 속의 리理로서 성性은 마음心의 작용성에 의해 정情으로 드러나며, 마음心은 이러한 과정을 주재主宰·통섭統攝하는 것이다. 이는 리기론에서 '리무위理無爲', '기유위氣有爲'의 관점과 동일하다. 이렇게 보면 마음心을 지각知覺, 곧 기氣라 하여서 이 마음心의 작용에 의해 본성性이 감정感情으로 드러나는 것은 심통성정心統性情의 명제에 위배되는 것은 아니다.43)

---

43) 未發이란 아무 것도 없는 空寂한 상태를 말하는 것이 아니다. 知覺과 같은 감각기관은 작용하되 단지 사려작용이 일어나지 않는 것을 가리키는 것이다. 이 未發 시기의 心體가 곧 理로서 性이다. 그러나 未發 상태는 파악하기가 쉽지 않다. 따라서 未發 시기의 本心을 보존하고 本然之性을 배양하는 함양공부는 어지러운 생각, 곧 浮念이 일어나지 않도록 하고 覺醒된 상태를 유지해야 한다. 이 공부가 바로 居敬涵養이다. 이이는 이처럼 未發 상태에서 居敬涵養을 강조한다. 이이는 居敬涵養의 구체적인 공부로 容止收斂, 言語收斂, 心收斂을 거론하고 있다. 이것은 주희의 未發工夫와 동일하다. 주희도 未發 시기에 灑掃應對와 같은 小學工夫로서 敬을 말하고 있다. 이렇게 본다면, 이이의 心是氣라는 논의는 과연 "心統性情이라는 주자학의 핵심 명제를 포기하는 것"인가? 정원재는 이이의 '心是氣'를 "움직인다는 現象的 측면에 국한하여 마음을 이해하는 것"이라 하여 이이의 수양방법이 "주자학의 그것과는 달라질 것임을 말해 주는 것"이라고 단정한다. 이와 같은 견해는 이이가 본체와 현상의 관계를 언급하면서 불교적 관점과 순자와 양웅을 비판했던 논의방식대로 표현한다면, '氣質之性'만을 보고 本然之性을 보지 못하는 것과 같다. 그리고 정원재는 丁若鏞과 李瀷의 이론을 들어서 이이의 心是氣의 논의는 "주희의 심통성정설을 부정하는 것이 된다"고 지적하고 있는데, 이것도 적절하지 못한 비판이다. 왜냐하면 이익이나 정약용이 논의하고 있는 '心' 개념은 이이가 논의하는 '心' 개념과는 이미 많은 차이를 보이고 있기 때문이다. 이익과 정약용은 宇宙論과 人性論을 분리하여 파악하려는 관점을 갖고 있으며, 또한 청나라로부터 들어온 서적(西學)들을 통하여 서구의 근대적 자연관을 학습하였다는 점에서도 心이 함의하는 정보 자체에 차이를 지닐 수밖에 없는 것이다. 필자의 판단으로 볼 때, 정원재의 이러한 논의는 이이의 철학을 '心以成性'의 관점에서 已發의 現象을 중요시하면서 窮理와 力行을 강조하는 湖湘學의 논지에 '인위적으로 맞추고자한 의도'에서 비롯되었다고 본다. 마치 '호상학이라는 모범 답안'을 작성해 놓고 그 '답안에 이이의 철학적 사색을 단장취의하는 태도'이다. 이이는 現象을 중요시하고 또, 현실에서 窮理와 力行을 강조하지만 그 근거는 어디까지나 未發로부터 비롯된다. 已發의 현상만을 중시하는 것이 아니다. 未發의 居敬涵養으로부터 已發의 省察窮理, 나아가 力行의 체계를 이루는 것이 이이의 誠敬修養論이다. 이 점은 제4장에서 자세히 논의될 것이다.

이이는 심통성정心統性情 명제로부터 이를 보다 심화하여 의意의 영역까지 확장한다. 이것이 의意의 영역을 포함하는 '심주성정의心主性情意'이다. 이이는 마음心의 작용으로 드러나는 모든 심리현상을 주희가 언급한 심통성정心統性情의 체계 속에서 이해하지만, 이 심통성정心統性情의 체계에서 의意를 마음心의 영역에 포함함으로써 '심주성정의心主性情意'의 이론을 제시하는 것이다.

> 아직 발하지 않은 것은 성이요, 이미 발한 것은 정이며, 발하여 헤아리고 생각하는 것은 의이니 마음은 '성·정·의'의 주재가 된다. 그러므로 아직 발하지 않은 것과 이미 발한 것 그리고 헤아리고 비교하는 것 등을 모두 마음이라 할 수 있다.[44]

마음心이란 사려미맹思慮未萌·사물미지事物未至의 미발未發의 상태뿐만 아니라 사려思慮가 드러나고 사물이 구체화되는 이발已發의 상태를 모두 포괄包括하면서 주재主宰한다. 이것이 심통성정心統性情이다. 그러나 이이는 이발已發한 정情으로부터 계교상량計較商量의 '판단을 담당하는' 의意까지 마음心의 영역에 포함하고 있다. 따라서 이 마음心은 성性·정情뿐만 아니라 의意까지 포괄包括하면서 이를 또한 주재主宰한다고 이해하여 '심주성정의心主性情意'라고 정의한다.

이 이론은 결국 성性 그 자체뿐만 아니라 성性이 표현된 정情, 그

---

44) 『栗谷全書』 9:35, 「答成浩原」壬申. "大抵, 未發則性也, 已發則情也, 發而計較商量則意也, 心爲性情意之主. 故未發已發, 及其計較, 皆可謂之心也."

리고 정情의 방향성을 지시하는 의意라는 전체적인 심리현상이 마음心이라는 개념 속에 포괄되므로 이이는 '심성정의일로心性情意一路'라고 파악하는 것이다. 따라서 각각의 영역은 하나의 마음心 속에서 고유한 영역으로 서로 연관되어 있다는 의미에서 '심성정의각유경계心性情意各有境界'이기도 하다.45)

정리하면, 마음心이란 지각작용知覺作用만을 지칭할 경우에는 기氣라고 할 수 있지만, 지각내용知覺內容을 아울러 포함할 경우에는 '지각작용'(氣)과 '지각내용'(理)이 결합된 상태이다. 곧 마음心은 리理와 기氣가 결합된 상태(心之理氣之合)임을 알 수 있다. 그리고 마음心이란 육체와 관련하여 볼 때, 구체적인 형상으로 드러나지는 않지만 그 속에 하늘에서 품부稟賦받은 리理로서 성性을 담고 있기 때문에 주재主宰의 능력이 있게 된다.46) 아울러 마음心은 드러나지 않은 성性과 이것이 드러나는 정情과 정情의 올바른 지향성을 지시하는 의意의 영역을 포괄하며, 또한 통섭·주재主宰하는 존재이다. 결국 이이의 심성론에서 심통성정心統性情이란 마음心이라는 주체가 도덕적 근원으로서 성性과 이것이 현실적으로 드러나게 되는 정情이라는 양상과 어떤 관계로 설정되는가를 해명하는 이론적 탐색이면서도 또한 행위 실천의 영역 속에서 어떻게 구체화되는가를 밝힌다는 점에서 수양공부와 긴밀한 연관성을 갖게 된다.

이렇게 본다면, 심성정心性情을 이해하는 이황과 이이의 관점은

---

45) 『栗谷全書』 14:33, 「雜記」. "須知性心情意, 只是一路, 而各有境界, 然後可謂不差矣. 何謂一路. 心之未發爲性, 已發爲情, 發後商量爲意, 此一路也. 何謂各有境界. 心之寂然不動時, 是性境界, 感而遂通是, 是情境界, 因所感而紬繹商量, 爲意境界, 只是一心, 各有境界."
46) 『朱子語類』 5:89, 「性理」. "以天命之謂性觀之, 則命是性, 天是心, 心有主宰之義."

심통성정心統性情을 이해하는 측면에서는 주희의 입장과 별반 차이가 없지만, 심성정心性情을 리기理氣로 이해하는 방식에서는 차이를 보인다. 이황은 마음心을 '리기지합理氣之合'의 측면에서 이해함으로써 마음心을 곧 기氣로 파악하지는 않는 관점을 보이고, 그에 반하여 이이는 마음心을 '성여기性與氣'와 '심시기心是氣'의 두 측면에서 이해하고 있음을 보여 준다. 이 두 입장은 주희의 심성정心性情의 논의에서 모두 거론된 것이기는 하나 이이의 논의가 주희의 입장에 보다 근접하면서 보다 심화하고 있다고 판단된다.

2
이이 심성론의 정립

(1) 본연대기질지성과 기질포본연지성

천지지성天地之性과 기질지성氣質之性의 구분은 장재에서부터 비롯한다. 장재는 기氣의 허명함을 천지지성天地之性으로 삼고 형기形氣를 품수稟受한 이후를 기질지성氣質之性이라고 나눈다.47) 주희는 이와 같은 장재의 이론을 수용하여 천지지성本然之性과 기질지성氣質之性으로 구분하여 이해한다.

천지지성을 논하면 오로지 리를 가리키며 말한 것이고, 기질지성을 논하면 리와 기를 뒤섞어서 말한 것이다. 이 기가 있지 않아도 이

---

47) 『正蒙』, 「太和」. "由太虛, 有天地名. 由氣化, 有道之名. 合虛與氣, 有性之名. 合性與知覺, 有心之名." 「誠明」. "形而後有氣質之性, 善反之則天地之性存焉. 故氣質之性, 君子有弗性者焉."

성은 이미 있다. 기는 없을 때도 있지만 성은 항상 존재한다. 비록 그 기 가운데 있으나 기는 스스로 기이고 성은 스스로 성이어서 서로 뒤섞이지 않는다. 그 사물에 두루한 본체를 논하면 있지 않은 곳이 없고, 또 기의 정미함과 거침을 논하지 않더라도 이 리가 있지 않음이 없다.[48]

주희의 천지지성天地之性은 오로지 리理를 가리켜 말한 것이고, 기질지성氣質之性은 리理와 기氣를 겸해서 말한 것이라고 한다. 그러면서 기氣의 존재에 상관없이 성性은 항상 존재하는 것이라 여긴다. 즉 성즉리性卽理로서 리理는 기氣에 선재先在하기 때문이다. 따라서 기氣를 배제한 천지지성天地之性은 리理와 기氣를 겸한 기질지성氣質之性과 구분되는 것이기도 하다.

이황도 주희와 마찬가지로 기질지성氣質之性과 본연지성本然之性을 인정한다. 그러나 설명하는 방식에서는 일정한 차이가 보인다. 이황은 위주爲主의 측면에서 리理와 기氣를 나누어서 본연지성本然之性과 기질지성氣質之性을 설명한다.

천지지성은 오로지 리만을 지칭한 것이라고 하니, 잘은 모르겠지만 여기에 단지 리만 있고 기는 없다는 것인가? 천하에 기가 없는 리는 있지 않으니, 단지 리만 있는 것은 아니다. 그런데 오히려 리만을 가리켜 말할 수 있다고 한다면, 기질지성은 비록 리기가 섞여

---

[48] 『朱子語類』 4, 「性理」1. "論天地之性, 則專指理言, 論氣質之性, 則以理與氣雜而言之. 未有此氣, 已有此性. 氣有不存, 而性却常在. 雖其方在氣中, 然氣自是氣, 性自是性, 亦不相挾雜. 至論其徧體於物, 無處不在, 則又不論氣之精粗, 莫不有是理."

있으나 어찌 기를 가리켜 말할 수 없겠는가? 하나는 리를 위주로 리의 측면에 나가 말하고, 하나는 기를 위주로 기의 측면에 나가 말한 것뿐이다.49)

이것은 기대승이 "천지지성天地之性은 오로지 리理만을 가리킨 것이고, 기질지성은 리理와 기氣를 섞어서 말한 것"50)이라고 한 질문에 대한 이황의 답변이다. 사실 기대승이 말한 내용은 천지지성天地之性과 기질지성氣質之性에 대한 주희의 정의이기도 하다. 이에 대하여 이황은 천지지성天地之性 곧 본연지성本然之性은 오로지 리理만을 가리켜 말한 것이지만 그래도 기氣가 없을 수 없고, 기질지성氣質之性은 리기理氣를 겸하여 말한 것이라는 견해를 보인다. 따라서 천지지성天地之性과 기질지성氣質之性은 모두 리기理氣의 결합으로 이루어져 있으므로 리理나 기氣를 '위주爲主'로 구분할 수도 있다는 것이다. 그러므로 천지지성天地之性・기질지성氣質之性과 리理・기氣의 관계에서 '리理를 위주爲主'로 할 경우 천지지성天地之性이라고 할 수 있으며, '기氣를 위주爲主'로 할 때 기질지성氣質之性이라고 구분 가능하다는 것이 이황의 논리이다.

이황이 이처럼 본연지성本然之性과 기질지성氣質之性을 구분하려는 의도는 본연지성本然之性을 통해서 형기形氣를 배제한 순리純理로

---

49) 『退溪全書』16:29, 「答奇明彦論四端七情第二書」改本. "天地之性, 固專指理, 不知此際只有理, 還無氣乎. 天下未有無氣之理, 則非只有理. 然猶可以專指理言, 則氣質之性, 雖雜理氣, 寧不可指氣而言之乎. 一則理爲主, 故就理言, 一則氣爲主, 故就氣言耳."
50) 『退溪全書』16:29, 「答奇明彦論四端七情第二書」 改本. "天地之性, 專指理, 氣質之性, 理與氣雜."

서 본성性을 보다 우선시하고자 함이다. 이는 곧 본연지성本然之性을 형기形氣를 포함하는 기질지성氣質之性과는 다른 차원의 것으로 변별51)함으로써 성性이 마음心의 작용에 의해 드러나는 정情에 있어서도 동일한 방식으로 주리主理의 사단四端과 주기主氣의 칠정七情을 구분하려는 데 그 목적이 있다.

그러나 이이는 기질지성氣質之性과 본연지성本然之性을 서로 상대적인 것으로 보지 않는다. 그는 '주리主理·주기主氣'로 본연지성本然之性과 기질지성氣質之性을 구분하는 성혼의 입장을 비판하면서, 간접적으로 '위주爲主'의 관점을 통해 '본연지성本然之性'과 '기질지성氣質之性'을 구분하려는 이황의 견해를 비판한다.

> 본연지성은 오로지 리만 말하고 기에는 미치지 않으며, 기질지성은 기를 겸하여 말해서 리를 그 가운데 포함하니 주리·주기의 설로 범연히 양변으로 나눌 수는 없다.52)

이이는 본연지성本然之性을 말할 경우 이것은 기氣를 배제한 것이고, 기질지성氣質之性은 리기理氣를 겸해서 말한 것이라고 한다. 그렇기 때문에 리기理氣를 겸하여 말하면서 '기氣를 위주爲主'로 한 기질지성氣質之性에 대해서는 '주기主氣'라고 할 수 있지만, 기氣를 배

---

51) 윤사순은 "退溪가 本然之性을 말할 때에는 하나의 전제조건이 있다. …本然之性은 어디까지나 氣質을 고려하지 않는다."라고 언급하고 있다. 尹絲淳, 『退溪哲學의 硏究』(고려대학교 출판부, 1995) 81쪽 참조.
52) 『栗谷全書』10:7, 「答成浩原」. "本然之性, 則專言理而不及乎氣矣, 氣質之性, 則兼言氣而包理在其中, 亦不可以主理主氣之說, 泛然分兩邊也."

제한 본연지성本然之性에 대해서 '주리主理'라고 말할 수 없다는 것이다. 이것은 이황이 본연지성本然之性과 기질지성氣質之性을 리기理氣를 겸한 것으로 이해하여 '리理를 위주爲主'로 본연지성本然之性이라 하고, '기氣를 위주爲主'로 기질지성氣質之性이라 구분하는 것과 전혀 다른 입장이다. 이 차이는 근본적으로 성性을 어떤 관점에서 파악하는가에 달려 있다. 즉 성性의 두 이름인 기질지성氣質之性과 본연지성本然之性을 어떻게 이해하는가에 달려 있다.

이이는 리理가 기질氣質과 결합된 연후에, 곧 리理가 육체성(몸)과 결합하게 될 때, 성性으로 자리하게 된다고 본다.[53] 이 점에서 기질지성氣質之性은 '리기지합理氣之合'이다.

> 성이란 것은 리와 기가 합한 것이다. 대개 리가 기 가운데 있은 뒤라야 성이 되는 것이니, 만약 형질 가운데 있지 않은 것이라면 마땅히 리라고 할 것이요, 성이라고 해서는 안 될 것이다. 다만 형질 가운데서 단순히 그 리만을 가리켜 말하면 본연지성이라고 하는데, 본연지성에는 기를 뒤섞을 수 없다. 자사와 맹자는 그 본연지성을 말하고 정자와 장재는 그 기질지성을 말하였지만, 그 실상은 하나의 성인데, 주로 하여 말한 바가 다를 뿐이다.[54]

---

53) 『栗谷全書』 12:22, 「答安應休」. "理不能獨立, 必寓於氣, 然後爲性."
54) 『栗谷全書』 10:18, 「答成浩原」. "性者, 理氣之合也. 蓋理在氣中然後爲性. 若不在形質之中, 則當謂之理, 不當謂之性也. 但就形質中, 單指其理而言之, 則本然之性也. 本然之性, 不可雜以氣也. 子思孟子言其本然之性, 程子張子言其氣質之性, 其實一性, 而所主而言者, 不同."

이이는 정이의 '성즉리性卽理'의 명제를 수용하지만, 이를 인성人性에 적용할 때 성性과 리理를 구분하여 파악하는 경향을 보인다. 즉 리理는 천리天理이지만 몸속에 타재한 성性은 '합리기合理氣'로서 형질形質에 관계된다는 것이다. 따라서 혈기血氣의 존재로서 인간의 현실적인 성性은 기질지성氣質之性이며, 이 기질지성氣質之性 가운데서 '주된 바'(所主)의 관점에서 보면 기氣를 배제한 리理로서 본연지성本然之性과 기氣를 포함하는 기질지성氣質之性으로 구분할 수 있다는 것이다. 이이는 본연지성本然之性을 언급한 예로 자사와 맹자를 들고, 기질지성氣質之性을 언급한 예로 정자와 장재를 들고 있다.

이러한 본연지성本然之性과 기질지성氣質之性에 대한 이이의 관점은 '리통기국설理通氣局說'에서도 확인된다. 이이는 순자와 양웅, 그리고 맹자를 들어 말하고 있다.

> 순자와 양웅은 다만 영쇄한 리가 각각 한 개체에 있는 것만 보고 그 본체를 보지 못하였기 때문에 '성이 악하다.' '선악이 혼효되어 있다'고 하였고, 맹자는 다만 본체만 들고 기를 타서 국한되는 것을 말하지 못하였기 때문에 고자를 굴복시키지 못하였다.[55]

순자가 '성性은 악惡하다' 하고 양웅이 '성性은 선악善惡이 혼효混淆되어 있다'고 하는 것은 본선本善인 본연지리本然之理가 기氣에 의해 국한되어 가려진 현상, 즉 기질지성氣質之性만을 보고 호연지기

---

55) 『栗谷全書』 10:33, 「答成浩原」, "荀揚徒見零碎之理, 各在一物, 而不見本體, 故有性惡善惡混之說, 孟子只擧本體, 而不及乘氣之說, 故不能折服告子."

浩然之氣와 같은 본연지기本然之氣에 의해 분수지리分殊之理가 그대로 드러나는 본체本體, 즉 본연지성本然之性을 보지 못했기 때문이라는 것이다. 그러나 맹자는 이들과 달리 성性을 선善하다고 하였는데, 이것은 분수지리分殊之理가 담일청허湛一淸虛한 기氣에 의해 그대로 드러나는 본체本體, 즉 본연지성本然之性만을 보았고 유행流行 중에 기氣에 국한되어 분수지리分殊之理가 가려지는 현상, 즉 기질지성氣質之性을 보지 못하였음을 지적한다. 이 때문에 본연지성本然之性만을 파악한 맹자는 '생지위성生之謂性'을 말하는 고자告子를 끝내 설복시킬 수 없었다고 이이는 해석하고 있다.

이처럼 이이는 리통기국理通氣局을 통하여 리理는 본체本體와 현상現象에 일관하지만 성性은 이미 형질形質에 국한된다는 점을 분명히 한다. 이연已然의 현상계現象界에서 성性이란 구체적일 수밖에 없다. 각 사물의 성性은 본연지성本然之性과 기질지성氣質之性으로 구분된다고 하더라도, 그것들은 실제적으로 하나의 성性으로 존재할 뿐이라는 것이다.56) 이이는 그 하나의 성性을 기질지성氣質之性으로 본다. 따라서 이이는 "본연지성本然之性은 기질氣質을 겸하지 않고 말하는 것이지만, 기질지성氣質之性은 도리어 본연지성本然之性을 겸한 것"57)이라 하여 '기질지성포본연지성氣質之性包本然之性'의 관점을 보여주고 있다. 이 '기질지성포본연지성氣質之性包本然之性'의 관점은 리기론에서 "리理가 기氣 가운데 포함되어 있는 것"58)의 연장적 이해이며, 이것은 리기불상리理氣不相離·리기지묘理氣之妙·리통기국理

---

56) 『栗谷全書』 10:29, 「答成浩原」. "氣質之性, 本然之性, 決非二物."
57) 『栗谷全書』 9:35, 「答成浩原」. "本然之性, 則不兼氣質而爲言也, 氣質之性, 則却兼本然之性."
58) 『栗谷全書』 10:7, 「答成浩原」. "氣質之性, 則兼言氣, 而包理在其中."

通氣局의 사유체계에 일관하는 것이기도 하다.

이와 같이 성性에 대한 논의는 그것이 직접적으로 정情으로 표현되는 사단四端·칠정七情의 문제와 연관되기 때문에 이황과 이이의 심성론에서 매우 중요한 문제로 부각된다. 이황은 본연지성本然之性과 기질지성氣質之性이 리기理氣를 겸하는 것이지만 '위주爲主'의 관점에서 서로 구분할 수 있다고 봄으로써 본연지성대기질지성本然之性對氣質之性으로 나누려는 입장을 보여준다. 이것은 사단四端과 칠정七情도 변별하여 파악하려는 의도가 개재되어 있기 때문이다.

이에 반하여 이이는 본연지성本然之性은 리理만을 지칭하고 기질지성氣質之性은 리기理氣를 겸하여 말한 것이므로, 이 두 관계를 기질지성포본연지성氣質之性包本然之性으로 파악한다. 따라서 이 관점에서 사단四端과 칠정七情의 문제는 '칠정七情이 사단四端을 포함한다'고 하는 칠정포사단七情包四端으로 이해하게 된다. 이 논의는 이어지는 사단칠정四端七情의 문제에서 자세히 다루어질 것이다.

(2) 사단대칠정과 칠정포사단

사단칠정四端七情의 문제는 단순히 사단四端과 칠정七情을 어떤 관계로 이해해야 하는가에 있지만은 않다. 사단四端과 칠정七情을 분개分開하여 리理와 기氣에 각기 분속分屬할 수 있는가, 그렇지 않은가에 주요 논점이 있는 것이 아니라는 것이다. 논자는 인간의 다종한 심리적 상태와 행위의 근거를 원론적 차원에서 해명하려는 성리철학적 사색이 이러한 분석의 이면에 내포되어 있다고 본다. 따라서 논의 구조 자체를 면밀히 분석함과 동시에 그러한 내용이 내함하는 메타적 의미망과 철학적 지향의식을 '독해'해 내는 것이 보다 중요한 점이다. 사실 사단칠정四端七情에 대한 리기理氣 해석의 논란은 한국유학사에서 볼 때 권근에게서 비롯한다.

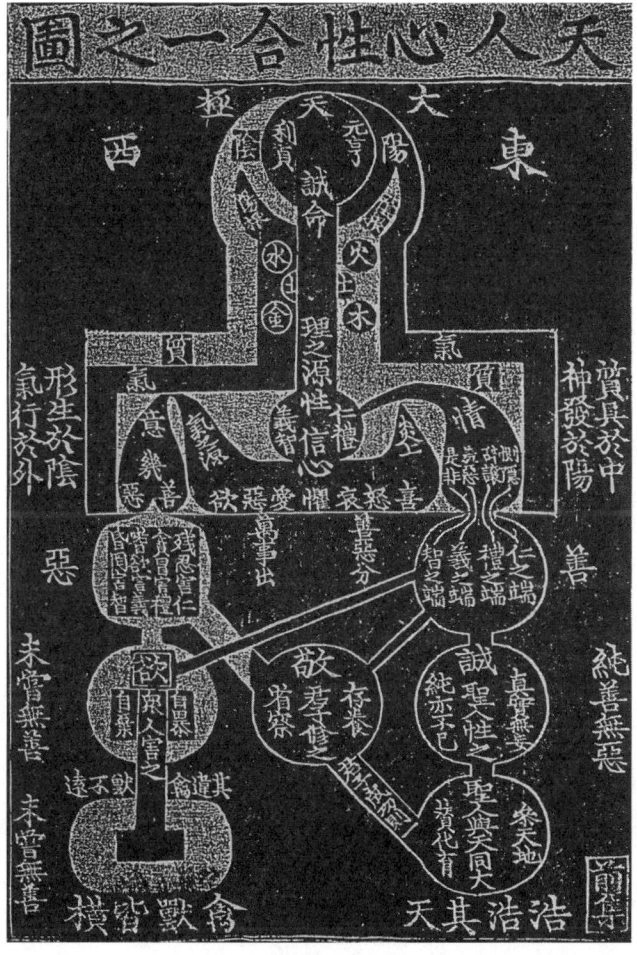

[天人心性合一之圖…權近]

권근은 『입학도설入學圖說』 가운데 〈천인심성합일지도天人心性合一之圖〉와 이를 분석한 〈천인심성분석지도天人心性分析之圖〉를 통해서 성리학적인 천인합일天人合一의 가능성을 보여주고 있다. 여기서 권근은 사단칠정四端七情과 인심도심人心道心의 문제를 자신의 관점에서 분석한다. 주목되는 점은 권근이 〈천인심성합일지도天人心性合一之圖〉에서 마음心을 리理와 기氣가 합해진 것이라고 하여 리지원理之源과 기지원氣之源으로 갈라 보고 있다는 점이다.

권근은 마음心 속의 리지원理之源인 성性으로부터 정情으로 드러난 것을 사단四端으로 표시하고, 마음心 속의 기지원氣之源 영역에 드러나는 정情을 '희노애구애오욕喜怒哀懼愛惡欲'으로 분별하여 놓고 있다.[59] 이것은 사단四端이 성발性發에 속하기 때문에 그런 것이고, 칠정七情도 역시 성발性發이 아닌 것은 아니지만 그 발한 바가 혹 부중절不中節할 경우가 있으므로 곧바로 성발性發이라고 할 수 없어 칠정七情을 마음(心) 아래 배치한 것이다.[60] 곧 사단四端이 성발性發이라면 칠정七情은 심발心發인 것처럼 작도作圖한 것이다.

그리고 〈천인심성분석지도天人心性分析之圖〉의 〈심도心圖〉에서는 도심道心을 정情에 속한다(道心屬於情)하고, 인심人心을 의意에 속한다(人心屬於意)고 하여 각기 좌우로 벌려 놓았다.[61] 이러한 까닭은 마음心의 체體는 하나일 뿐이지만 그것이 발용發用함에 따라 서로

---

59) 權近, 『入學圖說』 1, 「天人心性合一之圖」. 참조.
60) 權近, 『入學圖說』 7, 「天人心性分釋之圖」. "今子以四端屬乎性發, 而七情列于心下者, 何也. 曰, 七者之用, 在人本有當然之則, 如其發而中節⋯ 豈非性之發者哉. 然其所發, 或有不中節者, 不可直謂之性發, 而得與四端幷列於情中也."
61) 權近, 『入學圖說』 3, 「天人心性分析之圖」.

다르게 나타나기 때문이다. 즉 성명性命에 근원하면 도심道心이 되고, 형기形氣에서 생겨나면 인심人心이 된다. 이때 도심道心은 성성의 영역에 속하고, 이 성성이 발하여 정情이 되므로, 곧 성발위정性發爲情이어서 무불선無不善이다. 반면 인심人心은 의意의 영역에 속하고, 이 마음心이 발하여 의意가 되므로, 곧 심발위의心發爲意여서 유선악有善惡이다.[62]

이렇게 본다면 권근은 사단四端을 성발性發로 파악하고, 칠정七情은 직접적인 표현은 없지만 심발心發의 구도로 이해하고 있다. 같은 맥락에서 도심道心을 성발性發로, 인심人心을 심발心發로 이해하고 있다는 것이 확인된다. 이는 '성발위정性發爲情'과 '심발위의心發爲意' 두 명제를 통하여 성성과 마음心을 엄격히 이분하여 보는 관점으로 사단칠정四端七情을 인심도심人心道心과 동일한 관계로 파악하고 있음을 보여준다.

이처럼 사단四端과 칠정七情, 인심人心과 도심道心을 각기 나누어서 이해하는 권근의 관점은 16세기 조선 성리학사에서 이황의 리기理氣·심성心性에 대한 분개론分開論으로 한층 심화되어 나타난다. 이이는 바로 이러한 이황의 분개론分開論을 비판하면서 자신의 이론을 형성하게 된다.

정지운(鄭之雲, 秋巒: 1509~1561)은 『천명도天命圖』[63]에서 "사단四端

---

62) 權近, 『入學圖說』 3, 「天人心性分釋之圖」. "其(道心)右一點象, 性發爲情, 心之用也. 其(人心)左一點象, 心發爲意, 亦心之用也. 其體則一, 而用則有二, 其發原於性命者, 謂之道心, 而屬乎情, 其初無有不善… 其生於形氣者, 謂之人心, 而屬乎意, 其幾有善有惡."
63) 『退溪全書』 41:01~11, 「天命圖說後敍·天命舊圖」. 이황은 「天命圖說後敍」에서 '天命新圖'를 만들게 된 과정을 자세히 서술하고 있다. 정지운의 '天命圖'는 이황과의 논의 과정에서 수정되어 이황에 의하여 '天命舊圖'와 '天命新圖'로 새롭게 개작된다.

은 리理에서 발한 것이고 칠정七情은 기氣에서 발한 것이다"라고 표현하고 있는데, 이것을 본 이황은 분개分開가 너무 심해서 쟁론의 여지가 있다고 판단한다.64) 따라서 이황은 주희의 "사단四端은 리理의 발이고 칠정七情은 기氣의 발"이라고 하는 견해에 따라65) 자신의 수정해석을 내놓게 된다.66) 이 수정 해석에 대하여 기대승이 이황에게 질의서를 보냄으로써 사단칠정四端七情에 대한 논변이 나타난다.

이황은 기대승의 질문을 받고 "사단四端의 발은 순연한 리理이므로 선하지 않음이 없고, 칠정七情의 발은 기氣를 겸하였으므로 선악이 있다"67)고 수정한다. 그러나 그에 대한 논란은 계속되어 질의와 변증을 거듭하다가 "사단四端은 다 선하지만… 칠정七情은 본래 선하나 악에 흐르기 쉽다"68)라고 하여 칠정七情도 사단四端과 마찬가지로 선한 것임을 밝히면서 한발 물러서는 듯한 태도를 취하게 된다. 그러나 이황은 "사단四端은 리理가 발함에 기氣가 (리理를) 따르는 것이요, 칠정七情은 기氣가 발함에 리理가 (기氣에) 타는 것"69)

---

64) 『高峯全集』, 251, 「高峯答退溪論四端七情書」. "四端發於理, 七情發於氣, 此二句, 鄭丈著之於道者.";『退溪全書』16:08, 「答奇明彦」. "往年鄭生之作圖也, 有四端發於理, 七情發於氣之說. 愚意亦恐其分別太甚, 或致爭端."
65) 『退溪全書』11, 「答李仲久」. "四端理之發, 七情氣之發, 本晦庵說.";『退溪全書』16:09, 「答奇明彦」. "近因看朱子語類論孟子四端處, 未一條正論此事, 其說云, 四端是理之發, 七情是氣之發."
66) 『退溪全書』16:08, 「答奇明彦」. "往年鄭生之作圖也, 有四端發於理, 七情發於氣之說. 愚意亦恐其分別太甚, 或致爭端, 故改下純善兼氣等語."
67) 『退溪全書』16:01, 「與奇明彦」. "四端之發純理, 故無不善. 七情之發兼氣, 故有善惡."
68) 『退溪全書』16:21, 「答奇明彦論四端七情第二書」改本. "四端皆善也…七情本善而易流於惡."
69) 『退溪全書』16:21, 「答奇明彦論四端七情第二書」改本. "四則理發而氣隨之, 七則氣發而理乘之."

이라는 해석을 내놓는다. 이것은 사단四端과 칠정七情에 대한 이황과 기대승의 8년여에 걸친 논변의 최종적 결론이기도 하다.

위와 같이 이황은 정情을 사단四端과 칠정七情으로 나누어 '칠정대사단七情對四端'의 관계로 이해한다.70) 그리고 사단四端과 칠정七情은 각기 발출發出의 양상이 다르기 때문에 리理·기氣를 분속하여 '주리主理'·'주기主氣'의 입장에서 파악할 수도 있다고 본다.71) 이러한 분개分開·분속分屬의 입장을 이황은 호발互發·상수相須의 측면에서 다시 설명한다.

> 대개 사람의 한 몸은 리와 기가 합하여 생겨난 것이기 때문에, (리기) 두 가지가 서로 발하여 용이 되고, 그 발함에 또한 상수하는 것이다. 호발한다면 각기 주로 하는 바가 있음을 알 수 있고, 상수하면 함께 그 가운데 있음을 알 수 있다. 서로 그 가운데 있기 때문에 혼륜하여 말하는 것도 진실로 있으나, 각기 주로 하는 바가 있어서 분별하여 말하여도 잘못된 것이 없다.72)

이황은 리理와 기氣를 뭉뚱그려 파악하는 '혼륜渾淪'의 관점보다는 분석하여 보는 '분개分開'의 관점에 있다. 따라서 리기理氣가 현

---

70) 『退溪全書』 16:40, 「答奇明彦論四端七情第二書」後論. "惟以七情對四端, 則不得不分而言之耳."

71) 『退溪全書』 16:29, 「答奇明彦論四端七情第二書」改本. "公意以謂四端七情, 皆兼理氣, 同實異名, 不可以分屬理氣. 滉意以謂就異中而見其有同, 故二者固多有渾淪言之, 就同中而知其有異, 則二者所就而言, 本自有主理主氣之不同, 分屬, 何不可之有."

72) 『退溪全書』 16:30, 「答奇明彦論四端七情第二書」改本. "蓋人之一身, 理與氣合而生, 故二者互有發用, 而其發又相須也. 互發則各有所主可知, 相須則互在其中可知. 互在其中, 故渾淪言之者固有之, 各有所主, 故分別言之, 而無不可."

실적으로 선후를 나누어 볼 수는 없지만, 그것이 서로 발하는 경우(互發)에 '주로 하는 바'(所主)가 무엇이냐에 의해 서로 나누어 볼 수도 있다는 것이다.

> 대개 리가 발함에 기가 따른다는 것은 주리로 말한 것일 뿐, 기 밖에서 리를 말하는 것은 아니니, 사단이 이것이다. 기가 발함에 리가 탄다는 것은 주기로 말한 것일 뿐, 리 밖에서 기를 말하는 것은 아니니, 칠정이 이것이다.[73]

이황은 '사단四端은 리지발理之發, 칠정七情은 기지발氣之發'이라고 하는 리기호발설理氣互發說이 마치 리理와 기氣를 분리하여 설명하는 논리라는 기대승의 지적을 받는다. 이 지적에 대하여 이황은 리理와 기氣가 불상리不相離하다는 논점을 보완하면서도 자신의 논지를 일관되게 주장할 방법을 모색하게 된다. 이 과정에서 이황은 본연지성本然之性과 기질지성氣質之性을 '위주爲主'로 구분하면서 사단四端과 칠정七情을 동일한 방식으로 나눌 수 있다는 입장을 표명한다.[74] 즉 '리理가 발함에 기氣가 따른다'는 것은 본연지성本然之性처럼 기氣가 전연 배제되는 것이 아니라 다만 리理를 위주主理로 말한

---

73) 『退溪全書』 16:36, 「答奇明彦論四端七情第二書」 改本. "大抵有理發而氣隨者, 則可主理而言耳, 非謂理外於氣, 四端是也. 有氣發而理乘者, 則可主氣而言耳, 非謂氣外於理, 七情是也."

74) 『退溪全書』 16:29, 「答奇明彦論四端七情第二書」 改本. "天地之性, 固專指理, 不知此際只有理, 還無氣乎. 天下未有無氣之理, 則非只有理. 然猶可以專指理言, 則氣質之性, 雖雜理氣, 寧不可指氣而言之乎. 一則理爲主, 故就理言, 一則氣爲主, 故就氣言耳." 각주에 이어지는 내용은 "四端非無氣, 而但云理之發, 七情非無理, 而但云氣之發, 其義亦猶是也."

것이므로 사단四端으로 말할 수 있고, '기氣가 발함에 리理가 탄다'는 것은 기질지성氣質之性처럼 리理가 없는 것이 아니라 다만 기氣를 위주主氣로 한 것이므로 칠정七情이라 구분할 수 있다는 것이다. 이렇게 되면 사단四端과 칠정七情이 드러나는 발출의 경로는 바로 성性을 근거로 하게 되며, 무엇을 '위주爲主'로 하느냐에 따라서 리발理發과 기발氣發로 나뉜다는 해석이다. 이러한 이황의 논리는 사단四端과 칠정七情이 나뉘게 되는 근거인 소종래所從來[75]를 밝히고, 아울러 정情의 발출에 리理와 기氣는 서로 호발互發·상수相須하는 관계라는 것을 증명하려는 데 그 목적이 있다.[76]

그러나 이이는 호발互發·상수설相須說은 이황이 사단四端과 칠정七情을 각기 '내출內出'과 '외감外感'으로 여겼기 때문이라고 본다.[77] 그리고 이것은 이황이 '리理에서 발하고 기氣에서 발한다'고 한 주희의 말을 확대 해석하여 호발설을 정당화하려는 데서 비롯되었다고 본다.[78] 따라서 이이는 다음과 같이 이황의 사단칠정론四端七情

---

[75] 『退溪全書』 16:29, 「答奇明彦論四端七情第二書」改本. "其宗旨則實有所從來."
[76] 이황과 그 학파의 상수설과 호발설에 대한 논의는 安泳翔, 「退溪學派의 相須說과 互發說의 흐름」, 『退溪學報』 93, (退溪學研究院, 1997) 참조.
[77] 이황이 사단칠정을 內出外感으로 파악했다고 하는 이이의 비판은 전적으로 수긍하기 어렵다. 왜냐하면 사단칠정을 內出外感의 문제로 파악한 이황의 초기 관점은 기대승과의 토론을 통하여 사단칠정이 모두 外感에 의한 것임을 인정하는 태도로 바뀌었기 때문이다. 『退溪全書』 16:32, 「答奇明彦論四端七情書」改本. "辯誨曰, 非中無是理, 外物偶相感動, 感物而動, 四端亦然...雖滉亦非謂七情不干於理, 外物偶相湊著而感動也. 且四端感物而動, 固不異於七情, 但四則理發而氣隨之, 七則氣發而理乘之耳." 이황은 대신 사단과 칠정이 발하는 血脈과 所旨가 있으므로 所主에 따라서 사단칠정을 리기로 分屬할 수 있다는 입장을 보여준다. 『退溪全書』 16:32, 「答奇明彦論四端七情書」改本. "若以七情對四端, 而各以其分言之, 七情之於氣, 猶四端之於理也. 其發各有血脈, 其名皆有所指, 故可隨其所主而分屬之耳."
[78] 『栗谷全書』 10:06, 「答成浩原」. "竊詳退溪之意, 以四端爲由中而發, 七情爲感外而發, 以此爲先入之見, 而以朱子發於理發於氣之說, 主張而伸長之, 做出許多葛藤. 每讀之, 未嘗不慨

論을 비판한다.

> 리는 형이상자요, 기는 형이하자이다. 이 둘은 서로 떨어질 수 없으며, 이미 서로 떨어질 수 없으면 그 발용도 하나이니, 서로 각각 발용함이 있다고 할 수 없다. 만약 '서로 발용함이 있다' 하면, 이것은 리가 발용할 때에 기가 혹 미치지 못하는 경우도 있고, 기가 발용할 때에 리가 혹 미치지 못하는 경우도 있을 것이니, 이렇다면 리와 기는 이합이 있고 선후가 있으며, 동정에 단서가 있고 음양에 시작이 있는 것이니, 그 오류가 적지 않을 것이다.[79]

이이는 이황의 '호발互發'과 '상수相須'의 입장은 마치 리理와 기氣가 한 마음心 속에 서로 따로 자리를 잡고 있어서 번갈아 가며 작용하는 것처럼 이해할 수 있는 소지를 제공한다고 비판한다. 바로 이 점 때문에 이이는 이황이 상수설相須說을 통해서 리기理氣의 '시간적 무선후'를 논하면서도 호발설互發說을 통하여 리理와 기氣가 각기 발한다는 '시간적 선후'를 인정하는 모순점이 있다고 지적하는 것이다. 따라서 이이는 리기불상리理氣不相離의 입장을 들어 '발용發用은 하나'이며, 만일 '호발互發'을 인정하게 될 경우에 리理는 무위無爲한 것이 아니라 유위有爲한 것이 되므로 형이상자形而上者가 될 수 없다고 본다. 또한 '호발互發'한다고 하면 리기불상리理氣不相

嘆, 以爲正見之一累也."
[79] 『栗谷全書』 10:12, 「答成浩原」. "理形而上者也, 氣形而下者也. 二者不能相離, 旣不能相離, 則其發用一也, 不可謂互有發用也. 若曰互有發用, 則是理發用時, 氣或有所不及, 氣發用時, 理或有所不及也, 如是則理氣有離合, 有先後, 動靜有端, 陰陽有始矣, 其錯不小矣"

離·리기무선후理氣無先後·동정무단動靜無斷·음양무시陰陽無始를 말할 수 없기 때문에 '호발불가互發不可'80)의 입장을 분명히 한다.81)

결국 이이는 사단四端과 칠정七情을 서로 나누고, 이렇게 나눈 사단四端과 칠정七情을 각기 리발理發과 기발氣發로 분속分屬하는 이황의 설명방식은 리理와 기氣를 이물二物로 나누는 것이며 마음心을 둘로 나누는 것과 같기 때문에 잘못된 것이라는 지적이다.82) 이처럼 이이가 이황의 호발설互發說을 부정하는 근본 이유는 본연지성本然之性과 기질지성氣質之性을 하나의 성氣質包本然으로 파악하듯이 사단四端과 칠정七情을 하나의 정(七情包四端)으로 파악하기 때문이다.

사단은 단지 선한 정의 다른 이름이고 칠정을 말한다면 사단은 그 가운데 있는 것이다. …칠정 같은 경우엔 이미 사단을 그 가운데 포함하여 사단이 칠정이 아니라거나 칠정이 사단이 아니라고 말할 수 없는 것이니, 어찌 양변으로 나눌 수 있겠는가? 칠정이 사단을

---

80) 『栗谷全書』 10:05, 「答成浩原」. "非氣則不能發, 非理則無所發, 無先後, 無離合, 不可謂互發."
81) 이황의 理氣互發에 대하여 기대승과 이이가 지속적으로 비판하는 것은 '發의 先後' 여부이다. 문제는 '理發而氣隨之' '氣發而理乘之'라고 할 때, '發-而-隨', '發-而-乘'의 관계이다. '發하고 따른다' '發하고 탄다'라고 할 때, 'A而B' 'B而A'의 관계는 1)A가 먼저 發하고 B가 그것을 따르는 경우, B가 먼저 發하고 A가 그것을 타는 경우와 2)A가 發하자마자 동시에 B가 그것을 따르는 경우, B가 發하자마자 동시에 A가 그것을 타는 경우로 분별할 수 있다. 1)과 같이 해석할 경우에 시간적 선후를 인정하는 것이지만, 2)와 같이 해석할 때는 시간적 선후를 나눌 수 없게 된다. 따라서 퇴계학파에서는 이황이 理氣互發을 말할 경우에 시간적 선후를 고려한 것이 아님에도 이이가 의도적으로 2)의 측면은 무시하고 1)의 측면만 보아서 이황을 비판하고 있다고 역으로 이이를 비판한다.
82) 『栗谷全書』 9:36, 「答成浩原」附問書. "今若曰, 四端理發而氣隨之, 七情氣發而理乘之, 則是理氣二物, 或先或後, 相對爲兩岐, 各自出來矣."

포함한다는 것을 아직도 알지 못하는 것인가?[83]

이이는 사단四端과 칠정七情을 각기 별개의 것으로 보지 않는다. 왜냐하면 칠정七情은 사단四端을 겸섭兼攝하는 것이기 때문이다. 이것은 사단四端이 칠정七情에 포함된다(七情包四端)는 의미이다. 따라서 이이는 칠정七情 가운데 선善의 측면을 지적할 경우 그것을 사단四端이라고 본다. 즉 사단四端과 칠정七情은 하나의 정情이고 그러한 정情 가운데서 '선한 정情'이 바로 사단四端이며, 사단四端도 중절中節한 것이라는 입장이다.[84] 그리고 이 점에서 중절中節 여부에 따라 선악善惡을 나눌 수 있다고 한다.[85] 결국 이이는 사칠四七의 관계는 '칠정포사단七情包四端'이기 때문에 사단四端과 칠정七情을 주리主理·주기主氣로 나누어 소종래所從來를 구분하는 이황의 '사단대칠정四端對七情'은 잘못되었다고 이해한다.

사단칠정四端七情에 대한 리기理氣 해석상에 이황과 이이의 견해 차이는 '성발위정性發爲情'의 명제에서도 발견된다. 사단칠정四端七情에 대한 이황의 견해를 정리하여 보면, 그는 성性을 기질氣質 속의 본연지성本然之性과 기질지성氣質之性의 두 측면에서 이해하여 이것이 정情으로 드러날 경우, 즉 성발위정性發爲情의 방식을 통하여 사단四端과 칠정七情을 나누어서 본다. 본연지성本然之性에서 근원하여 드러나는 것은 사단四端으로, 기질지성氣質之性에서 근원하여 드러

---

83) 『栗谷全書』 10:6, 「答成浩原」. "四端只是善情之別名, 言七情則四端在其中矣…若七情則已包四端在其中, 不可謂四端非七情, 七情非四端也, 烏可分兩邊乎. 七情之包四端, 吾兄猶未見得乎."
84) 『栗谷全書』 14:32, 「論心性情」. "四端是已發, 可指爲中節."
85) 『栗谷全書』 9:38, 「答成浩原」心性情圖. "情之發…善而中節…惡而不中節."

나는 것은 칠정七情으로 이해하는 것이다. 이것은 마음心이 이미 발출(心之已發)한 정情의 상태에서 본연지성本然之性이 드러나게 되는 경우와 기질지성氣質之性이 드러나게 되는 경우를 나누어서 설명하는 방식으로 리발理發과 기발氣發이라는 호발론互發論을 제기하는 것이다.86)

기대승은 이러한 이황의 사칠분리기四七分理氣의 논지가 호병문(胡炳文, 雲峯: 未詳)87)의 성발위정性發爲情·심발위의心發爲意의 논의에 의거한 것이 아니냐는 의심을 갖고 이황에게 질의한다. 이황은 자신의 이론은 주희의 "사단四端은 리理의 발이요, 칠정七情은 기氣의 발"이라는 구절88)에 의거하여 나온 것일 뿐 호병문의 이론과는 전혀 무관한 것이라고 변론한다.89) 그러나 이황이 자신의 논지가 호병문과 상관없다고 말하고 있지만, '성性이 발하여 정情이 되고, 마음(心)이 발하여 의意가 된다고 한 것은 바로 오성五性이 감동한다는 뜻입니다'라고 「천명도설天命圖說」에서 분명히 밝히고 있다는 점에서 일정한 연관성이 발견된다.90)

---

86) 『退溪全書』 29:5, 「答金而精別紙」. "至如理發氣隨, 氣發理乘之說, 是就心中而分理氣言, 擧一心字, 而理氣二者兼包在這裏, 與來喩心對性爲言者, 自不同也."
87) 호병문의 생몰연대는 정확하지는 않지만, 1253년~1334년으로 추정된다. 호병문에 대해서는 劉權鍾, 「胡炳文 "四書通"에 관한 연구」, 『元代 性理學』(포은사상연구원, 1993) 참조.
88) 『朱子語類』 53:83, 「孟子」 3·公孫丑·以力假仁章. "四端是理之發, 七情是氣之發."
89) 『退溪全書』 16:43, 「答奇明彦論四端七情第二書」後論. "況胡雲峯之說, 止論性情心意, 而非有理氣之分. 自與四七分理氣者, 所指各殊, 定非鄙說所從出也, 由是言之, 四七之分, 乃滉過信朱子說之故耳, 來誨乃以爲出於俚俗, 而歸罪於雲峯."
90) 『退溪全書』 41:8, 「天命圖說後敍」幷附圖. "性發爲情, 心發爲意, 卽五性感動之謂也." 권오영도 이황의 理氣互發說을 호병문의 영향으로 이해한다. 權五榮, 「退溪의 心性理論과 그 사상사적 위치」, 『退溪學報』 109(退溪學硏究院, 2001.4) 177~181쪽 참조.

이이도 성발위정性發爲情과 심발위의心發爲意를 통해 성발性發과 심발心發을 각기 정情과 의意에 배속하는 태도에 대하여 비판적이다. 이이는 다음과 같이 말한다.

> 성이 발하여 정이 되고, 마음이 발하여 의가 된다고 하는 것은, 의미가 각각 있어서 심성을 두 가지 작용으로 나눈 것이 아닌데, 후인들이 마침내 정과 의를 두 갈래로 생각하였다. 사단은 다만 리만 말한 것이고, 칠정은 리와 기를 합하여 말한 것이며, 두 가지 정이 있는 것은 아니다. 그런데 후대 사람들은 마침내 리와 기를 서로 발한다고 생각하였으니 정의를 두 갈래로 생각하는 것과 리기가 서로 발한다는 설을 분별하지 않으면 안된다.[91]

이이는 호병문이 성발위정性發爲情·심발위의心發爲意를 논한 것은 각각의 의미가 있음에도, 이를 통하여 "정情은 선하지 않음이 없고, 의意는 선악이 있다"[92]고 하여 정情과 의意를 두 갈래로 보려는 경향이 있음을 지적한다. 그리고 이러한 경향은 자연스럽게 사단칠정四端七情을 구분하여 리발理發과 기발氣發을 인정하는 호발론互發論의 입장으로 흐르게 되었다는 것이다. 이이는 이 점을 비판하는 것이다. 따라서 이이는 위 문장에 대하여 스스로 주註를 내어서 다음과 같이 분명히 밝힌다.

---

91) 『栗谷全書』 20:55, 「聖學輯要」窮理4. "性發爲情, 心發爲意云者, 意各有在, 非分心性爲二用, 而後人遂以情意爲二岐. 四端專言理, 七情合理氣, 非有二情, 而後人遂, 以理氣爲互發, 情意理氣互發之説, 不可以不辨."
92) 『栗谷全書』 12:22, 「答安應休」. "近世儒者多曰, 情無不善, 而意有善惡."

성이 발하여 정이 된다는 것은 마음이 없다는 것이 아니요, 마음이 발하여 의가 되는 것은 성이 없다는 것은 아니다. 다만 이 마음은 성을 극진히 할 수 있으나, 성은 마음을 검속할 수 없고, 의는 정을 운용할 수 있으나 정은 의를 운용할 수 없다. 그러므로 정을 주로 하여 말한다면 성에 속하고, 의를 주로 하여 말한다면 마음에 속하지만, 그 실상은 성은 마음이 미발한 것이요, 정과 의는 마음이 이발한 것이다.[93]

즉 성발위정性發爲情이라고 할 경우에는 주정主情의 측면에서 성性에 속한 것이고, 심발위의心發爲意라고 할 경우에는 주의主意의 측면에서 마음心에 속한다는 것뿐이다. 따라서 성발위정性發爲情이나 심발위의心發爲意는 모두 마음心이 이미 발하여 드러나게 되는 감정과 의식의 흐름 상태를 정의情意로 표현한 것에 불과하다. 그렇기 때문에, 성性…정情과 심心…의意로 구분되는 것은 아니라는 것이다. 따라서 이이는 성발위정性發爲情과 심발위의心發爲意를 '마음心의 움직임이 정情이 되고, 이 정情에 인연하여 헤아려 생각하는 것(商量)이 의意가 된다'고 정의하면서, 이것은 성인이 다시 나와도 바꿀 수 없다고 확언한다.[94]

결국 이이는 비록 본연지성本然之性을 상정한다고 하더라도 현실

---

93) 『栗谷全書』 20:55, 「聖學輯要」窮理4. "性發爲情, 非無心也, 心發爲意, 非無性也. 只是心能盡性, 性不能檢心, 意能運情, 情不能運意. 故主情而言, 則屬乎性, 主意而言, 則屬乎心, 其實則性是心之未發者也, 情意是心之已發者也."
94) 『栗谷全書』 12:22, 「答安應休」. "近世儒者多曰, 情無不善, 而意有善惡. 此徒知有本然之性情, 而不知有兼氣之性情也, 徒知意之名, 而不知意之實也. 余故曰, 心之初動者爲情, 緣是情而商量者爲意, 聖人復起, 不易斯言矣."

적인 성성性은 기질지성氣質之性이고, 마음心의 발출 현상도 기氣이기 때문에 성발위정性發爲情의 체계 속에서는 단지 하나의 정情이 드러날 뿐이라고 한다. 그리고 이 과정에서 중절中節과 부중절不中節의 차이로 말미암아 사단四端과 칠정七情으로 분기된다. 이처럼 이이는 이 성발위정性發爲情을 '하나의 단일한 과정'으로 이해한다. 그 단일한 성性으로부터 정情의 발출 과정을 표현한 것이 바로 기발리승일도氣發理乘一途이다.

> 성과 정은 본래 리기호발의 이치가 없다. 무릇 '성이 발하여 정이 된다'는 것이 곧 '기가 발함에 리가 타는 것'이라고 한 것 등의 말은 내가 함부로 조작해 낸 것 아니라 선유의 뜻이다. 다만 상세히 말하지 않았던 것을 내가 그 뜻을 부연하였을 뿐이다.[95]

이이의 논지에서 마음心의 발현은 기발氣發의 현상에 지나지 않는다. 그러므로 사단四端과 칠정七情으로 드러나는 마음心의 발현 구조는 기발리승일도氣發理乘一途이며, 사단四端과 칠정七情은 '하나의 정情'이라는 흐름 속에서 나뉘는 것이라는 주장이다. 이처럼 이이는 사단칠정四端七情을 각기 리발理發과 기발氣發로 분속分屬하여 리기호발理氣互發을 주장하는 이황의 이론에 대하여 반대의 입장을 분명히 하고, 발하는 것은 오직 기氣뿐이고 리理는 그 기氣를 타는 것밖에 없다는 것, 즉 기발리승일도氣發理乘一途를 천명한다.[96]

---

95) 『栗谷全書』 10:29, 「答成浩原」. "性情本無理氣互發之理, 凡性發爲情, 只是氣發而理乘等之言, 而非珥杜撰得出, 乃先儒之意也, 特未詳言之, 而珥但敷衍其旨耳."
96) 『栗谷全書』 10:27, 「答成浩原」. "氣發理乘一途之說."

이러한 이이의 관점에서 본다면, 사칠四七의 관계는 칠정七情 속에 사단四端이 포함되는 관계(七包四)이기 때문에 사단四端과 칠정七情을 대립하는 것처럼 나누어서 소종래所從來를 구분하는 것은 잘못된 것이다. 이황의 견해처럼 리理가 발하고 기氣가 따르며, 기氣가 발하고 리理가 탄다는 것은 서로 발하여(互發) 발출의 경로가 두 가지가 되어 마음心 속에 근본도 역시 두 개가 된다는 것(二本)이므로 이는 옳지 않다고 본다. 이본설二本說의 오류가 있다는 것이다.

그렇다면 이러한 이이의 비판은 사단四端과 칠정七情을 분리하여 이해하는 이황 입장과 의미상 어떤 차이가 있는 것인가? 사단칠정四端七情에 대한 이이의 이해 방식은 표면적으로는 사단四端이라고 하는 도덕감정과 칠정七情이라고 하는 감정일반을 서로 다른 것으로 파악할 것인가, 아니면 포함관계로 이해할 것인가의 문제로 볼 수 있다. 그러나 사칠四七을 상대적으로 보든, 아니면 포함관계로 이해하든지 이 논의는 본질적으로 성선性善을 전제로 한 인간 가치의 확장과 인간의 도덕적 행위에 대한 가능 근거를 확정하고자 하는 이론적 성찰이면서도 실천적인 모색이다.

이 논의에서 이이가 사단四端을 칠정七情 속의 선한 일면이라고 이해한다고 해서 그가 인간의 내면적 순수성을 부정하는 것은 아니다. 이이는 인간의 감정이 성선性善에 기초하여 현상태로 드러나기는 하지만, '도덕감정이 드러나는 길'이 하나 있고 또 '감정일반이 드러나는 길'이 따로 하나 있다고 하는 식의 논의를 부정하는 것이다. 따라서 이이는 감정의 발출은 심통성정心統性情이라는 복합적인 과정을 거치기는 하지만, 감정의 유로流路 자체는 기氣 작용에 의해 현상화 된다고 이해한다. 이러한 입장은 이이가 맹자 이후 인간의 본성性에 대한 성선론적 평가를 정당하게 수용하면서도 한편으로 마음의 현상으로 나타나는 왜곡된 실상의 교정矯正을 강조하는 순자적 입장의 통합적 모색이라고 볼 수 있다.97)

결국 사단칠정四端七情의 문제는 인간의 감정을 마음心 속의 선한 본성性에 근거한다고 인정하는 점에서는 동일하나, 그것을 어떤 관점에서 파악하느냐에 따라 해석상의 차이가 나타나게 된다. 따라서 이 문제는 도덕의 실현이라는 현실적 목적은 동일하지만 도덕 실현을 위한 구체적인 방법론, 곧 수양공부론의 차이를 가져올 수밖에 없게 된다. 그러므로 이황은 현실에서 도덕을 실현하기 위해서는 무엇보다도 도덕실천의 '가능 근거'를 강조하는 쪽으로 기울게 된다. 이에 반하여 이이는 도덕의식의 원천으로서 흔들릴 수 없는 리理를 강조하면서도 그것이 현실 속에서 어떻게 구체적으로 '실현되는가'에 관심을 갖게 된다. 즉 도덕적 자율성을 사단四端이라는 내면의 근거를 통해 확립하려는 이황의 시도와 도덕의 근거를 내면에 확립하는 것에 그치지 않고, 이 도덕적 가치 기준으로서 덕성을 인문적 가치나 규범적 질서의식(禮) 등을 통해 확보하려는 이이의 입장에서 차이가 나는 것이다.98) 이러한 견해 차이는 수양공부론에서 이황과 이이의 입각점이 서로 다르게 나타나는 것을 통해서도 확인할 수 있다.

---

97) 이 문제는 〈4장 심성론의 실천적 성격〉에서 보다 자세히 논의될 것이다.
98) 이이철학에 있어서 格物說이 갖는 의의도 다름 아닌 바른 실천을 위한 義理의 내용을 구체적으로 밝히는 점에 있다. 그런 의미에서 克己復禮와 같은 윤리적 기준에 맞는 행위가 修己論에서 무엇보다 중요한 요소로 설정된다. 張淑必,「栗谷의 務實的 修己論」,『제4회 율곡사상국제학술회의 논문집』(栗谷學會, 1996) 참조.

(3) 인심대도심과 인심청명어도심

  인심도심人心道心의 문제가 이이의 철학사상에서 쟁점으로 등장하는 것은 성혼의 질의에 의해서이다. 성혼은 인심도심人心道心에 대해 말할 경우, 그것은 이미 리理와 기氣에 대한 구분을 전제로 하는 것이라고 여긴다. 그래서 인심도심人心道心의 문제를 사단칠정四端七情에 적용시킨다면, 이황이 주장하는 것처럼 사단四端과 칠정七情을 각기 리理와 기氣로 구분하여 논의할 수 있지 않느냐는 논리를 전개한다. 따라서 이황의 사단칠정四端七情에 대한 리기理氣 해석을 옹호하기 위하여 인심도심人心道心의 논의를 끌어들인다.
  이러한 성혼의 입장을 충분히 고려한 이이는 사단四端과 칠정七情의 문제로 접근하기보다는 인심人心과 도심道心의 문제를 중점적으로 논의하게 된다. 이이는 이 논의를 통하여 인심도심人心道心을 리理와 기氣로 구분할 수 없다는 것을 명확히 함으로써, 사단四端과 칠정七情도 마찬가지로 분리하여 볼 수 없다는 입장을 드러내려는 것이다. 이처럼 근본적으로는 사단四端과 칠정七情에 대한 리발理發, 기발氣發의 문제를 어떻게 파악할 것인가의 문제로 야기된 인심도심人心道心의 논의는 사단四端과 칠정七情과 인심도심人心道心의 사변적 논의 차원을 넘어서 인간의 심리상태에 대한 철학적 성찰과 수양공부라는 도덕실천론의 영역으로 확대된다.[99]

---

[99] 필자는 이이의 인심도심에 대한 논의가 이이의 철학적 관심이 '사단칠정론에서 인심도심론으로 전환'된 것이라고 보지는 않는다. 왜냐하면 이이와 성혼의 인심도심에 대한 논변은 사단칠정에 대한 연장선에서 논의되는 것이기 때문이다. 그러나 인심도심에 대한 논의를 통하여 마음에 대한 논의(心論)가 심화되고 있다는 것은 사실이다. 따라서 필자는 이이의 사단칠정과 인심도심에 대한 논의가 철학적 관심 영역이 전환

사실 인심도심人心道心에 대한 논의는 그 기원을 『상서尚書』의 16자 심법心法100)에 대한 해석에서부터 비롯하지만, 그것이 철학적 주제로 이해되는 것은 주희에 의해서이다. 주희는 『중용中庸』장구서章句序(1189년, 60세)에서 인심도심人心道心에 대한 자신의 입장을 정리한다.

> 마음의 허령지각은 하나일뿐이지만 인심과 도심의 다름이 있다고 하는 것은 혹은 형기의 사사로움에서 발생하고 혹은 성명의 바름에 근원하여 지각하는 것이 같지 않기 때문이다. 그러므로 혹은 위태로워 편안치 못하고 혹은 미묘하여 보기가 어렵다. 그러나 형체를 가지고 있지 않은 사람이 없으므로 비록 아주 지혜로운 사람이라도 인심이 없을 수 없고, 또한 이 성을 가지고 있지 않은 사람이 없으므로 아주 어리석은 사람이라도 도심이 없을 수 없다. 이 두 가지가 마음의 사이에 섞여 있어서 다스릴 바를 알지 못하면 위태로운 것이 더욱 위태로워지고 미미한 것이 더욱 미미해져서 천리의 공평함이 끝내 인욕의 사사로움을 이기지 못할 것이다.101)

되었다기보다는 이론적인 논의가 점차 도덕적인 실천의 문제로 바뀌고 있다고 본다. 이 점에서 오히려 '사변으로부터 실천론으로의 전환'이라고 하는 것이 오히려 적절하다고 판단한다. 李基鏞, 「栗谷 李珥의 人心道心論 硏究」(연세대학교 박사학위논문, 1995) 111쪽 참조.

100) 『尚書』, 「大禹謨」. "人心惟危, 道心惟微, 惟精惟一, 允執厥中."
101) 『中庸章句』 序. "心之虛靈知覺, 一而已矣. 而以爲有人心道心之異者, 則以其或生於形氣之私, 或原於性命之正, 而所以爲知覺者不同, 是以或危殆而不安, 或微妙而難見耳. 然人莫不有是形, 故雖上智不能無人心, 亦莫不有是性, 故雖下愚不能無道心. 二者雜於方寸之間, 而不知所以治之, 則危者愈危, 微者愈微, 而天理之公, 卒無以勝夫人欲之私矣."

주희는 인심人心과 도심道心을 지각知覺의 문제로 이해한다. 즉 이목구비耳目口鼻에 의한 감각적 욕구로 드러나는 것은 인심人心이며, 도의道義와 같은 도덕에 근거하여 드러나는 것은 도심道心이라고 정의한다. 그러나 인심人心은 비록 감각적 욕구이기는 해도 사람이면 누구나 지닐 수밖에 없기 때문에 그것을 곧 인욕人欲이라고는 할 수 없다는 것이다. 따라서 주희는 "만약 도심道心을 천리天理라 하고, 인심人心을 인욕人欲이라 한다면 도리어 두 개의 마음이 있는 것 같다. 사람에게는 단지 하나의 마음만 있을 따름이니, 도리道理를 지각知覺한 것은 도심道心이며, 성색취미聲色臭味를 지각知覺한 것은 인심人心"102)이라고 이해한다.

이황도 주희와 마찬가지로 인심人心과 도심道心을 이물二物로 보지는 않는다.

> 나누어서 말하면 인심은 본래 형기에서 나오고 도심은 본래 성명에 근원한다. 합해서 말하면 도심은 인심 사이에서 뒤섞여서 나오는 것이어서 실제로는 서로 의뢰하고 서로 드러나서 판연히 두 가지의 것이라고 할 수 없다.103)

이황은 분分·합合의 관점에서 인심人心과 도심道心을 이해한다. 즉 분分의 관점에서 보면 인심人心은 형기形氣에서 나오고 도심道心

---

102) 『朱子語類』 5:78, 「尙書·大禹謨」. "若說道心天理, 人心人欲, 卻是有兩箇心. 人只有一箇心, 但知覺得道理底是道心, 知覺得聲色臭味底是人心."
103) 『退溪全書』 39:24, 「答洪胖」. "分而言之, 人心固生於形氣, 道心固原於性命. 合而言之, 道心, 雜出於人心之間, 實相資相發, 而不可謂判然爲二物也."

은 성명性命에 근원하기 때문에 서로 구분할 수 있다. 그리고 합合의 관점에서 보면, 인심人心 사이에 도심道心이 섞여 있으므로, 즉 인심人心이 도심道心을 포함하기 때문에 둘이 아니라는 것이다. 이처럼 이황은 인심도심人心道心에 관하여 분分·합合의 견해를 갖고 있지만, 그는 '합合'보다는 '분分'에 치중하는 경향을 드러낸다.104) 이황은 '분分'의 관점에서 인심人心과 도심道心을 각기 사단四端과 칠정七情에 분속하여 파악한다.105) 이황은 그러한 근거로 『중용中庸』 장구서章句序에 나타난 주희의 이론과 허동양(許東陽, 未詳)의 이론을 든다.

> 인심은 칠정이 되고 도심이 사단이 된다는 것은 『중용』 장구서의 주자의 설 및 허동양의 설 같은 것으로 보면 (인심도심의) 두 가지가 칠정과 사단이 된다는 것은 진실로 불가함이 없다.106)

주희는 『중용中庸』 장구서章句序에서 인심人心과 도심道心의 차이점을 '혹생어형기지사或生於形氣之私'와 '혹원어성명지정或原於性命之正'이라 하여 지각知覺 여부에 따라 구분하고 있다.107) 이러한 주희

---

104) 이러한 이황의 관점은 리기론에서 리와 기는 떨어질 수 없는 不相離의 관점에서 파악하기는 하지만, 리와 기가 뒤섞일 수 없다는 不相雜의 관점에 치중하고 있음에서도 드러난다.
105) 『退溪全書』 37:27, 「答李平叔」 참조. 이평숙은 이황이 '인심과 도심을 칠정과 사단으로 볼 수 없다.'(人心道心, 不可謂七情四端)고 가르쳤는데, 이덕홍의 기록에는 '인심은 칠정이고, 도심은 사단'(人心七情也, 道心四端也)이라고 되어 있으므로 이러한 연유를 이황에게 질의를 한다.
106) 『退溪全書』 37:27, 「答李平叔」. "人心爲七情, 道心爲四端, 以中庸序朱子說及許東陽之類觀之, 二者之爲七情四端, 固無不可."
107) 『中庸章句』 序. "心之虛靈知覺, 一而已矣. 而以爲有人心道心之異者, 則以其或生於形氣

의 인심도심人心道心의 구분법에 대하여 허동양은 소주小注를 내어 자신의 인심도심人心道心에 관한 견해를 피력한다. 즉 인심人心은 기氣에서 발한 것으로 이목구비耳目口鼻와 같은 사지四肢의 욕구이고, 도심道心은 리理에서 발하여 측은수오사양시비惻隱羞惡辭讓是非의 난서端緖라는 것이다. 따라서 인심人心은 유선유악有善有惡이나 도심道心은 무불선無不善이라고 해석한다.108) 이것은 도심道心을 '사단四端…발어리發於理'의 관계로 보아 무불선無不善이라 하고, 인심人心을 '이목사지耳目四肢의 욕구…발어기發於氣'의 관계로 파악하여 유선악有善惡이라고 하는 것이다.

이황은 이 이론을 수용하여 인심人心과 도심道心의 관계를 사단四端과 칠정七情의 관계로 이해한다.109) 이러한 인심人心과 도심道心의 구분 의식은 이황이 『성학십도聖學十圖』 제8도에 정복심(程復心)의 〈심학도心學圖〉를 인용110)하면서 인심人心과 도심道心을 심권心

之私, 或原於性命之正, 而所以爲知覺者不同."
108) 『中庸章句』序. "東陽許氏曰, 人心發於氣, 如耳目口鼻四肢之欲, 是也. 然此亦是人身之所必有, 但有發之正不正爾, 非全不善. 故但云危, 謂易流入於不善, 而沒其善也. 道心發於理, 如惻隱羞惡辭遜是非之端, 是也…抵人心, 可善可惡, 道心全善而無惡."
109) 한편 이황은 이평숙과의 문답(1569년)을 통하여 "마음의 명칭은 이미 도심과 상대하여 말한 것이니, 곧 자기의 구조상 사적인 것에 속하는 것입니다. …대저 도심과 사단의 관계는 비록 인심과 칠정의 관계와는 다르나, 도심은 마음으로 말한 것이니 시종을 꿰뚫고 유무를 다 통하는 것이요, 사단은 단서로 말한 것이니, 발현함을 가지고 단서를 가리킨 것은 역시 조금의 차이가 없을 수 없습니다."(『退溪全書』 37:28, 「答李平叔」. "心之名, 已與道心相對而立, 乃屬自家體段上私有底 …若夫道心之與四端, 雖與人心七情之說不同, 然道心, 以心言, 貫始終而通有無, 四端, 以端言. 就發見而指端緖, 亦不能無少異."라고 하여 도심과 사단, 인심과 칠정이 같지 않다고 구분하고, 또 도심과 사단도 차이가 없을 수 없다고 한다. 그러나 이황의 전반적인 입장을 고려한다면, 인심을 칠정으로 도심을 사단으로 여겨 인심도심을 사단칠정과 연관하여 파악한다고 보인다.
110) <심학도>에서 인심과 도심을 좌우 양변으로 나누어 遏人欲存天理의 상대적인 관계로 인심도심을 파악하고 있다. 『退溪全書』, 『聖學十圖』, <心學圖>. "程復心曰, 赤子心

圈 아래 좌우로 대립하여 작도作圖해 놓고 있는 것을 통해서도 확인된다.

결국 이황은 사단四端이 곧 도심道心이고 칠정七情이 인심人心이라면, 인심人心은 유선유악有善有惡하기 때문에 인심人心과 도심道心을 인욕人欲과 천리天理의 관계로 이원화할 가능성을 보이게 된다. 이황은 "인심人心은 인욕人欲의 근본이고, 인욕人欲은 인심人心의 유출이다. …그러므로 곧 명칭이 인욕人欲이 되었으니, 인심人心에서 변칭變稱된 것"111)이라 하여 인욕人欲의 근거를 인심人心에 두고 있다. 이와 같이 본다면 인심人心이 곧 인욕人欲은 아니라고 하더라도 가치론적 입장에서는 '인심人心의 인욕화人欲化' 가능성을 염두에 두고 있다는 점에서 인심人心보다는 도심道心에 확고한 가치를 부여하고 있다는 것을 알 수 있다.

이이는 주희의 인심도심人心道心에 대한 논의에 입각하여 지각知覺을 통해서 인심人心과 도심道心을 구분한다.112) 그리고 인욕人欲의 문제에 대해서는 사람이면 누구에게나 본래적으로 갖는 생리적인 욕구가 있으므로 알인욕遏人欲과 존천리存天理를 두 갈래의 공부로 나눈 것은 합당하지 않다고 한다.113) 이는 곧 이황의 인심도심人心道心의 논의에 대한 반대이기도 하다.

是人欲未泊之良心, 人心則覺於欲者, 大人心是義理具足之本心, 道心則覺於義理者, 此非有兩樣心. 實以生於形氣, 則不能無人心, 原於性命, 則所以謂道心. 自精一擇執以下, 無非所以遏人欲而存天理之工夫也."

111) 『退溪全書』 40:9, 「答喬姪問目」. "人心者, 人欲之本, 人欲者, 人心之流…故乃名爲人欲, 而變稱於人心也."
112) 『朱子語類』 4, 「中庸」 1. "此心之靈, 覺於理者, 道心也, 覺於欲者, 人心也."
113) 『栗谷全書』 9:12, 「上退溪先生問目」. "以遏人欲存天理, 分兩邊功夫, 已爲未安."

이이는 마음心의 작용을 기氣로 이해한다. 따라서 인심人心과 도심道心이라고 할 경우, 이미 마음心이 발한 상태를 의미한다. 이이는 마음心이 발하는 바로 그 시점에서 인심人心과 도심道心의 분기를 잡아내고 있다. 곧 마음心의 작용이 일어나는 순간에 그것이 도덕과 의리를 지각知覺하게 될 경우 도심道心이 되고, 구체口體를 위한 감각적 욕구를 지각知覺하게 될 경우 인욕人欲이 아닌 인심人心이 된다.[114] 따라서 인간의 심리상태에 대하여 마음心이 드러나기 이전에 갖추어진 심체心體를 그대로 실현하는 것이 도심道心이고, 선善도 아니요 악惡도 아닌 마음心의 상태가 인심人心이 된다. 즉 천리天理가 실현되는 것이 도심道心이고 인심人心은 천리天理와 인욕人欲이 혼재한 상태라는 것이다.

> 마음의 '텅 비어 신령한 지각 능력'이 있는 것은 모두 하나일 뿐이다. 그런데 인심과 도심의 두 가지 이름이 있으니 어떻게 된 것인가? '혹은 형기의 사사로움에서 생겨나고' '혹은 성명의 올바름에 근본'하여 기의 드러남이 같지 않고, 위태하고 은미함의 작용이 각기 다르기 때문이다. 그래서 이름이 어쩔 수 없이 두 가지이다.[115]

인심人心이나 도심道心은 모두 마음心의 이발已發 상태, 곧 정情 상

---

114) 羅欽順(整菴:1465~1547)의 경우에는 道心을 性, 人心을 情으로 파악하여, 이를 動靜, 體用으로 나눈다. 『困知記』 2면 上 4장. "道心性也, 人心情也. 心一也, 而兩言之者, 動靜之分, 體用之別也. 凡靜以制動則吉, 動而迷復則凶. 惟精, 所以審其幾也, 惟一, 所以存其性也, 允執厥中, 從心所欲不踰矩也, 聖神之能事也."
115) 『栗谷全書』 9:37, 「答成浩原」. "心之虛靈知覺, 一而已矣, 而有人心道心之二名, 何歟. 以其或生於形氣之私, 或原於性命之正, 理氣之發不同, 而危微之用各異, 故名不能不二也."

태에서 성명性命의 본연本然이 지각知覺을 통해서 그대로 드러나게 될 경우가 천리天理를 실현한 도심道心이다. 천리天理가 실현된 도심道心은 아주 미미하기 때문에 은미隱微하다고 하는 것이다. 그리고 형기形氣의 사사로움에서 생겨나서 천리天理와 인욕人欲이 혼재한 것이 인심人心이다. 이 인심人心은 천리天理가 아직 실현되지 않은 상태이면서도 아직은 인욕人欲으로 흐르지 않은 상태이다. 따라서 인욕人欲으로 흐를 가능성이 농후하기 때문에 위태롭다고 하는 것이다. 그러나 인심人心과 도심道心은 하나의 마음心에 대한 두 가지 명칭일 뿐이다.

이처럼 인심人心과 도심道心의 분기를 지각知覺으로 이해하는 이이의 입장은 마음心의 도덕적 근거인 천리天理가 '실현될 가능성으로서 존재하는 것'을 확인하는 것만이 중요하다는 것은 아니라는 것이다. 더욱 중요한 것은 순수한 선善 그 자체인 천리天理가 인심人心이라는 선善도 아니요 악惡도 아닌 마음心 상태에서 어떻게 구체적인 도심道心이 되고 또 인욕人欲이 되는가를 바르게 파악하고 통제하는 것이다. 여기서 인심人心과 도심道心을 어떻게 변별할 수 있는가 하는 문제가 제기된다.

이이는 인심人心과 도심道心이라는 것은 정情 자체만을 가리키는 것이 아니고 계교計較·상량商量의 사고판단 작용을 하는 의意를 겸하여 말하는 것[116]이라고 이해한다. 이 점에서 인심도심人心道心과 사단칠정四端七情을 구분하게 된다.

---

116) 『栗谷全書』 9:34, 「答成浩原」. "蓋人心道心, 兼情意而言也, 不但指情也."

마음은 하나인데도 도라 하고 인이라 하는 것은, 성명과 형기가 다르기 때문이다. 정은 하나이다. 그런데도 어떤 이는 넷이다, 어떤 이는 일곱이다, 말들 하는 것은 오로지 리만을 말했느냐 기를 겸하여 말했느냐가 같지 않아서이다. 이러한 까닭에 인심과 도심은 서로 겸할 수는 없지만 서로 처음과 끝이 된다. 사단은 칠정을 겸할 수는 없지만 칠정은 사단을 겸한다.[117]

이이는 사단칠정四端七情을 '전언리專言理'와 '겸언기兼言氣'의 문제로 이해한다. 즉 사단四端은 칠정七情 가운데 리理의 측면만을 말한 것이고, 칠정七情은 리기理氣를 함께 거론한 것이다. 그런데 인심도심人心道心은 이미 정情으로 드러난 상태에서 도의道義나 구체口體를 지각知覺했는가의 여부에 따라 구분되는 것이기 때문에, 이이는 사단칠정四端七情을 구분하는 '전언리專言理'와 '겸언기兼言氣'의 방식으로 인심도심人心道心을 구분할 수는 없다고 본다. 왜냐하면 인심人心이라고 판단되면 이미 도심道心이 아니고, 도심道心이라고 판단되면 이미 인심人心이 아니기 때문에 서로 종시終始가 된다는 것이다.(人心道心相爲終始)

따라서 이황이 사단四端과 칠정七情을 도심道心과 인심人心의 관계로 병치시켜 이해한 것과 달리, 이이는 인심도심人心道心과 사단칠정四端七情을 동일한 맥락에서 이해할 수 없다는 입장을 보여준다. 그러므로 이이는 사단四端은 도심道心이지만, 칠정七情은 인심도심人

---

117) 『栗谷全書』 9:34, 「答成浩原」. "心一也而謂之道謂之人者, 性命形氣之別也. 情一也而或曰四或曰七者, 專言理兼言氣之不同也. 是故人心道心, 不能相兼而相爲終始焉. 四端不能兼七情, 而七情則兼四端."

心道心을 총칭한 것이라고 명백히 구분하게 된다.[118] 이렇게 보면 이이는 성혼과의 논변(37세)에서 사단四端과 칠정七情은 포함관계이지만 인심人心과 도심道心은 상대적이고 또한 동시에 변화 가능한 것으로 상정하고 있다.

> 사단은 칠정의 완전함만은 못하고 칠정은 사단의 순수함만 못하니 이것은 내가 살핀 것이다. 인심과 도심이 서로 처음과 끝이 된다는 것은 무슨 의미인가? 지금 사람의 마음이 성명의 올바름에서 곧바로 나오지만 혹은 순조롭게 그 마음을 따르지 못하고 사사로운 의지가 가로막게 된다면 이것은 도심에서 시작하나 인심으로 마치는 것이다. 혹은 형기에서 나왔으나 올바른 이치를 어기지 않는다면 결국엔 도심에서 벗어나지 않는 것이며 혹은 올바른 이치를 어겼으나 그르다는 것을 알아 제재하여 자신의 욕망을 따르지 않는다면 이것은 인심에서 시작하여 도심으로 마치는 것이다.[119]

인심人心과 도심道心은 그것이 하나의 고정된 실체로서 존재하는 것이 아니라, 도의道義를 지각知覺하거나 구체口體를 지각知覺하는 경우에 드러나는 마음心이라는 점에서 서로 상대적이다. 그리고 그

---

118) 『栗谷全書』 9:37, 「答成浩原」. "今以道心謂之四端可矣, 而以人心謂之七情, 則不可矣…人心也, 七情之合善惡也." 『栗谷全書』 14:5, 「人心道心道說」. "七情卽人心道心善惡之總名也."

119) 『栗谷全書』 9:34, 「答成浩原」. "四端不如七情之全, 七情不如四端之粹, 是則愚見也. 人心道心 相爲終始者, 何謂也. 今人之心, 直出於性命之正, 而或不能順而遂之, 間之以私意, 則是始以道心, 而終以人心也. 或出於形氣, 而不咈乎正理, 則固不違於道心矣. 或咈乎正理, 而知非制伏, 不從其欲, 則是始以人心而終以道心也. 蓋人心道心, 兼情意而言也."

것이 계교計較·상량商量이라는 사고판단에 따른 행위가 수반될 경우 인심人心에서 도심道心으로, 도심道心에서 인심人心으로 전화 가능하다는 점에서 종시終始이다.(相爲終始) 따라서 치심治心의 수양공부 위해서는 무엇보다 먼저 잘못됨을 알아야(知非) 하고, 잘못된 것을 알았을 경우에는 '제재'를 통하여 욕망을 억제(制伏)해야 한다는 실천적 행위가 동시에 요구된다. 여기서 '잘못됨'(非)을 '아는 것(知)이란 바로 궁리窮理를 통해서 가능하고, 욕망을 '억제하는 것'(制伏)은 다름 아닌 경敬과 역행力行을 통하여 가능하다.

이런 점에서 이이의 인심도심론人心道心論에서는 수양공부론에서 다루어지는 거경居敬·궁리窮理·역행力行의 공부론의 중요성이 엿보인다. 그런데 이 구도는 궁리窮理가 지知의 측면이고 거경居敬과 역행力行이 행行의 측면이므로 지행知行의 구도로도 이해할 수 있다. 여기서 궁리窮理는 새로운 이치를 찾아내는 것이 아니라 이미 내면에 구유具有된 천리天理로서의 '정리正理'를 체현하는 것이며, 이를 기준으로 현상으로 드러난 마음心의 길이 바른가, 그른가를 확인하는 것이다. 또한 경敬은 천리天理가 실현될 수 있도록 마음心을 전일한 상태로 유지하는 것이고, 역행力行은 성인이 세워놓은 천리天理의 절문節文이자 인사人事의 의칙儀則인 예禮라는 기준을 통해서 자신을 규율하는 것이다.

이렇게 본다면, 이 시기의 치심론治心論은 인심人心에서 비롯하였으나 도심道心으로 전환시킬 수 있고, 도심道心에서 비롯하였으나 인심人心으로 전환될 수도 있다고 하여 인심도심人心道心이 서로 상대相對되면서 또한 종시終始가 됨을 보여주고 있다. 따라서 이 상대종시相對終始의 관점에서는 인심人心과 도심道心의 상호전환 가능성이 중요한 것이 아니라 어떻게 인심人心을 도심道心으로 전환시켜야 하고, 또 어떻게 도심道心은 도심道心으로 지켜내는가 하는 당위적인 수양공부가 요청된다는 것이 중요하다.120)

필자는 이이의 이 시기(37세) 인심도심론人心道心論에서 주요한 관건은 궁리窮理를 통해서 '정도正道'에서 어긋난 자신을 발견하고, 잘못된 자신의 마음을 억제 혹은 절제를 통하여 극복해내는 데 중점을 두고 있다고 판단한다. 이것은 이이가 사단칠정四端七情의 문제에서 중절中節을 거론하는 것과 일맥상통한다.

그러나 이이의 말년기에 제출된 「인심도심도설人心道心圖說」(47세)에서는 성혼과 논의했던(37세 때) 치심론治心論의 일정 부분이 수정되고 있다고 보인다. 곧 이전 시기보다 도심道心에 대한 강조에 있어서이다. 필자는 이 관점을 인심청명어도심人心聽命於道心이라고 파악한다.

> 도심은 순수한 천리이므로 선만 있고 악은 없으며 인심은 천리도 있고 인욕도 있으므로 선도 있고 악도 있다. …도심은 다만 지키기만 하면 그만이지만 인심은 인욕에 흘러 들어가기 쉬워 비록 선하여도 또한 위태로우니, 마음을 다스리는 자는 한 생각이 발하는 즈음에 그것이 도심인 줄을 알면 곧 확충하고 그것이 인심인 줄을 알면 곧 정찰하여 반드시 도심으로써 절제하고 인심은 항상 도심에 청명토록 하면 인심도 또한 도심이 될 것이니 어떤 리가 보존되지

---

120) 이이의 인심과 도심은 대대관계가 아니라 종시관계라는 관점, 즉 '人心道心相爲終始'의 입장은 수양공부를 통해 인심이 도심으로 전환될 수 있다는 점을 보여주고 있다는 점에서 매우 적극적인 사고이다. 그러나 도심이 인심으로 전환된다고 하는 것은 인간의 가변적이고 실제적인 심리현상을 지적하고 있기는 하지만, 도덕적 당위성을 강조하는 성리학의 의리적 관점에서는 용인되기 어려운 점이 있다. 이 때문에 金長生을 비롯한 율곡 후학들에게 '人心道心相爲終始'의 문제는 비판적으로 재해석된다.

않겠으며 어떤 욕구를 막지 못하겠는가?[121]

　이황은 인심人心과 도심道心을 인욕人欲과 천리天理로 대비함으로써 인심人心의 인욕人欲을 제거하여 천리天理를 보존하는 수양공부를 제기하는 것에 반하여, 이이는 인심人心과 도심道心을 곧장 천리天理와 인욕人欲의 문제로 나누지는 않는다. 이이는 도심道心은 '절대적 선'인 천리天理가 실현된 것인 반면, 인심人心은 천리天理와 인욕人欲의 두 요소를 포함하는 '가변적인 것'이라고 이해한다. 따라서 천리天理가 현상의 마음心으로 실현된 도심道心은 당연히 확충해야 할 것이지만, 천리天理가 아직 실현되지 못한 인심人心은 인욕人欲으로 흐를 수도 있으므로 완전히 제거하는 것이 아니라 절제·통제되어야 한다고 본다. 이러한 이이의 견해는 심리적 갈등의 상황에서 판단의 주체인 마음心은 인심人心의 조절과 통제라는 측면과 천리天理가 실현된 도심道心의 적극적인 확충이라는 측면이 아울러 필요함을 강조하는 것이다.

　이이는 여기서 인심人心을 조절·통제하는 기준으로 도심道心을 잡고 있다. 그렇기 때문에 인심人心의 어긋남을 막을 수 있는 기준으로 도심道心을 설정하고, 이 도심道心의 명령을 따를 것을 역설한다.(人心聽命於道心) 그런데 간과할 수 없는 것은 이때의 도심道心은 이미 천리天理가 실현된 도심道心이라는 점이다. 이 도심道心은 인심

---

121) 『栗谷全書』 14:04, 「人心道心圖說」. "道心, 純是天理, 故有善而有惡, 人心, 也有天理, 也有人欲也, 故有善有惡...道心, 只可守之而已, 人心, 易流於人欲, 故雖善亦危. 治心者, 於一念之發, 知其爲道心, 則擴而充之, 知其爲人心, 則精而察之, 必以道心節制, 而人心常聽命於道心, 則人心亦爲道心矣, 何理之不存, 何欲之不遏乎."

人心이 선악善惡 미정인 아직 구체화되지 않은 마음心이라는 점을 고려하면 인심人心보다 실제적으로 분기된 마음心이다. 또 다른 실제적으로 분기된 마음心이 바로 인욕人欲이다. 따라서 이이는 아직 구체화되지 않은 인심人心을 이미 천리天理가 실현된 도심道心에 의하여 변화시키자는 것이다. 곧 인심人心의 도심화道心化이다.

이렇게 보면, 성혼과 논의(37세 때)에서보다 이이는 도심道心에 한결 비중을 두고 있는 것을 알 수 있다. 37세의 논의에서 인심人心과 도심道心은 지각작용知覺作用의 결과에 불과했고, 그리고 그것은 상대종시相對終始라는 점에서 절대적인 것이 아니었다. 그러나 47세의 논의에서 이이는 도심道心이라는 절대적인 기준을 세워놓고 도심道心의 확충과 인심人心이 도심道心의 명령을 들음으로써 도심화道心化 되는 것을 강조하고 있는 것이다. 이이의 인심도심人心道心에 대한 입장에서 나타나는 미묘한 변화를 어떻게 해석할 수 있을까? 여기서 이이의 인심도심설人心道心說의 몇 가지 난점을 확인하게 된다. 이이는 인심人心과 도심道心을 곧바로 인욕人欲과 천리天理로 대치하여 보지 않는다. 인심人心은 천리天理와 인욕人欲이 혼재한 것으로 보고, 도심道心은 곧 천리天理라고 이해하는 것이다. 문제는 '인심人心이 도심화道心化'한 것과 '절대적 기준'으로서의 '도심道心'이 과연 동일한 성격의 것인가에 있다. 이이처럼 이해한다면,

1) 道心⋯　　①天理
2) 人心⋯　　②天理
　　　　　　③人欲

의 구도로 볼 수 있다. 이이는 인심人心이 도심道心의 명령을 따르게 된다면 '인심人心이 도심道心이 된다' 하고, 만일 그렇지 못할 경우에는 '인심人心이 인욕人欲이 된다'고 한다. 그렇다면 결국 마음心의 상태는 ①천리天理가 실현된 도심道心: '도심道心', ②인심人心이 천리天理에 의해 도심道心이 된 경우: '인심人心의 도심화道心化' ③인심人心이 천리天理를 따르지 못한 경우: '인욕人欲'의 형태로 나뉘어야 한다.122)

이이는 ①천리天理가 실현된 도심道心: '도심道心'을 하나의 기준으로 파악하고 있다고 보인다. 즉 천리天理가 이미 실현된 도심道心은 그 자체가 순선純善이요 가치기준이다. 이렇게 보면 문제가 되는 마음心의 상태는 ②의 인심人心일 수밖에 없다. 이 인심人心은 지각知覺을 통하여 형기지사形氣之私에서 생겨난 것이지만 천리天理도 아니고 인욕人欲도 아니라는 점에서 '선악미정'의 마음心이다. 그러나 이 마음心은 아직은 '구체화된 마음'이 아니다. 구체적인 마음心은 도심道心과 인욕人欲 두 가지다.

따라서 이이는 ②의 인심人心에 대하여 이제는 천리天理가 아니라 ①의 천리天理가 실현된 도심道心에 의하여 ㉠인심청명어도심人心聽命於道心에 의해 인심人心이 '도심화道心化' 된 경우, ㉡인심청명어도심人心聽命於道心을 따르지 않고 인심人心이 '인욕人欲'이 된 경우로 나누게 된다. 그러므로 인심도심人心道心의 문제는 '도심화道心化'인가 '인욕화人欲化'인가의 문제로 귀결된다.

---

122) 리기용은 이이가 인심과 도심의 층차를 달리 파악하고 있다고 지적(「栗谷의 人心道心說 硏究」, 연세대학교 박사학위논문, 1995)하고 있지만, 이이가 왜 인심과 도심을 다른 층차로 이해하고 있는지에 대해서는 설명하지 못하고 있다.

이이는 「인심도심도설人心道心圖說」에서 수양공부의 대상을 인심人心으로 본다. 이러한 이유에서 이이는 인심人心으로부터 천리天理가 실현된 도심道心을 준거로 궁리窮理를 통하여 현상화 된 마음心이 도심道心임을 확인하였다면 곧 확충해야 할 것이요, 도심道心이 아닌 인욕人欲임을 확인하였다면 곧 조절・통제해야 한다는 수양공부론을 제기하고 있다.

이렇게 본다면, 이이는 인심도심人心道心의 문제에 있어서 선악미정인 인심人心 그 자체보다는 이 인심人心을 천리天理가 실현된 도심道心을 통하여 어떻게 '도심화道心化' 시킬 것인가와, 아니면 어떻게 '인욕人欲'이 되지 못하게 할 것인가에 주목하고 있다고 보인다. 즉 주체의 각성으로부터 내면적 이치로 자리하고 있는 천리天理를 체득하고, 이러한 체험을 통해 천리天理가 실현된 도심道心을 중시하는 것이다. 아울러 '선악미정'의 인심人心이 '인욕人欲'이 되지 않게 조절・통제하는 실천적 노력을 기울임으로써 인심人心이 천리天理가 실현된 도심道心으로 전환되어야 한다는 당위성을 강조한다.[123]

그렇다면 앞서 제기했던 '인심人心의 도심화道心化'와 '천리天理로서의 도심道心'은 과연 동일한 것인가의 의문이 남는다. 이 문제에

---

[123] 이이가 인간에게 본구된 선의 가능 근거인 천리를 중요하지 않게 파악하는 것은 아니지만, 그것은 어디까지나 가능 근거일 뿐이다. 따라서 이이는 이 선의 가능 근거를 확보하는 것으로서 문제를 종결하지 않는다. 선의 가능 근거가 보다 명징하게 드러날 수 있도록 存養하는 敬의 수양공부를 통해, 천리를 현상에서 실현하는 것은 더욱 중요한 문제이다. 그렇기 때문에 이이는 인심을 제어하는 기제로서 천리를 설정하고, 천리라고 하는 선의 가능근거가 실현된 도심을 잡아내고 있는 것이다. 이러한 이이의 경향은 誠敬 修養工夫論에서 修己 및 治人論에 그대로 반영되고 있다.

대한 이이의 구체적인 언급이 없으므로 확증할 수는 없지만, 이이의 인심도심人心道心에 대한 견해를 고려하여 본다면 필자는 도심道心과 도심화道心化를 동일한 층차로 보고 있다고 판단한다. 만일 이이가 '천리天理가 실현된 도심道心'과 도심道心에 의해 '인심人心이 이미 도심道心이 된 것'(道心化)을 구분한다면, 인간의 가치 실현은 불가능할 뿐더러, 인심청명어도심人心聽命於道心도 한낱 구호에 지나지 않게 된다. 더욱이 성인은 요원한 것이 된다.

이이는 인간의 변화 가능성을 신뢰하기 때문에 교기질矯氣質도 말하는 것이다. 따라서 이이는 인심人心이 비록 인욕人欲이 아니라고는 하지만 인심人心을 악(人欲)이 아닌 선(天理)으로 전환시키기 위한 방법론을 강구하게 되는 것이다. 여기서 이이는 도덕적 감정의 적극적 발현도 중요하지만, 우선 욕망을 조절·통제하기 위한 중절中節과 같은 수양공부를 제시한다. 그것이 인심청명어도심人心聽命於道心이다. 그러나 현상에서 조절과 통제를 통한 억제나 중절中節이 강조될 경우, 인간은 주체적인 행위를 통해 인간의 가치를 자율적으로 실현한다는 능동적 측면보다는 욕망의 억제라는 수동적 성격을 띠게 된다. 그러므로 이이는 여기에 현상으로 드러나기 이전의 미발未發 상태에서 천리天理를 보존하고 배양하는 경敬 공부工夫를 강조함으로써 천리天理에 의한 인욕人欲의 억제와 더불어 천리天理가 실현된 도심道心의 확충을 제기하는 것이다.

결국 이이는 인심도심人心道心에 대한 논의를 통하여 인간의 육체성으로부터 비롯하는 감각적 욕구인 인욕人欲에 대한 억제뿐만 아니라 성선론적인 주체적 인격의 실현을 의미하는 도심道心에 대한 확충론을 보완하게 되는 것이다. 이는 인간의 변화 가능성에 대

한 신뢰와 의지에 대한 자율성을 확장하고자 하는 입장으로 이해된다.[124]

---

[124] 『栗谷全書』 9:36, 「答成浩原」. "精察與否, 皆是意之所爲. 故自修莫先於誠意."

3
심성론의 도설적 해석

(1) 이황의 심통성정도

「성학십도聖學十圖」 제6도인 〈심통성정도心統性情圖〉는 세 부분으로 나뉘어져 있다. 상도上圖는 정복심(程復心, 林隱: 1279~1368)의 심통성정도心統性情圖이고, 중도中圖와 하도下圖는 이황이 직접 작도作圖한 심통성정도心統性情圖를 병기하고 있다. 이 〈심통성정도心統性情圖〉와 설說은 장재의 '심통성정心統性情'에 대하여 정복심이 도圖와 설說을 붙인 것이고, 중도中圖·하도下圖와 설說은 이황이 정복심이 작도作圖한 도설圖說의 미비점을 보완하고 자신의 리기심성理氣心性에 대한 철학적 입장을 표명하기 위해 저술한 것이다. 따라서 이황의 심통성정心統性情에 대한 관점을 이해하기 위해서는 먼저 정복심의 〈심통성정도心統性情圖〉를 살펴보아야 한다.

① 정복심의 심통성정도

정복심의 〈심통성정도心統性情圖〉는 삼단三段으로 구성되어 있다. 상단인 심권心圈은 도상의 형태로 ○ 안에 "마음은 성정을 통한다"(心

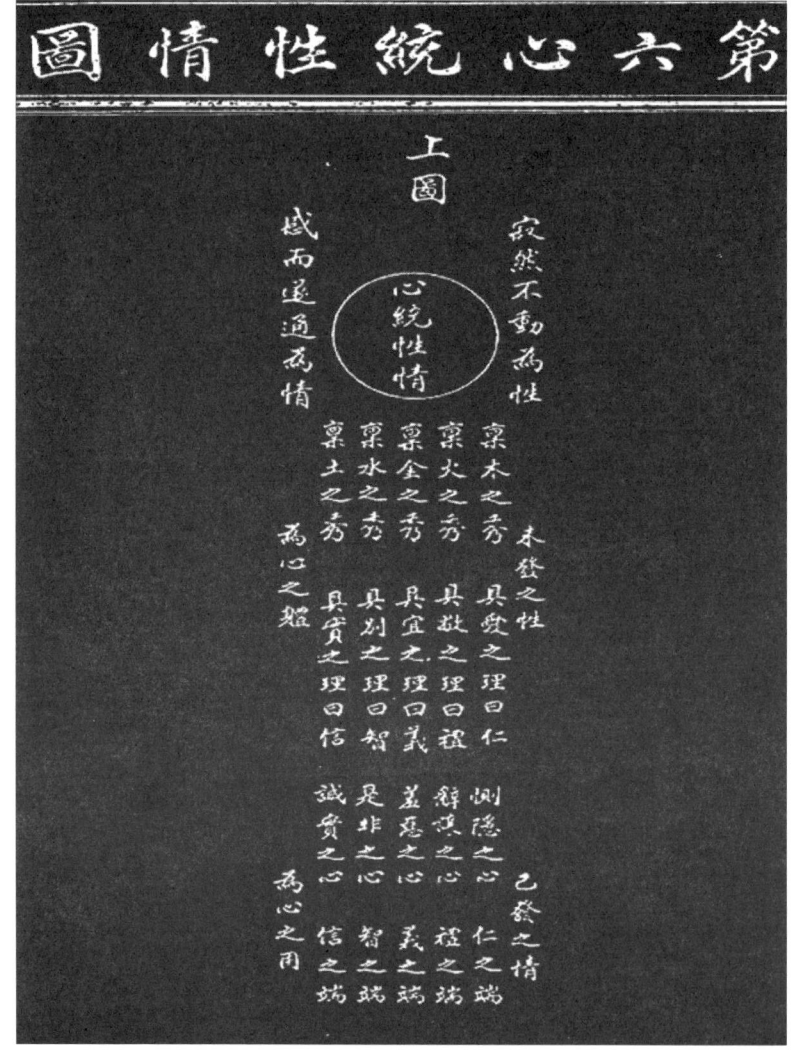

[心統性情 上圖…程復心]

統性情)고 적고, 좌우측에 "마음이 고요하여 움직이지 않는 것이 성이 되고, 감촉하고 움직여서 정이 된다"(寂然不動爲性, 感而遂通爲情)라고 적고 있다.

○ 아래 중단은 성권性圈을 나타낸다. 여기서는 특정한 도상圖像의 형태를 취하지 않은 채 좌우로 "미발의 성은 마음의 본체가 된다"(未發之性, 爲心之體)라고 적고, 그 사이에 오행五行과 오상五常을 표시하고 있다. 하단은 정권情圈을 나타낸다. 중단과 동일한 구도를 취하여 좌우로 "이발의 정은 마음의 작용이다"(已發之情, 爲心之用)라 하고, 그 사이에 정情의 양상을 기술하고 있다.

주희가 기술하고 있는 심통성정心統性情은 마음心을 중심으로 성性과 정情의 관계를 미발未發과 이발已發, 체體와 용用의 방식으로 설명하여 '성性·심心·정情' 혹은 '정情·심心·성性'의 입장을 보인다. 즉 마음(心)이 성性과 정情을 매개하면서 주재主宰한다는 의미를 드러낸다. 그러나 이를 작도한 정복심의 「심통성정도心統性情圖」에서는 상단에 심권心圈을 작도하고, 중단에는 미발未發·성性·심지체心之體를, 하단에는 이발已發·정情·심지용心之用을 놓음으로써 '심心·성性·정情'의 형태를 취하고 있다. 이는 마치 마음心이 성性과는 직접적으로 관련되지만 정情과는 분리된 듯한 인상을 준다.

그러면 정복심이 심통성정心統性情을 어떻게 이해하고 있는지 그의 도圖에 대한 설명을 통해 확인해 보자.

이른바 마음이 성정을 포괄한다고 하는 것은 인간이 오행의 정수를 품부받아 태어나 그 정수 안에 오성이 갖추어지고 마음이 움직여 칠정이 나타나게 된다. 대개 이러한 성과 정을 통회하는 것이

마음이다.125)

음양오행陰陽五行의 정기精氣를 받고 태어난 인간의 마음心 속에 내재하는 성性과, 그 성性이 마음心을 통해 발현되어 정情으로 드러나는 전 과정을 심통성정心統性情이라고 이해하고, 특히 통통統을 통회統會라고 해석하고 있다. 여기서 정복심이 생각하는 심통성정心統性情을 이해할 수 있는 단서를 찾을 수 있다. 그것은 '기수其秀'와 '기동其動'이다. '기수其秀'는 정기精氣를 받아 이루어진 기질氣質로 이루어진 '몸'을 말하고, 그 몸 속의 마음心에 인의예지신이라는 오상五常이 갖추어진다는 것이다. '기동其動'은 의미상으로 보았을 때 성性이라고 할 수 있지만 실제로 움직이는 곳을 말하므로 '마음心'이라고 해석된다. 따라서 성性을 담고 있는 마음心이 움직여서 칠정七情이 나오게 된다는 것이다. 이렇게 본다면 성性・심心・정情의 관계는 마음心을 매개로 하여 성립되므로 마음心을 '성性과 정情을 통회統會하는 것'으로 정의하고 있다.

여기서 통회統會의 정확한 의미는 제시되지 않았지만 문맥을 통해 살펴볼 수 있다. 정복심은 '마음心이 성性을 통회統會할' 경우 '인의예지仁義禮智가 성性'이면서 동시에 '인의仁義의 마음心'이고 '마음心이 정情을 통회統會할' 경우 '측은수오사양시비惻隱羞惡辭讓是非가 정情'이면서 동시에 '측은수오사양시비惻隱羞惡辭讓是非의 마음心'이라126) 하여 통통統을 '겸兼' 혹은 '포섭包攝・포괄包括'의 의미로

---

125) 『退溪全書』 7:23, 「聖學十圖・心統性情圖」. "所謂心統性情者, 言人稟五行之秀以生, 於其秀而五性具焉. 於其動而七情出焉, 凡所以統會其性情者則心也."
126) 『退溪全書』 7:23, 「聖學十圖・心統性情圖」. "心統性, 故仁義禮智爲性, 而又有言仁義之

사용하고 있다.

그러나 한편으로 '마음心이 성性을 통회統會하지 못할' 경우 '미발未發한 중中'을 완전히 발휘시킬 방도가 없어 정情은 쉽게 천착되고, '마음心이 정情을 통회統會하지 못할' 경우 '중절中節한 화和'를 완전히 발휘시킬 방도가 없어 정情은 쉽게 요동치게 된다고 한다.127) 따라서 '마음心이 성정性情을 통회統會하지 못할' 경우는 '정情'으로 드러나는 마음心의 현상에 대하여 억제할 수 없으므로, 이 경우 '통統'은 '주재主宰'의 의미로 사용하고 있음을 알 수 있다.

결국 통회統會는 '포섭包攝'·'포괄包括'과 '주재主宰'의 의미로 사용되고 있음을 알 수 있다. 따라서 이제 심통성정心統性情은 마음心이 성정性情을 포괄包括할 뿐만 아니라 마음心이 성정性情을 주재主宰하는 것이므로 행위의 주체인 마음心을 바르게 하고 미발未發 시기에는 도덕 행위의 근거인 성性을 존양存養하고 이발已發 시기에는 정情을 절제할 수 있는 수양공부를 제시한다.

이렇게 본다면, 정복심의 심통성정心統性情에 대한 이론적 설명은 주희가 말하는 '심통성정心統性情'과 크게 다르지 않는다는 것을 알 수 있다. 그러나 이황은 정복심의 입장을 비판하고 새롭게 자신의 〈심통성정도心統性情圖〉를 그리게 된다. 과연 이황은 정복심의 〈심통성정도心統性情圖〉를 어떻게 받아들이고 있는가? 이에 대한 재해석이 곧 그가 〈심통성정心統性情〉 중도中圖와 하도下圖를 작성

心者. 心統情, 故惻隱羞惡辭讓是非爲情, 而又有言惻隱之心羞惡辭讓是非之心者."

127) 『退溪全書』 7:23, 「聖學十圖·心統性情圖」. "心不統性, 則無以致其未發之中, 而性易鑿, 心不統情, 則無以致其中節之和, 而情易蕩…學者知此必, 先正其心, 以養其性, 而約其情, 則學之爲道得矣."

하는 원인이며, 이를 통하여 이황 심학心學이 구체적으로 드러나게 된다.

② 이황의 심통성정도

정복심이 작성한 〈심통성정도心統性情圖〉에 대하여 이황은 먼저 정이의 '안자호학론顔子好學論'에서 제시되어 있는 공부의 순서, 즉 '약기정約其情·정심正心·양성養性'의 수양공부가 정복심에 의해서 '정심正心·양성養性·약기정約其情'의 순서로 바뀌었다는 점을 지적한다.[128] 그리고 리理와 기氣를 구별하여 말한 곳에 온당하지 못한 점이 있음을 문제 삼는다.[129]

정복심은 도설圖說에서 '안자호학론顔子好學論'에서 제시된 '약기정約其情·정심正心·양성養性'의 공부 순서를 변경하여 '정기심正其心·양기성養其性·약기정約其情'의 순서로 나누고 있다. 이에 대하여 이황은 '약기정約其情' 이후에 '정심正心·양성養性'이 거론되어야 함에도 불구하고 정복심이 굳이 '정기심正其心'을 먼저 놓은 것은, 이로써 심통성정心統性情을 말하려 했기 때문이라고 평가한다. 그렇다 하더라도, 정情으로 드러나는 이발已發의 현상에 대한 절제공부인 '약기정約其情'이 '정심正心·양성養性'의 공부보다는 앞에 놓여야 한다고 이황은 판단한다.[130]

---

[128] 『退溪全書』 7:23, 「聖學十圖·心統性情圖」, "謹按程子好學論, 約其情在正心養性之前, 此反居後者."
[129] 『退溪先生言行錄』 3:37, 「告君陳誡」. "上一圖, 程氏復心作, 而理氣分言處, 多有未穩, 故舍之."

리理와 기氣를 구별하여 말한 온당하지 못한 점에 대한 불만은 정복심이 성性과 정情의 관계를 기氣와 리理로 단순화하여 설명한 데서 비롯한다. 그러나 더 이상 구체적인 언급이 없기 때문에 정확히 어떤 점에서 미흡한지는 불분명하다. 다양한 추측이 가능하겠지만, 필자가 판단할 때, 이황은 정복심의「심통성정도心統性情圖」중단과 하단이 불만스러웠으리라 여겨진다. 왜냐하면 중단의 "미발의 성은 심의 본체가 된다"(未發之性, 爲心之體)라고 한 부분에 대한 작도는 오행五行을 그려놓고 그 아래에 오상五常을 위치시키고 있는데, 이는 이황이 보기에 오상五常 곧 성性을 기氣와 함께 설명하는 것이고, 하단에서는 정情과 사단四端을 함께 기술하는 방식이기 때문이다.

이황은 성性을 파악하는 데 있어 기질지성氣質之性을 인정하기는 하지만, 기질지성氣質之性과는 전혀 다른 또 하나의 성性을 인정한다. 즉 기氣가 배제된 순수한 리理로서 본연지성本然之性을 인정하는 입장이므로 성性과 기氣를 구분하지 않고, 또 사단四端과 정情을 구분하지 않고 함께 작도한 정복심의 도식은 매우 불만족스러웠으리라 여겨진다.[131] 이는 달리 말하면 리理와 기氣를 함께 논의하는 것(合)뿐만 아니라 나누어서 보아야 한다(分)는 이황의 리기理氣에 대한 관점을 보여주는 것이라고 하겠다. 곧 리기理氣에 대한 분합分合

---

130) 『退溪全書』 7:23, 「聖學十圖·心統性情圖」. "謹按程子好學論, 約其情在正心養性之前, 此反居後者, 此以心統性情言故也, 然究其理而言之, 當以程論爲順"

131) 윤사순은 "上圖에 없는 요소를 中圖·下圖에 넣은 것은 곧 程復心의 上圖에 나타난 미비점들을 보충한 것"이라고 하면서 中圖는 '마음에서 理만을 가리켜 말한 것'이라 하고, 下圖는 '理氣가 합한 점'에서 四端七情의 해석이 나오게 되었다고 지적한다. 尹絲淳, 「李滉의 성학십도」, 『圖說로 보는 韓國儒學』(예문서원, 2000) 115쪽 참조.

의 관점이다.

그러나 비록 정복심이 성정性情을 설명하는 데 있어서 리理와 기氣를 함께 들어서 설명하고 있지만, 성정性情에 관한 많은 논변 속에서 성정性情을 리기理氣로 분설分說한 것을 좀처럼 찾지 못하던 이황에게는 이것은 새로운 아이디어를 가져다 준 도설圖說임에는 분명하다.132)

이제 이황은 "사단은 리가 발하여 기가 (리를) 따르는 것"(四端理發而氣隨之)이고, "칠정은 기가 발하여 리가 (기에) 타는 것"(七情氣發而理乘之)이라고 하는 사단칠정四端七情에 대한 자신의 최종적 입장133)을 심성心性과 관련하여 분개分開(중도)와 혼륜渾淪(하도)의 관점에서 도상圖像으로 나타내고 설명한다. 이것이 그의 〈심통성정도心統性情圖〉이다. 이황은 자신이 〈심통성정도心統性情圖〉를 작성하게 된 경위를 총괄하여 다음과 같이 설명한다.

위에 있는 그림 한 개는 정복심이 만든 것인데, 리와 기를 구별하

---

132) 이황은 65세 때, 제자인 조목에게 보낸 편지에서 다음과 같이 말한다. "사단과 칠정을 리와 기로 나눈 것은 본래 나의 설이 아니라 고정朱熹에게 원래 이와 같은 설이 있습니다. 근래에 정복심이 지은 「心統性情圖」를 보니 바로 이 설을 사용해서 이것을 별지에 기록했습니다."『退溪全書』 23:43, 「與趙士敬」. "至四七分理氣, 本非吾說, 乃考亭有說如此. 近又見程林隱心統性情圖, 正用此說, 亦錄在別紙." 이와 같이 본다면, 주희가 사단칠정을 리기로 분속한 것을 보고 정복심이 「心統性情圖」를 그린 것이 된다. 따라서 이황은 이를 참고로 하여 자신의 사단칠정의 문제를 리기로 분속하여 도설을 작성하는 것이다. 다카하시 도오루도 이 문장을 『조선의 유학』(조남호 역, 소나무, 1999, 35쪽)에서 인용하고 있다.
133) 이 최종 이론에 대하여 이황은 이것을 처음에는 主理 主氣로 설명하고, 이어서 互發과 相須로 설명한다. 그러나 기대승과 이이는 이황의 立論을 결국 互發에 있다고 보고 있으며, 이러한 측면에서 理와 氣의 時間的 先後를 문제 삼는다. 이는 퇴계학파와 율곡학파 사이에 많은 논쟁을 유발하는 문제이다.

여 말한 곳에 온당하지 못한 것이 많아서 이를 버리고, 맹자와 정주가 논의한 본연지성과 기질지성으로 중도와 하도를 나누어서 만들었다. 본연지성은 리를 위주로 하여 하는 말이고, 기질지성은 리와 기를 겸하여 하는 말이다. 정으로 말한다면 리를 따리서 발하는 정은 사단이 되고, 리와 기를 합쳐서 발하는 정은 칠정이 된다. 맹자와 정주가 모두 나누어서 말하였기 때문에, 중도는 본연지성을 가지고 사단을 위주로 하여 만들었고, 하도는 기질지성을 가지고 칠정을 위주로 하여 만들었다.[134]

위에서 언급한 내용은 1)성性의 측면에서 리理를 주로 한 것이냐(主於理)와 리理와 기氣를 겸하여 말한 것이냐(兼理氣)에 따라 본연지성本然之性과 기질지성氣質之性으로 나눌 수 있다는 것이다. 2)정情의 측면에서 리理를 따라서 발하느냐(循理而發)와 리理와 기氣를 합하여 발하느냐(合理氣而發)에 따라서 사단四端과 칠정七情으로 구분된다는 것이다. 따라서 이러한 두 입장을 고려하여 본연지성本然之性의 측면에서 '사단을 위주'(主四端)로 만든 것이 중도中圖이고, 기질지성氣質之性의 측면에서 '칠정을 위주'(主七情)로 만든 것이 하도下圖라는 것이다.

중도中圖는 삼단으로 구성되어 있는데, 기질지성氣質之性 가운데

---

134) 『退溪先生言行錄』 3:37, 「告君陳誡」. "上一圖 程氏復心作, 而理氣分言處, 多有未穩, 故舍之, 而以孟子與程朱之所論, 本然之性氣質之性, 分作中下圖. 本然之性, 主於理而言, 氣質之性, 兼理氣而言. 以情言之, 則循理而發者, 爲四端, 合理氣而發者 爲七情. 孟子程朱, 皆分而言之, 故中圖, 以本然之性, 主四端而爲之, 下圖, 以氣質之性, 主七情而爲之."

본연지성本然之性만을 적시하여, 기질氣質이 전혀 섞이지 않은 본연지성本然之性의 측면에서 사단칠정四端七情을 리기理氣로 분개分開하여 설명하고 마음心이 어떻게 성정性情과 관계를 맺는지를 보여주

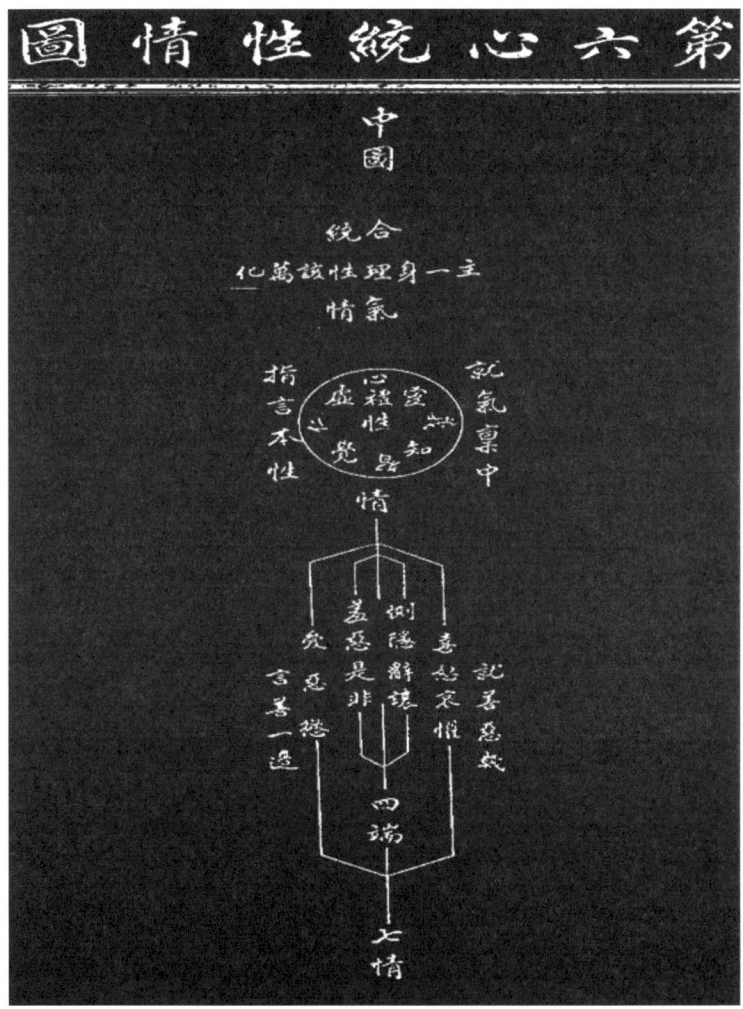

[心統性情 中圖…李滉]

고 있다. 먼저 상단에는 특별한 도상圖像 없이 심통성정心統性情을 설명하고 있다. 즉 세로로 마음心의 구조적 특징을 '리理와 기氣가 합한것'(合理氣)라 하고 이것은 성정性情과 관련하여 "성정을 통섭한 다"(統性情)고 기술하고 있다. 가로로는 "몸을 주재하고 모든 변화 이치를 갖추고 있다"(主一身, 該萬化)라고 명시한다.

중단의 심권心圈은 ○ 안에 성性의 조목으로 인의예지를 표기하고, 마음心의 특성인 '허령지각虛靈知覺'을 표기하였다. 그리고 ○ 밑으로 정情이 놓여진다. 이때 마음心 안에 자리 잡고 있는 성性은 "기품 중에 나아가 본성을 가리켜 말한 것"(就氣稟中, 指言本性)이라 하여 기질지성氣質之性 속에서 기질氣質의 측면이 배제된 본연지성本然之性임을 나타낸다.

하단은 정情으로 드러나는 양상을 작도하였다. 정情의 양상은 사단四端과 칠정七情으로 나타나게 되는데, 여기서는 칠정七情 속에 사단四端이 들어 있는 모양으로 작도하고 있다. 그 좌우에는 "선악의 기미에 나아가 선한 측면만을 말한 것"(就善惡幾, 言善一邊)이라고 표기하여, 선한 부분만을 지적하고 있다. 이 경우라면 사단四端은 당연히 선한 것이고, 칠정七情의 경우에도 선으로 파악된다. 따라서 사단四端으로부터 그 아래로 칠정七情을 바로 연결하여 놓은 것이다.

중도中圖의 작도상作圖上에서 보이는 특징은 중단의 ○ 심권心圈 안에 있는 성性이 하단의 ≪ ≫ 속에 사단四端과 칠정七情이라는 정情으로 그대로 드러난다는 점에 있다. 성性은 심권心圈의 가운데 위치하여 마음心의 중심을 이루는 리理로 표시되어 있으며 또한 기질지성氣質之性 속에서 기질氣質을 배제한 본연지성本然之性으로서 리理인 순선純善의 상태이다. 이와 같은 성性의 상태를 이황은 자사의 "천이 명한 성"(天命之性), 맹자의 "성선의 성"(性善之性), 정자의 "성즉리의 성"(卽理之性), 장재의 "천지의 성"(天地之性)으로 이해한다.

이황이 중도中圖에서 이해하고 있는 성性은 형기形氣를 배제한 순리純理로서 성性이다. 비록 도설圖說에서 '기질지성氣質之性 가운데 본연지성本然之性'을 말하고 있다고 하지만, 그는 형기形氣를 포함하는 기질지성氣質之性과는 다른 차원의 본연지성本然之性, 즉 형기形氣를 배제한 순리純理로서 본연지성本然之性을 설정하고 있다. 이러하다면 성性이 발한 상태의 정情, 즉 본연지성本然之性이 기질氣質에 구애됨이 없을 때 정情은 어떻게 나타나게 되는가?

상단에서 이미 살펴보았지만, 마음心은 구조적으로 리기理氣가 결합된 것이다. 이를 허령지각虛靈知覺과 관련하여 설명하면 마음心은 지각작용知覺作用의 측면에서는 기氣라고 할 수 있지만 지각내용知覺內容을 중심으로 보면 리理이다. 따라서 성性은 기질氣質이 전혀 섞이지 않은 본연지성本然之性이므로 지각知覺하는 내용은 순리純理일 따름이다.

결국 도덕적 행위의 근거인 성性은 순선이고 행위의 주체인 마음心 또한 순리純理를 지각知覺하게 되며, 정情으로 드러난 경우에도 순리純理를 따를 뿐이므로 사단四端뿐만 아니라 칠정七情도 순선무악하게 된다. 이황은 이를 자사의 "중절의 정"(中節之情), 맹자의 "사단의 정"(四端之情), 정자의 "어찌 불선한 정이라 할 수 있는가 하는 정"(何得以不善名之之情), 주희의 "성으로부터 흘러나와 원래 선하지 않음이 없음"(從性中流出, 元無不善)과 같은 것이라고 말한다.

하도下圖는 삼단으로 구성되어 있다.[135] 여기서는 기질지성氣質之

性과 기질지성氣質之性 속의 본연지성本然之性을 두 측면으로 나누어 사단四端과 칠정七情을 각기 리발理發과 기발氣發로 설명하고, 이러한 전 과정이 마음心이라는 현상 속에서 이루어지고 있음을 보여주고 있다. 상단은 중도中圖와 동일하다. 그러나 중단의 심권心圈은 중도中圖와 달리 성性의 내용에서 차이가 난다.

하도下圖의 성性은 기氣를 품부 받은 이후이므로 기질지성氣質之性이다. 그렇다고 하나 기질지성氣質之性 속에는 본연지성本然之性이 들어 있다. 그러므로 심권心圈의 ○ 안에는 성性의 두 측면이 각기 본연本然과 기질氣質로 표기되어 있고, 이는 또한 인의예지와 청탁수박淸濁粹駁의 내용을 담고 있다. 그리고 마음心의 특성을 허령지각虛靈知覺으로 나타내고 있다. ○ 아래에는 중도中圖에서의 정情 대신에 '발위發爲'가 놓여진다. 심권心圈 ○ 좌우에는 "성은 본래 하나이나 기질 가운데 있기 때문에 두 가지 명칭이 있다"(性本一, 因在氣中, 有二名)고 표기하여 본연지성本然之性과 기질지성氣質之性이라고 하는 두 가지 명칭이 있게 된 연유는 다름 아닌 기질氣質 때문이라고 설명한다.

하단에는 두 개의 도圖가 그려져 있다. 위의 것은 사단四端을 표시하고 ≪ ≫의 좌우에 "리가 발하여 기가 (리를) 따른다"(理發而氣隨之)라고 적고 있다. 그 아래에는 칠정七情을 표시하고 ≪ ≫의 좌우에 "기가 발하여 리가 (기에) 탄다"(氣發而理乘之)고 적고 있다. 이는 본연지성本然之性과 기질지성氣質之性이 정情으로 드러나게 될 때 사

---

135) 下圖는 엄밀하게 말하면 4단으로 구성되어 있다. 그러나 '發爲' 이후의 四端과 七情을 하나로 묶어 볼 수 있고, 또 上·中圖가 각각 3단으로 구성되었다는 점을 고려하여 3단으로 보겠다.

단四端과 칠정七情으로 나뉘게 되는데, 각각 리발理發과 기발氣發로 분속分屬하여 표시하고 있는 것이다.

하도下圖는 이황의 철학적 지향을 가장 극명하게 보여주고 있다.

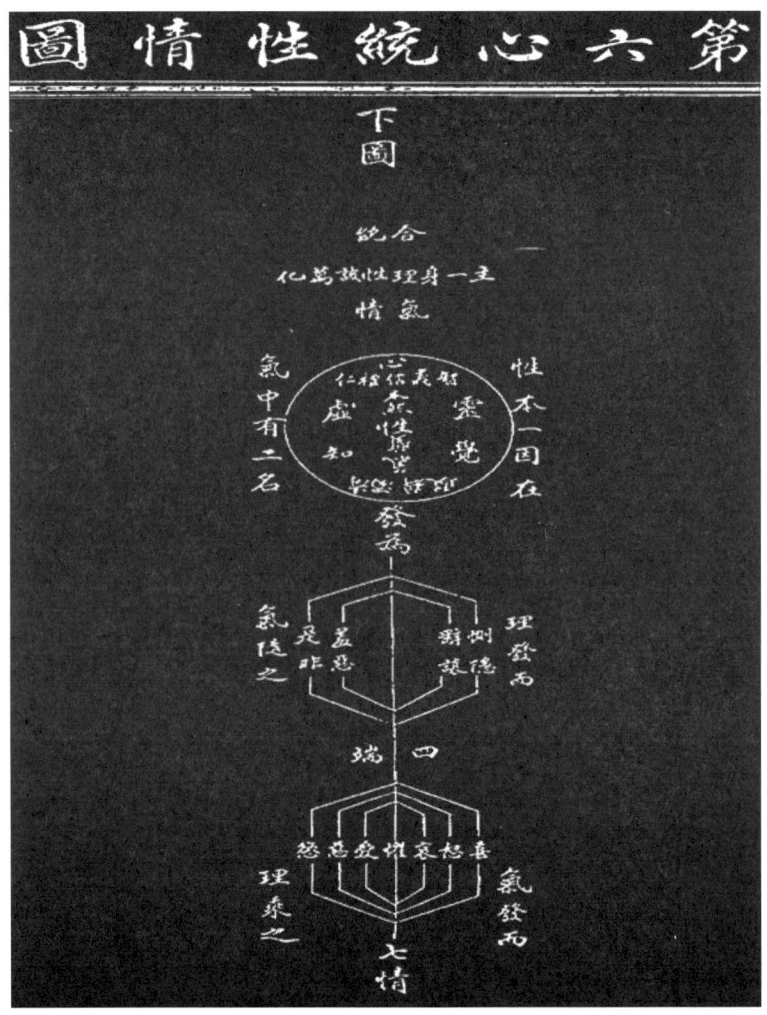

[心統性情 下圖…李滉]

우선 작도상의 특징부터 살핀다면, 중도中圖의 ○ 심권心圈 아래에 '정情'이라고 표기되었던 것이 하도下圖에서는 ○ 심권心圈 아래에 '발위發爲'로 바뀌었다. 또 중도中圖의 하단에 그려졌던 하나의 사단칠정권四端七情圈이 하도下圖에서는 두 개로 분리되어 사단권四端圈과 칠정권七情圈으로 나뉘고 있다. 중도中圖의 '정情'이 하도下圖의 '발위發爲'로 바뀐 점과 하도下圖의 사단四端과 칠정七情이 나뉜 것은 동일한 맥락에 있다.

먼저, '발위發爲'로 바뀐 점을 살펴보자. '발위發爲'는 심권心圈에 자리 잡고 있는 성性으로부터 사단四端과 칠정七情으로 드러나는 과정을 표현한 것이다. 바로 "성이 발하여 정이 된다"(性發爲情)이다. 이것은 심통성정心統性情의 또 다른 표현 방식이라고 할 수 있다.

이황이 마음心을 구조적인 측면에서 '합리기合理氣'로 이해하고 있음은 이미 살펴보았다. 그리고 성性의 문제에 있어서는 본연지성本然之性과 기질지성氣質之性을 말하고, 이를 '리理와 기氣가 합한 것'(理與氣合)으로 표현하면서 공자의 "성은 서로 가깝다는 성"(相近之性), 정자의 "성은 기요, 기는 성인 그러한 성"(性卽氣氣卽性之性), 장재의 "기질의 성"(氣質之性), 주희의 "비록 기 가운데 있다 해도 기는 본래 기요, 성은 본래 성이어서 서로 뒤섞이지 않는 그러한 성"(雖在氣中, 氣自氣性自性, 不相挾雜之性)과 같다고 생각한다.

그렇다면 여기서 고려해야 할 문제가 발생한다. 그것은 바로 '리理와 기氣의 합'(理與氣合)은 무엇이고 본연지성本然之性과 기질지성氣質之性은 어떤 관계인가 하는 점이다. 이황은 본연지성本然之性과 기질지성氣質之性을 말할 때, 기질氣質의 개입 여부에 의해 두 가지로 나눈다.[136] 이는 하도下圖에서 기氣 가운데 성性이 들어 있기 때문에 두 개의 이름이 있다고 하는 것과 같은 맥락이다. 이러한 점을 고려할 때, 두 가지 측면을 추측할 수 있다.

사실적인 측면에서 본다면, 이황은 기질지성氣質之性 속의 본연지성本然之性을 말하는 것은 분명하다. 그러나 의미상으로 따진다면, 본연지성本然之性과 기질지성氣質之性은 서로 구분되는 관계이다. 즉 기질지성氣質之性과는 별개의 또 하나의 성性, 본연지성本然之性을 상정하는 것이다.[137] 따라서 기질지성氣質之性과 본연지성本然之性을 분리하려는 그의 가치론적 입장을 고려한다면, 성性이 정情으로 드러나는 과정(性發爲情)에 있어서도 두 가지 형태로 나타날 수밖에 없다.

성발위정性發爲情의 구도를 정리하면, 1)마음心 속의 기질지성氣質之性에 근거할 경우, 2)마음心 속의 본연지성本然之性에 근거할 경우로 구분된다. 이때 마음心은 리理와 기氣가 결합된 상태이므로 성발性發에 관계하게 된다.

마음心 속의 기질지성氣質之性에 근거하여 드러날 경우 기氣가 발하고 리理가 타는 관계이므로 이것은 칠정七情이 되는 것이고, 칠정七情은 기氣가 발한 것이기 때문에 불선한 것은 아니라고 하더라도 악으로 흐르기 쉽게 된다. 그리고 마음心 속의 본연지성本然之性에 근거하여 드러나는 경우는 리理가 발하고 기氣가 따르는 관계이므로 사단四端이 되고, 사단四端은 리理가 발한 것이기 때문에 순선무

---

136) 『退溪全書』 35:28, 「答李宏仲」. "只是不雜乎氣質而言, 則爲本然之性, 就氣質而言, 則爲氣質之性."

137) 이것은 기질지성과는 다른 차원의 성, 즉 기질에 의해 좌우되지 않은 순수한 리로서 본연지성을 확보하려는 이황의 의지가 개입된 것이라고 볼 수 있다. 이 때, 또 하나의 의문이 생길 수 있는데, 下圖에서 말하는 본연지성과 中圖에서 말하는 본연지성이 과연 동일한 것이냐, 아니냐의 문제가 바로 그것이다.

악하게 된다.138) 이처럼 이황은 심통성정心統性情으로부터 성발위 정性發爲情의 명제139)를 통하여 사단四端과 칠정七情을 분개分開하여 설명하고 있는 것이다.

그러면 어찌하여 하도下圖에만 '발위發爲'라고 하고 있는가? 하도下 圖와 달리 중도中圖에 '발위發爲'가 표기되지 않은 것은 관점에 따라 달리 해석될 여지가 있지만, 필자는 중도中圖가 인간의 사실적인 마음心과 본성性의 영역을 논하고 있는 것이 아니기 때문이라고 여겨진다. 왜냐하면, '발위發爲'는 현상의 영역에서만 가능한 것이기 때문이다. 따라서 이황이 하도下圖에는 '발위發爲'를 표기하고, 중도中圖에서 생략한 것은 중도中圖가 현상적 인간의 심성心性 속에서 확인될 수 없는 이상적 심리상태, 즉 본래적으로 본구本具되어 있는 당위적 본성性으로서 인간성을 표현한 것이라고 볼 수 있다.140)

(2) 이이의 심성정도

「심성정도心性情圖」는 삼단으로 구성되어 있다. 상단은 ◎으로 표

---

138) 이상은은 이황의 이러한 입장을 "四端과 七情의 所從來를 本然之性과 氣質之性에서 구한 것은 확실히 그(李滉)의 독자적인 견해"였다고 평가한다. 「四七論辯과 對說·因說의 意義」, 『李相殷先生全集』 2(예문서원, 1998), 172쪽 참조.
139) 『退溪全書』 60, 「退溪先生文集攷證」. "雲峯胡氏曰. 性發爲情, 其初無有不善, 心發爲意, 便有善有不善."
140) 결국 이황은 심성의 가장 이상적 상태를 中圖로 표현하고 있다고 보인다. 이황이 中圖에서 표현한 심성의 이해 방식을 두고 퇴계학파 내에서도 다양한 논의와 해석이 시도되었는데, 특히 이진상의 경우에는 '心卽理'라고 이해하여 이전 시기에 논의되었던 심성에 대한 가치론적 해석의 차원을 넘어 존재론적 해명까지도 시도한다.

현된 심권心圈을 나타내고, 중단은 ○ 속에 정情을 나타낸다. 하단은 정情으로부터 선악의 분기를 선은 │로, 악은 ╱으로 표시하고 있다. 먼저 상단의 심권心圈을 살펴보면, ◎의 안쪽 ○에 성性을 위치시켜, 마치 성性이라는 알맹이를 마음心이 꼭 감싸고 있듯이 표시되어 있다.

성性을 표시한 ○ 밖에는 상하로 나뉘어 위로는 "성은 곧 리니 미발한 때에는 본래 선하지 않음이 없다"(性卽理, 未發之時, 本無不善)라고 표기하고, 아래로는 "기질은 맑고 탁하고 순수하고 잡박하여 서로 같지 않다"(氣質則淸濁粹駁, 有萬不同)라고 쓰고 있다.

중단은 ○에 정情을 써 놓았다. 여기서 상단의 심권心圈으로부터 중단의 정情으로 드러나는 것을 '발위發爲'라고 하여 심권心圈과 정권情圈을 연결하고 있다. 하단은 중단의 정情이 선과 악으로 나뉘는 것을 보여준다.

여기서는 정情을 표시한 ○ 아래에 │과 ╱으로 나뉘는데, │은 직발直發한 선善을 나타내고, ╱은 횡발橫發한 악惡을 나타낸다. 선善이라고 표시한 아래에는 희노애락애오욕의 칠정七情을 적고 그 밑에 "인의 단서"(仁之端), "의의 단서"(義之端), "예의 단서"(禮之端), "지의 단서"(智之端)라고 표시하였다.

반면에 악惡이라고 표시한 아래에는 '희노애구애오욕'의 칠정七情을 적고, 그 밑에 "인에 근원하나 도리어 인을 해친다"(原於仁而反害仁), "의에 근원하나 도리어 의를 해친다"(原於義而反害義), "예에 근원하나 도리어 예를 해친다"(原於禮而反害禮), "지에 근원하나 도리어 지를 해친다"(原於智而反害智)라고 적고 있다. 그리고 도圖 밑으로는 선善과 악惡의 분기에 대한 설명을 첨부해 놓고 있다.

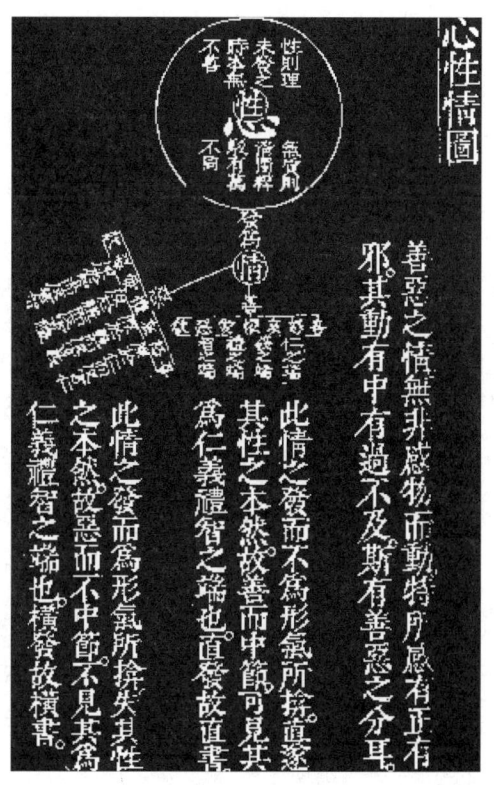

[心性情圖…李珥]

    이이의 「심성정도心性情圖」에 나타나는 특징은 마음心 속에 성性을 ○ 형태로 담아내고 있다는 점이다. 이는 마음心과는 다른 성性을 명확히 구분하면서도, 마음心의 핵심은 곧 성性에 있다는 것을 보여주는 것으로 읽혀진다. 이런 근거는 심권心圈 속에 성性을 나타내면서 '성즉리性卽理'라고 하는 점에서도 엿볼 수 있다.

    또 한 가지 근거로 이이는 마음心을 '활물活物'로 보며[141], 또한 성性을 구체적인 현상의 정情으로 드러내는 역할을 하는 것이므로 마음心을 '심시기心是氣'142)로 이해한다는 점이다. 따라서 마음心 속에 자리하고 있는 성性은 마음心과 구별되는 '성즉리性卽理'의 존재로서 마음心의 핵심이고, 그 성性을 담고 있는 마음心은 성性과는 다른 작용으로서 '심시기心是氣'라는 것을 이 심권心圈을 통해서 분명하게 보여주고 있다.

그러나 성性이 성즉리性卽理의 명제로 이해된다고 하지만, 그것이 이미 마음心 속에 들어온 이상, 성性은 기질氣質과 결합된다. 바로 기질지성氣質之性이라는 것이다. 그러므로 본연지성本然之性은 기질지성氣質之性 가운데 리理만을 말하는 경우가 되므로143) 기질지성氣質之性이 본연지성本然之性을 포함하는 관계가 설정된다.144)

상단의 심권心圈에서는 마음心과 성性을 정의한 후에 심권心圈 ◎ 밑에 '발위發爲'라고 표기하여 중단의 ○ 정情과 바로 연결시키고 있다. 여기서 말하는 '발위發爲'는 다름 아닌 '성발위정性發爲情'을 의미한다. 바로 이 대목에서 이이가 성발위정性發爲情을 어떻게 생각하고 있는지를 확인할 수 있다.

성발위정性發爲情은 성性으로부터 정情으로 드러나는 사단四端과 칠정七情을 설명하는 명제인데, 이황도 사용하는 개념이다. 이이가 생각하는 성발위정性發爲情의 구조는 마음心 속에 마음心과 구별되는 '리理와 기氣가 결합된 성性'이 마음心의 작용에 의하여 정情으로

---

141) 『栗谷全書』 14:40, 「自警文」. "心是活物."
142) 『栗谷全書』 10:28, 「答成浩原」. "心是氣也."
143) 『栗谷全書』 10:22, 「答成浩原」. "性者, 理氣之合也. 蓋理在氣中然後爲性. 若不在形質之中, 則當謂之理, 不當謂之性也. 但就形質中, 單指其理而言之, 則本然之性也."
144) 『栗谷全書』 14:32, 「論心性情」. "大抵氣質之性, 非別性也, 氣質包性, 與生俱生, 故謂之性也."

드러나는 것이다.145) 그런데 성性을 드러내 주는 것은 어디까지나 활물活物로서 기氣이다. 그러므로 이이는 이 성발위정性發爲情을 통해 기발리승氣發理乘의 이론을 설명한다.146)

이황은 성발위정性發爲情을 마음心 속의 본연지성本然之性에 근거하여 드러나게 되는 경우와 마음心 속의 기질지성氣質之性에 근거하여 드러나게 되는 경우로 나누어 이를 주리主理의 측면과 주기主氣의 측면으로 구분하여 리발理發과 기발氣發이라는 호발론互發論을 제기한다. 그러나 이이의 입장에서 보면 마음心 속의 성성이 드러나는 것은 기발氣發의 현상에 지나지 않는다. 따라서 사단四端과 칠정七情으로 드러나는 성성의 발현 구조는 기발리승일도氣發理乘一途이며, 사단四端과 칠정七情은 '하나의 정情'이라는 흐름 속에서 나뉜다는 주장이다. 이렇듯 성발위정性發爲情의 명제를 통해서도 사단칠정四端七情을 이해하는 이황과 이이의 관점이 서로 달리 나타나는 것을 볼 수 있다.

이제 하단에서는 정情의 분기를 설명한다. 정情의 분기는 다름 아닌 선악의 분기이다. 작도상에서도 볼 수 있지만, 이이는 ○ 정情으로부터 선악의 분기를 각각 ∣, ╱으로 표시하면서 선善은 칠정七情 중에서 사단四端으로 나타내고, 악惡은 칠정七情 중에서 부중절不中節한 것으로 나타내고 있다. 엄밀하게 말한다면, 이 작도상에서는 사단四端인 선善과 부중절不中節한 악惡만 있게 된다. 이 점에서 이이의 사단四端과 칠정七情에 대한 의미 규정이 파악된다. 이이는 정情

---

145) 『栗谷全書』 12:20, 「答安應休」. "性理也, 心氣也, 情是心之動也."
146) 『栗谷全書』 10:29, 「答成浩原」. "性情本無理氣互發之理, 凡性發爲情, 只是氣發而理乘等之言, 而非珥杜撰得出, 乃先儒之意也, 特未詳言之, 而珥但敷衍其旨耳."

이이 심성론의 이론적 특색 217

을 곧 '칠정七情 전체'로 이해하고 사단四端을 칠정七情 가운데 선한 것으로 이해하는 것이다.147) 따라서 사단四端과 칠정七情은 '칠정포사단七情包四端'의 관계가 설정된다.148)

이이는「심성정도心性情圖」하단에 최종적으로 선악의 분기에 대하여 설명하고 있다. 선善과 악惡은 사물에 감응하여 마음心이 움직일 때 드러나는 문제라는 것이다.149) 이는 선善과 악惡이라는 것이 본질적으로 구분되는 것이 아니고 중절中節과 부중절不中節의 문제라는 입장이다.

이어서 하단에 │로 작도한 선善한 정情인 사단四端은 "(본성이 마음에 의하여) 정情으로 드러날 때에 형기形氣에 가려지지 않고 그대로 성性의 본연한 모습을 이룬 것"으로, 선善하고 절도에 딱 맞아서 인의예지의 단서가 되기 때문에 "바르게 드러나는 것"(直發)을 표현하기 위하여 똑바로 썼다고 설명한다.150) 그리고 /로 표시된 횡발橫發한 부중절不中節한 악惡은 "(본성이 마음에 의하여) 정情으로 드러날 때에 형기形氣에 가려져서 성性의 본연한 모습을 잃어버린 것"으로, 악惡하게 되고 절도에 맞지 않으며, 또한 인의예지의 단서도 찾을 수 없으므로 "잘못되어 드러나는 것"(橫發)을 표현하기 위하여 비스듬히 썼다고 설명한다.151)

---

147)『栗谷全書』9:35,「答成浩原」. "七情則統言人心之動有此七者, 四端則就七情中擇其善一邊而言也."
148)『栗谷全書』10:06,「答成浩原」. "若七情則已包四端在其中, 不可謂四端非七情, 七情非四端也, 烏可分兩邊乎. 七情之包四端, 吾兄猶未見得乎."
149)『栗谷全書』9:38,「答成浩原」. "善惡之情, 無非感物而動. 特所感有正有邪, 其動有中有過不及, 斯有善惡之分耳."
150)『栗谷全書』9:38,「答成浩原」. "此情之發而不爲形氣所揜, 直遂其性之本然, 故善而中節. 可見其爲仁義禮智之端也. 直發故直書."

이와 같이 본다면, 이이는 「심성정도心性情圖」를 통해서 자신이 파악하고 있는 심통성정心統性情의 개념을 전제로, 사단四端과 칠정七情의 문제를 성발위정性發爲情으로 구체화하고 있다는 것을 알 수 있다. 즉 이이는 이황과 달리 성발위정性發爲情을 통하여 '성성이 드러나는 것'은 '성性 그 자체가 드러나는 것'이 아니라 '성性을 감싸고 있는 마음心'의 작용을 통하여 '성性'이 구체적인 '정情'으로 드러나는 것이라고 이해한다. 따라서 이 과정은 곧 심기心氣에 의한 단일한 과정으로 '기발리승氣發理乘'일 뿐이며, 이때 정情으로 드러나는 양상이 곧 칠정七情이며 사단四端은 칠정七情 가운데 선한 일면만을 지칭한 것으로 이해한다.

　사단칠정四端七情에 대한 논의를 통하여 이이는 선악이 이미 내면상태로부터 본질적으로 구분되어 있는 것이 아니고 '중절中節 여부'에 의해 결정되는 것임을 명백히 한다.[152] 이이의 사단칠정四端七情의 큰 특징이 바로 이 '중절中節 여부'에 의한 선악의 판별이다. 이 점은 수양공부론에서 이이가 경敬뿐만 아니라, 성의誠意를 강조하는 것에서도 드러난다.

　경敬은 미발심체未發心體의 선선한 근거인 리理를 '실천적 체험'을 통해 확보하려는 방법론이다. 그러나 성의誠意는 이발已發의 현상에

---

151) 『栗谷全書』 9:38, 「答成浩原」. "此情之發而爲形氣所揜, 失其性之本然. 故惡而不中節. 不見其爲仁義禮智之端也. 橫發故橫書."

152) 선과 악을 내면상태에서부터 구분한다고 한다면, 그것은 이미 '악'의 존재성을 이미 인정하는 논리가 되기 때문이다. 이이는 인간은 본질적으로 선하다는 성선의 입장을 강하게 견지하기 때문에 '악'은 근원적으로 인정될 수 없다. 그러나 현실적으로 '악'의 현상은 나타나고 있는데, 이것을 설명하기 위해서 이이는 중절과 부중절로 이 문제에 접근하고 있다.

서 리理를 체인體認하기 위한 의식의 집중이자 올바른 판단과 실천을 위한 방법론이라는 점에서 차이가 있다. 여기서 성정誠情이 아닌 성의誠意의 방법론이 제기되는 것은 성誠과 의意의 특성에서 비롯한다. 마음心의 이발已發인 정情은 사단칠정四端七情으로 드러나지만, 이것은 '성性이 그대로 드러난 것'이어서 자유일 수 없다. 그러나 의意는 정情으로 드러난 사단四端과 칠정七情에서 다시 비교 판단(計較·商量運用)하는 '의식의 경계'이므로 상대적으로 자유롭다.

그런데 정情의 두 양상인 사단四端과 칠정七情은 중절中節과 부중절不中節의 두 축에 있게 된다. 그러므로 『대학大學』에서 제시하는 수양공부는 자유일 수 없는 '정情'을 성실히 하라는 '성정誠情'은 말하지 않고, 오히려 '정情'보다 상대적으로 '조절과 판단 작용'이 자유스러운 '의意'를 성실히 하라고 강조한다. 곧 '성의誠意'에 대한 강조이다.[153]

이이는 바로 이 점을 중요하게 포착하였던 셈이다. 따라서 이론을 도상圖像으로 나타내고 설명한 도설圖說을 검토해 보더라도 심성정心性情에 관한 이이의 견해는 순수한 논문에서 보이는 논리적인 이론과 일치함을 알 수 있다.

---

[153] 『栗谷全書』20, 「聖學輯要」窮理4, "情者, 心有所感而動者也, 纔動便是情, 有不得自由者…志者, 心有所之之謂, 情旣發而定其趣向也之善之惡, 蓋志也. 意者, 心有計較之謂也, 情旣發而商量運用者也…念慮思三者, 蓋意之別名, 而思較重, 念較輕, 意可而爲爲, 情不可以爲爲, 故有曰誠意, 無曰誠情…志者, 意之定者也, 意者, 志之未定者也."

(3) 이이의 인심도심도

「심성정도心性情圖」에서는 주로 사단칠정四端七情과 선악의 문제에 대한 논의가 주조를 이루고 있어 단일한 구도를 보여준다. 그러나 「인심도심도人心道心圖」는 인심도심人心道心의 문제뿐만 아니라 사단칠정四端七情과 선악의 문제, 아울러 수양공부의 문제에 이르는 매우 포괄적인 논의가 담겨져 있어 이 도圖에 표현된 철학적 함의는 대단히 미묘하고 복잡한 양상을 보인다.

그것은 도설圖說이 마음心의 구조와 개념 분석, 인심도심人心道心의 개념과 그 분기, 인심도심人心道心에 대한 리기론적 해명, 인심도심人心道心과 사단칠정四端七情과의 관계, 수양의 문제, 선악의 문제 등에 대한 논의로 구성되어 있다는 점에서도 드러난다.

「인심도심도人心道心圖」는 심권心圈을 이루는 상단과 인심도심人心道心을 표현하고 있는 중단, 그리고 선악을 표현한 하단의 삼단으로 구성되어 있다. 먼저 상단의 심권心圈은 ◎의 형태로 이루어져 있는데, 안쪽의 ○에는 성性과 인의예지신의 오상五常을 표기하고 있다. 심권心圈을 표시한 ◎ 속에는 상하좌우로 오행五行을 표시하였고, 특히 마음心과 구분되는 성性을 ○으로 표시한 바로 위에는 '기氣'를 표기하였다.

중단은 심권心圈 ◎ 밑으로 /과 |을 그려 인심人心과 도심道心을 위치시키고, 그 아래 "(인심과 도심을) 총괄하여 칠정이라고 한다"(總名之曰七情)고 표기하였다. 하단은 중단에서 내려진 /과 |의 끝에 선善과 악惡을 표시하였다. 선善의 영역은 "인의 단서"(仁之端),

"의의 단서"(義之端), "예의 단서"(禮之端), "지의 단서"(智之端) 등 사단四端을 적고, 그 아래에 "천리가 곧장 나온 것"(天理之直出者)이라고 표기하고 있다. 악惡의 영역은 "인에 근본하나 도리어 인을 해친다"(本仁而反害仁), "의에 근본하나 도리어 의를 해친다"(本義而反害

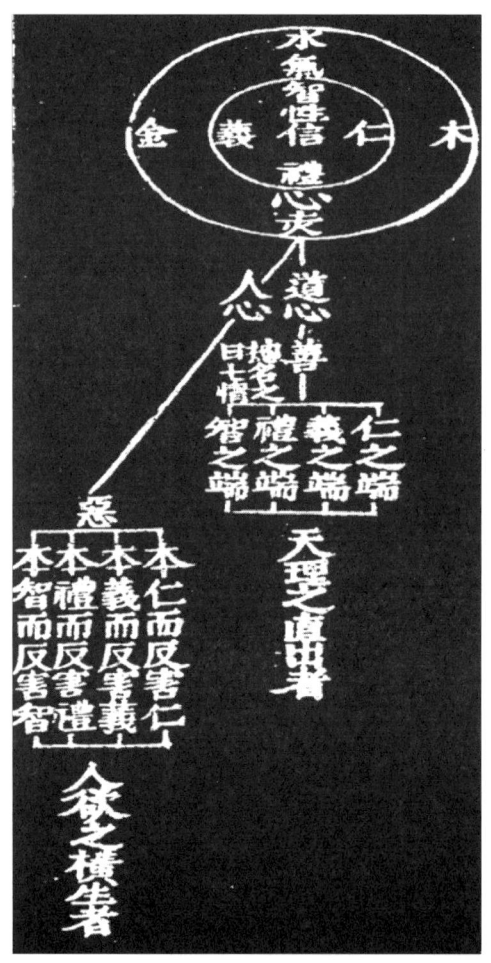

〔人心道心圖…李珥〕

義), "예에 근본하나 도리어 예를 해친다"(本禮而反害禮), "지에 근본하나 도리어 지를 해친다"(本智而反害智)라고 적고, 그 아래에 "인욕이 비스듬하게 생겨난 것"(人欲之橫生者)으로 표기하고 있다.

이 심권心圈에 나타난 작도상의 특징은 「심성정도心性情圖」와 마찬가지로 심권心圈 안에 성성의 영역을 분명하게 구분하기 위해 ○을 사용하고 있다는 점이다. 이는 마음心 가운데 하나의 핵처럼 자리한 성성으로서의 천리天理가 사람에게 부여되었다는 것을 나타낸다. 즉 천리天理가 사람의 마음心 한가운데 핵심으로 자리한 것이 성성이라는 것이다. 그러나 다른 점은 심권心圈의 영역을 구체적으로 '기氣'로 나타내고 있다는 점이다.

이이는 마음心의 영역을 이미 현상적 존재로 드러날 수밖에 없다는 점에서 기氣로 이해하고 있다. 그리고 정복심이 「심통성정도心統性情圖」에서 제기하였던 오행五行의 빼어난 기氣를 마음心의 영역 안에 표기함으로써 마음心의 작용이 기氣라는 것을 더욱 분명히 하고 있다.154) 이것은 마음心을 작용상의 관점에서 이해하는 것이다. 그러나 한편으로 이이는 마음心을 구조상의 면에서 미발未發의 성성을 담고 있다고 이해한다. 심권心圈에서 보는 것처럼 마음心의 작용은 기氣이지만, 그 속에 리理로서 성성을 담고 있기 때문에 마음心은 바로 '성과 기가 결합'(合性與氣)되어 '사람의 몸을 주재하는 것'(爲主宰於一身)으로 정의하는 것이다.155)

이 중단의 특징은 인심人心과 도심道心의 분기에 있다. 작도를 자

---

154) 이 점은 이황의 「心統性情圖」에서 볼 수 없는 것이다.
155) 『栗谷全書』 14:04, 「人心道心圖說」. "天理之賦於人者 謂之性 合性與氣而爲主宰於一身者 謂之心."

세히 들여다보면, 인심人心과 도심道心이 분기되는 ╱와 │의 표시가 ◎의 바깥 원에 닿아 있음을 알 수 있다. 논리를 근거로 하여 도상화하는 입장에서 보면 점 하나, 선 하나의 위치는 매우 중요한 문제이다. 이 중단의 작도作圖는 무엇을 의미하는가? 이이의 인심人心과 도심道心에 대한 관심도 바로 이 점에 있었으리라 여겨진다. 즉 '마음心이라고 하는 하나의 존재에 근원하면서 어떻게 인심人心과 도심道心이라는 두 가지의 양상이 나타날 수 있는가?' 하는 점이 의문이었을 것이다.

이이는 그 의문의 발단을 '마음心이 드러나는 시점'에서 찾고 있다고 보인다. 바로 마음心이 도덕과 의리를 지각知覺하게 되면 도심道心으로 나타나고, 신체성으로부터 비롯하는 감각적 욕구를 지각知覺하게 되면 인심人心으로 나타나게 된다는 것이다. 그리고 인심人心과 도심道心이라는 두 양상으로 나타나는 것은 바로 기氣의 작용성에 기인한다고 이해한다.[156] 여기서 이이가 인심人心과 도심道心의 문제를 주희와 마찬가지로 지각知覺의 문제로 파악함을 확인할 수 있다. 그러나 주희는 도심道心과 인심人心의 문제를 '혹원어성명지정或原於性命之正'과 '혹생어형기지사或生於形氣之私'로 구분한 반면, 이이는 마음心이 드러날 때 '도의道義'를 위한 것과 '구체口體'를 위한 것으로 분별한다.

이이의 입장에서 본다면, 마음心의 작용이 도덕과 의리를 지각知

---

[156] 그러나 이 작용의 이면에는 리라고 하는 근원적인 근거가 내재하고 있다고 이해한다. 『栗谷全書』 14:04, 「人心道心道說」. "心動爲情也, 發之者, 氣也, 所以發者, 理也…但道心雖不離乎氣, 而其發也爲道義, 故屬之性命. 人心雖亦本乎理, 而其發也爲口體, 故屬之形氣. 方寸之中, 初無二心, 只於發處, 有此二端, 故發道心者, 氣也, 而非性命則道心不生, 原人心者, 理也."

覺하고 또는 감각적 욕구를 지각知覺한다는 것은 이미 가치판단의 영역에 속하는 것이다. 따라서 도심道心은 도덕과 의리를 지각知覺한 것이므로 순연純然하여 유선무악한 천리天理이다. 그리고 인심人心은 감각적 욕구를 지각知覺한 것이기는 하지만 천리天理를 포함하고 있으면서도 인욕人欲의 요소도 포함하고 있다. 곧 인심人心에는 선善한 측면과 악惡한 측면이 공존한다. 이렇게 본다면, 인심人心 자체는 곧 인욕人欲이라고 할 수 없고, 다만 감각적 욕구로 흐르기 쉽기 때문에 선善하지만 위태롭다고 하는 것이다.

그렇다면, 인심人心과 도심道心으로 드러난 마음心의 양상에 대하여 우리는 어떤 입장을 취해야 하는가? 이 점에서 제기되는 것이 바로 수양공부론이다. 이이는 인심人心과 도심道心이라고 하는 마음心의 두 양상에 대하여 수양공부를 제시한다. 그는 마음心의 주체적 결단이 도심道心으로 향한다면, 그것의 적극적 확충을 통하여 천리天理를 실현할 것을 강조한다. 그러나 마음心이 인심人心으로 드러날 경우에는 그것을 정밀하게 살펴서 더 이상 인욕人欲으로 진행하지 않도록 도심道心으로 절제하여 인심人心이 도심道心의 명령을 따르도록 만들어야 한다는 입장이다. 이럴 경우, 처음 마음心이 드러날 때는 인심人心이었지만, 그것은 도심道心으로 전환될 수 있다고 본다. 결국 문제는 '인심人心을 도심화道心化시키는 것'이고, '도심道心의 확충擴充'이다. 이 자기 절제와 확충의 조화로움을 통해서 성인과 같은 완전한 인격이 실현될 수 있다고 보는 것이다. 이이의 수양공부도 바로 여기에 있다.

중단에서는 인심도심人心道心의 문제뿐만 아니라 인심人心과 도심道心이 사단칠정四端七情과 어떤 연관성을 갖는지 표시하고 있다. 이이는 도圖의 중단에서 '인심도심人心道心'을 정情과 연결하여 "(인심도심을) 총괄하여 칠정이라고 한다"(總名之曰七情)고 명시하고 있다. 이는 칠정七情이 인심人心과 도심道心을 포괄한다는 것이다. 이렇기 때문에 사단四端을 도심道心과 연결시킬 수는 있지만, 칠정七情을 인심人心에 연결시키는 것은 잘못되었다는 입장이다. 그러므로 이이는 사단四端과 칠정七情은 '칠포사七包四'의 관계이지만, 인심人心과 도심道心은 사칠四七과는 다른 관계라고 이해한다.

하단에서는 리기호발理氣互發에 대한 비판과 선악의 문제를 다루고 있다. 성리학이 성즉리性卽理의 명제와 심통성정心統性情의 명제를 근본으로 하여 성발위정性發爲情의 명제를 인정하는 한에 있어서 악惡의 문제는 언제나 딜레마일 수밖에 없다. 왜냐하면 현실의 모든 영역에서 선善의 가치가 실현되고 있다면 아무런 문제가 없겠지만, 현실은 그렇지 못하기 때문이다. 따라서 현상적으로 드러나는 악惡에 대한 근거를 어떻게든 설명해야 한다.

그렇다면 악惡은 어디서 오는가? '천리天理가 마음心에 구비된 것'이 성성이라고 할 때, 이 성성은 바로 정情으로 드러나게 된다. 성즉리性卽理와 성발위정性發爲情의 논리 속에서 성성은 본래 선善하므로 정情 또한 선善해야 하는데, 현실적으로는 불선不善한 경우도 있다는 것이다. 이이는 그것을 리기理氣를 통하여 해명하려 한다. 즉 기氣의 용사用事 여부에 따라 선善과 악惡이라는 현상이 드러나게 된다고 본다.

여기서 선善과 악惡을 해명하는 이이의 주요한 입장이 확인된다. 그는 미발시未發時에 기氣가 용사用事하지 않는다면, 본체本體는 순선한 상태이지만, 기氣가 막 작용하는 순간 청기淸氣와 탁기濁氣의 여부에 따라서 선善과 악惡으로 나뉘게 된다고 이해한다. 이는 선善과 악惡이란 본래적인 것이 아니라 기氣 작용의 여부에 따른다는 의미이다.

그렇다 하더라도 이러한 기氣 작용의 순간에도 리理는 기氣와 더불어 존재한다. 왜냐하면 리기理氣는 불상리不相離의 관계로 설정되기 때문이다. 그러므로 이이는 도圖의 하단에서 청명한 기氣를 타고 천리天理에 따라서 곧 바로 나오는 정情은 바로 사단四端이라는 '선善한 정情'이 되고, 오염되고 탁한 기氣에 가려서 천리天理의 본연을 잃고 어긋나게 나오는 정情은 인욕人欲이라 밝히고 있다.

이러한 관계를 이이는 주돈이의 "오성이 감촉하고 움직여서 선과 악이 분기한다"(五性感動而善惡分), 정호(程顥, 明道: 1032~1085)의 "선악은 모두 천리이다"(善惡皆天理), 주희의 "천리에 인연하여 인욕이 있다"(因天理而有人欲) 등으로 설명하고 있다.[157]

그러나 한편으로「인심도심도人心道心圖」의 작도상의 문제점도 지적하지 않을 수 없다. 이이는 중단의 인심도심人心道心과 하단의 천리인욕天理人欲의 분기를 하나의 도圖 속에서 처리하고 있다. 그러다 보니 │으로 '도심道心…선善…천리직출자天理直出者'로 연결하고, ╱으로 '인심人心…악惡…인욕지횡생자人欲之橫生者'를 연결하였다.

도심道心의 경우 선善이라고 할 수 있지만, 문제는 인심人心에 있다. 이이는 인심人心이 곧 인욕人欲은 아니라는 점을 도설圖說을 통하여 분명하게 밝히고 있다는 점에서는 오해의 여지는 별로 없다.

---

157)『栗谷全書』14:05,「人心道心圖說」. "周子曰, 五性感動而善惡分, 程子曰, 善惡皆天理, 朱子曰, 因天理而有人欲, 皆此意也."

그러나 인심人心을 '악惡…인욕人欲'과 나란히 작도하여 도설圖說을 보지 않고 도圖만 볼 경우에는 인심人心은 곧 인욕人欲이요 악惡이라고 이해할 여지가 있다. 비록 인심人心이 악惡으로 흐를 가능성이 많기 때문에 '악惡…인욕人欲'을 같은 선상에 놓고 있다고 보이지만 인심人心 자체는 인욕人欲과는 다르다. 이러한 작도상의 문제는 결국 인심人心과 도심道心, 천리天理와 인욕人欲, 사단四端과 칠정七情, 선善과 악惡 등의 매우 미묘한 문제를 하나의 그림 속에 모두 표현하는 데서 기인한다고 볼 수 있다.

제4장

이이 심성론의
실천적 성격

1
이이의 성경 수양공부론

성리학에서 수양공부론은 내면적 각성을 통하여 천리天理를 몸과 마음으로 체인體認하고, 이를 구체적인 일상 속에서 확충擴充해 나아가는 성리학적 삶의 태도와 방법에 관한 이론이다. 이는 단순히 개인의 차원에 한정되지 않고 제3자에게 파급된다는 점에서 사회적 성격을 띠게 된다. 왜냐하면 성리학에서 말하는 수양공부란 개인의 인격적 완성을 추구하는 안심입명安心立命의 차원에 그치는 것이 아니라 추기급인推己及人의 사회적 확산이라는 충서忠恕의 과정을 통하여 관계의 망에서 형성된 공동체 윤리를 실현하는 기반이기 때문이다. 그러므로 성리학의 수양공부론은 치열한 자기 각성으로부터 본심本心의 회복에 이르는 개인적 성찰의 영역에서, 이에 따른 윤리적 실천이 관계의 그물망 속에서 어떻게 구체화되고 또한 어떤 의미를 지니게 되는가를 밝히는 사회적 실천의 영역까지도 포함한다.

이이의 수양공부론도 이와 같은 연장선에 있다. 비록 이이 자신의 개인적 수양공부에 한정된다 하더라도 그것이 개인의 영역에 머물지 않는 이상, 사회적인 관계 속에서 파악될 수밖에 없다. 일반적으로 수기修己라 하면 내면적 심성수양心性修養의 측면으로 한정되고, 행위실천의 측면은 치인治人으로 이해된다. 이 수기修己와 치인治人의 두 측면은 미발未發 시기의 공부와 이발已發 시기의 공부의 두 양상으로 파악되기도 한다. 따라서 수기修己라고 한다면 미발공부未發工夫의 영역에서 논의된 것도 사실이다.

그러나 이이의 수기修己는 내면적인 심성수양心性修養을 다루는 미발공부未發工夫에 한정되지 않고 이발已發의 역행力行과 같은 구체적인 행위실천의 영역까지 포섭한다는 특징이 발견된다. 수기修己가 곧 미발공부未發工夫는 아니라는 점이다. 그러므로 이이의 수기修己를 이해하기 위해서는 수기修己의 영역에 미발未發 시기의 정靜 공부와 이발已發 시기의 동動 공부를 포함한다는 것이 전제된다. 치인治人의 영역은 바로 이 수기修己의 확장이다. 이런 점에서 이이는 『대학大學』과 『중용中庸』의 공부 체계를 절충함으로써 자신의 수양공부를 수기修己와 치인治人의 두 측면으로 나누어서 설명한다. 본장에서는 이와 같은 이이의 수양공부론을 성경誠敬을 중심으로 고찰하겠다.

(1) 서경덕과 이황의 경 중심의 주정주의

송대에 들어서 유학은 불교와 도가의 수양공부론에 대항하면서 개인의 도덕적 수양, 곧 수기修己·내성內聖 측면을 강조하는 경향으로 흐른다. 특히 주희에 이르러 기존의 학문체계와 방법론을 종합하면서 새롭게 정립된 성리학의 흐름은 수기修己·내성內聖의 내면적인 덕성 함양을 위한 공부의 비중이 높아지면서 치인治人·외왕外王의 외향적 측면보다 상대적으로 강조된다. 이는 도덕심성道德心性의 함양을 위한 내성內聖의 내면적 수양공부의 방면이 통치·경륜·법제 등 외왕外王의 공부보다 강화되었다는 것을 의미한다.

이처럼 성리학적 이상실현을 위한 내성內聖과 외왕外王, 수기修己와 치인治人의 두 공부 방면으로 볼 때 송대 성리학의 흐름은 내성內聖 혹은 수기修己의 측면이 강화되면서 도덕적 내면화의 성격을 띠게 된다. 여기서 유학에서 강조되었던 성誠과 송대 이후 새롭게 주목받기 시작한 경敬이 중요 개념으로 설정된다.

주돈이의 관점에서 인간은 하늘의 본질인 천리天理가 본성性으로 자리한 존재이므로 '주정主靜'을 통하여 도덕의 근본원리이자 행위실천의 근원인 성誠의 실현을 강조한다. 이 과정에서 인간의 윤리적 근거로서 '주정主靜'의 문제가 제기된다.[1] 주돈이가 수양의 방법으로 '주정主靜'을 강조한 흐름은 정호에 이르러서는 만물일체의

---

[1] 주돈이는「태극도설」을 통해 우주자연과 인간의 기원을 설명하면서, "성인은 자신을 중정과 인의로써 규정하고 靜을 주로 하여 인극을 세운다."(周惇頤,「太極圖說」. "聖人定之以中正仁義, 而主靜立人極焉."(自注, 無欲故靜)라고 하고, 靜을 "無欲"으로 해석한다. 즉 마음에 사욕이 없으면 고요하여 텅 비고, 움직여도 바르게 되기 때문에(周惇頤,「通書」. "無欲則淸虛動直."), 유가적 성인은 맹자가 말한 '寡欲'보다는 오히려 '無欲'을 통해서 인간의 가치규범을 세우게 된다는 것이다. 따라서 주돈이는 자사가『중용』에서 "誠은 하늘의 道이고, 誠하려는 것은 사람의 道이다"(誠者天之道也, 誠之者人之道也.)라고 언급한 誠을 인위적으로 조작하는 것이 없는 "無爲"(周惇頤,「通書」. "誠無爲.")라 정의하고, 이 誠을 성인의 근본(周惇頤,「通書」. "誠者聖人之本.")으로 이해한다.

근거인 인仁을 보존하고 지키는 방법으로서 '성경誠敬'이 제시된다.[2] 정이는 주돈이가 제기한 '주정主靜'을 '주경主敬'으로 바꾸어 이해하기 시작한다.

사실 송대 성리학에서는 주돈이, 정호 등에 의해 천도天道 실현을 위한 성誠이 중요시되었지만, 정이 이후에는 경敬의 문제가 새롭게 부각되면서 그 의미를 조명하려는 시도가 잇따르게 된다. 이것은 불교나 도가의 수양공부론에 대적할 만한 성리학적 수양공부론을 모색하는 과정에서 내향적 공부를 가능케 하는 방법론으로 경敬을 강조하게 됨으로써 성誠보다는 경敬에 상대적인 비중을 두게 되었다는 것을 의미한다.[3]

주희는 정이가 '주일무적主一無適'이라고 해석한 경敬의 의미를 수용하는 한편, 불교의 수양공부론과 장식張栻을 통해 제기되었던 호상학湖湘學의 수양공부론을 비판하면서 경敬 개념을 정립한다. 그것이 미발未發과 이발已發, 동動과 정靜을 관통하는 경敬의 수양공부이다.[4] 그러나 여기서 간과할 수 없는 것은 주희가 미발未發과 이

---

[2] 程顥, 「識仁篇」. "學者須先識仁. 仁者, 渾然與物同體, 義禮知信, 皆仁也. 識得此理, 以誠敬存之而已."
[3] 정이는 불교의 수행론과 다른 유가의 수양공부법으로서 敬 공부를 제시한다. 그는 경을 '主一無適'이라 정의한다.(程頤, 『二程全書』 16, "主一無適, 敬以直內.") 여기서 主一이란 '마음을 한 곳으로 모으는 일'이고, '한 곳'이란 '無適', 즉 '가는 바가 없는 것'이다. 결국 경이란 '마음을 흐트러지지 않게 하고 한 가지 일에만 정신을 쏟고 집중시킨 상태로 유지하는 것'을 의미한다. 따라서 정이는 未發 상태의 함양공부는 경을 통해서 가능하다고 한다.(『二程遺書』 18. "涵養須用敬.") 그리고 정이의 제자인 사량좌의 경우에는 '敬은 惺惺法이다'(敬是常惺惺法)고 하여 경을 '언제나 깨어 있는 각성된 상태'라고 정의한다.
[4] 주희는 이전까지 주로 未發의 靜 상태에서 제기되었던 '내면적 각성'이란 의미를 갖는 경을 已發 상태의 궁리공부 영역에까지 적용함으로써 未發과 已發의 전 과정을 아우르는 일관된 수양공부의 방법으로 경 개념을 설정한다. 따라서 주희는 경을 聖人을

발己發, 동動과 정靜을 아우르는 경敬의 공부를 강조하면서도 전통적으로 중시해 왔던 성誠 공부에 대한 중요성을 놓지 않고 있다는 점이다.5) 이렇게 본다면, 송대 성리학에서 내면적 수양을 강조하는 분위기 속에 전개된 수기修己·내성內聖의 측면은 천도天道인 성誠을 회복하기 위한 수양공부론으로서 '주정主靜'의 방법론이나 '주경主敬'의 방법론이 적용되었고, 주희는 이것을 종합하면서 경敬의 방법을 통하여 미발未發의 정靜뿐만 아니라 이발已發의 동動을 포괄하는 수양공부론을 제시하고 있음을 확인할 수 있다.

수기修己와 치인治人, 내성內聖과 외왕外王을 두 축으로 하는 유가의 수양공부론은 역사적 조건에 따라 다르게 운용되어 왔지만, 송대 이후 성현도통聖賢道統의 문제를 통해 도학道學이 성립되면서 '배움을 통해 도달 가능한' 성인聖人을 지향하는 성학聖學이 더욱 강화된다. 성인聖人의 인격을 성취하기 위한 내향적 공부를 강조함에 따라 송대에는 치인治人보다는 상대적으로 수기修己의 측면이, 외왕外王보다는 상대적으로 내성內聖의 측면이 중시되는 흐름을 보이게 되는 것이다.

성리학을 통해 새로운 이념과 통치 질서를 모색하던 조선 전기에는 유학의 수기修己와 치인治人, 내성內聖과 외왕外王의 두 측면 가운데 치인治人·외왕外王 중심의 학문경향이 나타난다. 이것은 체제정비와 장기적인 정권안정을 위해 법제의 제정과 행정구역의 정비

성취하기 위한 공부에 시종일관하는 것으로 파악하게 된다.
5) 주희는 晚年에 이르러서도 여러 경전 가운데 『中庸』과 『大學』을 중시하여 지속적으로 연구하였고, 誠意 개념에 대해서는 臨終하는 순간까지 수정 보완하려 하였다는 점에서도 誠 개념에 대한 그의 관심의 정도를 파악할 수 있다.

등 주로 통치와 관련된 측면에 치중하였다는 것을 의미한다. 그러나 정권이 안정되어감에 따라 조선 중기에 이르러서는 치인治人·외왕外王을 중심으로 하는 학문경향의 폐단이 나타나게 된다. 점차 관료들의 도덕적 해이와 사회기강의 문란을 막아내기에는 역부족인 현상이 발생하게 되는 것이다. 이 시기에 사회적인 모순을 일신하고 새로운 기풍을 조성하기 위하여 도통道統과 의리義理를 중시하는 사림파 계열의 학자들이 중앙 정계에 등장하게 된다.

사림파 계열의 학자적 관료들은 입신양명立身揚名을 위한 과거 중심의 학문탐구를 지향한다. 이보다는 정주성리학의 학습을 통해 내면적 덕성 함양을 위한 수기修己·내성內聖 공부에 치중하는 한편, 실천적인 소학공부小學工夫를 통해 성리학적 이념을 현실 속에서 실현하고자 하였다.[6] 따라서 치인治人·외왕外王을 통해 '현실적 실용성'을 중시하는 훈구척신 세력과 수기修己·내성內聖을 통해 '도덕적 이상실현'을 추구하는 도학자 그룹의 학문경향은 현실정치에서 충돌하고 이것은 정치투쟁의 양상으로 나타난다.[7] 이 과정에서 정치적 기반이 취약한 사림파 계열의 도학자 그룹은 중앙 정계에서 물러나게 되고, 결국 사화기士禍期를 맞는다.[8]

사화士禍의 중심에서 젊은 시절을 보낸 서경덕과 이황은 위인지

---

6) 정대환, 『조선조 성리학 연구』(강원대학교 출판부, 1992) 151~166쪽 참조.
7) 이동준은 이 양대 세력의 충돌에 대하여, "사림파와 훈구파의 대립은 단순한 권력투쟁이라기 보다는 '君子儒'와 '小人儒'의 대립이라고 보는 것이 타당할 것"이라고 평한다. 李東俊, 「十六世紀 韓國性理學派의 歷史意識에 關한 硏究」(성균관대학교 박사학위논문, 1975) 90쪽 참조.
8) 戊午士禍(燕山君 4년, 1498), 甲子士禍(燕山君 10년, 1504), 己卯士禍(中宗 14년, 1519), 乙巳士禍(明宗 1년, 1545) 등 사대이다. 이 중 사림에 가장 큰 피해를 준 것은 己卯士禍이다.

학爲人之學의 성격이 상대적으로 강한 치인治人의 문제보다는 위기지학爲己之學을 통해 도덕적 자기완성을 이루려는 수기修己에 치중하는 경향을 보인다. 서경덕은 아예 출사出仕조차 않은 채 처사處士로 자처하고, 이황은 출사出仕하더라도 항상 퇴임하여 학문탐구에 정진할 것을 기약하는 것이 그러한 예이다.9) 이러한 흐름을 통해서 조선조 성리학은 16세기 이래로 '마음心의 본질'을 추구하는 심학화心學化의 경향을 띠게 되고, 특히 서경덕과 이황의 경우에는 경敬을 중심으로 하는 함양공부가 수양공부의 주요한 형태로 자리잡는다.

서경덕의 경우 마음心과 본성性에 관한 이론이 많지 않지만, 그 가운데 주목되는 부분은 '복괘復卦를 통해서 천지의 마음을 볼 수 있다'고 하는 '복기견천지지심復其見天地之心'이다.10)

> 만약 한 가지 사물에 대하여 충분히 연구를 한다면, 역시 지극한 이치를 발견할 수 있을 것이다. '지일'을 살펴보면 관련되는 범위가 넓고 크다. '지일'이란 곧 하늘과 땅이 회전을 시작하고 음과 양이 처음으로 변화하는 날이다. 그러므로 복괘에서 하늘과 땅의 마음을 볼 수 있다. 옛날 선비들은 모두 '정'으로써 하늘과 땅의 마음을 살펴보았다.11)

---

9) 서경덕은 賢良科에 수석으로 추천을 받았으나 출사하지 않고, 己卯年의 사화 이후 출사 자체를 포기하여 처사로 여생을 보낸다. 이황의 경우에는 그에게 嚴夫와 같았던 형 李瀣(溫溪: 1496~1550)가 李芑의 심복인 李無彊의 무고로 갑산으로 귀양 가던 중 양주에서 목숨을 잃게 된다.
10) 復卦(☷+☳)는 冬至를 상징한다. 復은 근본으로 돌아가는 것과 새로운 운동의 시작을 의미하는데, 『易經』의 「復卦」 爻辭에서 "復其見天地之心"이라 한다.

서경덕은 음陰과 양陽이 극점에 이르는 지至, 곧 동지冬至와 하지 夏至를 중시한다. 그렇지만 동지冬至를 하지夏至보다 더욱 중시한다. 모든 만물의 변화운동은 동지冬至로부터 시작된다고 보기 때문이 다. 동지冬至를 중시하는 것은 모든 운동변화의 시초로부터 천지자 연의 근본원리를 파악해야 한다는 것이며, 그 시초는 바로 태허太 虛라고 이해한다. 서경덕에게 태허太虛는 곧 담연허정湛然虛靜의 상 태이다. 따라서 '복기견천지지심復其見天地之心'은 근원성에 대한 파 악을 의미한다는 점에서 '정靜'을 파악하는 것이기도 하다.

한편 서경덕은 격물치지格物致知를 중시하고, 경험적 관찰에 의해 대상 사물을 파악하는 '관물공부觀物工夫'를 중요한 공부 방법으로 제시한다. 이것은 그가 대상세계를 기氣 중심으로 파악하기 때문에 더욱 그러하다. 그러나 현상계現象界의 기氣는 본체계本體界인 태허 太虛로 복귀한다는 점에서 결국은 정靜의 상태에 머물 것을 요구한 다. 이 점은 그의 리기론을 통해서 이미 확인하였다. 정靜을 중시하 는 서경덕 수양공부론의 특징은 '지경관리持敬觀理'로 집약된다.

> 그렇다면 어떻게 공부를 하면 번잡한 생각도 없고 허물도 없는 경 지에 머물 수가 있겠는가? 경을 지니고 이치를 보는 것이 그 방법 이다. 경이란 주일무적을 말한다. 한 가지 물건을 접하게 되면 응접 한 곳에 머물고, 한 가지 일에 직면하게 되면 직면한 그 일에 머물 러 다른 여유가 없다. 그렇게 하면 마음이 능히 하나로 일관하고

---

11) 『花潭集』 2:17, 「復其見天地之心說」. "若於一物上, 十分格得破, 則亦見得至理. 顧於至日, 所該廣大耳. 至日乃天地始回旋, 陰陽初變化之日也. 故曰復, 其見天地之心乎. 先儒皆以靜 見天地之心."

사물이 떠나가 버려서 곧 바로 수렴하게 되니, 담연하여 마치 맑은 거울의 텅 빈 듯한 것과 같다.12)

공부에 있어서 가장 중요한 것은 '머물 곳'을 아는 것인데, 대부분은 이 '머물 곳'을 알지 못해서 실패하게 된다는 것이다. '머물 곳'을 알 수 있게 하는 방법이 '지경공부持敬工夫'이다. 지경공부持敬工夫를 통해서 도달한 경지는 맑은 거울과 같은 내면의 상태이다. 따라서 서경덕은 지경공부持敬工夫를 통해서 정靜을 위주로 하여 밖의 움직임을 제어하게 되면, 비로소 억지로 생각할 필요도 없고 인위적으로 행위를 하지도 않는 그러한 경지에 도달하게 된다고 한다.13) 비록 서경덕이 말하고 있는 정靜이 정靜만이 아닌 동중정動中靜의 의미를 갖는다고 하더라도, 여기서 지경持敬을 통한 '주정主靜'의 입장을 다시 한 번 확인할 수 있다.

서경덕의 이러한 주정主靜의 수양공부는 그가 비록 경敬을 통한 수렴공부收斂工夫를 강조하고 있기는 하지만, 마치 '맑은 거울의 텅 빈 상태'를 추구하기 때문에 노장적인 '좌망坐忘'14)의 경향을 보여준다. 좌망坐忘은 장자莊子에 의해서 강조되었던 수양법으로 현실적인 모든 조건들을 깨끗이 망각해 버리고 자연스럽게 존재의 근본

---

12) 『花潭集』 2:36, 「送沈敎授義序」. "然則如何用功, 而可止於無思無過之也. 曰, 持敬觀理其方也. 敬者主一無適之謂也. 接一物, 則止於所接, 應一事, 則止於所應, 無間以他也. 則心能一及事過物去而便收斂, 湛然當如明鑑之空也."
13) 『花潭集』 2:36, 「送沈敎授義序」. "必持敬之久, 而能主靜御動外, 不泥止而內無滯止, 然後無思無爲者可幾也."
14) 『莊子』, 「大宗師」. "仲尼蹴然曰, 何謂坐忘. 顔回曰, 墮肢體, 黜聰明, 離形去知, 同於大通, 此謂坐忘."

이법理法과 일체됨을 추구하는 것이다. 이것은 서경덕이 '생각도 없고 허물도 없는 경지'에 '머묾'으로써 내외가 일치하는 상태를 추구하는 것과 동일한 입장이다. 이렇기 때문에 서경덕이 성리학을 학습한 유자儒者임에도 불구하고 그의 수양공부 체계에서 도가적 사유가 엿보이는 것은 이러한 경향과 무관하지 않다.[15] 따라서 서경덕의 수양공부는 그것이 비록 경敬을 강조하는 경향을 띠면서도 심체心體의 근거로서 리理를 확보하기 위한 수양공부와는 다른 방향으로 나아가게 되는 것이다.

결국 서경덕은 경敬을 통하여 심체心體의 허정虛靜한 상태를 강조하는 '주정主靜'에 머물고 만다. 그가 리기론에서 현상現象보다는 태허太虛의 본체本體를 강조하는 이유도 여기에 있다. 서경덕이 비록 현상계現象界의 변화 그 자체인 기氣에 주목하면서도 그의 철학이 정태적靜態的 경향을 띠게 되는 것은 이 때문이다. 바로 이러한 점은 그의 수양공부론이 어찌하여 구체적인 사회실천론으로 전환되지 못하고 개인적 수양의 차원에 머물고 말게 되는지를 보여준다.

이황의 수양공부론은 서경덕과 마찬가지로 경敬을 위주로 주정主靜을 강조한다는 점에서는 형식상 동일한 측면이 있다. 그러나 이황은 서경덕의 경敬을 통한 주정主靜의 수양공부가 갖는 한계점을 분명히 인식한 듯하다. 이황은 다음과 같이 자신의 수양공부론을 제기한다.

---

15) 서경덕의 도가적 사유 경향은 「桃竹杖賦」, 「天機」, 「遊山」, 「次靈通寺板上韻」 등 그의 철학시에 잘 나타난다.

대저 사람이 학문을 하는 데는 일이 있을 때나 없을 때, 뜻이 있을 때나 없을 때를 막론하고 오직 마땅히 경으로써 위주를 삼아 동정 간에 바름을 잃지 않으면, 사려가 싹트기 전에는 심체가 허명하여 본령이 깊고도 순수하고, 그 사려가 이미 발할 때에는 의리가 환히 드러나 물욕이 물러가고 분요의 걱정거리가 점차 줄어들게 된다. 이러한 능력이 쌓여서 성숙함에 이르게 되니, 이것이 학문의 요법이다.16)

이황은 이발已發과 미발未發, 동정動靜을 관통하는 경敬의 수양공부론을 제기한다.17) 어느 순간, 어느 장소를 막론하고 경敬을 위주로 삼아서 스스로를 경계해야 한다는 것이다. 이러한 경敬의 수양공부를 하게 되면 사려와 같은 일반적인 의식이 드러나지 않은 시기에 심체心體는 그 자체의 허명虛明함을 그대로 유지할 수 있게 된다. 그리고 혹 의식이 발생한다고 할지라도 심체心體의 허명함을 통해서 현상적인 옳고 그름이 분명하게 파악되기 때문에 의리를 분별함에 혼란스럽지 않다는 것이다.

이렇게 보면 서경덕과 이황의 수양공부의 내용과 지향이 분명하게 다르다는 것이 드러난다. 서경덕의 수양공부는 이황과 마찬가지로 경敬을 중시하지만, 그 경敬은 심체心體의 허정虛靜한 상태를

---

16) 『退溪全書』 28:17, 「答金惇敍」丁巳. "大抵人之爲學, 勿論有事無事有意無意, 惟當敬以爲主, 而動靜不失, 則當其思慮未萌也, 心體虛明, 本領深純, 及其思慮已發也, 義理昭著, 物欲退聽, 紛擾之患漸減, 分數積而至於有成, 此爲要法."
17) 『退溪全書』, 「答李叔獻」. "惟敬之功通動靜, 庶幾不差於用工爾." 『退溪全書』41, 「天命圖說後叙」. "敬以存養於靜者, 是周子之主靜立極, 而子思由戒懼致中之也, 敬以省察於動者, 是周子定之修之之事, 而子思由謹獨致和之謂也."

유지하기 위한 것에 불과하다. 즉 서경덕은 심체心體를 담일청허지기湛一淸虛之氣와 같은 것으로 여기는 것이다.[18] 이것이 서경덕의 주정主靜이다. 따라서 서경덕은 마음心이 마치 '맑은 거울의 텅 빈 상태'(明鑑之空)에서 '지어무사무과止於無思無過'의 경지를 꿈꾸게 됨으로써[19] 개인적인 수양에 머물고 말게 된다. 이에 반하여 이황은 경敬을 단순히 심체心體의 허정虛靜한 상태를 유지하기 위한 방법론으로 파악하는 것이 아니라, 심체心體로서 리理, 곧 성性을 배양하는 것이라고 이해한다. 왜냐하면 '성즉리性卽理'의 명제로부터 심체心體는 곧 리理로서 성性이기 때문이다. 따라서 경敬의 수양공부는 정靜한 상태에서 심체心體인 본성性을 배양하는 것에 집중해야 하고, 이러한 경敬의 수양공부를 통하여 동動한 상태에 이르러서는 배양된 본성性을 확충擴充하는 노력을 필요로 하게 된다. 그러므로 이황은 정靜과 동動 시기의 공부인 존양存養·성찰省察 공부를 통하여 천리天理를 보존하고 인욕人欲을 막을 수 있는 경敬을 말하는 것이다. 이와 같은 이황 수양공부론의 핵심에 경敬이 위치한다.

이처럼 이황은 동정動靜을 일관하는 경敬에 의한 수양공부를 가장 중요한 사업으로 생각한다. 그렇다 하더라도 동動 시기의 공부와 정靜 시기의 공부는 일정한 차이를 갖는다. 이황은 동動 시기의 공부보다 정靜 시기의 공부를 보다 근본적인 공부로 파악한다. 이

---

18) 서경덕은 '湛然虛靜'을 '기의 근원'이라 한다. 이것은 곧 '太虛'를 말한다. 서경덕은 太虛와 같은 湛然淸虛한 상태를 心體로 파악하는 것이다.『花潭集』2:11,「原理氣」. "太虛湛然無形, 號之曰先天...其湛然虛靜, 氣之原也."
19)『花潭集』2:36,「送沈敎授義序」. "...而可止於無思無過之也...則心能一及事過物去而便收斂, 湛然當如明鑑之空也."

것은 그가 이발已發 시기의 수양공부를 중시하면서도 미발未發 시기의 리理로서 성性을 지키고 배양存養하는 데 중점을 두고 있기 때문이다.

> 성인이 정을 주로 삼은 것은 천하의 동을 한 가지로 여기기 때문이며, 그것을 없애 버리고 쓸데없는 것이라고 말한 것은 아니다. 또 학자들이 정을 구하는 것은 만 가지 용의 근본을 세우려는 까닭이며, 막연하게 응하지 않으려고 하는 것이 아니다. 그러므로 정을 주로 삼아 동을 잘 다스리는 것은 성현이 중화로 하는 까닭이며, 정만을 탐하여 사물을 거절하는 것은 불노가 편벽된 까닭이다.[20]

이것은 이황이 서경덕의 문인이기도 하였던 남언경(南彦經, 東岡: 未詳)에게 준 글이다. 이 글에서 이황은 주정主靜의 사례들을 나열하면서 정靜 시기의 공부에 대하여 논하고 있다. 이것은 한편으로 '주정主靜'을 논하였던 서경덕의 수양공부론을 비판하는 것이기도 하다. 이황은 명확히 서경덕을 거론하지는 않지만 서경덕의 주정主靜이 '탐정이절사물자耽靜而絶事物者'하는, 즉 정靜의 상태만을 탐하여 사물을 거절하는 측면에서 불노佛老와 유사하다고 파악한다. 따라서 성리학의 주정主靜은 결코 불교나 도가의 허무虛無·적멸寂滅과는 다른 차원이라는 것이다. 이황의 견해에 따르면, 불교나 도가는 주정主靜의 차원에만 머물러 동動을 도외시하였지만 성리학의

---

[20] 『退溪全書』 42:23, 「靜齋記」. "聖人之主靜, 所以一天下之動, 非謂其泯然無用也. 學者之求靜, 所以立萬用之本, 非欲其漠然不應也. 故主靜而能御動者, 聖賢之所以爲中和也, 耽靜而絶事物者, 佛老之所以爲偏僻也."

'주정主靜'은 그것이 동動의 근거가 된다는 점에서 정중동靜中動의 개념이기 때문이다.

따라서 주돈이가 「태극도설太極圖說」에서 '정靜'을 언급한 이후로 '주정主靜'을 강조하는 것은 바로 동動의 체體로서 정靜을 확립하려는 것이며, 이럴 경우 미발未發 상태인 정靜은 성性이 바로 중中을 이루게 된다. 이를 근거로 하여 이발已發 상태인 동動에 드러난 정情이 화和를 이루게 된다는 것이다. 그러므로 근본은 어디까지나 동動에 있는 것이 아니고 '주정主靜'에 있다는 것이다. 이황은 경敬 공부가 동정動靜을 관통하지만 반드시 정靜을 근본으로 삼는다는 것을 주희의 말을 빌려 재천명한다.[21]

이처럼 서경덕과 이황의 수양공부론은 경敬의 측면을 중시하고 '주정主靜'의 면모를 보인다는 점에서 동일하다. 그리고 이러한 입장은 리기론에서도 서경덕이 본체本體로서 기氣를 강조하고 이황은 본체本體로서 리理를 강조한다는 점에서, 본체本體를 중시한다는 점에서도 동일하다. 그러나 이황의 경敬은 서경덕의 경敬과 달리 미발未發 상태의 본체本體로서 리理인 성性의 배양에 강조점이 있다. 그리고 단순히 성性을 지키고 배양하는 것에 그치는 것이 아니라, 이발已發 상태에서 이를 확충擴充하는 실천적 노력을 수반한다는 점이다. 따라서 서경덕의 경敬이 개인의 안심입명安心立命과 같은 수준에 그침에 반하여 이황의 경敬은 확충擴充을 통하여 개인적 수양이 타자화 될 수 있는 가능성을 갖게 되는 셈이다. 이것이 서경덕과 이황이 동시에 경敬을 말하고, 동動보다는 정靜을 강조하는 주

---

21) 『退溪全書』 42:23, 「靜齋記」. "敬字工夫通貫動靜, 而必以靜爲本."

정主靜의 입장을 취하지만 근본적으로 차이가 나는 이유이다.

이황이 주정主靜을 위주로 하여 본체本體를 강조하는 태도는 이미 심성론에서도 확인되었다. 서경덕의 경우에는 이론이 제한적이므로 살필 수 없지만, 이황의 경우에는 선善의 근거로서 사단四端과 도심道心을 강조하는 것으로 나타난다. 특히 사단칠정四端七情의 문제에 있어서 이황은 소지所旨와 소종래所從來의 양 측면에서 이를 해석한다. 그러나 이황의 본지는 소지所旨보다는 소종래所從來를 강조함에 있다.

소종래所從來란 사단四端과 칠정七情의 발출 근거를 말한다. 이황은 기대승의 비판에도 불구하고 사단四端은 본연지성本然之性에서 발하고, 칠정七情은 기질지성氣質之性에 근원한다고 본다. 이러한 이해 방식은 곧 리발理發의 근거를 확보하려는 그의 의도에서 비롯한다. 이 점은 수양공부론에서 정靜 상태의 경敬 공부를 통하여 본심本心에 구유되어 있는 리理로서 성性을 존양存養하려는 것과 일치한다.

결국 이러한 이황의 경향성은 인간의 윤리·도덕적인 가능근거를 외재적外在的인 것에 두지 않고 내면의 본성性에서 구하고 있기 때문이다. 따라서 격물치지格物致知를 통하여 사물의 이치를 궁구하는 궁리窮理의 측면보다는 주로 내면적 덕성을 함양涵養하기 위한 존양存養 공부에 치중하는 면모를 보여준다. 이는 달리 말하면 이발已發 시기의 성찰省察 공부보다 상대적으로 미발未發 시기의 함양涵養 공부를 우선적으로 파악한다는 것이며, 그렇기 때문에 '주정主靜'의 입장에 놓일 수밖에 없다는 것이다.

이황이 거경성찰居敬省察의 수양공부를 취한다고 해서 '역행力行'

의 단계를 전혀 언급하지 않는 것은 아니다. 그는 수양공부의 하나로 역행力行을 언급하기도 한다. 그러나 '역행力行' 자체에 대해서 구체적인 공부 단계를 설정하지 않고 오로지 경敬 공부로 일관하는 면모를 보여준다.22) 그렇기 때문에 함양涵養 공부 속에 행위실천의 측면까지 포함하여 설명하고 만다. 이와 같은 이황의 수양공부론은 무엇보다도 경敬을 강조하기 때문이다.

필자는 이 점에서 이황의 수양공부를 이해할 수 있는 단서를 발견하게 된다. 이황은 동정動靜을 관통하는, 곧 미발未發 시기와 이발已發 시기의 양대 공부를 경敬으로 일관하면서 이발已發 시기의 구체적 공부 단계를 설정하지 않고 있다. 이것은 그가 '역행力行'을 언급하면서도 '구체적인 실천론'을 제시하지 않고 있다는 점에서도 확인된다. 이를 고려한다면, 이황의 수양공부는 확충擴充을 통하여 타자화될 가능성을 갖고 있다고 하더라도 사회적 실천론으로 전개되기에는 한계를 지닐 수밖에 없다. 그가 이발已發의 상황에서조차 경敬의 수양공부를 강조하는 것은, 행위주체로서 자신과 자신의 마음에 관심을 두고 있기 때문이다. 따라서 모든 관심은 자기 자신에게 돌아갈 수밖에 없다. 이러한 경향성 때문에 이황은 사회적인 문제보다는 자신의 내면에 침잠하여 참다운 인간의 길을 추구하게 된다. 이것이 그의 성학聖學이다.23)

그러나 이이는 서경덕과 이황의 리기理氣·심성心性의 문제를 검

---

22) 『退溪全書』 6:43~45, 「戊辰六條疏」. "爲眞知實踐之學, 其於致知之方, 力行之功, 亦可謂有其始矣...至如敬以爲本, 而窮理以致知, 反躬以踐實, 此乃妙心法...眞知實踐之說, 敬以始之, 敬以終之."
23) 「聖學十圖」는 이황의 이러한 경향을 가장 잘 보여주는 자료이다.

토하면서 이들과는 다른 자신의 리기론과 심성론을 정립하고 또한 수양공부도 정립한다. 이이는 미발未發 시기의 정靜 상태의 공부뿐만 아니라 이발已發 시기의 동動 상태의 공부를 병행하는 수양공부론을 제시한다. 이것이 경敬 공부를 근거로 하여 가치의 근원이자 그 가치의 궁극적 실현인 성誠을 밝히려는 이이의 성경수양공부론誠敬修養工夫論이다.

(2) 이이 성경수양공부론의 형성

이이는 서경덕과 이황의 경敬을 위주로 한 주정主靜의 관점을 비판하고, 이들에 의해서 약화된 이발已發의 동적動的인 수양공부 영역을 강화하려 한다. 그것은 이이가 미발未發과 이발已發을 관통하는 경敬을 체용體用의 관점에서 이해하고 있다는 점에서도 드러난다. 이이는 미발未發 시기의 공부로서 경敬은 '공부의 요법要法'으로 '주일무적主一無適'이라고 정의한다. 그리고 이발已發 시기의 공부로서 경敬은 '공부의 활법活法'으로 '수작만변酬酢萬變'이라 정의한다. 따라서 이 경敬을 근거로 하여 미발未發 시기에는 거경함양居敬涵養이 요구되고, 이발已發 시기에는 거경성찰居敬省察의 격물궁리格物窮理와 역행力行이 요구된다.

이처럼 이이의 수양공부론은 거경함양居敬涵養과 거경성찰居敬省察, 그리고 역행力行의 단계가 분명하게 설정된다. 이것은 이황의 수양공부론에서 궁리窮理와 역행力行이 거론되기는 하지만, 양자를 경敬을 중심으로 파악하여 역행力行의 단계를 분명하게 설정하지

않는 것과 대조적이다.[24]

① 수양공부의 가능근거

유가철학의 핵심은 현실 속에서 조화로운 인문세계를 건설하는 것이다. 이를 위하여 유가에서는 전통적으로 인간 내면의 각성과 합리적인 질서 의식을 강조하여 왔다. 특히 통치자의 측면에서는 우선적으로 수양을 통하여 도덕적 정당성을 확보함으로써 정치적인 면에서 '힘에 의한 통치'(覇道政治)보다 '인仁과 예禮에 의한 도덕적인 통치'(王道政治)를 실현할 것을 강조하였다. 유가에서는 이러한 이상적 통치가 이루어진 시대를 하夏·은殷·주周 삼대三代로 파악하고, 이 시대의 주요 인물인 요堯·순舜·우禹·탕湯·문文·무

---

[24] 이황도 力行을 언급하지만 그 力行은 敬에 포함되어 居敬·窮理의 체계를 보여준다. 이는 퇴계학파의 일반적인 학문방법을 이루는 것이기도 하다. 그러나 이이는 居敬·窮理의 체계에 力行의 단계를 명시함으로써 구체적인 행위실천의 영역을 강조하게 된다. 안병주는 주자학의 수양공부론에서 立志나 力行은 居敬이나 窮理와 같은 '키워드'로 생각하지 않았지만, 이이의 경우에는 "居敬과 窮理의 이른바 兩翼·兩輪에 力行까지를 '키워드'화 하여 居敬과 窮理와 力行을 솥의 세 발처럼 鼎足化해서 力行"을 중시했다고 평가한다. 그리고 조선후기의 퇴계학파의 한 사람인 西山 金興洛(1827~1899)은 「入學五圖」(1854년, 28세)에서 "뜻을 세워야(立志) 마음에 기준과 나아갈 방향이 드러나며, 敬에 머무르는 것(居敬)은 뜻을 지키는 방법이요 이치를 추구하는 근본이 되며, 이치를 추구하는 것(窮理)은 善을 밝혀서 德을 향상시키는 기반이 되며, 힘써 실행하는 것(力行)은 자신에 돌이켜 성찰하여 밝혀진 이치를 실천하는 것"이라 하여 居敬·窮理·力行에 立志를 추가하여 立志·居敬·窮理·力行의 수양공부론을 제시하기도 한다. 이에 대하여 안병주는 "西山先生의 경우에는 여기에 立志까지도 '키워드'화 하여 책상의 네 다리처럼 四脚化하여 立志·居敬·窮理·力行의 네 가지를 학문방법의 중요개념으로 삼았다"고 평가한다. 이처럼 김흥락은 퇴계학파임에도 불구하고 居敬·窮理·力行의 체계에서 오히려 立志를 구체적으로 명시함으로써 학문연마는 道와 聖人을 지향해야 함을 강조한다. 安炳周, 「西山先生의 學問과 思想」, 『韓末 退溪學統의 正脈 西山 金興洛』(安東靑年儒道會, 2000) 15~16쪽 참조.

武·주공周公과 같은 인물들을 성인聖人으로 숭상한다.

성인聖人은 유학의 이상이라고 할 수 있는 수기修己와 치인治人 두 요소가 조화를 이룬 '표준으로서의 인간'이다. 수기修己와 치인治人은 송대에 와서는 주로 내성內聖과 외왕外王으로 표현된다. 수기修己와 내성內聖이 내면적인 도덕 수양의 모습이라면, 치인治人과 외왕外王은 왕도정치의 이상을 현실 속에서 실현하는 것이다. 그러나 유학의 시대적 기능 속에서 내성內聖과 외왕外王의 두 측면이 수레의 두 바퀴처럼 조화롭게 기능한 시기는 별로 많지 않다. 대부분 한 쪽으로 편향되어 기능하다가, 문제를 양산하면서 새롭게 변모하는 과정을 반복하였다.

이이뿐만 아니라 성리학자들이 수양공부를 거론하는 것도 실은 조화로운 성숙한 인격을 실현하기 위해서이다. 이러한 점에서 인간은 끊임없이 자신을 완성해 가는 '과정적 존재'이다. 따라서 수양공부를 확인하기 위해서는 먼저 인간을 어떻게 정의하고 있는지, 그 인간관을 고찰하는 것이 우선적으로 수행해야 할 부분이다.

이이는 성리학자답게 리理와 기氣를 사용하여 천지만물과 인간을 정의한다. 앞서 살핀 것처럼, 리理와 기氣를 통하여 존재의 근거를 규명하고 심성心性 문제 또한 리理와 기氣를 통해 설명하고 있다. 인심人心과 도심道心, 사단칠정四端七情에 대한 리기론적 해석도 그 연장이다. 이이는 천지와 인간의 동질성을 리기理氣의 측면에서 다음과 같이 설명한다.[25]

---

25) 『栗谷全書』 10:03, 「答成浩原壬申」. "天地人物, 雖各有其理, 而天地之理, 則萬物之理, 萬物之理, 則吾人之理也. 此所謂統體一太極也."

천지의 변화는 곧 내 마음이 발한 것이다. …만약 내 마음이 천지의 변화와 다르다고 한다면 내가 알 바 아니다.26)

이이는 천지의 변화는 곧 인간의 마음心이 드러나는 것과 동일한 방식이라 이해한다. 사람은 천지자연으로부터 성性을 품부 받고, 천지자연의 충만한 기氣를 나누어 받음으로써 형체를 이루었기 때문에 우리 마음心의 쓰임이 천지의 변화와 동일하다는 것이다. 이와 같은 이이의 사고 이면에는 '하늘의 명령에 의해 본성을 부여받았다'(天命之謂性)고 하는 『중용中庸』적 사고로부터, 이를 품부한 '인간의 본성은 선하다'(性善)라고 하는 『맹자孟子』류의 사고를 수용하는 것이다.27) 아울러 천지자연의 질서인 소이연所以然으로서 천즉리天卽理의 이법理法이 곧 인간의 본성性으로 자리 잡음(性卽理)으로써 당위적 가치규범인 소당연所當然과 일치한다고 하는 성리학적 가치론이 개재되어 있는 것이다.28)

그렇다면 인간이 천지자연과 동일한 리理를 품부 받았고29) 또 성선性善의 존재로 규정됨에도 불구하고 인간의 현실에는 악惡의 문제가 발생하고, 자연의 현상에서는 기괴한 변괴가 발생하게 되는 까닭은 무엇인가? 현실에서 발생하는 인간의 부조리한 현상은

---

26) 『栗谷全書』 10:05, 「答成浩原壬申」. "天地之化, 卽吾心之發也...若曰吾心異於天地之化, 則非愚之所知也."
27) 『栗谷全書』拾遺 6:38, 「四子言誠疑」. "人性本善, 而衆理具焉."
28) 尹絲淳, 「存在와 당위에 관한 퇴계 이황의 일치시」, 『한국유학사상론』(예문서원, 1997) 259~283쪽 참조.
29) 『栗谷全書』 10:03, 「答成浩原」 壬申. "天地人物, 雖各有理, 而天地之理, 卽萬物之理, 萬物之理, 卽吾人之理也."

인간의 현실적 조건을 벗어나서 파악할 수가 없게 된다.

따라서 이이는 재이災異와 같은 자연 현상조차도 인간의 현실을 드러내는 사태라고 이해한다.30) 곧 인간의 삶이 조화롭지 못하기 때문에 천재지변과 같은 기이한 자연현상이 일어난다는 것이다.31) 그러나 자연의 변화에 대하여 인간이 직접적으로 취할 수 있는 대응 방안은 그리 많지 않다. 이이는 이것을 리理와 기氣로 설명한다.

> 근본을 미루어보면 즉 리기는 천지의 부모요, 천지는 또 사람과 만물의 부모가 된다. 천지는 기의 지극히 바르고 통한 것을 얻은 것이므로 일정한 성이 있고 변함이 없으며, 만물은 기의 편벽되고 막힌 것을 얻은 것이므로 또한 일정한 성이 있고 변함이 없는 것이다. 이러한 까닭에 천지와 만물은 다시 닦고 행할 방법이 없다.32)

천지만물은 리理와 기氣가 결합되어 일정한 본성性이 갖추어진다는 점에서는 동일하다. 다만 품부稟賦 받은 기氣에 의하여 사물의 개별적 특성이 나타난다. 존재함의 본질은 리理로서의 성性을 갖는다는 점에서는 동일하지만 개체적 특성은 기氣에 의해서 나타나는 것이다. 그러나 인간을 제외한 천지와 만물은 '일정한 성'(定性)을

---

30) 『栗谷全書』 3:10, 「諫院陳時事疏」丙寅. "天心未豫, 而災異疊出, 民力已殫, 而惠澤未下. 良由積年痼疾, 一藥難救."
31) 『栗谷全書』 3:26, 「玉堂陳時弊疏」. "災不自作, 孼由人興, 善應之, 則轉禍爲福, 不善應之, 則百殃斯降矣."
32) 『栗谷全書』 10:03, 「答成浩原」. "推本, 則理氣爲天地之父母, 而天地又爲人物之父母矣. 天地, 得氣之至正且通者, 故有定性而無變焉. 萬物, 得氣之偏且塞者, 故亦有定性而無變焉. 是故, 天地萬物, 更無修爲之術."

갖추면서 그것은 더 이상 변화하지 않기에 고착된다. 그러므로 천지와 만물은 품부 받은 기氣를 변화시킬 방법이 없다는 것이다. 천지자연을 변화시킬 수 없다고 한다면 인간을 변화시킬 수밖에 없다. 여기서 천지자연과 인간의 본성性에 대한 의문이 제기된다. 이이와 제자와의 문답이다.

> 문: "천지는 일정한 성이 있다"고 한 말은 무슨 뜻입니까?
> 답: 사람의 본성은 닦는 사람에 따라 현인도 되고, 성인도 되며, 어지럽히는 사람은 어리석은 사람도 되고 불초한 사람도 되지만 천지초목은 그 성을 밀어 옮길 수 없기 때문에 일정한 성이 있는 것이다.33)

인간과 천지자연이 비록 리理와 기氣를 근간으로 해서 존재하게 된다는 점에서는 동일하지만, 인간은 자기 자신을 변화시킬 수 있다는 점에서 천지자연과 다르다. 이이는 인간의 변화 가능성을 수양공부의 측면에서 찾고 있다.

그렇다면 인간은 어떻게 자기 자신을 변화시킬 수 있는 능력을 갖게 되는가? 이이는 유가의 전통적인 영장관靈長觀을 통해 인간을 이해한다. 인간은 천지만물 중에서 가장 영명靈明한 존재이기 때문에 '변화할 수 있는 능력'을 갖는다고 본다.34)

---

33) 『栗谷全書』 31:60, 「語錄上」(朴汝龍). "問. 天地有定性之說. 曰. 人之性, 則修之者爲賢爲聖. 汨之者爲愚爲不肖. 天地草木, 則不能推移, 而有定性矣."
34) 『栗谷全書』 13:20, 「別洪表叔浩序」. "最靈者吾人也."

오직 사람만이 기의 바르고 통한 것을 얻었으므로 맑고 탁함과 순수하고 잡박한 것이 무수히 다르기 때문에 천지의 순일함과는 같지 않다. 다만 마음이란 것은 그것의 본질이 허령하고 통철하여 모든 이치를 구비하였으므로 탁한 것을 맑은 것으로 가히 바꿀 수 있으며, 잡박한 것은 순수한 것으로 바꿀 수 있다. 그러므로 닦고 행하는 수위의 공부는 오직 사람에게만 있으며 닦고 행하는 극치는 천지를 자리 잡게 하고 만물을 화육하게 되는 것이니, 그런 이후에야 우리의 해야 할 일을 마친 것이다.[35]

천지만물 가운데 오직 인간만이 지정지통至正至通한 기氣를 얻었기 때문에 가장 영명靈明한 존재가 된다. 이 영명성靈明性은 인간의 마음心이 허령통철虛靈洞澈하여 모든 이치를 갖추고 있기에 가능하다. 그러므로 타고난 기질氣質이 탁하더라도 스스로의 노력에 의하여 맑게 변화시킬 수 있으며, 잡박하더라도 순결하게 변화시킬 수 있는 것이다. 이러한 수양공부를 통해서 인간은 천지만물과 하나 될 수 있는 가능성이 열리게 된다.

이이는 천인합일天人合一의 이상적 경지는 바로 인간의 노력에 의해서 가능하다고 보는 것이다. 이런 점에서 인간의 삶이 조화롭게 이루어진다면, 그것은 곧 자연이 올바른 질서를 회복하는 것이라고 파악한다. 이이는 이러한 인식에 근거하기 때문에 인간의 자기완성을 위한 노력과 더불어 자연현상을 통하여 인간의 도덕적

---

[35] 『栗谷全書』 10:03, 「答成浩原」 壬申. "惟人也, 得氣之正且通者, 而淸濁粹駁, 有萬不同, 非若天地之純一矣. 但心之爲物, 虛靈洞徹, 萬理具備, 濁者可變而之淸, 駁者可變而之粹. 故修爲之功, 獨在於人, 而修爲之極, 至於位天地育萬物, 然後吾人之能事畢矣."

각성을 촉구하는 천견론天譴論을 자주 거론한다.36)

② 성경수양공부론의 확립

서경덕과 이황이 청·장년기를 보낸 시기는 신新·구舊, 보수保守·혁신革新으로 표방되는 훈구척신세력과 신진사류들이 대립하면서 이념적 정향을 논의하고 정치적 주도권을 다투었던 사화士禍의 시기였다. 이에 비하여 이이는 사화가 끝나고 신진사류들에 의해 정계가 개편되는 시기에 출사出仕하여 학자적 관료로서 활동한다.37) 이이가 활동했던 시기는 두 가지 상이한 양상을 보여준다. 하나는 앞선 시기의 모순이 누적되어 국가적인 흥망이 걸린 중쇠기中衰期38)라는 점이고, 또 다른 하나는 그럼에도 불구하고 훈구·척신 세력이 중앙정계에서 물러나고 사림이 정계에 복귀함으로써 새로운 기운의 진작을 통해 모순과 부조리를 일신해야 할 경장기更張期라는 점이다.39)

이이는 어린 시절부터 학습해온 성리학적 가치질서와 수기치인修己治人의 덕목을 바탕으로 시대의 문제를 해결하기 위한 방책을 모색한다.40) 이 과정에서 이이는 조광조(趙光祖, 靜庵: 1482~1519)

---

36) 이이는 주로 「玉堂陳時弊疏」·「萬言封事」 등의 상소문이나 「天道策」·「節序策」·「天道人事策」 등과 같은 책문에서 天道와 人事를 논하면서 天譴論의 입장을 피력한다.
37) 윤원형의 삭탈관직(명종 20년, 1565)을 계기로 사림계열은 다시 정계에 진출하여 새로운 전기를 맞는다.
38) 『栗谷全書』 30:90, 「經筵日記」3, 선조14년 7월. "我朝立國, 幾二百餘年, 此是中衰之日."
39) 『栗谷全書』 9:06, 「上退溪先生」. "民力已竭, 國儲已罄, 若不更張, 國將不國."
40) 안병주는 "儒者의 본래의 道는 修己治人에 있는데 율곡은 참으로 학문과 정치의 양

를 중심으로 한 도학자道學者 그룹이 제기하였던 지치주의至治主義의 입장과 서경덕·이황 등에 의해서 제시된 경敬을 위주로 하는 수양 공부론을 결합하여 성숙한 도덕적 인격완성을 위한 자신의 수양공 부론을 제시한다. 그것이 수기修己와 치인治人의 조화, 곧 내성內聖 과 외왕外王을 병행하는 성경수양공부론誠敬修養工夫論이다.

이이 수양공부론의 체계와 내용은 「성학집요聖學輯要」에 구체적으로 실려 있다. 이 책이 당시 임금인 선조宣祖에게 바쳐진 점에서 제왕帝王의 학문과 통치방법에 관한 내용을 주로 다루고 있지만, 수기修己와 치인治人의 수양공부는 제왕帝王에게만 한정된 것이 아니어서 이이는 이를 교재로 하여 제자들을 가르치기도 한다.

이이는 「성학집요聖學輯要」를 지어 올리는 글에서, "제왕의 학문이란 기질氣質을 변화시키는 것보다 절실한 것이 없고, 제왕의 정치는 정성을 미루어 어진 이를 등용하는 것보다 우선하는 것이 없습니다."41)라고 한다. 왕이 무엇보다 우선적으로 해야 할 과업으로 기질변화氣質變化와 추성용현推誠用賢 두 가지를 꼽고 있는 것이다. 기질변화氣質變化가 수기修己의 측면이라면 추성용현推誠用賢은 수기修己를 근간으로 한 치인治人의 측면이다. 따라서 통치의 근간인 왕이 수행해야 할 일은 수기修己를 바탕으로 치인治人을 이루어야 하는 것임을 밝히고 있다. 이러한 수기修己와 치인治人의 병행을 통해

면에 걸쳐서 포괄적인 역량을 발휘한 儒者다운 儒者이었다."라고 평가한다. 「公義·公利兼合의 民本思想-李栗谷·趙重峰의 경우」, 『儒敎의 民本思想』(大同文化硏究院, 1987), 251쪽 참조.
41) 『栗谷全書』 19:03, 「聖學輯要·進箚」. "帝王之學, 莫切於變化氣質, 帝王之治, 莫先於推誠用賢."

서 성학聖學을 완성하려는 이이 수양공부의 체계는 그의 「성학집요
聖學輯要」 서문에 잘 나타나 있다.

> 1편은 통설이니, 수기와 치인을 합하여 말한 것으로,『대학』에서 말하는 명명덕과 신민과 지어지선이다. 2편은 수기이니,『대학』에서 말하는 명명덕이다. 그 조목에는 모두 열세 조목이다. 1장은 총론, 2장은 입지, 3장은 수렴으로 하였는데, 이것은 방향을 정해서 흐트러진 마음을 구하여『대학』의 기본을 세운 것이다. 4장은 궁리로『대학』의 격물치지이다. 5장은 성실이다. 6장은 교기질이다. 7장은 양기이다. 8장은 정심으로『대학』의 성의·정심이다. 9장은 검신으로『대학』의 수신이다. 10장은 덕량을 넓히는 회덕량이다. 11장은 보덕이다. 12장은 돈독으로 거듭 성의·정심·수신의 남은 뜻을 논한 것이다. 13장은 그 공효를 논한 것으로 수기의 지어지선이다. 3편은 정가요, 4편은 위정으로『대학』의 신민인데, 정가라는 것은 제가를 말함이요, 위정은 치국평천하를 이르는 것이다.[42]

여기서 이이가 생각하는 수양공부론의 대체적인 체계가 드러나고 있다. 이이는 수양공부를 수기修己와 치인治人의 두 항목으로 나

---

42) 『栗谷全書』 19:08, 「聖學輯要·序」. "一篇曰, 統說者, 合修己治人, 而爲言, 則大學, 所謂明明德, 新民, 止於至善也. 其二篇曰, 修己者, 則大學, 所謂明明德也. 其目有十三. 其一章則總論也, 其二章曰, 立志. 三章曰, 收斂者, 定趣向, 而求放心, 以植大學之基本也. 其四章曰, 窮理者, 則大學, 所謂格物致知也. 其五章曰, 誠實. 六章曰, 矯氣質. 七章曰, 養氣. 八章曰, 正心者, 則大學, 所謂誠意正心也. 其九章曰, 檢身者, 則大學, 所謂修身也. 其十章曰, 恢德量. 十一章曰, 輔德. 十二章曰, 敦篤者, 申論誠正修之餘蘊也. 其十三章, 則論其功效, 而修己之止於至善者也. 其三篇曰, 正家, 四篇曰, 爲政者, 則大學, 所謂新民, 而正家者, 齊家之謂也, 爲政者, 治國平天下之謂也."

누고, 이를 다시 『대학大學』의 '수신修身・제가齊家・치국평천하治國平天下'의 체계에 따라 '명명덕明明德・신민新民・지어지선止於至善'으로 구분하여 구체적인 실천 방법을 배분하고 있다. 이 구성에서 주목할 만한 점은 치인治人의 근거가 되는 수기修己 공부를 지행知行의 관점에서 파악한다는 점이다. 즉 학學으로서의 지知와 궁행躬行으로서의 행行의 관점에서 각각 입지立志와 수렴收斂・궁리窮理와 성실誠實과 정심正心・교기질矯氣質, 양기養氣, 검신檢身, 회덕량恢德量, 보덕輔德, 돈독敦篤으로 나누고 있다는 점이다.

이는 수기修己의 측면에서 제기되는 수양공부를 지행론知行論의 관점에서 파악하고 있다는 것을 드러낸다. 따라서 이이는 수기修己 공부를 통해서 실질적으로 얻을 수 있는 효과를 "지知와 행行을 겸비하고 표리가 하나같이 되어, 성인聖人의 경지에 들어가는 것"[43]이라 하여 자신의 수양공부가 지知와 행行을 병행하며, 궁극적으로는 성학聖學을 지향하고 있음을 명백히 한다.

이이의 수양공부는 보기에 따라서 내성內聖・수기修己의 개인적인 수양의 측면과 외왕外王・치인治人의 사회제도적인 통치의 측면을 분리하고 있는 듯하다. 그러나 그것은 편의상의 구분일 뿐이다. 이 두 체계는 서로 밀접한 연관관계를 맺고 있다. 이이는 인간이 어떤 면에서 자기 혁신을 위한 수양공부를 할 수 있는지 그 여부를 탐색할 뿐만 아니라, 이상적인 사회와 제도는 어떻게 실현가능한가를 모색한다. 이는 수기修己와 치인治人, 내성內聖과 외왕外王의 양대 공부를 이상적으로 조화시킬 수 있는 방법론을 찾고자 하는 것

---

43) 『栗谷全書』 22:21, 「聖學輯要・修己功效」. "以盡知行兼備, 表裏如一, 入乎聖域之狀."

이다. 이러한 목적 하에 이이에 의해 제기되는 것이 성경誠敬에 의한 수양공부론이다.

이이의 성경수양공부론誠敬修養工夫論의 특징은 그가 경敬을 성誠이나 성의誠意 공부 못지않게 중요하게 파악하고 있다는 점이다. 이이는 경敬[44]을 '마음을 오로지 하여 잡념을 가지지 않는 것', '가지런히 정돈하고 엄숙한 것', '항상 마음이 혼매하지 않은 것', '그 마음을 거두어 들여서 하나의 잡념도 용납하지 않는 것'[45] 등으로 정의한다. 이렇게 본다면 이이는 마음心을 항상 전일하게 하고 각성된 자각의 상태에 있어야 한다고 이해하는 것이다.

이처럼 경敬은 미발未發 상태뿐만 아니라 이발已發 상태에서도 마음心을 항상 각성된 상태를 유지하고 전일하게 함으로써 사욕私欲을 막아내고 천리天理를 보존하게 하는 '자기 경계의 의식상태'와 같은 것이다. 그러나 경敬은 여기에 그치지 않고 마치 하늘님과 같은 인격적인 존재인 상제上帝를 대하는 듯한 경외敬畏의 태도를 요구하기도 한다.[46] 따라서 경敬의 태도는 내 마음心의 천리天理를 보존하려는 종교적인 경건성과 내 마음心에 간직된 리理로서 본성性

---

44) 송대 이전까지 敬에 개념은 '敬으로 안을 곧게 하고, 義로써 바깥을 방정하게 한다'[敬以直內, 義以方外](『周易』, 「繫辭」, 坤卦.)고 하여 敬과 義를 표리관계로 두거나, '평상시에는 공손하고 유사시에는 敬하라'[居處恭執事敬](『論語』, 「子路」. "樊遲問仁. 子曰, 居處恭, 執事敬.") · '자기의 修養은 敬으로 하라'[修己以敬](『論語』, 「憲問」. "子路問君子. 子曰, 修己以敬.") 등의 표현에서 보듯이 行爲의 外的 態度를 의미하는 개념이었다. 그러나 송대 이후 불교의 수양공부론에 자극 받으면서 내면인 경계의 의미로 敬이 사용되었고, 특히 주희에 의해 敬의 의미가 새롭게 정립되었다. 주희는 敬을 주로 '主一無適' · '收斂'의 의미로 사용한다.
45) 『栗谷全書』 21:28, 「聖學輯要」正心章. "程子曰, 主一之謂敬, 無適之謂一… 程子曰, 整齊嚴肅… 上蔡謝氏曰, 敬, 是常惺惺法…和靖尹氏曰, 敬者, 其心收斂, 不容一物之謂."
46) 『栗谷全書』 31:41, 「語錄上」(朴汝龍). "問, 毋不敬, 可以 對越上帝. 曰, 對猶相對也. 上帝無一毫私僞, 毋不敬, 則亦無一毫私僞, 故可以與上帝相對而無愧也."

이 그대로 드러날 수 있도록 흔들리지 않는 굳건한 도덕적 의지를 요구한다.

경敬을 이와 같이 파악하기 때문에 이이는 '경敬은 성학聖學의 시작과 끝'이라고 한다.[47] 이렇듯 성숙한 인격의 성취를 추구하는 성학聖學의 첫 시작과 마지막 귀결처에 이르기까지 경敬으로 표현하고 있는 만큼 공부의 단계에 있어 경敬의 태도를 유지하는 것은 중요한 일이다. 이이는 공부의 단계를 설정하면서 여기에 경敬을 대응시키고 있다. 학문의 시작에 해당하는 경敬의 태도를 수렴收斂으로서 소학小學 공부로 설정하고[48], 학문의 마지막에 해당하는 경敬의 태도는 정심正心으로서 함양성찰涵養省察 공부로 설정한다.

이이가 학문을 시작하는 처음 단계에 설정한 수렴收斂으로서 소학小學 공부는 미발未發 시기의 수양공부와 관련된다. 주희는 '중화신설中和新說'을 통해서 이발已發과 미발未發을 '형이상形而上과 형이하形而下의 공부'가 아닌 '마음心의 발출 여부'로 나누고, 이때 미발未發 시기의 공부를 쇄소응대灑掃應對와 같은 소학적小學的 함양涵養 공부로 설정한다. 그리고 이발已發 시기의 공부는 궁리성찰窮理省察 공부로 설정한다. 주희는 '중화구설中和舊說'을 주장하던 때에는 이발已發 공부만을 언급하였는데, '중화신설中和新說'을 통해 미발未發 시기의 공부를 명확히 제시하는 것이다. 이이는 제자 박여룡과의 대화를 통해서 미발未發을 다음과 같이 설명한다.

---

47) 『栗谷全書』 20:09, 「聖學輯要・收斂章」, "敬者, 聖學之始終也."
48) 『栗谷全書』 20:09, 「聖學輯要・收斂章」, "今取敬之爲學之始者, 置于窮理之前, 目之以收斂, 以當小學之功."

문: 주자가 말하기를, '사람이 귀에 들리거나 눈에 보이는 것이 없을 때가 없다'고 하였지만, 사람이란 본래 미발한 때가 있는데, 어찌 듣고 보는 것이 없는 때가 없겠습니까?

답: 마음은 비록 미발일지라도 눈과 귀는 스스로 보고 듣는 것이 있는 것이다. 만약 보고 듣는 것이 없는 것을 미발이라고 한다면, 사람이 듣지 않고 보지 않는 때가 없는 것이니, 비록 성인일지라도 역시 미발인 때가 없게 될 것이다.[49]

미발의 때에는 이 마음이 적연하여 진실로 털끝만한 사려도 없다. 다만 적연한 가운데서도 지각이 어둡지 않아서 마치 '아득히 아무 조짐이 없으나 만상이 삼연하게 이미 갖추어져 있는' 것과 같다. 이 경지는 극히 이해하기 어렵다. 다만 이 마음을 경으로써 지키어 함양함이 오래 쌓이면 마땅히 스스로 힘을 얻게 될 것이니, 이른바 경으로써 함양한다는 것은 다른 방법이 아니라 다만 고요하여 생각이 일어나지 않게 하고 성성하여 조금도 혼매함이 없게 하는 것일 뿐이다.[50]

미발未發의 시기는 일체의 작용이 배제된 아무 것도 없는 공적空寂한 상태를 말하는 것이 아니다. 지각知覺과 같은 감각기관은 작용

---

49) 『栗谷全書』 31:43, 「語錄上」. "汝龍問, 朱子云, 人未有耳無聞, 目無見視. 夫人自有未發時, 豈無無聞見時乎. 曰, 心雖未發耳目, 則自有聞見. 若以無聞見爲未發, 則人無有無聞見之時, 雖聖人亦未有未發時矣."
50) 『栗谷全書』 21:21, 「聖學輯要・正心章」. "未發之時, 此心寂然, 故無一毫思慮. 但寂然之中, 知覺不昧, 有如冲漠無朕, 萬象森然已具也. 此處, 極難理會. 但敬守此心, 涵養積久, 則自當得力, 所謂敬以涵養者, 亦非他術. 只是寂然不起念慮, 惺惺無少昏昧而已."

하되 단지 사려思慮와 같은 의식적인 판단작용은 일어나지 않는 것을 가리키는 것이다. 이 미발未發 시기의 '마음의 본체'(心體)가 곧 '리理로서의 성性'이다. 그러나 미발未發 상태는 파악하기가 쉽지 않다. 따라서 미발未發 시기에 본래의 마음心을 보존하고 본연지성本然之性을 배양하는 함양涵養 공부는 부념浮念과 같은 어지러운 생각이 일어나지 않도록 하고 각성된 상태를 유지해야 한다. 이렇듯 마음心이 드러나지 않은 시기에 수행되어야 할 함양涵養 공부는 외형적 형식이 있는 것이 아니기 때문에 실제로 파악하기 어려운 점이 따른다. 이를 성리학자들은 행위의 규제를 통한 내부적인 마음心의 태도를 규율하는 방식을 제시한다. 그것이 구체적으로 용모와 행동거지를 바르게 하는 용지수렴容止收斂, 말을 바르게 하는 언어수렴言語收斂, 마음心을 바르게 하는 심수렴心收斂 등이다. 이것이 거경함양居敬涵養이다.

이처럼 이이의 거경함양居敬涵養은 '리理로서 성性'이 온전하게 드러날 수 있는 가능성을 최대한 확보하고 확충하는 것이지, 성性 그 자체가 드러나는 것은 아니다. 따라서 성性은 도덕의 가능적 근거는 될 수 있어도 그 자체가 현실 세계의 도덕 원리는 아닌 셈이다. 이러한 입장은 이황이 미발未發의 정靜을 중시하면서 '마음의 본체'(心體)를 강조하고, 또 '마음의 본체'(心體)로부터 리발理發을 언급하는 것과는 명백히 차이가 난다.

여기서 '리理로서 성性'을 담고 있는 '마음의 본체'(心體)에 대한 정의가 논란이 된다. 과연 '마음의 본체'(心體)는 선善한가, 선善하지 않은가의 여부이다. 이이는 미발未發 시기의 '마음의 본체'(心體)는 기氣의 용사用事가 없기 때문에 선善하다고 인정한다. 그리고 이이는 마음心이 구조적으로 '리기지합理氣之合'으로서 리理와 기氣의 결합으로 이해되지만, 그 작용적인 특성을 말한다면 마음心은 기氣라 하여 '심시기心是氣'를 말한다. 성즉리性卽理로서 성性은 '리理와 기氣가 결합된 마음心' 속에 자리 잡고 있지만, 이 성性은 마음心과 구별되는 것이고, 마음心의 작용을 통해서 정情으로 드러나게 되는 것이다. 이렇게 본다면, 본성性이 심통성정心統性情이라고 하는 '마음心의 작동시스템' 하에서 '본성性이 감정情으로 드러나는 마음心의 유출 경로'(性發爲情)를 통해 드러나게 될 경우 거경함양居敬涵養 공부는 성性이 정情으로 드러나기 이전의 상황에 관련되고, 발현 이후는 거경성찰居敬省察 공부에 해당한다.

거경함양居敬涵養이 미발未發의 수양공부라면, 거경성찰居敬省察은 이발已發의 수양공부이다. 여기서 함양涵養과 성찰省察의 두 공부에 거경居敬이 지속적으로 유지되면서 미발未發 시기의 거경함양居敬涵養, 이발已發 시기의 거경성찰居敬省察의 두 공부가 되는 것은 이이의 수양공부론이 경敬을 근간으로 성립하기 때문이다. 이이는 미발未發과 이발已發을 아우르는 경敬 공부의 측면을 경敬의 체용體用을 통해 설명한다.

> (퇴계)선생께서 일찍이 물어 말씀하시길, "경이라는 것은 마음을 한 곳에 집중시키고 잡념이 없는 것이라 했는데, 만일 여러 일이 한꺼번에 닥치면 어떻게 대응해야 합니까?"라고 하셨습니다. 저는 이 말씀을 여러 번 되풀이하여 생각하다가 나름대로 그 의미를 알고 깨닫게 되었습니다. '주의를 집중시키고 잡념이 없는 것'은 경 공부의 요법이요, '여러 가지 변화에 대응하는 것'은 경 공부의 활

법입니다. 만일 일마다 하나하나 이치를 따져 각각 그 마땅한 법칙을 알게 된다면 일에 대응하는 것이 마치 거울이 사물을 비추지만 그 중심은 움직이지 않는 것처럼, 어떤 상황에 대처하더라도 심체는 본래 그대로일 뿐입니다. …이치를 살피지 않고 일이 있을 때마다 생각을 하게 되면 한 가지 일에 대해 생각할 때에는 다른 일이 이미 지나가고 말게 되니 어찌 한꺼번에 대응할 수 있겠습니까? 만일 고요한 가운데라면 모름지기 한 가지 일에 마음을 집중해야 합니다. 마치 책을 읽으면서 기러기와 고니를 활로 쏠 생각을 하면 경의 상태를 잃는 것입니다. 고요한 가운데 주일무적함은 경의 근본이요, 움직이는 가운데 여러 가지 변화의 양상에 대응하여 그 주재를 잃지 않는 것은 경의 활용입니다.51)

이황은 이이에게 경敬의 상태에서 하나의 일이 아니라 여러 가지의 일이 한꺼번에 닥친다면 어떻게 경敬을 유지할 것인가를 묻고 있다. 이이는 경敬을 정정靜과 동동動의 두 공부로 나누어 설명한다. 즉 한 가지 일에 전심하는 '주일무적主一無適'은 '정중공부靜中工夫'로서 경敬의 요법이고, 제두응접齊頭應接 즉 한꺼번에 여러 일이 닥칠 때는 '가장 긴요한 일'이 무엇인가를 '궁리窮理'해야 하는데, 이

---

51)『栗谷全書』9:2,「上退溪李先生別紙」戊午. "先生, 曾問珥曰, 敬者, 主一無適, 如或事物齊頭來, 則如何應接. 珥, 以此言, 反覆窮之, 而得其說焉. 主一無適, 敬之要法, 酬酢萬變, 敬之活法, 若於事物上, 窮理而各知其當然之則, 則臨時應接, 如鏡照物, 不動其中, 東應西答, 心體自如…不先窮理, 而每事臨時, 商量則商量一事時, 他事已蹉過, 安得齊頭應接. 譬如五色同現鏡中, 而鏡之明體, 不隨色變, 同時□照. 敬之活法, 亦如是也, 此則動中功夫. 若於靜中, 則須於一事, 專心如讀書, 而思·射鴻鵠, 便是不敬. 蓋靜中, 主一無適, 敬之體也, 動中, 酬酢萬變, 而不失其主宰者, 敬之用也." *□缺字

일에 대응하는 '수작만변酬酌萬變'은 '동중공부動中工夫'로서 경敬의 활법이라는 것이다.

따라서 경敬 공부의 요법인 '주일무적主一無適'을 근거로 하여 이발已發의 시기에는 '수작만변酬酌萬變'하는 경敬의 활법을 통해서 궁리窮理를 하게 되면 '마음의 본체'(心體)는 용用의 상태에서도 그대로 유지된다. 다시 말하면, 경敬의 체體는 경敬의 용用 상태에서도 그 근거를 잃지 않는다는 것이다.

여기서 우리는 이이의 거경함양居敬涵養과 거경성찰居敬省察 수양 공부의 중요한 요점을 확인하게 된다. 이이는 동動과 정靜의 상태에서 경敬의 공부를 체體와 용用으로 나누어서 설명함으로써 정중공부靜中工夫의 거경함양居敬涵養과 동중공부動中工夫의 거경성찰居敬省察 공부가 서로 분리된 것이 아님을 밝히고 있다. 바로 미발未發 시기의 거경함양居敬涵養 공부는 이발已發 시기의 거경성찰居敬省察의 근거가 된다는 것이다.

따라서 거경함양居敬涵養을 근거로 하는 거경성찰居敬省察의 수양 공부는 자연히 마음心이라는 주체가 의식으로부터 어떻게 파악되는가를 문제 삼게 된다. 이것은 마음心이 객관적 대상을 비추기는 하지만, 내면의 리理로 자리 잡은 성性이 어떻게 가장 올바르게 드러날 수 있는가를 묻는 셈이다.

이러한 문제의식은 호굉과 주희에게서도 발견된다. 호굉은 마음心이란 '현실적인 마음'(已發之心)으로서만 존재하기 때문에[52] 우리

---

52) 『朱子語類』 101:166, 「程子門人」. "伊川初嘗曰, 凡言心者, 皆指已發而言. 後復曰, 此說未當. 五峰卻守其前說, 以心爲已發, 性爲未發, 將心性二字對說. 知言中如此處甚多."

의 본성性을 확인할 수 있는 것도 이미 드러난 마음心을 통해서만 가능하다고 본다. 이러한 마음心에 대한 호굉의 견해는 주희가 볼 때 '마음으로써 마음을 살펴보는 방법'(以心觀心)과 같다.53) 주희는 '마음으로써 마음을 살펴보는 방법'은 불교의 방법론과 유사하다 하여 반대 입장을 분명히 한다.54) 주희의 입장은 이이에게 그대로 이어진다. 「성학집요聖學輯要」에는 다음과 같은 글이 실려 있다.

①문: 불교에는 '마음을 본다'는 설이 있는데, 그럴 수 있습니까?
답: 마음이란 몸의 주가 되는 것이니 하나요, 둘이 아니다. 지금 다시 또 다른 물건이 있어 마음을 되돌려 본다고 하면 이는 이 마음 외에 다시 한 마음이 있어서 이 마음을 관섭할 수 있다는 것이므로 그것은 잘못된 것이다.
②문: '아직 발하기 전에는 마땅히 경으로써 지양하여야 하고, 이미 발한 뒤에도 또한 마땅히 경으로써 살펴야 하는 것입니다. 그러나 이미 발한 정은 마음의 용이므로 여기에서 자세하게 살핀다는 것은 마음으로써 마음을 보는 병통을 면치 못 한다' 하니 어떻습니까?
답: 이미 발한 곳에서 심체의 권도로써 그 마음이 발한 것을 살피면 아마 경중과 장단의 차이가 있을 뿐이겠지만, 만약에 발한 마음을 가지고 따로 심체를 구한다면 그런 이치는 있을 수도 없다.

---

53) 『朱子語類』 100:11, 「邵子之書」. "擊壤集序有以道觀性, 以性觀心, 以心觀身, 以身觀物. 治則治矣."
54) 朱熹, 『朱子集』 73, 「胡子知言疑義」 참조.

③대저 잡아서 보존한다고 말하는 것은 그것으로써 이것을 잡아 있게 한다는 말은 아니고, 버려두면 없어진다는 것은 그것으로써 이것을 버려 두어 없어지게 한다는 말은 아니다. 마음이 스스로 잡으면 없던 것이 있게 되며, 버려두고 잡지 않으면 있던 것도 없어지게 될 뿐이다.55)

이이는 「성학집요聖學輯要」에서 공자가 마음心을 언급한 '잡으면 보존되고 놓으면 잃는다'(操則存舍則亡)는 문구에 대한 주희의 해석(心操之·心舍之)을 빌리면서 위의 글을 인용하고 있다. 이 문답은 『심경부주心經附註』의 「심잠心箴」에 실려 있는 내용이기도 하다. 『심경부주心經附註』와 『성학집요聖學輯要』의 차이는 ②, ③의 순서가 바뀌었다는 점이다.56) 그러나 ②와 ③의 순서가 바뀐 것은 내용상 큰

---

55) 『栗谷全書』 21:24, 「聖學輯要」3·正心. ①"問, 佛者有觀心之說 然乎. 曰, 心者, 人之所以主於身者也, 一而不二者也. 今復有物, 反觀乎心, 則是此心之外, 復有一心, 而能管乎此心也, 其言謬矣. ②問, 未發之前, 惟當敬以持養, 旣發之後, 又當敬以察之. 然旣發之情, 是心之用, 審察於此, 未免以心觀心之病, 如何. 曰, 已發之處, 以心之本體權度, 審其心之所發, 恐有輕重長短之差耳. 若欲以所發之心, 別求心之本體, 則無此理矣. ③夫謂操而存者, 非以彼操此而存之也, 舍而亡者, 非以彼舍此而亡之也. 心而自操, 則亡者存, 舍而不操, 則存者亡耳."

56) 위에 인용된 글은 그 원문이 『心經附註』에 실려 있다. 『心經附註』는 마음에 관계된 주요한 이론을 모아 놓은 것인데, 위 인용문의 ② 부분은 특히 『朱熹集』에서도 발견된다. 그리고 이 부분은 이황의 문집에서도 확인된다. 이이는 주희의 견해를 수용하고 있음을 확인할 수 있다.
『心經附註』4:16, 「心箴」. "①或問, 佛者, 有觀心之說, 然乎. 曰, 心者, 人之所以主於身者也, 一而不二者也…今復有物, 以反觀乎心, 則是此心之外, 復有一心, 而能管乎此心也…其言之謬矣…. ③夫謂操而存者, 非以彼操此而存之也, 舍而亡者, 非以彼舍此而亡之也. 心而自操, 則亡者存, 舍而不操, 則存者亡耳…. ②問, 未發之前, 惟當敬以持養, 旣發之後, 又當敬以察之. 然旣發之情, 是心之用, 審察於此, 未免以心觀心之病, 如何. 朱子曰, "已發之處, 以心之本體權度, 審其心之所發, 恐有輕重長短之差耳…所謂物皆然, 心爲甚, 是也. 若欲以所發之心, 別求心之本體, 則無此理矣."
『栗谷全書』 21:24, 「聖學輯要」3·正心. ①"問, 佛者有觀心之說 然乎. 曰, 心者, 人之所以主

문제가 없다. 여기서 언급된 내용은 성리학의 수양공부론에서 매

於身者也, 一而不二者也. 今復有物, 以反觀乎心, 則是此心之外, 復有一心, 而能管乎此心也, 其言謬矣. ②問, 未發之前, 惟當敬以持養, 旣發之後, 又當敬以察之. 然旣發之情, 是心之用, 審察於此, 未免以心觀心之病, 如何. 曰, 已發之處, 以心之本體權度, 審其心之所發, 恐有輕重長短之差耳. 若欲以所發之心, 別求心之本體, 則無此理矣. ③夫謂操而存者, 非以彼操此而存之也, 舍而亡者, 非以彼舍此而亡之也. 心而自操, 則亡者存, 舍而不操, 則存者亡耳."

『朱熹集』46, 「答黃商伯」. ②"未發之前, 唯當敬以持養, 旣發之後, 又當敬以察之…呂氏欲求中於未發之前而執之, 誠無是理. 然旣發之情, 是心之用, 審察於此, 未免以心觀心…豈非學者不能居敬以持養, 格物以致知, 務務反求於心, 迫急危殆…已發之處, 以心之本體權度, 審其心之所發, 恐有輕重長短之差耳. 所謂物皆然, 心爲甚, 是也. 若欲以所發之心, 別求心之本體, 則無此理矣."

『朱熹集』67, 「觀心說」3540-3542. ①或問, "佛者有觀心之說 然乎?" 曰, "心者, 人之所以主於身者也, 一而不二者也. 爲主而不爲客者也, 命物而不命於物者也. 故以心觀物, 則物之理得. 今復有物, 以反觀乎心, 則是此心之外, 復有一心, 而能管乎此心也. 然則所謂心者, 爲一耶? 爲二耶? 爲主耶? 爲客耶? 爲命物者耶? 爲命於物者耶? 此亦不待較而審其言之謬矣." ②或者曰, "若子之言, 則聖賢所謂'精一', 所謂'操存' 所謂'盡心知性', '存心養性', 所謂'見其參於前, 而倚於衡'者, 皆何謂哉?" 應之曰, "此言之相似而不同, 正苗莠朱紫之間, 而學者之所當辨者也. 夫謂'人心之危'者, 人欲之萌也. '道心之微'者, 天理之奧也. 心則一 也, 以正不正而異其名耳. '惟精惟一', 則居其正, 而審其差者也. 紕其異而反其同者也. 能如是, 則信執其中, 而無過不及之偏矣. 非以道爲一心, 人爲一心, 而又有一心, 以精一之也. ③夫謂'操而存'者, 非以彼操此而存之也. '舍而亡'者, 非以彼舍此而亡之也. 心而自操, 則亡者存, 舍而不操, 則存者亡耳.

『退溪全書』37:31, 「答李平叔」. "昔黃商伯問曰, ②呂氏求中於未發之前而執之', 誠無是理. 然旣發之情, 是心之用, 審察於此, 未免以心觀心云云, 因言學者不能居敬以持養, 專務求於心, 急迫危殆之害. 朱子曰, 已發之處, 以心之本體權度, 審其心之所發, 恐有輕重長短之差耳. 所謂物皆然, 心爲甚, 是也. 若欲以所發之心, 別求心之本體, 則無此理矣."

정원재는 그의 박사학위 논문에서 「聖學輯要」에 실린 이 글을 인용하여, "이이가 주희의 「觀心說」을 자신의 『聖學輯要』에 수록한 대목을 면밀히 검토"하고 있다. 그 결과 정원재는 "이이가 주희의 「관심설」이라고 인용한 글 중 (성학집요의) ② 문장은 이이가 임의로 집어넣은 것이라고 볼 수밖에 없게 된다"고 단언하면서, 한편 그의 논문 각주35에서는 "이 부분은 이이의 완전한 창작일 수도 있지만, 「관심설」이 아닌 주희의 다른 문장을 원문맥과는 상관없이 이 부분에 편입해 넣을 수도 있다. 필자는 아직 『주희집』에서 유사한 문장을 찾아 내지 못했다"라고 하여 본문에 밝힌 것과는 달리 한 발 물러서는 듯한 느낌을 주고 있다. 정원재는 "어째서 이이는 주희의 글을 변조하기까지 한 것일까?"라고 자문하면서, 분명하게 이이가 그 자신의 논지를 맞추기 위하여 주희 「관심설」의 문장을 의도적으로 斷章取義하여 원의를 왜곡하고 있다고 주장한다. 정원재는 이어지는 글에서 "이 의문에 대한 해명은 주희 철학에서 「관심설」이라는 글이 지니는 특수한 위치를 이해함으로써 가능해진다."고 하여 주희 「관심설」이 갖는 철학사상사적 맥락을 서술한다. 그는 「관심설」이 "주희의 호상학 비판

우 중요한 부분을 차지하기 때문에 주희의 문집뿐만 아니라 이황

논저 중에서도 가장 대표적인 것"이라고 평가하면서, "주희는 최종적으로 '마음으로써 마음을 찾고', '마음으로써 마음을 부리는' 호상학의 察識說은 불교에서 나온 것일 뿐, 결코 하나의 마음에 근본을 두는 유학의 본지가 아니라고 주장"하는 것이라고 주희의 관점을 비교적 소상히 밝힌다. 그러면서 정원재는 "「관심설」의 이 같은 내용과 그 성격을 이해하면, 어째서 이이가 「관심설」을 변조하게 되었는지 짐작할 수 있게 된다. 지각설의 견지에 서 있는 이이로서는, 호상학 비판의 결정판인 「관심설」을 재비판함으로써 자신의 입론을 정당화해야 하는 이론적 요청에 직면했을 것이고, 이 껄끄러운 글을 자기 식으로 뜯어고치는 극단적인 방법으로 주희에 대한 재비판을 감행한 것이다."라고 말한다. 정원재의 견해에 따른다면, 이이는 호상학의 입장을 견지하면서 주희의 관점을 정면으로 반박하기 위해 의도적으로 '텍스트'를 '변조'하였다는 것이다. 즉 이이는 자신의 '지각설에 입각한 논지'를 정당화하기 위해 주희가 호상학을 비판한 「관심설」의 내용을 조작해가면서 주희를 비판하였다는 것이다. 정원재는 자신의 학위논문 150쪽에서 "이이가 「관심설」에 집어넣은 문제의 ②부분"을 분석하고 있다. 위 내용에 대하여, 정원재는 이이가 "가상의 질문자로 하여금 명백히 주희의 견지를 대변"하게 함으로써, "주희에 맞서 자신의 입장을 설파하려는 의지를 내비치고 있는 것"이라고 해석한다. 이 문장은 분명 『朱熹集』에 기록된 주희와 황상백의 문답 내용이다. 그럼에도 정원재는 이것을 이이의 창작이라고 생각하고, 이이가 마치 주희의 입장에 대한 반명제를 제시하고 있는 듯 분석하고 있다. 이러한 분석은 계속된다. 정원재는 다음과 같이 말하고 있다. "이이는 '마음의 본체에 갖춘 저울과 자로 마음이 발한 것을 세밀히 살핀다면, 경중장단의 차이가 있을 뿐일 것'이라는 대답을 통해 찰식설의 논점을 반복한다. 그리고서 '만약 발한 마음으로써 따로 마음의 본체를 찾으려고 한다면, 이런 이치는 없다'고 덧붙인다. 즉, 이이는 호상학이 마음을 둘로 나눈다는 주희의 공격은, 이발의 작용으로 미발의 본체를 찾는 식의 말도 안 되는 이론에나 적용되는 비판이라고 응수하는 셈이다."라고 한다. ②는 다른 사람이 아닌 주희의 대답이다. 그런데 정원재는 이 내용을 주희를 비판하기 위한 이이의 견해라고 파악함으로써 주희의 입장과 다른 이이 및 호상학파의 논지를 보여주는 것으로 해석한다. 바로 주희 자신의 견해가 '이이 및 호상학파의 견해'로 전환되어 '주희의 논지로 주희 자신을 비판'하는 형색이다. 정원재는 주희의 호상학 비판에 대한 내용을 이이가 의도적으로 왜곡하여 주희를 비판하고 있다고 해석하고, 이것이 주희와 다른 이이의 특징적 면모라고 하는 것이다. 마지막으로 정원재는 최종적인 결론을 내린다. "말하자면, 이이는 주희가 호상학을 공격하기 위해 지은 저작 중 가장 대표적인 것이라 할 만한 「관심설」 안에, 대담하게도 호상학의 견지를 옹호하는 문장을 변조해 넣음으로써, 주희의 권위를 무너뜨리면서 호상학, 나아가 지각설의 토대를 다시 확보하고 있는 것이다. 이는 여러 측면에서 주희 철학의 핵심을 부정하고 있는 이이의 이론 체계가 단순히 주자학을 보다 엄밀히 재해석하려는 동기에서 비롯된 '결과적인 일탈' 정도가 아니라, 애초부터 주희에 정면으로 맞서 주희와는 다른 길을 가고자 했던 '의도된 선택'의 소산이라는 점을 잘 보여 주는 '뜨거운 상징'이라고 할 것이다." 정원재는 처음에 다소 유보적인 태도를 취했지만 끝내 이이가 '호상학의 견지를 옹호하는 문장을 변조'했다고 확언하면서 그가 '주희의 권위'를 부정하

의 문집에서도 발견된다.

② 부분의 글은 주희와 황상백黃商伯이 마음心을 어떻게 파악할 수 있는가에 대해서 문답한 내용이다. 마음心이라는 주체가 담고 있는 본성性이 드러나는 것은 어떻게 확인할 수 있고, 또 그러기 위해서는 어떠한 수양공부가 필요한 것인가의 여부이다.

주희는 미발未發 시기의 수양공부를 경시하면서 이발已發 시기의 수양공부를 강조하는 호굉을 비롯한 호상학湖湘學의 수양공부론을 비판한다. 이러한 주희의 입장은 중화신설中和新說과 관련되어 있음을 앞서 심통성정心統性情과 관련하여 살펴보았다.[57] 호상학의 '선찰식先察識·후함양後涵養'의 수양공부는 호굉의 '심이성성心以成性'의 관점이기도 하다. 따라서 주희는 현상적인 마음心에 대한 찰식공부를 통해서 성性을 구성하려는 호굉의 이와 같은 입장을 선불교의 '관심설觀心說'의 일종으로 파악하는 것이다.

주희는 마음心은 그 자체가 주체일 뿐이지, 주체이면서 자신을 객체로 대상화할 수 없다는 점을 분명히 한다. 왜냐하면 마음心 속

고, '호상학' 뿐만 아니라 '지각설'의 입장에 서게 되었음을 분명히 하고 있다. 따라서 정원재는 주희 성리학과는 전혀 다른 새로운 흐름으로서의 '이이 성리학'을 새로이 규정하고, '주희와 정면으로 맞서 주희와 다른 길을 가고자 했던 의도된 선택의 소산'으로 이이 철학을 결론짓는다. 끝까지 정원재는 호상학의 찰식설을 비판하는 '주희의 논지를 통해서' 이이가 '자신의 논지를 세우고 있다'는 점을 발견하지 못하고 오히려 '이이가 주희의 관점을 비판한다'고 왜곡하고 있다. 논자가 보기에 정원재가 의도하였던 '지각론을 통한 이이철학의 해석'이라고 하는 해석학적 입장은 '과도한 해석학적 입장'에 그치고 말았다. 이는 그 자신이 이이철학의 텍스트 자체에 대한 엄밀한 분석을 방기함으로써 야기한 결과에 국한되는 오류만은 아니다. 보다 근본적으로 주희가 어째서 호상학의 관점을 비판하고 있는지, 또한 이이가 어떠한 철학적 지향을 갖고 있는지에 대한 잘못된 인식과 분석에 기인한다. 곧 성리철학의 기본에 대한 왜곡에서 비롯한 오류이다.

57) 제3장 1절 〈심통성정과 심에 대한 관점〉 참조.

의 '리理로서 성性'은 대상화할 수도 없고, 인위적으로 만들 수도 없기 때문이다. 이것은 이이와도 동일한 입장이다. 마음心의 리理로서 성性은 마음心의 활동성을 통해서만 확인하게 된다. 따라서 주희와 이이는 마음心을 '합리기合理氣'·'성여기성與氣'라고 이해하지만, 그 마음心의 리理로서 성性을 드러내주는 작용상의 관점에서는 '기지정상氣之精爽'·심시기心是氣라고 이해하는 것이다.

결국 이 마음心의 활동성은 바로 마음心의 작용을 통해서 본성性이 정情으로 드러나는 현상이다. 이것이 심통성정心統性情이다. 그러므로 의식과 인식의 주체로서 마음心은 그 본체本體로서 성性을 대상화하여 직접적으로 파악할 수는 없지만 그러한 마음의 본체로서의 성性은 만들어지는 것이 아니라 그 자체로 존재하며, 성性이 정情으로 드러나는 과정을 통해서 성性을 파악할 수 있다는 의미이다. 이것이 성발위정性發爲情이다. 여기서 정情으로 드러나는 성性을 올바로 파악하기 위해서 미발未發 시기의 거경함양居敬涵養 공부가 전제되어야 한다는 것이며, 이를 근거로 할 때 이발已發 시기의 거경성찰居敬省察이 가능하게 된다.[58]

---

58) 이 점에서 이황과 이이의 수양공부론상에 차이점이 드러나게 된다. 이황은 敬을 통한 未發의 靜 공부에 치중하는 경향을 나타내기 때문에 상대적으로 已發의 動 공부에 소홀할 수밖에 없다. 반면 이이는 敬을 근거한 未發의 靜 공부를 바탕으로 已發의 動 공부인 窮理·力行을 함께 거론함으로써 誠을 제기한다. 곧 敬誠, 誠敬의 수양공부론을 제기한다. 이러한 점으로 인하여 이황은 이이에 비하여 상대적으로 敬을 강조하는 未發의 靜 공부 치중하여 已發의 구체적인 실천론이 약하게 나타난다. 반면 이이는 이황에 비하여 상대적으로 已發의 窮理·力行에 치중한 듯하여 誠을 말하고, 未發의 敬 공부는 약하게 보인다. 바로 이 점 때문에 이이의 학문경향을 已發을 강조하는 湖湘學의 학문경향과 연결시키고자 하는데, 이것은 매우 단선적인 견해이다. 이이의 已發은 未發을 바탕으로 하고 있다는 점에서, 곧 敬을 통해 誠을 지향한다는 점에서 이이의 誠敬 修養工夫論은 엄연히 주희철학의 연장에서 재해석된 형태이다.

이렇게 본다면, 이이는 거경함양居敬涵養을 통해 미발未發 시기의 '마음의 본체'(心體)를 보존하고 이발已發 시기의 거경성찰居敬省察 공부를 통해 사물에 내재한 구체적인 리理로서의 이치를 파악하게 될 때, 즉 거경함양居敬涵養·거경성찰居敬省察 공부를 통해 존양된 심체心體의 내면적 이치가 구체적인 사물의 이치와 합일하게 된다고 이해하는 것이다. 곧 잠재적 가능성으로서 마음心에 구비된 리理는 현상세계의 구체적 리理와 일치하게 될 때, 비로소 객관화된다는 의미이다.59) 이것은 성찰궁리省察窮理를 통해서 이미 객관적으로 존재하는 가치의 규범을 확인하는 것을 의미한다. 궁리窮理가 비록 사물의 이치를 탐구하는 것이라 하여도 궁극적으로 도덕적 가치, 곧 선악의 기준을 판별하는 것임을 볼 때, 그것은 바로 현상으로 드러난 리理가 객관적으로 존재하는 사물의 법칙과 도리로서의 리理에 맞는가 여부를 확인하는 것이다.

이제 이이의 관심은 객관적 가치기준을 새로이 만드는 것이 아니라 어떻게 확인할 것인가에 놓여진다.60) 이이가 맹자적인 성선性

---

59) 이이철학이 궁극적으로 지향하는 바가 바로 이 점이다. 心體의 善으로서 理 그 자체는 객관적이라고 하지만, 이미 氣質과 결부된 性으로 자리한 이상 氣質의 영향을 받지 않을 수 없다는 점에서 주관적이기도 하다. 따라서 이이는 心體의 純善을 인정하지만, 그것이 가능성만이 아니라 구체적인 사물의 理를 통해서 검증하고 실현함으로써 객관화될 수 있다고 보는 것이다. 이이가 天理의 節文으로서 禮를 강조하고, 또 성현들의 언행이 기록된 經典을 강조하는 까닭은 바로 이것들이 주관성에 머무는 理를 객관화시킬 수 있는 근거이기 때문이다. 따라서 이이는 주관적인 법칙으로서 理보다는 객관화되고 설명 가능하며, 또한 실제로 실현될 수 있는 理를 강조하게 된다. 이런 점에서 이이는 敬을 통한 誠의 실현을 강조하는 것이고, 또 이것이 구체적인 현실에서 바른 정치와 바른 제도로 실현되어야 함을 역설하는 것이다.
60) 필자의 견해로는 이이의 窮理는 居敬涵養을 통해서 배양된 내 마음의 理가 사물에 내재한 理와 일치하는지의 여부를 검증·확인하는 것이요, 窮理를 통해서 새로이 가치의 기준으로서 理를 만들어 내는 것은 아니다. 이런 점에서 이이는 주희를 비판하

善을 지지하는 입장에서 선善을 지향하는 인간 의지의 엄정함을 신뢰하지 않는 것은 아니지만, 의지란 마음心이 가는 바로서 성인을 제외한 대다수의 범인들이 본연의 상태를 유지하기란 쉬운 노릇이 아니다. 이는 기질氣質의 문제와 연관되며, 여기서 기질氣質의 개입을 통해 자의성의 문제가 발생할 수 있다.

도덕적 판단 자체가 이미 기질氣質에 의해 왜곡되었음에도 불구하고, 그것을 자칫 내 마음心의 도덕적 기준에 의해서 판단한 것으로 정당화할 수 있다는 점이다. 이것은 내 마음心의 발현을 검증할 수 있는 객관적인 기준이 없다는 점에서 왕수인의 논리와 크게 다르지 않다.[61]

이이가 우려한 점도 바로 이것이다. 객관적인 기준이나 마음心을 다잡을 수 있는 준거가 없는 상태에서 함양涵養 공부만으로는 마음心의 방만함을 잡기에는 부족하다. 이 때문에 이이는 수양공부의 전 과정에서 요구되는 일관된 마음心의 각성 상태로서 경敬뿐만 아니라, 수양공부 자체의 흔들림을 방지할 수 있는 분명한 지향점으로서의 성誠과 성誠을 이루기 위한 집중된 의식으로서 성의誠意를 설정한다. 그 지향점은 또한 이이가 끊임없이 입지立志를 통해 강조하는 성인聖人이며, 이러한 유가적 성인聖人은 곧 실리實理·실심實心으로서 성誠을 구현한 인물이다.

는 것이 아니라, 주희와 동일한 입장에서 湖湘學의 '已發의 心'으로 '已發의 心'을 관찰하는 것은 잘못되었다고 보는 것이다.
61) 왕수인은 내 마음의 良知를 주장하면서 가치의 기준은 어디까지나 내 마음속에 있다고 하여 '心卽理'라 한다. 그러나 이것은 이이의 입장에서 본다면, 내 마음 속에 準則이 없다는 것과 다르지 않다.

하늘은 실리로써 화육하는 공을 이루고, 사람은 실심으로써 감통하는 효험을 이룩하는 것이니, 이른바 실리와 실심이라는 것은 성에 불과하다. …그 본체는 매우 은미하지만, 그 작용은 매우 현저하다. 그러므로 천지도 감동시킬 수 있고, 귀신도 감동시킬 수 있고, 인심도 감복시킬 수 있는 것이다.[62]

성誠은 '진실하여 망령됨이 없는 하늘의 이치'로 '실리實理'요, 또한 '자기조차도 속이지 않는 불기不欺의 마음'으로서 '실심實心'이며 '성실誠實'이다. 자신을 속이지 않는 실심實心을 '성실誠實'함을 바탕으로 확충해 나가면 실리實理에 이를 수 있다는 점에서 실리實理와 실심實心은 서로 다른 것이 아니다. 이 성誠의 체體는 매우 은미하지만 그 쓰임(用)은 현저하여서 중화中和를 이루고 천지를 자리잡게 할 수 있을 뿐만 아니라, 귀신조차도 감동시킬 수 있고 인심人心을 복종하게 할 수 있는 것이다.

이처럼 성誠은 '참된 이치'(實理)와 '정성스런 마음'(實心)으로서 우주자연의 근원성과 조우하고 소통할 수 있는 '참된 존재의 근거'이자 '존재의 원리'로 파악된다. 따라서 이이는 성誠을 완전히 구현한 사람을 성인聖人이라 이해하고[63], 이 성誠을 실현하기 위해서는 끊임없는 수양공부로서 성지誠之를 요청하고 있다.

이러한 성지誠之의 수양공부를 위하여 이이는 경敬을 핵심으로

---

62) 『栗谷全書』拾遺 6:15, 「誠策」. "天以實理, 而有化育之功, 人以實心, 而治感通之效, 所謂實理實心者, 不過曰誠而已矣…其體甚微, 而其用甚顯, 故天地可以格, 鬼神可以動, 人心可以服矣."
63) 『栗谷全書』拾遺 6:15, 「誠策」. "純乎天理, 而得誠之全者, 聖人也."

하는 『대학大學』과 성성을 요지로 하는 『중용中庸』64)의 체계를 결합하여 '내 마음의 진리'와 '가치의 객관성'을 담보하고자 한다. 이것은 그가 "하늘의 명으로 부여된 성은 명덕의 갖춘 바요, 솔성의 도는 명덕의 행한 바이며, 수도의 교는 신민의 법도이다"라고 하여 '천명지성天命之性'(중용)…'명덕지소구明德之所具'(대학)·'솔성지도率性之道'(중용)…'명덕지소행明德之所行'(대학)·'수도지교修道之敎'(중용)…'신민지법도新民之法度'(대학), 곧 『중용中庸』과 『대학大學』의 '용학庸學'의 관점에서 수양 공부를 이해하고 있다는 점에서도 드러난다.65) 이것이 성경誠敬의 공부를 중심으로 한 이이의 수양공부론의 체계이다.

그렇다면 이이에게 있어서 성誠과 경敬은 어떤 관계로 이해되는가? 성誠과 경敬의 양대 공부는 성리학자들의 관점에 따라서 그 비중이 다르기는 하지만, 서로 대립하는 개념이 아니다. 경敬은 공부의 요법이요, 성誠은 경敬 공부를 통해 이루어야 할 지향이며, 결과이다.66) 따라서 이이는 '성誠이란 경敬의 근원이오, 경敬이란 성誠으로 되돌아가는 공부'라 파악한다.67)

성이란 하늘의 실리요 마음의 본체이니, 사람이 그 본심을 회복할

---

64) 『栗谷全書』拾遺 6:40, 「四子立言不同疑二首」. "大學, 明道之書也…而其旨, 則不外乎敬之一字而已…中庸, 傳道之書也…則其旨, 豈在於誠之外哉."
65) 『栗谷全書』19:18, 「聖學輯要·統說」. "聖賢之學, 不過修己治人而已. 今輯中庸大學, 首章之說, 實相表裏, 而修己治人之道, 無不該盡. 蓋天命之性, 明德之所具也, 率性之道, 明德之所行也. 修道之敎, 新民之法度也."
66) 『栗谷全書』31:41, 「語錄上」(朴汝龍). "問, 誠敬寡欲. 先生曰, 誠實理之謂, 敬主一之謂, 從事於敬, 則可以寡欲至於誠矣."
67) 『栗谷全書』拾遺 6:41, 「四子立言不同疑」. "誠者, 敬之原也, 敬者, 反乎誠之功也."

수 없는 것은 사사로움과 삿됨이 있어 그것을 가렸기 때문이다. 그러므로 경으로써 주를 삼아 사사로움과 삿됨을 다 없애면 본체는 곧 완전하게 된다. 경은 용공의 요체가 되는 것이요, 성은 수공의 바탕이니, 경으로 말미암아 성에 이르게 된다.68)

이이는 성誠은 경敬의 근원이고, 경敬은 성誠으로 돌아가는 것으로 파악한다. 이는 성誠과 경敬을 상보적 관계로 파악하면서, 경敬을 통하여 사욕을 줄임으로써 성誠에 도달할 수 있음을 보여주는 것이다. 이이는 경敬과 성誠을 공부의 방법과 공부의 귀착점으로 다시 설정하는 것이다. 성誠은 공부의 대상이 아니라 공부의 목적이다. 그것은 불변의 항구적인 가치이다. 왜냐하면 성誠은 실리實理이기 때문이다.69) 이렇게 본다면, 이이는 경敬 공부를 통하여 성誠 공부를 보다 강화하고 있다는 것이 드러난다.

이처럼 이이는 경敬을 위주로 하여 성誠을 실현한다고 하는 수양공부를 강조하고 있다. 경敬의 수양공부 속에 부수되는 결과로서 드러나는 성誠이 아니라, 하나의 객관적 표준이자 지향으로서 성誠을 확립하려는 것이다. 이렇기 때문에 수양공부에서도 먼저 지향하는 기준점을 분명하게 설정할 것을 요구하는 것이다. 따라서 내 마음心에 의한 자의적 판단 가능성을 배제하기 위해서는 기질氣質에 의한 장애를 제거하는 교기질矯氣質의 수양공부가 무엇보다 필

---

68) 『栗谷全書』 21:35, 「聖學輯要・正心章」. "誠者天之實理, 心之本體, 人不能復其本心者, 由有私邪爲之蔽也. 以敬爲主, 盡去私邪, 則本體乃全, 敬是用功之要, 誠是收功之地, 由敬而至於誠矣."
69) 주희는 주돈이의 '誠無爲'를 주석하면서 誠을 '太極'으로 해석한다.

요하고, 이러한 수양공부를 가능케 하기 위해서는 경敬의 지속적인 긴장 속에서 성인聖人을 지향하는 입지立志가 우선적으로 요구된다. 입지立志는 곧 경敬 공부의 한 과정이라고 할 수 있다.

결국 이이는 수양공부의 전 과정에 필수적인 경敬 공부와 실현되어야 할 지향으로서 성誠을 명확히 제시함으로써, 대상과 주체가 일치할 수 있는 완전한 인격의 세계를 지향하는 것이다. 그러므로 경敬뿐만 아니라 성誠의 두 측면을 모두 중시한다는 점에서[70] 이이의 수양공부론의 성격을 성경수양공부론誠敬修養工夫論이라고 할 수 있다.[71]

이처럼 이이의 성경수양공부론誠敬修養工夫論은 경敬에 의한 수양공부로서 과정뿐만 아니라, 이 수양공부를 통해 도달해야 할 결과

---

70) 『栗谷全書』 31:47, 「語錄上」(朴汝龍). "問曰, 欲立志者, 當何以用功. 曰, 誠則志自立, 而以敬持之可也."

71) 서경덕과 이황이 靜을 중심으로 각기 太虛・本然之性을 근거로 내면적인 도덕적 가치를 함양하는 공부에 주안을 둔다면, 이이는 선을 실현하는 불변적 가치를 확보하고 이를 성취하는 데 주안점을 두고 있다. 이런 점에서 이이는 모든 선과 만물의 존재 원리로서 이치는 불변의 것이어야 하며, 그렇기 때문에 리의 '無爲・無形性'을 강조하면서 理通을 언급한다. 이것은 이황이 리의 用의 측면에서 理動을 말하는 것과는 전혀 다른 입장이다. 절대적 가치는 첨삭의 여지가 없다는 것이다. 따라서 만고불변의 원리로서 리는 공부를 통해서 만들어지는 것이 아니라 '이미 내 마음속에, 우주자연의 이법으로' 존재하는 것이며, 인간은 수양의 공부를 통해서 내면의 이치를 드러냄으로써 우주자연의 원리성과 합일될 수 있는 방법을 모색해야 한다는 입장이다. 그것을 파악하는 객관적인 방법이 곧 窮理이고 일상적 실천을 통해 거듭 체화해 나가는 과정이 곧 力行이다. 그러므로 이이의 공부론이 서경덕이나 이황과 달리 窮理와 力行의 단계를 강조하는 것은 바로 이와 같은 이유 때문이다.(『栗谷全書』 27:07, 「擊蒙要訣・持身」. "居敬以立其本, 窮理以明乎善, 力行以踐其實, 三者終身事業也.")
이런 견지 하에 이이가 서경덕과 이황을 비판하는 가장 큰 원인은 내면의 공부만을 강조하게 될 경우, 선의 원리로서 객관적 이치가 주관적 판단에 의해 자의적으로 해석될 여지가 있을 수 있다는 점이다. 이이가 경계하는 것은 바로 이것이다. 따라서 이이는 가치판단의 기준으로서 원리인 理를 확보하는 공부는 未發의 靜 공부 차원에만 한정되지 않고, 선의 원리가 구체적으로 실현되는 己發의 動 공부 차원에서도 窮理를 통하여 이치를 살피고 力行을 통해서 검증하는 공부론을 제기하는 것이다.

로서 성誠의 실현 또한 중요시한다는 점을 파악할 수 있다. 이이는 과정뿐만이 아니라 과정을 통해서 도달해야 할 목표를 완수할 것을 요구하는 것이다. 그것은 함양涵養 공부를 통해서 배양한 마음心의 리理가 객관적으로 존재하는 사물의 이치나 인간행위의 규범적인 도리와 일치한다는 것을 의미하며, 이 전 과정이 바로 경敬의 완성이고 성誠의 실현이다.

이러한 특징은 수양공부의 과정에서, 성실誠實을 주요한 요소로 설정하고 있는 점에서도 드러난다.[72] 이 마음心의 성실성 여부에 따라 이치가 구현되고 사물이 이루어지는 까닭에 성실誠實의 개념은 곧 실공實功·실효實效·실행實行으로서 무실務實의 개념과 상통한다. 이처럼 이이가 성실誠實을 통해서 무실務實을 거론하는 것은 그가 허례와 허식이 아닌 실리實理와 실질實質을 중시한다는 것을 의미한다.[73]

결국 이이는 성誠과 경敬의 수양론을 통하여 자신의 '이기적인 욕구와 욕망을 버리고 선을 지향'(虛心從善)하고, '독단적인 자기를 버리고 성인의 가르침을 따르고자'(虛己從人) 한다. 이러한 과정은 성경誠敬을 기반으로 하는 치인론治人論을 통해서 구체화되는데, 그것은 구습舊習을 타파하고 부조리한 모순을 개혁하려는 경장更張의 논리로 나타난다.[74]

---

[72] 『栗谷全書』 21:02, 「聖學輯要·誠實章」. "窮理旣明, 可以躬行, 而必有實心, 然後乃下實功, 故誠實爲躬行之本."

[73] 이런 점에서 이이의 경세론은 조선조 실학의 선구라고도 할 수 있다. 尹絲淳, 「栗谷思想의 實學的 性格」, 『韓國儒學論究』(玄岩社, 1991), 151쪽 참조.

[74] 張淑必, 「栗谷經世論의 現代的 意義」, 『栗谷思想研究』 4(栗谷學會, 2001.11) 12~32쪽 참조.

2
성경에 근거한 수기론

　이이 수양공부의 착수처는 서경덕이나 이황과 다르다. 그것은 곧 인간의 윤리·도덕적 행위의 가치 기준을 어떠한 입장에서 보고 있는가의 차이이다. 서경덕과 이황이 내면적 덕성을 강조한 것은 이들이 도덕적 가치 기준을 본성性의 순선함에서 찾으려 했기 때문이다. 그러나 이이는 서경덕이나 이황처럼 인간이 본래적으로 갖고 있는 본성性의 순선함을 긍정하면서도, 그러한 본성性이 구체적으로 발현되는 과정과 순선함을 유지할 수 있는 방법론에 있어 다른 관점을 보여준다. 따라서 이이는 서경덕과 이황이 경敬 위주의 함양涵養 공부에 치우친 주정주의主靜主義를 비판하고 동動·정靜과 미발未發·이발已發을 아우르는 수양공부론을 제시한다. 이것이 성경誠敬을 중심으로 하는 이이의 수양공부론이다.
　이이는 인간의 본성性이 순선함을 인정하지만, 그것은 도덕 실현의 가능성일 뿐 그 자체가 그대로 현실화되는 것은 아니라고 본다.

가치의 기준은 내 마음心에 의하여 자의적으로 만들어지는 것이 아니라 이미 객관적으로 존재하며 삶의 도리를 통해 현재화된다고 보는 것이다. 따라서 미발시未發時에는 거경함양居敬涵養을 통해서 내면화된 본연성을 발현할 수 있도록 전일한 상태를 유지하고, 이것이 현실화될 경우 궁리窮理를 통해 내 마음心의 이치를 객관적 이치와 대조·검증해보고, 그리고 역행力行을 통해 이치를 체현·실현해야 한다는 입장이다. 곧 궁리窮理는 새로운 이치를 만드는 것이 아니라 이미 존재하는 이치를 재발견하여 확증한다는 의미이고, 역행力行은 확인된 이치를 체현함으로써 사욕을 제거하여 인문적 규범질서로서 존재하는 예禮를 준행遵行하는 것이다.

바로 이런 점에서 이이는 리理라는 이미 존재하는 객관적 가치의 항구불변성을 말하는 것이다. 이것은 이이가 리기론에서 이황처럼 리理의 작위성을 인정하는 태도를 거부하고, 리理의 무위無爲를 강조하는 것과 동일한 맥락이다. 항구적인 가치는 절대적이라는 점이다. 이 객관적으로 존재하는 가치기준이 다름 아닌 성誠이다. 왜냐하면 성誠은 진실무망眞實無妄한 천도天道로서 실리實理이기 때문이다. 그리고 인간은 이 성誠을 내면화하여 조금도 속이지 않는 마음心, 곧 실심實心을 갖게 된다. 따라서 인간은 실심지성實心之誠의 존재로서 성誠을 실현할 수 있는 것이고, 이 과정이 경敬의 완성이고 성지誠之이며 인도人道이다. 이렇게 성誠의 실현에 성공한 인간이 성인聖人이다.

이 성인聖人은 천지자연과 인간의 경계를 없애고 유가적 이상인 천인합일天人合一의 경지를 실현한 존재이다. 그러므로 학문의 시작에서 지향점은 바로 성인聖人으로 설정되는 것이다. 성인聖人을 실현하겠다는 굳은 의지가 '입지立志'이고, 이 입지立志는 가능적 존재로서 자기실현을 위한 주체적 자각이기도 하다. 입지立志가 이이의 수양공부론의 첫머리에 오는 이유도 여기에 있다.

'입지立志'의 중요성에도 불구하고 누구나 성인聖人이 되는 것은 아니다. 왜냐하면 기질氣質의 차이로 인하여 인간은 현우賢愚·성범聖凡이 나뉘기 때문이다. 그렇지만 한편으로 기질氣質의 차이는 인간이 자신의 본연성을 회복할 수 있게 해주는 가능성이기도 하다. 이 차이성 때문에 이를 극복할 수양의 노력이 요구된다. 따라서 기질氣質의 장애를 제거하기 위한 교기질矯氣質의 수양공부는 곧 기질氣質에 가려진 본연지성本然之性을 드러낸다는 점에서 복기성復其性이고, 이는 또한 천연지기天然之氣를 드러내는 것이기도 하다.

그러나 한번 고착된 기질氣質을 변화시킨다는 것은 쉬운 일이 아니다. 이 기질氣質의 장애를 교정하고 변화시키기 위해서는 자기 자신의 사욕을 제거하는 극기克己의 공부론이 요구된다. 극기克己는 자기 행동을 자율적으로 검속檢束한다는 의미도 있지만, 그보다는 자신의 마음心 속에서 일어나는 욕구를 조절함으로써 천리天理에 부합하도록 하는 것이다. 이 과정이 복례復禮이다. 이럴 때, 즉 극기克己를 통하여 복례復禮할 경우 결국 인仁을 실현하는 것이다. 바로 인仁은 극기克己의 핵심이다.

(1) 거경·궁리·역행

이이의 수양공부론에서 혼선을 가져오는 것은 거경居敬·궁리窮

理·역행力行의 개념이 내포하는 의미보다는 거경居敬·궁리窮理·역행力行의 관계를 어떻게 설정하는가에 있다. 즉 공부의 순서에 대한 논란이 이이에게서 보이고 있다는 점이다.

공부 순서에 대한 엄밀한 구분은 사실 주희에게서 비롯한다. 주희는 '중화신설中和新說'을 형성하면서 이전에 가졌던 호상학湖湘學의 수양공부인 '선찰식先察識·후함양後涵養'의 방법론을 비판하면서, 이발已發 시기의 궁리窮理[75] 뿐만 아니라 미발未發 시기의 함양涵養을 아울러 강조하는 새로운 수양공부론을 제시한다.

그러나 기존에 간과되었던 미발未發 시기의 함양공부涵養工夫를 추가한 주희의 새로운 수양공부론은 이것이 불교의 수양공부와 비슷하다는 장식의 비판에 직면하여, 동정動靜과 내외內外를 관통하는 경敬 공부를 제기하게 된다. 이는 내면적 덕성을 배양하는 함양涵養과 사물에 내재된 이치를 탐구하는 궁리窮理라는 자칫 이원화된 듯한 수양공부 체계를 경敬에 의해 하나의 일관된 체계로 확립하는 것이다.

주희는 여기서 이발已發 시기 공부의 전단계로 거경居敬을 중심으로 하는 존심양성存心養性의 함양涵養을 설정함으로써 이발已發 시기의 궁리窮理가 지향할 공부의 목표를 명확히 하고자 한다. 이는 다름 아닌 미발未發과 이발已發의 공부 순서를 분명하게 제시하지 못하는 호상학湖湘學의 수양공부론을 비판하는 것이다.

---

[75] 이승환은 주희가 객관세계에 존재하는 것으로 파악했던 당위의 이치들은 메타철학적 관점에서 볼 때 당시의 문화환경과 시대정신을 반영한 '文化的 理想'에서 우러나온 形而上學的 構成物'의 성격을 띤다고 해석한다. 따라서 格物窮理는 '文化的 實體'로서 이치를 체득하는 방법이라고 설명한다. 이승환, 「주자를 통해 본 '합리성'의 의미」, 『유가사상의 사회철학적 재조명』(고려대학교 출판부, 1998), 266~271쪽 참조.

이처럼 공부의 착수처에 대한 문제는 그 수양공부의 전반적인 성격과 지향점을 드러낸다는 점에서 매우 중요한 문제로 부각된다. 이 문제는 이이에게서도 예외는 아니어서, 함양涵養과 궁리窮理의 선후문제는 수양공부의 착수처 설정과 직결되어 나타난다. 이이의 수양공부 순서와 관련된 기록은 6차례에 나타난다.

1) 39세(1574년, 정월) 「만언봉사萬言封事」

① 학문하는 방법은 성현의 가르침 속에 들어 있는데, 그 중 가장 중요한 것으로 세 가지가 있으니 궁리와 거경과 역행이다.[76]
② 궁리는 격물치지이고, 거경역행은 곧 성의정심·수신이다.[77]

2) 39세(1574년, 2월) 「경연일기經筵日記」

① 이이: 반드시 먼저 학문에 힘써 궁리·거경·역행 세 가지에 꾸준히 노력을 더 해야 한다.[78]
② 윤현: 이이는 배움을 논하면서 궁리를 거경보다 앞에 두지만, 거경이 마땅히 궁리보다 먼저 있어야 한다고 생각한다.
이이: 정자가 '치지하면서 경에 있지 않은 이는 없다'라고 하였으니, 윤현의 말이 옳다. 다만 경은 처음부터 끝까지 일관되게 애쓸 것이므로 앞뒤를 논할 것이 없다. 또 궁리가 지라면 거

---

76) 『栗谷全書』 5:26, 「萬言封事」. "學問之術, 布在謨訓, 大要有三, 曰窮理也, 居敬也, 力行也."
77) 『栗谷全書』 5:27, 「萬言封事」. "窮理, 乃格物致知也. 居敬力行, 乃誠意正心修身也."
78) 『栗谷全書』 29:39, 「經筵日記」(1574-2월). "必先用功於學問, 於窮理居敬力行三者, 勉勉加功."

경과 역행은 행이므로, 신은 지와 행의 순서로 말했을 뿐이다.[79]

3) 40세(1575년) 「성학집요聖學輯要」

몸을 닦는 공부는 거경·궁리·역행 세 가지를 벗어나지 않는다.[80]

4) 42세(1577년) 「격몽요결擊蒙要訣」

거경으로 그 근본을 세우고 궁리로 선을 밝히고 역행으로 그 진실을 실천한다는 세 가지는 종신의 사업이다.[81]

5) 44세(1579년) 「어록語錄」-박여룡의 기록

문: 「성학집요」에서 논한 거경·궁리·역행 세 가지가 명백하지 않은 것 같다.
답: 덕성을 존중하는 것이 거경이고, 문을 박학하는 것이 궁리이고, 예로써 단속하는 것이 역행이다. 다만 예로써 단속하는 것이 역행에 있어서 뜻이 미흡한 것 같다.[82]

---

[79] 『栗谷全書』 29:40, 「經筵日記」(1574년 2월). "晛曰, 李珥論學, 以窮理置於居敬之先, 臣意居敬, 當在窮理之先 珥曰, 程子曰, 未有致知而不在敬者, 尹晛之言是也. 但敬是實始終之功, 無先後可論. 且窮理知也, 居敬力行是行也. 臣以知行之序言之耳."
[80] 『栗谷全書』 20:03, 「聖學輯要·修己上」. "修己之功, 不出於居敬窮理力行三者."
[81] 『栗谷全書』 27:07, 「擊蒙要訣·持身」. "居敬以立其本, 窮理以明乎善, 力行以踐其實, 三者終身事業也."

6) 46세(1581년) 「어록語錄」-김진강의 기록

문: 「집요」의 존덕성 도문학 장의 끝에 통론에 말하기를, "거경·궁리·역행 이 세 가지를 이 장에서 대략 그 단서를 발표한다"고 하였다. 나의 생각에는 존덕성은 거경과 역행을 겸한 것이고, 도문학은 다만 궁리하는 것으로 여겨진다.
답: 그렇다. 역행은 존덕성 가운데 함께 포함되고, 궁리는 오직 도문학에만 속한 것이다.[83]

먼저 「만언봉사萬言封事」(39세, 1574년 정월)에서 이이는 학문하는 방법이 성현의 가르침에 있음을 전제하고, 그 공부 순서를 ①궁리窮理·거경居敬·역행力行의 체계로 이해한다. 그러면서 ②궁리窮理…격물치지格物致知, 거경역행居敬力行…성의정심誠意正心·수신修身으로 묶고 있다. ①과 ②를 통해서 볼 때, 이이는 궁리窮理를 '지知의 영역'으로 넣고, 거경居敬과 역행力行은 실천의 영역이므로 '행行'으로 분류하여 지행知行의 체계 속에서 공부 순서를 이해하고 있다. 그리고 한편으로 이를 다시 『대학大學』의 '수기修己'의 체계에 따라 '격물치지格物致知'와 '성의정심誠意正心·수신修身'으로 나누기도 한다.

우리는 여기서 이이가 수양공부 순서를 지행知行의 체계에 따라

---

82) 『栗谷全書』 31:54, 「語錄上」. "問, 輯要所論居敬窮理力行三者, 似未明白. 曰, 尊德性是居敬, 博學於文是窮理, 約之以禮是力行, 而但約禮於力行, 意似未足."
83) 『栗谷全書』 31:24, 「語錄上」. "問, 輯要尊德性道問學章下通論, 曰, 居敬窮理力行三者, 於此章略發其端, 愚意以爲尊德性兼居敬力行, 而道問學, 只是窮理也. 曰, 然. 力行兼於尊德性中矣. 窮理則專屬於道問學."

궁리窮理・거경居敬・역행力行의 순서로 설정하고는 있지만, 어쨌든 궁리窮理를 거경居敬보다 중요시한다는 점을 확인할 수 있다. 그러나 이이는 한편에서 거경居敬은 궁리窮理의 근본이라고 말하고 있다.

그렇다면 과연 이이는 궁리窮理와 거경居敬 중에서 어느 것을 우선한다고 할 수 있을까? 수양공부에서 제기되는 공부 순서의 문제는 그것이 어떤 점에서 거론되고 있는지 그 맥락을 살피지 못하면 잘못을 범하기 쉽게 된다. 왜냐하면 『소학小學』의 공부가 다르고 『대학大學』의 공부가 다르며, 『중용中庸』의 공부가 각기 다르기 때문이다. 이 점을 고려한다면, 「만언봉사萬言封事」에서 거론된 이이의 공부 순서에서 문제가 되는 것은 거경居敬의 성격이다. 이이는 거경居敬을 적어도 『대학大學』의 체계에서 이해하고 있다.

따라서 여기서 거론된 거경居敬은 '쇄소灑掃・응대應對・진퇴進退' 등과 같은 소학적 수양공부로서 함양涵養을 의미한다기보다는 성의정심誠意正心・수신修身의 역행力行을 의미한다는 것을 알 수 있다. 그러므로 궁리窮理・거경居敬・역행力行의 체계는 『대학大學』의 공부처럼 궁리窮理・역행力行의 체계로 이해되며, 이는 곧 지知와 행行의 구도라는 것이다. 이이의 이러한 해석은 적어도 그의 논거가 『대학大學』의 수양공부에 근거하기 때문에 타당하다고 보인다.

이이의 수양공부의 성격이 변모를 보이기 시작하는 것은 「경연일기經筵日記」이다. 「경연일기經筵日記」(39세, 1574년 2월)가 「만언봉사萬言封事」와 거의 동일한 기간에 작성된 것을 고려하면, 여기에 기록된 공부 순서 또한 동일할 것이라고 예상할 수 있다. 사실 이이는 경연經筵에서 '궁리窮理・거경居敬・역행力行'으로 공부 순서를 설정한다. 이에 대하여 윤현尹晛은 거경居敬이 궁리窮理보다 앞서야 함에도 궁리窮理를 우선시하는 이이의 견해는 잘못된 것이 아니냐고 공부 순서를 문제 삼는다. 윤현의 의도는 함양涵養이 궁리窮理보다 우선되어야 한다는 것이다.

질문한 의도를 간파한 이이는 정자의 말을 인용하여 궁리窮理의 전제로서 경敬이 없을 수 없다는 점을 들어 윤현의 지적이 타당하다고 인정한다. 그러나 이이는 경敬 공부는 학문의 처음부터 끝까지 힘써야 할 당연한 것이기 때문에 선후를 논할 수 없으므로 경敬 공부는 공부 순서상 문제되지 않는다고 한다. 따라서 궁리窮理가 지知에 속하고 거경居敬·역행力行이 행行에 속하기 때문에 지행知行의 범주로써 말한다면 궁리窮理…거경居敬…역행力行의 순서로 공부 순서를 말할 수 있다고 해명한다.

공부 순서에 관한 이이의 입장은 나름 타당해 보이는 점이 있기는 하다. 그렇지만 이이는 윤현과의 논의에서 자신의 주장만큼 설득력 있는 이론을 제시하지 못하고 있다. 이러한 한계는 이후 공부 순서에 대한 이이의 입장에 변화가 있으리라는 것을 예상할 수 있다. 사실 이이가 39세(1574년) 때 「만언봉사萬言封事」와 「경연일기經筵日記」 등에서 제출하였던 궁리窮理·거경居敬·역행力行의 공부 순서는 이후 더 이상 보이지 않게 된다.

「성학집요聖學輯要」(40세, 1575년)에서는 '거경居敬…궁리窮理…역행力行'의 공부 순서를 제시한다. 이후 「격몽요결擊蒙要訣」(42세, 1577년)에서는 "거경으로 그 근본을 세우고 궁리로 선을 밝히고 역행으로 그 진실을 실천"한다고 하여 거경居敬…궁리窮理…역행力行의 공부 순서를 보여준다.

특히「격몽요결擊蒙要訣」에서 이이는 거경居敬을 입지立志와 연결하고, 궁리窮理는 '선善'을 밝힌다고 함으로써 궁리窮理의 대상이 윤리 도덕적 가치에 있음을 분명히 드러낸다. 그리고 역행力行은 이러한 윤리적 가치를 실제로 실천하는 것이다. 이는 실實로서의 예禮를 실천하는 것이며, 이 실實이 곧 성誠이기도 하기 때문에 성誠을 실천하는 것이다. 즉 성誠을 이루기 위하여 성지誠之하는 것이 바로 역행力行이다. 이와 같은「격몽요결擊蒙要訣」의 공부 순서를 통해서 이이의 공부 방법을 살핀다면, 선善을 밝히는 궁리窮理의 전제는 거경居敬이고 성誠을 실현하는 것이 역행力行이므로 이 공부는 결국『대학大學』과『중용中庸』을 근거로 설정되어 있음을 알 수 있다.

박여룡이 기록한「어록語錄」(44세, 1579년)과 김진강이 기록한「어록語錄」(46세, 1581년)에서도 '거경居敬…궁리窮理…역행力行'의 공부 순서는 동일하게 나타난다. 박여룡의 기록에 따르면, 이이는 공부 순서를 말하면서 거경居敬은『중용中庸』에, 궁리窮理와 역행力行은『논어論語』에 근거하여 설명하고 있다. 특히 역행力行을 '예禮로써 단속하는 것'으로만 설명한 것은 미흡한 점이 있다고 한다. 이것은 궁리窮理와 역행力行이 고원한 것에 있는 것이 아니라 일상공부의 중요성을 거론하는 것이며, 거경居敬은 존덕성尊德性처럼 존양存養과 성찰省察 공부의 필요성을 제기하는 것이다. 그리고 역행力行의 미흡한 점을 이이는 47세(1582)에「극기복례설克己復禮說」로 보완한다.

김진강의 기록에 따르면, 이이는 각각의 공부 근거를『중용中庸』의 체계에 의거하여 설명한다. 즉 거경居敬과 역행力行을 존덕성尊德性의 존양存養과 성찰省察 공부의 측면에 묶고, 궁리窮理를 도문학道問學의 격물궁리格物窮理의 측면으로 묶어 결국은 지행知行의 체계

속에서 수양공부를 파악하고 있다는 것을 보여준다.

이와 같이 보았을 때, 「만언봉사萬言封事」에서 보이는 공부 순서로부터 「어록語錄」에 기록된 공부 순서를 통해서 이이의 학문체계에서 나타나는 공부론의 몇 가지 특징을 발견할 수 있다. 이이 공부론의 체계에서 가장 논란이 된 문제는 거경居敬과 궁리窮理, 즉 거경함양居敬涵養과 궁리성찰窮理省察의 공부 순서에 관한 것이었다. 이이가 궁리窮理·거경居敬·역행力行의 공부 순서를 제기한 것이 39세 때의 일이고, 40세를 기점으로 거경居敬…궁리窮理…역행力行의 공부 체계로 변모한 점을 고려한다면, 40세 이전의 이이의 수양공부론은 궁리窮理를 중심으로 한 거경역행居敬力行의 체계였다. 따라서 그는 궁리窮理를 우선시하는 태도를 보이게 된다.

그러나 40세 이후 거경居敬으로서 존양存養을 공부의 전제로 파악함으로써84) 이이는 거경居敬…궁리窮理…역행力行의 공부론을 형성하여, 궁리窮理뿐만 아니라 거경居敬·역행力行을 강조하는 입장에 서게 된다. 이이는 이와 같은 자신의 공부론을 지행知行의 체계로 재해석하면서 지知와 행行의 병진並進을 강조하지만, 행위를 위한 올바른 이치의 파악을 무엇보다 중요시한다는 점에서 그의 관심은 거경함양居敬涵養보다는 궁리성찰窮理省察에 무게 중심이 있다고 보인다.

다음으로 역행力行의 측면이다. 역행力行은 궁리窮理와 연결되어 있다는 점에서 이이에게는 중요한 문제이다. 곧 궁리窮理는 올바른

---

84) 『栗谷全書』 13:31, 「擊蒙編跋」. "學者必操養之然後, 乃有所得, 若不操不養, 則寧有所得乎. 且所謂存養者, 存其心養其性也. 心性是我本有底, 豈得於他乎."

이치를 탐구하는 것이며, 이는 궁극적으로 선善을 밝히는 것이다. 따라서 궁리窮理를 통해서 검증된 올바른 이치를 실현하는 것은 바로 천리天理의 절문節文인 예禮를 실현하는 것이고, 역행力行은 그런 점에서 곧 사욕을 배제하고 본성性을 회복하기 위한 실천적 공부이기 때문에 이이는 이를 중요시하는 것이다.

결국 이이는 거경함양居敬涵養・궁리성찰窮理省察의 공부론 체계에서 거경함양居敬涵養 속에 포함되어 있는 미발未發의 함양涵養 공부와 또 다른 이발已發의 궁리窮理를 통한 인문적 가치질서를 실현한다는 측면에서 역행力行의 단계를 따로 설정하고 있는 것이다.

그리고 수양공부를 뒷받침하는 경전을 통해 볼 때, 이이는 일용공부日用工夫의 중요성을 강조하기 위해 『논어論語』를 인용하기도 한다. 그러나 주된 전거는 『대학大學』과 『중용中庸』이다. 『대학大學』과 『중용中庸』의 공부 체계를 볼 때, 『대학大學』은 격물치지格物致知를 통해서 성의정심誠意正心을 실현하는 것을 위주로 하고, 『중용中庸』은 존양성찰存養省察의 존덕성尊德性과 격물궁리格物窮理의 도문학道問學을 위주로 하고 있다. 따라서 『대학大學』이 보다 실천적 성격을 띤다면, 『중용中庸』은 형이상학적 이론을 담고 있다고 볼 수 있다.

그러므로 이런 점을 미루어 볼 때, 이이는 『대학大學』을 근간으로 먼저 격물치지格物致知를 통해 올바른 이치의 소재를 확인・검증하여 이것의 실천력을 담보하고자 한다. 그리고 『중용中庸』을 바탕으로 존양성찰存養省察의 존덕성尊德性 공부와 격물궁리格物窮理의 도문학道問學 공부를 병행함으로써 변화하지 않는 실천의 근거를 확보하려 했음을 확인할 수 있다. 이는 곧 지知와 행行의 공부를 병행竝

行하는 체계이다.

(2) 입지와 실심지성

이이의 수양공부에서 입지立志의 문제가 자주 거론되는 것[85])은 그것이 수양공부의 지향 설정과 직접적으로 관계가 있기 때문이다. 수양공부의 지향이란 다름 아닌 성인聖人의 경지에 이르는 것이다. 물론 여기서 말하는 성인聖人은 유가儒家의 성인聖人을 지칭한다.

입지立志의 문제는 「자경문自警文」[86])(20세)에서 처음 거론된다. 이 「자경문自警文」은 지난 시간에 드러났던 자신의 방만한 마음과 경솔한 행위를 반성하고 앞으로의 경계로 삼기 위해 지은 글이다. 이이는 어머니가 죽은(16세) 후 3년상을 마치고(18세) 19세에 금강산으로 입산하면서 불교의 수양공부에 침잠한다. 이 시기에 깨달음을 얻기 위해 불교 서적을 탐독하고 선승들을 만나게 되지만, 이이는 자신이 찾으려는 궁극적 이상이 불교에 있지 않음을 확인하고[87]) 이듬해 봄(20세)에 강릉으로 하산한다.[88]) 이때의 일을 이이는

---

85) 입지와 관련된 내용은 「自警文」(20세)에서 시작하여 「聖學輯要」立志章(40세), 「擊蒙要訣」立志章(42세), 「語錄」(44세・朴汝龍), 「學校模範」(47세) 등에서 보인다.
86) 『栗谷全書』 40:40, 「自警文」. "先須大其志, 以聖人爲準則."
87) 이이의 禪觀을 단적으로 보여주는 글이 「楓岳贈小菴老僧並序」이다. 여기서 이이는 老僧과의 禪問答을 통하여 佛氏의 道는 儒家의 오묘함에 미칠 바가 아님을 분명히 밝힌다. 『栗谷全書』 1:21, 「楓岳贈小菴老僧並序」. "僧曰儒家亦有卽心卽佛之語乎. 余曰孟子道性善, 言必稱堯舜, 何異於卽心卽佛…余乃曰鳶飛戾天魚躍于淵, 此則色耶空耶. 僧曰非色非空, 是眞如體也. 豈此試之足比. 余笑曰旣有言說, 便是境界, 何謂體也. 若然則儒家玅處不可

솔직하게 고백하고 있다.[89]

> 문득 15세의 소년기를 지나 어머님을 잃은 화액이 내 몸에 미쳤다. 게다가 미망에 빠져서 안으로 마음을 공격함에 산림으로 달아나 미쳐서 날뛰고 전도 착란하여 제 자리를 잃어 공리의 뜰에 나가지 못하고 황향의 부채를 잡지 못한 지 한 해가 되었습니다.[90]

사랑하는 어머니를 졸지에 잃고서 인생에 대해 고민하던 이이는 금강산에 입산하여 불교의 수행에 따르게 된다. 이 시기 이이는 금강산 주변의 사찰과 암자를 돌아다니며 깨달음을 위한 열망 속에서 불교적 수행법을 따르고 불교 경전을 탐독하게 된다.[91] 이이는 이 시기를 회고하면서 한때 마음을 잡지 못하고 방황하여 유가적 도리를 행하지 못하고 불문佛門에 귀의하려던 것은 무엇보다도 자기 자신이 지향해야 할 목표가 없었기 때문이라고 반성한다. 그러

言傳, 而佛氏之道, 不在文字外也."
88) 이이의 금강산 입산과 관련한 문제는 그의 생존 시뿐만 아니라 사후에도 지속적으로 논란이 된다. 특히 이이를 비판하는 퇴계학파의 학인들은 그가 실제로 出家하여 법명까지 얻었다고 거론하여 유학에 공이 높은 사람들의 업적을 기리는 文廟에 配享할 수 없다고 주장하기에 이른다. 이는 율곡학파와 퇴계학파의 단순한 사상적 대립의 측면을 넘어서 정치투쟁의 빌미로 작용한다.
89) 『退溪全書』 14:18, 「答李叔獻」. "往聞人言, 足下讀釋氏書而頗中其毒, 心惜之久矣. 日者之來見我也, 不諱其實, 而能言其非, 今見兩書之旨而如此, 吾知足下之可與適道."
90) 『栗谷全書』 13:20, 「別洪表叔序」. "奄過成童, 失恃之禍, 慘及於身. 加之以迷方之疾, 內攻于心, 狂走山林, 顚倒失所, 不趨孔鯉之庭, 不執黃香之扇, 歲已周矣."
91) 이이는 불교 경전 가운데 특히 마음이 문제를 주로 다루고 있는 『楞嚴經』에 침잠하였다고 하는데, 이 『능엄경』은 禪宗의 핵심 경전이기도 하다. 이이의 철학적 사유가 성리학(유학)에 한정하지 않고 불교적 사유를 포함하는 것은 이러한 불교적 수행과 학습의 영향 때문이라고 추측된다.

한 측면에서 이이는 학문에 있어서도 이 목표가 설정되지 않는다면 올바른 성취를 이룰 수 없다는 점을 강조한다.

> 먼저 모름지기 그 뜻을 크게 가져 성인의 경지에까지 가는 것을 준칙으로 삼아 털끝만큼이라도 그에 미치지 못하면 나의 일은 끝나지 않은 것이다.[92]

이제 이이는 자신이 학문하는 지향점이 유가적儒家的 성인聖人을 이루는 성학聖學에 있음을 분명히 하면서 필생의 사업으로 성리학에 정진할 것을 다짐하는 것이다. 이것이 20세의 약관에 설정된 삶의 지표이다.

그리고 22년 후 「격몽요결擊蒙要訣」에서도 입지立志의 중요성을 다시 한번 천명한다. 이이는 "처음 배우는 사람은 먼저 모름지기 뜻을 세워 반드시 성인됨을 스스로 기약할 것이오, 털끝만큼이라도 스스로 적게 여겨 물러나려는 마음이 있어서는 안 된다"[93]라 하고, 통치자인 임금조차도 먼저 큰 뜻을 세울 것을 강조한다.[94]

따라서 이이는 배움의 착수처에서 가장 긴요한 것으로 입지立志를 설정하고, 또한 이를 수양공부의 근본으로 파악한다.[95] 이처럼 이이가 입지立志를 통해 도달하려는 궁극의 목적지는 '성인聖人'이

---

[92] 『栗谷全書』 14:40, 「自警文」. "先須大其志, 以聖人爲準則, 一毫不及聖人, 則吾事未了."
[93] 『栗谷全書』 27:03, 「擊蒙要訣 · 立志」. "初學, 先須立志, 必以聖人自期, 不可有一毫自小退託之念."
[94] 『栗谷全書』 19:04, 「聖學輯要 · 進箚」. "殿下先立大志, 必以聖賢爲準."
[95] 『栗谷全書』 20:03, 「聖學輯要 · 立志章」, "學莫先於立志, 未有志不立而能成功者, 故修己條目, 以立志爲先."

고, 그 '성인을 스스로 기약'(聖人自期)하면서 꾸준히 실천해가는 과정이 '성인지학聖人之學'이다.

그렇다면 유가적 성인은 어떤 존재인가? 이이는 성인을 다음과 같이 정의한다.

> 성인은 홀로 지극히 통하고, 지극히 바르고, 지극히 맑고, 지극히 순수한 기를 얻어 천지와 더불어 덕이 합치되므로 성인 또한 (천지처럼) 정해진 성이 있고 변함이 없으니, 정해진 성이 있고 변함이 없게 된 이후에야 사람다움을 다하게 되는 것이라고 이를 수 있다. 그러므로 천지는 성인의 준칙이며, 성인은 뭇사람의 준칙이니, 이른바 수양의 방법이란 다만 성인이 이루어놓은 규범을 따르는 데 불과할 뿐이다.96)

> 성인은 힘쓰지 않아도 중을 이루고, 생각하지 않아도 얻어져 천지에 참여하고 화육을 도울 수 있는 사람이다.97)

성인聖人이란 천지와 더불어 그 덕을 합한 사람이다. 이 성인聖人의 덕은 하늘의 덕과 일치하므로 신묘불측神妙不測하며, 따라서 힘쓰지 않아도 적중的中하고 생각하지 않아도 얻을 수 있어 참천지參天地·찬화육贊化育하는 사람이다. 곧 천지의 법칙을 그대로 실현함

---

96) 『栗谷全書』 10:03, 「答成浩原」. "聖人者, 獨得至通至正至淸至粹之氣, 而與天地合德, 故聖人亦有定性而無變, 有定性而無變, 然後斯可謂之踐形矣. 然則天地, 聖人之準則, 而聖人, 衆人之準則也, 其所謂修爲之術, 不過按聖人已成之規矩而已."
97) 『栗谷全書』拾遺 6:15, 「誠策」. "聖人則不勉而中, 不思而得, 其所以參天地贊化育者."

으로써 모든 사람의 표준이 되는 인물이다.

그런데 이이는 "천리의 본연을 온전히 하여 힘쓰지 않아도 중도 中道에 맞고 생각하지 않아도 얻어져서 자연히 도에 맞는 것은 성誠 그 자체의 일로서 천도天道의 성誠이고, 인사人事의 당연함을 닦아 선을 가려 굳게 잡는 것과 생각해서 얻고 힘을 써서 중도中道에 맞 게 하는 것은 성誠하게 하는 사람의 일이며 인도人道의 성誠"이라고 한다.98) 이렇게 본다면 성인聖人이 하는 일은 곧 '성자지사誠者之事' 로서 천도天道의 성誠이라는 것을 알 수 있다. 따라서 "성인은 천리 에 순수하여 성誠의 온전함을 얻은 사람"이다.99) 이런 이유로 이이 는 성誠을 실리實理이면서 실심實心100)이라 하고, "실리지성實理之性" 과 "실심지성實心之性"101)으로 정의한다.

이처럼 이이는 성誠이라는 '불변하는 가치의 표준'(實理之誠)으로 서 천도天道가 존재하고, 인간은 그러한 가치를 추구할 수 있는 것 (誠之)은 인간에게 실심지성實心之性이 있기 때문이며, 이를 성취한 완전한 인격자가 성인聖人이라는 것이다. 바로 이점에서 성인聖人을 이루기 위한 '첫 마음가짐'으로서 입지立志의 중요성이 드러나게 된다.

그러나 천리天理를 실현하기 위한 과정으로서 성인지학聖人之學은

---

98) 『栗谷全書』拾遺 6:38, 「四子言誠疑」. "全天理之本然, 而不免而中, 不思而得, 從容中道, 則誠者之事, 而天道之誠也…修其人事之當然, 而擇善固執, 思而得, 勉而中, 則誠之者之事, 而人道之誠也."
99) 『栗谷全書』拾遺 6:15, 「誠策」. "純乎天理, 而得誠之全者, 聖人也."
100) 『栗谷全書』拾遺 6:15, 「誠策」. "天以實理, 而有化育之功, 人以實心, 而致感通之效, 所謂 實理實心者, 不過曰誠而已矣."
101) 『栗谷全書』拾遺 6:38, 「四子言誠疑」. "誠者, 眞實無妄之謂, 而有實理之誠, 有實其心之 誠."

고원한 것만은 아니다. 이이는 그 과정을 수양공부의 과정으로 이해하면서[102], 일상의 배움을 통해서 성인聖人에 도달할 수 있다고 한다. 여기서 학문에 대한 이이의 태도가 드러나는데, 그는 배움이란 특별한 것을 찾는 것이 아니라, 다만 일용생활 가운데서 올바른 것을 구하고 이를 실제로 실천하는 것이라고 한다.[103] 그런 것이 습관으로 누적되고, 학문은 일상으로부터 점차 넓혀 광박廣博하고 심후深厚해야 하며, 단지 언사에 그치는 위인지학爲人之學이 아닌 내성외왕內聖外王의 위기지학爲己之學이 되어야 한다. 즉 일상으로부터 사물의 이치를 깨달아 가는 리학적理學的 방법론方法論뿐만 아니라 내면적 자기 본래성에 대한 성찰省察을 통해 의리義理를 밝히는 심학心學으로서 도학적道學的 방법론方法論을 아울러 병행해야 한다는 것이다.

이이는 성인지학聖人之學의 현실적 학문인 도학道學은 "격치로써 선을 밝히고 뜻을 성실히 하고 마음心을 바르게 하는 것으로써 몸을 닦는 것"이라 한다.[104] 즉 도학道學이란 고원한 형이상학적 세계에 대한 탐색만이 아니라, 일용간日用間에서 선善을 밝히고 뜻을 성실히 하며(誠意) 마음을 바로함(正心)으로써 자신을 경계하는 것이다. 이는 단지 개인의 차원에서 그치는 것이 아니라 '나의 타자'를 향한 확충擴充의 방법론을 통해 사회적 관계망으로 적극 실천해

---

102) 『栗谷全書』 19:18, 「聖學輯要·統說」. "聖賢之學, 不過修己治人而已."
103) 『栗谷全書』 29:85, 「經筵日記」(1575년 10월). "學問, 豈有他異哉. 只是日用間, 求其是處, 行之而已矣."
104) 『栗谷全書』 15:06, 「東湖問答」. "道學者, 格致以明乎善, 誠正以修其身, 蘊諸躬, 則爲天德, 施之政則爲王道, 彼讀書者, 格致中一事耳. 讀書而無實踐者, 何異於鸚鵡之能言耶."

나가야 하는 것이기도 하다. 이처럼 앎과 실천이 함께할 때(知行竝進) '참답고 진정한 앎'(眞知)에 이를 수 있는 것이다.105)

이렇게 본다면, 이이는 입지立志를 통하여 '천리天理를 실현하는 성숙한 인격의 성취'를 자기 철학의 핵심으로 삼고 있음을 알 수 있다. 그러나 현실의 대다수의 사람들은 누구나 성인聖人이 될 가능성이 있음에도 불구하고 스스로의 능력에 대하여 의심하고 알려고도 하지 않고, 또한 실제로 해보려고도 하지 않는다.106) 바로 신信·지知·용勇의 부재이다. 따라서 이이는 다음과 같이 역설한다.

> 성인의 덕은 하늘과 합일하고 신묘함이 헤아릴 수 없어서 비록 그러한 경지에 도달하기를 바라지도 못할 것 같지만, 정성으로 공부를 누적하면 도달하지 못함이 없다.107)

이이의 이 말은 성인聖人이란 특정한 사람에 국한되는 것이 아니라는 것이다. 어느 누구라도 뜻을 세워서 천리天理에 부합하는 수양공부를 해 나간다면 성인聖人이 될 수 있다는 것이다. 여기서 '정성으로 공부를 누적'한다는 것은 배움을 통해 성인聖人의 인격을 성취하는 과정인데, 이는 곧 자신의 기질氣質을 변화시켜 가는 과정이기도 하다.108) 따라서 입지立志를 통하여 확고한 목표를 정함

---

105) 『栗谷全書』 10:34, 「答成浩原」. "有旣悟名目之理瞭然在心目之間, 而又能眞踐力行, 實其所知, 及其至也, 則親履其境, 身親其事, 不徒目見而已也. 如此然後, 方可謂之眞知也."
106) 『栗谷全書』 20:08, 「聖學輯要」 立志章. "志之不立, 其病有三, 一曰不信, 二曰不智, 三曰不勇."
107) 『栗谷全書』 22:27, 「聖學輯要」 修己功效. "聖人之德, 與天爲一, 神妙不測, 雖似不可企及, 誠能積累工夫, 則未有不至者也."

으로써 자기 자신의 능력이 미치지 못할까 두려워하는 것이 아니라, 물러서지 않고 성취하려는 굳은 신념이 무엇보다 중요하다는 것이다.

이렇게 본다면 이제 이이가 학문을 논할 때마다 항상 '성인자기聖人自期'로서의 입지立志를 말했던 이유가 밝혀지게 된다. 그것은 바로 '가능적 존재로서 자기 확인'이고, 자기완성을 책임지는 '도덕·윤리의 주체로서 자각'이다. 그리고 이것이 가능한 것은 바로 내 마음뿐만 아니라 객관적 가치로서 천리天理가 존재하기 때문이고, 인간은 그 천리天理를 확인할 수 있는 실심지성實心之誠을 본래적으로 갖추고 있기 때문이다.

(3) 복기성과 교기질

이이의 수양공부론에서 기질변화氣質變化의 문제는 본성性의 회복과 직결될 뿐만 아니라, 리기理氣·심성心性에 대한 성리학적 이론을 근거로 논의되기 때문에 매우 중요한 문제이다. 이이가 교기질矯氣質과 복기성復其性의 문제를 어떤 시각에서 이해하고 있는지는 용어 자체에서 드러난다. 어찌하여 본성性에 대해서는 '복復'자를 쓰고, 기질氣質에 대해서는 '교矯'자를 썼을까? 이이는 이에 대하여 제자와의 문답을 통해서 해명한다.

---

108) 기질을 변화시키는 공부, 즉 矯氣質의 수양공부는 (3) 복기성과 교기질에서 상술할 것이다.

문: 앞서 살았던 유자들이 항상 그 본성을 되찾으라고는 말하고, 그 기를 되찾으라고는 말하지 않은 것은 무슨 까닭입니까?

답: 본연의 성은 비록 물욕에 가려지고 기에 구애되었더라도, 그 근본을 추구하여 보면 순선하여 악이 없다. 그런 까닭에 그 본성을 되찾으라고 말한 것이다. 기는 혹은 탁하기도 하고 혹은 불순하기도 하여, 이미 처음 태어날 때부터 판정되어 있다. 그런 까닭에 그 기를 되찾으라고 말하지 않고, 기질을 교정하라고 말한 것이다.[109]

이이는 맹자류의 성선론性善論의 입장에서 성性을 두 측면으로 이해한다. 본연지성本然之性이라는 것이 그 하나이고 물욕物欲에 가리어지고 기질氣質에 구애된 성性, 곧 기질지성氣質之性이 그 하나이다. 본연지성本然之性은 순선 그 자체로 이해된다. 기질지성氣質之性도 그 본원을 추적하여 본다면, 리理로서 본연의 성性이 자리 잡고 있다. 그러나 기질지성氣質之性은 품부한 기氣에 따라 그 청탁수박淸濁粹駁의 차이가 생기게 된다. 비록 본연지기本然之氣를 품부 받은 경우도 있지만, 그것은 매우 제한적이고(多有不在) 대다수는 기질氣質에 의하여 구속된다. 그러므로 기질지성氣質之性은 그것이 악惡 그 자체는 아니라고 하더라도 언제나 선善은 아니다. 이런 이유로 왜곡된 기질氣質을 변화시킨다면 본연本然의 성性과 본연本然의 기氣를 드러낼 수 있다는 의미에서 기질氣質은 '교정한다' 하고, 본연지성

---

[109] 『栗谷全書』 31:05, 「語錄上」(金振綱). "問, 先儒每言復其性, 而不言復其氣, 何也. 曰, 本然之性, 雖物蔽氣拘, 而推其本, 則純善無惡, 故復其性也. 至於氣, 則或濁或駁, 已判於有生之初, 故不曰復其氣, 而曰矯氣質也."

本然之性은 '회복한다'고 하는 것이다. 이이는 선악善惡의 문제를 리기理氣 개념을 통해 다음과 같이 밝히고 있다.

> 대저 리는 하나일 뿐이니, 본래 치우치고 바른 것과 통하고 막힌 것과 맑고 탁한 것과 순수하고 잡박한 것들의 구분이 없으나 리를 태운 기는 올랐다 내렸다 하면서 일찍이 쉬는 일이 없고 뒤섞여 고르지 못하니, 이것이 천지 만물을 낳아 어떤 것은 바르고 어떤 것은 치우치며, 어떤 것은 통하고 어떤 것은 막히며, 어떤 것은 맑고 어떤 것은 탁하며, 어떤 것은 순수하고 어떤 것은 잡박하다.110)

리理는 그 자체로 완전한 것이지만 운동 변화하는 기氣에 의해 현상세계의 다양한 사물들의 차별상이 드러나고, 이 기氣의 작용에 따라 선악善惡이 분기된다. 여기서 악惡을 제거하기 위해서 기氣에 대한 교정의 필요성이 제기된다. 그러므로 심성心性의 측면에서는 인간이 자신의 본래성을 회복하기 위하여 스스로 기질氣質을 변화111)시키는 수양공부가 무엇보다 중요한 문제로 대두한다. 그렇다면 복기성復其性하고 교기질矯氣質할 수 있는 근거는 어디서 찾을 수 있는가?

---

110) 『栗谷全書』 10:02, 「答成浩原」. "夫理, 一而已矣, 本無偏正通塞淸濁粹駁之異, 而所乘之氣, 升降飛揚, 未嘗止息, 雜糅參差, 是生天地萬物, 而或正或偏, 或通或塞, 或淸或濁, 或粹或駁焉."
111) 『栗谷全書』 10:27, 「答成浩原」. "夫理上, 不可加一字, 不可加一毫修爲之力, 理本善也, 何可修爲乎. 聖賢之千言萬言, 只使人檢束其氣, 使復其氣之本然而已."
『栗谷全書』拾遺 6:19, 「化策」. "本然之性, 人莫不善, 而氣質之稟, 有不齊者, 故天生聖人, 使之治而敎之, 以復其性."

성리학에서 바라보는 인간은 천지만물 가운데 가장 신령스런 존재이고 만리萬理를 구비한 허령통철虛靈洞徹한 마음心을 가진 존재이다. 그러므로 수양을 통하여 자신을 변화시킬 수 있다. 이 수양공부를 통해 자신의 기질氣質을 변화시키고 본래적인 덕성을 회복하는 과정을 지속하게 되면 어느 순간에 '천지를 자리 잡게 하고 만물을 육성'할 수 있는 체화된 단계에 도달하게 된다. 이는 곧 수양을 통해서 인간 스스로가 우주자연의 생명체임을 자각하고, 우주적 생명력을 회복하는 과정이다. 이것이 곧 인간과 천지자연이 합일되는 경지이다.[112]

이이는 교기질矯氣質의 수양공부에서 무엇보다 필요한 것은 '진지실천眞知實踐'[113]·'면지면행勉知勉行'[114]하는 태도를 통해 성인聖人이 이미 이루어 놓은 규범을 따를 것을 요청한다.[115] 이이는 진지실천眞知實踐과 면지면행勉知勉行은 선善과 악惡에 대한 명확한 구분을 전제한다고 보는데, "강직한 선은 의롭고 곧으며, 결단 있고 엄하고 굳세며, 줄기차게 굳은 것이다. 악은 사납고 좁으며, 강하게 날뛰는 것이다. 부드러운 선은 자애롭고 수순하며, 유순한 것이다. 악은 나약하고 결단이 없으며, 간사하고 아첨하는 것이다"[116]

---

112) 『栗谷全書』 10:03, 「答成浩原」. "推本則理氣爲天地之父母, 而天地又爲人物之父母矣. 天地, 得氣之至正至通者, 故有定性而無變焉. 萬物, 得氣之偏且塞者, 故亦有定性而無變焉. 是故, 天地萬物, 更無修爲之術. 惟人也, 得氣之正且通者, 而淸濁粹駁, 有萬不同, 非若天地之純一矣. 但心之爲物, 虛靈洞徹, 萬里具備, 濁者可變而之淸, 駁者可變而之粹. 故修爲之功, 獨在於人, 而修爲之極, 至於位天地育萬物, 然後吾人之能事畢矣."

113) 『栗谷全書』 27:03, 「擊蒙要訣·立志章」. "眞知實踐"

114) 『栗谷全書』 20:08, 「聖學輯要·立志章」. "勉知勉行"

115) 『栗谷全書』 10:03, 「答成浩原」. "天地, 聖人之準則, 聖人, 中人之準則也. 其所謂修養之術, 不過按聖人已成之規矩而已."

116) 『栗谷全書』 21:06, 「聖學輯要」 矯氣質章. "剛善爲義, 爲直, 爲斷, 爲嚴毅, 爲幹固. 惡爲

라고 선善과 악惡의 차이점을 밝힌다. 악惡을 배제하고 선善을 실현하는 이 성인聖人의 준칙은 다름 아닌 사욕을 제거하는 것이다.

> 사람의 천성이 본시 선하여 순전히 천리이나 다만 사욕에 가림이 된 까닭으로 천리가 회복되지 못하는 것이다. 만일 사욕을 이겨버리면 그 천성은 온전하게 된다.117)

인간이 비록 하늘의 이치를 품부 받은 성선性善의 존재이기는 하지만 언제나 선善하지 못한 것은 천리天理가 기질氣質의 장애에서 비롯하는 사욕私欲에 의해 가리어지기 때문이다. 따라서 물욕物欲과 사욕私欲에 의하여 '왜곡된 마음心'을 제거하게 되면 천리天理를 회복할 수 있다는 것이다. 이런 점에서 이이는 사욕私欲의 제거가 곧 천리天理로서 성誠을 실현하는 것이라고 이해하고 특히 극기克己의 공부론을 제시한다. 이이는 극기克己를 "절실한 공부요, 기질을 변화시키는 요법"118)이라고 한다. 여기서 문제가 되는 것은 과연 극기克己의 개념이 무엇이냐는 것이다.

> 극기공부가 일용에 가장 절실하다. 이른바 기己라고 하는 것은 내 마음에 좋게 느껴진 것이 천리에 부합되지 않은 것을 말한다. 반드시 모름지기 내 마음이 여색을 좋아하는가, 이익을 좋아하는가, 명

猛, 爲隘, 爲強梁. 柔善爲慈, 爲順, 爲巽. 惡爲懦弱, 爲無斷, 爲邪."
117) 『栗谷全書』 29:83, 「經筵日記」(1575년 10월). "人性本善, 純是天理, 只是己私爲蔽, 故天理未復. 若克去己私, 則全其性矣."
118) 『栗谷全書』 21:11, 「聖學輯要·矯氣質」. "克己, 爲切己工夫, 而變化氣質之要法."

예를 좋아하는가, 벼슬하기를 좋아하는가, 안일을 좋아하는가, 연회와 잔치를 좋아하는가, 진기한 노래를 좋아하는가를 세세히 살펴서 이 좋아하는 모든 것들이 만약 이치에 부합되지 않는다면, 일체 매섭게 끊어서 뿌리조차 남기지 않은 연후에야 내 마음에 좋게 느껴진 것이 비로소 의리에 있게 되어 극복해야 할 기근가 없을 것이다.[119]

기근는 단순히 '살'로서의 '육체'만을 의미하지는 않는다. 육체를 지닌 존재이기 때문에 가지는 욕구를 아울러 포함한다. 이는 사사로이 좋아하는 것이고 천리天理에 부합하지 않는 것이기 때문에 사욕私欲과 같은 것이다. 따라서 자신이 좋아하는 것이라 하더라도 천리天理에 부합하지 않는 경우에는 이를 과감히 제거하고, 아울러 자신이 좋아하는 것이 의리義理에 맞도록 조절해야 한다.

여기서 이이는 자신이 좋아하는 바(吾心所好)와 천리天理를 명확히 구분하고자 한다. 왜냐하면 '내가 좋아하는 것'이 천리天理와 맞으면 문제가 없으나 '좋아하는 것'이 천리天理에 맞지 않을 때는 문제가 되기 때문이다. 그렇기 때문에 천리天理를 근거로 하여 내 마음心의 욕구와 욕망을 조절·통제함으로써 도덕적 정당성을 확보하고 확충시킬 수 있는 수양공부가 필요하다. 이 수양공부는 단순히 자기의 행동을 규율하는 것에 그치지 않고 마음心 속에서 요동치

---

119) 『栗谷全書』 27:06, 「擊蒙要訣·持身」. "克己工夫, 最切於日用. 所謂己者, 吾心所好, 不合天理之謂也. 必須檢察吾心, 好色乎, 好利乎, 好名譽乎, 好仕宦乎, 好安逸乎, 好宴樂乎, 好珍玩乎, 凡百所好, 若不合理, 則一切痛斷,不留苗脈然後, 吾心所好, 始在於義理, 而無己可克矣."

는 사욕私欲을 극복하여 천리天理를 회복함을 의미한다. 곧 인욕人欲을 제거하는 것이다.

이러한 '극기克己' 공부는 '복례復禮'로 이어진다. 이이는 공자가 인仁의 성취를 위한 방법으로 말한 극기복례克己復禮를 다음과 같이 언급한다.120)

> 가만히 생각하건대 인仁이란 본심의 온전한 덕이요, 예는 천리의 절문이요, 기란 일신의 사욕이다. 사람은 누구나 이 본심을 갖추고 있지 않음이 없지만 그럼에도 불구하고 인하지 못한 까닭은 사욕이 있어 그것을 가로막는 데 연유한 것이다. 사욕을 제거하고자 한다면 모름지기 몸과 마음을 정리하여 한결같이 예에 따라야 하니 그렇게 한 뒤에야 자신의 사욕을 극복할 수 있으며 예를 회복할 수 있다. 의·예·지가 다 같이 천리인데도 유독 예만을 들어 말한 것은, 예는 몸과 마음을 검속하는 일이니 보는 것·듣는 것·말하는 것·행동하는 것이 모두 천리의 당연한 법칙을 따르며 거동과 차림새, 마음의 씀씀이가 절문에 맞으면 이에 마음의 덕이 온전하여 의와 지가 그 가운데 있기 때문이다.121)

---

120) 이이의「克己復禮說」은 그의 말년 저작(47세, 1582년)으로 명나라의 詔使로 온 양명 계열의 黃洪憲의 청탁을 받고 지은 글이다. 양명학은 인간의 도덕실천의 근거를 心卽 理로서 마음에 근거하여 찾기 때문에 이이는 어떤 견해를 갖고 있는지를 물은 것이다. 이에 이이 자신은 도덕실천의 근거는 주관적인 내 마음의 각성과 객관적으로 존재하는 이치를 지향함으로써 가능하다는 程朱性理學의 性卽理의 입장에 서 있음을 밝히면서 克己復禮說을 논한다. 따라서 단순히 사물에 내재하는 이치를 탐구하는 것뿐만이 아닌 성현의 道를 체득하기 위한 窮理工夫를 강조하게 되며, 그 방법이 성현의 언행이 담긴 經典에 대한 독서임을 분명히 하고 있다.

121)『栗谷全書』14:06,「克己復禮說」. "竊爲仁者, 本心之全德, 禮者天理之節文, 己者一身之 私欲也. 人莫不具此本心, 而其所以未仁者, 由有私欲間之也. 欲去私欲, 須是整理, 身心一遵

극기克己를 통해서 자신이 극복할 대상으로서 기己를 확인하였다면, 기己가 지시하는 욕구와 욕망을 조절·통제하여 극복하는 것이 무엇보다 중요하다. 그리고 그 극기克己의 방법은 천리天理의 절문節文인 예禮의 실천을 통해 가능하다.[122] 따라서 이이는 공자가 안연에게 주었던 극기복례克己復禮를 통해 사욕私欲을 제거하고 천리天理를 회복하고자 하는 것이다. 복례復禮는 예禮의 실천적 면모이기도 하지만 되찾아야 할 대상으로서 인仁의 회복이기도 하다.

그러므로 이제 예禮가 무엇인지 알아야 한다는 필요성이 제기된다. 이이는 예禮를 아는 것이 곧 궁리窮理라고 이해한다. 궁리窮理라는 것이 고원한 형이상학적 진리를 탐색하는 것만이 아니라는 것이다. 그리고 궁리窮理를 통해 파악된 예禮를 올바르게, 상황에 적실하게 실천하는 것이 역행力行이다. 예禮의 실천을 위해서 예禮가 무엇인지 파악해야만 하는 궁리窮理가 이이에게 우선적인 문제로 제기되는 이유가 여기에 있다.

예禮를 파악하는 궁리窮理의 방법 가운데서 가장 좋은 것이 '독서讀書'이다. 경전 속에는 성현들이 말씀이 기록되어 있으므로, 그것을 확인함으로써 이치를 깨닫게 되기 때문이다. 그러나 이 독서는 단순히 지식의 획득을 위한 것만은 아니다. 독서를 통해서 옛 성인聖人들을 만나고, 이 과정은 곧 성현聖賢들의 인격을 체험하는 것이다. 따라서 독서는 예禮를 실천할 수 있는 실천적 토대를 만드는

乎禮, 然後己可克而禮可復矣. 義禮智均是天理, 而獨擧禮者, 禮是撿束身心底物事, 視聽言動, 悉循天則, 動容周旋, 皆中節文, 則心德斯全, 而義智在其中矣."
[122] 『栗谷全書』 27:06, 「擊蒙要訣·持身章」. "非禮勿視, 非禮勿聽, 非禮勿言, 非禮勿動, 四者 修身之要也. 禮與非禮, 初學難辨, 必須窮理而明之. 但於已知處, 力行之, 則思過半矣."

것이기도 하다.

이렇게 보면 이제 복례復禮의 의미도 파악된다. 복례復禮는 단순히 예禮의 회복만이 아니라 예禮에 맞게 자신의 마음心을 조절하는 것이라는 의미가 가능하다. 이렇게 본다면 극기복례克己復禮는 자신의 내면적인 성찰을 통하여 천리天理의 마음心과 부합하지 않는 욕구를 제거함으로써 인문적 가치질서에 맞게 자신을 조정하는 것이다. 이는 인仁이라고 하는 본래의 마음心을 회복하여 기질氣質에 의한 장애를 극복하는 것이기도 하다.

결국 독서讀書와 궁리窮理를 통해서 예禮를 학습하고 또 이를 역행力行을 통해 반복 실천함으로써 인성 변화의 가능성이 확보된다. 이러한 습관이 오래 쌓이면 천성처럼 자연스럽게 '몸에 익게' 되어 어떠한 상황 하에서도 도덕적 정당성을 잃지 않게 되는 것이다. 이것이 다름 아닌 '체화體化'를 통해서 도달하게 되는 '세계와 나의 열림'이요 '세계와 나의 불이성不二性'을 체득體得한 활연관통豁然貫通의 경지이다. 이이가 끊임없이 수양공부의 중요성을 논하면서 자신의 변화가능성을 신뢰하고, 또한 성숙한 인격의 성취, 곧 성인聖人의 실현을 위해 용맹정진할 것을 강조하는 이유가 바로 여기에 있다.

3
성경에 근거한 치인론

　성경誠敬을 근거로 한 수양공부가 개인의 차원에서 논의되는 문제이지만, 치인治人 또한 '수기적修己的 개인個人'을 전제로 한다는 점에서 이이의 치인론治人論은 이 연장선에 있다. 이이의 수양론에서 수기修己의 문제가 개인의 내면적 덕성 함양에 국한하지 않고 현실세계에서의 구체적 실천과 연결되듯이, 현실에 대한 파악과 실천을 병행하는 치인治人의 문제도 수기修己를 통한 사회적 실천의 양상을 보이고 있다. 이것은 이이의 철학사상이 개인적인 수기修己를 통해서 사회적 실천의 영역으로 확장되는 것을 의미한다. 이 점에서 필자는 이이의 학문 체계에서 드러나는 사회적 실천철학의 영역을 '성경誠敬을 근거로 한 치인론治人論'이라고 규정한다.

　치인론治人論은 엄격히 말하면 통치자의 영역이기도 하다. 그럼에도 이이에게 치인론治人論이 문제가 되는 것은 그 자신이 현실정치에 몸담고 있는 학자적 관료였고, 무엇보다도 유가적 이상인 왕도정치王道政治123)를 현실정치에서 구현할 책무가 그에게 있기 때문이다. 그러나 16세기 중엽 조선사회의 현실은 그렇지 못하다는 데 문제가 있다. 사회적 모순과 부조리는 심화되고 백성들의 삶은 피폐해져 가는 형국이었다. 이이는 이 시기를 중쇠기中衰期로 표현한다. 따라서 이이는 자신의 시대가 지닌 사회적 모순을 깊이 통찰하고 또한 부조리한 현실을 비판하면서 이상적 현실로 개혁하기 위해 구체적인 방안을 제시하게 된다.124) 바로 시의時宜를 통해서 시무時務를 파악하고 또한 실질에 힘씀(務實)으로써 실질적인 변화를 견인해 내려는 경장更張의 이론이다.

이이의 개혁사상인 경장론更張論의 골자는 시의時宜 변통론變通論이다. 시의時宜는 말 그대로 '그 상황에 가장 적절하게 맞음'이며 이는 곧 변화에 대한 주체적 수용을 의미하는 변통變通이다. 이이는 시의時宜에 따른 변통變通의 문제를 국가 통치의 차원에서 본다면 공론公論의 수렴과 책임정치의 구현이고, 시대의 조건에 맞지 않는 옛 법제와 제도의 개혁이며, 특히 당시 심각한 사회문제를 일으키고 있던 공납과 군역제도를 개혁하는 것에서 찾고 있다. 이런 면에서 이이의 치인론治人論은 사회철학적 성격을 보여주고 있다.

이처럼 이이가 생존했던 16세기 중엽은 한마디로 개혁이 절실히

---

123) 왕도정치란 道德과 仁義로써 백성을 편안하고(安民) 이롭게 살 수 있도록(利民) 교화하는 것이다.
124) 이승환은 주자의 철학체계를 "단순히 '이론을 위한 이론'이 아니라 자신이 속했던 현실사회의 문제를 해결하기 위한 실천의식과 밀접한 관련을 맺고 있다."고 평가한다. 이러한 실천철학으로서 특징은 이이 철학체계에서 오히려 구체적으로 나타난다. 이승환, 「주자의 형이상학에 담긴 사회철학적 함의」, 『유가사상의 사회철학적 재조명』(고려대학교 출판부, 1998), 345쪽 참조.

요구되는 '경장更張의 시기'였다. 따라서 이이는 수기修己를 통한 도덕적 자기성취의 차원에 머물지 않고 이를 치인治人을 통해 실현하고자 현실에서 물러서지 않는다. 그의 이와 같은 실천철학의 모델은 성리학적 이상정치를 실현하고자 했던 조광조였다. 요순의 이상적인 통치를 실현하고자 했던 조광조의 급진적인 지치주의至治主義가 훈구척신 세력에 의해 좌절됨을 간접적으로 경험한 이이는 아래와 같이 시의時宜와 시무時務를 통해 실질을 중시務實하는 '점진적 개혁론'을 전개하게 된다.

(1) 현실대응으로서 시무와 경장

조선조 개창 이후 향촌사회의 주도 세력으로 성장한 사림파 계열의 성리학자들은 과거를 통해 관직에 진출하면서 16세기 초에는 기성의 훈구척신 세력과 대립양상을 보이게 된다. 이들은 성리학의 내면적 수양을 바탕으로 한 윤리도덕의 실천을 통해 구습舊習을 타파하고 법제를 혁신하는 등 새로운 사회질서를 모색한다. 따라서 이들과 달리 현실 지향적이고 보수적인 훈구척신 세력과의 마찰은 불가피한 상황이었다.

신진사대부와 훈구척신 사이의 갈등 양상은 학문 방법과 내용상의 차이를 넘어서 정치적 문제로 비화됨으로써 사화士禍로 이어지게 된다. 대표적인 것이 조광조 등 혁신을 주장하던 지치주의자들의 죽음을 가져온 기묘사화己卯士禍이고 이어서 발생한 것이 을사사화乙巳士禍이다.125) 이러한 일련의 사화士禍로 야기된 사회분위기를 이이는 다음과 같이 전한다.

> 기묘년에 여러 어진 사람들이 약간 일을 해보려고 하였으나 참소를 만나 참변을 당하였고, 이어서 일어난 을사사화는 기묘사화보다 더욱 참혹하였다. 이러한 참변이 일어난 후부터 사림은 두려워하고 조심히 살아가는 것만을 다행으로 생각하여 감히 국사에 대하여 말하지 못하였기 때문에 권세 있는 간신의 무리가 방자하게 날뛰면서 자신들에게 이로운 것은 오래된 구법이라 하여 준수하고 사리에 방해되는 것은 새로운 신법이라 하여 개혁해서 폐지하였다. 요컨대 간신배의 관심거리는 백성들을 박탈하여 자기만 살찌게 하자는 것뿐이었기 때문에 나라의 형편은 날로 급박해지고 국가의 기초는 날마다 허물어져 가는 데 이르렀으니, 누가 추호라도 마음을 움직여 본 사람이 있었겠는가?126)

지치주의至治主義를 추구하였던 사림士林 계열의 인물들이 대거 숙청당한 기묘사화己卯士禍와 대윤大尹·소윤小尹의 갈등으로 빚어진 을사사화乙巳士禍 등 양대 사화士禍의 여파로 사림士林은 대거 정계에서 물러나 산림山林에 은거하게 된다. 이렇게 되자 조정에는 훈구척신 세력을 견제할 만한 비판세력이 부재하게 되는 '정치적 공

---

125) 戊午士禍(燕山君 4년, 1498), 甲子士禍(燕山君 10년, 1504), 己卯士禍(中宗 14년, 1519), 乙巳士禍(明宗 1년, 1545)를 지칭한다.
126) 『栗谷全書』 5:10, 「萬言封事」. "厥後, 己卯諸賢, 稍欲有爲, 而讒鋒所觸, 血肉糜粉, 繼以乙巳之禍, 慘於己卯, 自是士林, 狼顧脅息, 以苟活爲幸, 不敢以國事爲言, 而惟是權奸之輩, 放心肆意, 利於己者, 以爲舊法而遵守, 妨於私者, 以爲新法而革罷, 要具所歸, 不過剝民自肥而已, 至於國勢之日蹙, 邦本之日斲, 孰有一毫動念者哉."

동화 현상'이 발생한다. 따라서 이들의 권력 남용과 전횡으로 인하여 사회적 모순은 더욱 증폭되어 국가는 이미 위태로운 국면에 도달한 상태였다. 이런 상황이다 보니 나라의 근본인 백성들은 생계의 터전을 잃게 되어 먹을 것을 구하기 위하여 떠돌아다니게 되고, 군대는 무기력해져서 국가의 존속마저 불투명한 지경이었다. 그러나 윤원형尹元衡의 실각을 계기로 산림山林으로 물러났던 사림士林 계열이 다시 정계에 진출함으로써 16세기 중반은 새로운 가능성을 모색하는 시기이기도 하였다. 이이는 바로 이러한 시기에 호조좌랑으로 출사한다.[127]

이이는 역사철학적인 관점에서 시대를 창업創業과 수성守成과 경장更張 세 시기로 구분한다.[128] 자신의 시대는 중쇠기中衰期[129]로서 경장更張, 곧 개혁이 필요한 때라고 판단한다.

> 국가가 고치기 어려운 상황에 빠진 지 20여 년이 되었다. 위아래가 인습에 젖어 있어서 조금도 개혁되어 가는 것이 없다. 오늘날 백성의 힘은 이미 고갈되었고 나라의 저축도 텅 비었다. 만약 국가의 개혁이 이루어지지 않으면 장차 나라는 제대로 유지되기 어려운 상황이다.[130]

---

127) 이이는 29세(1564년)에 출사를 하고, 윤원형의 삭탈관직은 1년 후인 1565년(明宗 20년)에 이루어진다.
128) 『栗谷全書』 25:10, 「聖學輯要・識時務章」. "時務不一, 各有攸宜. 撮其大要, 則創業守成, 與夫更張, 三者而已."
129) 『栗谷全書』 30:72, 「經筵日記」(선조 14년 7월). "我國家傳至二百餘年, 今已中衰."
130) 『栗谷全書』 9:06, 「上退溪先生」. "國家之沈於痼疾, 二十餘年矣. 上因下循, 一毫不改, 目今民力已竭, 國儲已罄, 若不更張, 國將不國."

당시는 올바른 통치가 이루어지지 않아서 위정자들이나 백성들 모두 인습에 젖어 있고 타성에 빠져 있는 상태였다. 만일 이러한 시기에 개혁을 하지 않는다면 나라는 망하게 되므로 마땅히 개혁을 해야 한다는 것이다. 여기서 이이는 시무時務를 말한다.

시무時務란 때에 맞는 급무에 힘을 쏟아 일을 성취하는 것이다. 즉 그 시기에 가장 긴요한 일을 성취하는 것이다. 그러나 그 때를 제대로 파악하지 못하면 마치 병도 없는데 약을 먹어 도리어 병을 얻게 되거나, 약을 먹어야 하는데 약을 물리쳐 누워서 죽음을 기다리는 격이 된다. 이처럼 시무時務는 어느 때나 한결같지 않아서 각각 마땅한 바가 있다고 보는 것이다. 이이는 이를 시의時宜[131]라고도 한다.

이렇게 보면 경장更張은 시의時宜에 맞는 시무時務를 어떻게 파악하고, 또 얼마만큼 실질을 이루기 위한 무실務實에 힘쓰는가에 따라 성패가 갈라지게 된다. 이이는 시의時宜와 시무時務의 중요성을 다음과 같이 말한다.

> 정政은 때를 아는 것을 귀하게 여기고 사事는 실질에 힘쓰는 것을 긴요하게 여기며, 다스리되 때에 맞는가를 알지 못하고, 마땅히 일을 하되 실질적인 공에 힘쓰지 않으면, 비록 성군과 현명한 신하가 서로 만나더라도 다스림의 효과를 이루지 못한다.[132]

---

131) 『栗谷全書』 5:10, 「萬言封事」. "夫所謂時宜者, 隨時變通."
132) 『栗谷全書』 5:10, 「萬言封事」. "以政貴知時, 事要務實, 爲政而不知時宜, 當事而不務實功, 雖聖賢相遇, 治效不成矣."

이이는 나라를 다스리는 것은 때를 아는 것(知時)과 실질에 힘쓰는 것(務實)을 핵심으로 한다고 정의하면서, 이 시의時宜와 무실務實을 통해 실공實功을 이룰 수 있어야 함을 강조한다. 그러나 시의時宜를 잘못 알고서는 아무리 힘써도 실공實功을 이루지 못하며, 시의時宜를 아무리 잘 파악했다 하더라도 실질實質에 힘쓰지 않으면 공효功效를 이룰 수 없다는 것이다. 따라서 시의時宜를 제대로 파악하고 또한 실공實功에 힘써야지만 다스림의 방책이 실효實效를 거둘 수 있음은 물론이다. 이이는 이처럼 지시知時와 시의時宜, 시무時務와 실공實功은 서로 긴밀하게 연관되어 있음을 드러내면서 자신의 실천철학이 '실實'을 중시하고 있음을 보여주고 있다.

여기서 때를 알아서(知時) 그 시기에 마땅하고(時宜) 화급을 다투어 처리해야 할 일(時務)을 파악한다는 것은 지知에 속하고, 실질적인 공(實功)을 이루기 위하여 실질에 힘써서 일하면(務實) 실질적인 효과(實效)를 거둘 수 있다는 것은 행行에 속한다. 이것을 이이의 성경誠敬에 근거한 수기론修己論에 적용한다면, 이미 현상의 일이므로 궁리窮理와 역행力行에 속하게 된다. 이렇게 보면 사직社稷을 보존하고 백성을 보호하는 통치행위는 궁리역행窮理力行과 같은 수양공부와 별반 다름이 없는 것이다. 치인治人에 앞서 수기修己가 이이의 수양공부론에서 강조된 이유도 여기에서 발견된다.

이이는 통치에 있어 중요한 관건은 '때를 옳게 파악하는 능력'인 지시知時와 '실질에 힘쓰는 행위'인 무실務實에 있다고 본다. 그리고 통치행위는 실질적인 효과를 거두어야 한다는 점[133]에서 이것은

---

133) 『栗谷全書』 5:30, 「萬言封事」. "治則必求實效."

이이의 실공實功·실효實效·실질實質을 강조하는 무실사상務實思想의 근거가 된다. 따라서 무실務實의 견지에서 '때를 알고'(知時) 그에 '마땅한 정책'(時宜)을 결정하였다면, 이는 한시도 늦추어서는 안 된다. 이러한 급무急務를 이이는 경장更張이라고 한다.

> 소위 경장한다는 것은 나라가 극성하면 가운데가 미약해지고, 법이 오래되면 폐해가 생기고, 마음이 안일에 젖으면 고루한 것에 인습되고, 백 가지 제도가 해이해지면 나날이 어긋나서 나라를 다스릴 수 없기 때문에 여기서는 반드시 현명한 임금과 현철한 신하가 있어서 개연히 일어나 근본을 붙들어 혼탁해진 것을 다시 일으키고 묵은 인습을 깨끗이 씻어서 숙폐를 개혁하며, 선왕의 뜻을 잘 이어서 일대의 규모를 새롭게 하여야만 그 공업이 선열에 빛나고 후손에 끼쳐질 것이다.[134]

경장更張이란 사회변혁을 요구하는 시기의 현실타개책이다. 이 현실대응책은 한 개인에 의해서 만들어지는 것이 아니라 시대적인 요구이다. 당대의 가장 시급한 문제를 해결해 나가는 것이다. 이것은 구체적으로 구습의 혁파와 제도 개혁의 형태를 띠게 된다. 이는 곧 민생을 구하는 길이기도 하다. 그러나 만일 경장更張을 해야 할 때임에도 경장更張을 하지 않으면 누워서 죽음을 기다리는 것과 다를 바 없다.

---

[134] 『栗谷全書』 25:10, 「聖學輯要·識時務章」. "所謂更張者, 盛極中微, 法久弊生, 狃安因陋, 百度廢弛, 日謬月誤, 將無以爲國, 則必有明君哲輔, 慨然與作, 扶擧綱維, 喚醒昏惰, 洗滌舊習, 矯革宿弊, 善繼先王之遺志, 煥新一代之規模, 然後功光前烈, 業垂後裔矣."

이처럼 옛 법제를 혁파하고 제도를 개혁하는 경장更張의 기준은 백성들의 삶의 질을 높이고 편안하게 하는 데 있다.135) 이 안민安民·이민利民의 목적과 이상은 바로 유학 본래의 민본民本·위민爲民 사상에 기초한다.136)

(2) 시대의 급무로서 개혁론

① 공론과 책임정치

이이는 "제왕帝王의 학문은 기질氣質을 변화하는 것보다 절실한 것이 없고, 제왕帝王의 정치는 정성을 미루어 어진 이를 등용하는 것보다 우선하는 것이 없다"137)고 말한다. 이는 국가를 다스리는 통치자의 가장 큰 임무는 먼저 수기修己를 통해 자기 자신을 수양하고 민본民本 위민爲民의 왕도정치에 대한 확고한 신념을 가져야 하며, 인재 선발에 있어서도 신분과 문벌을 따지지 말고 오로지 사람의 됨됨이와 역량이 맞는 자를 등용하여 적재적소에 배치해야 한다는 것이다.

이렇게 군주가 수기를 통하여 큰 뜻을 세우고 학문에 힘쓰며, 어

---

135) 『栗谷全書』 5:10, 「萬言封事」. "法久弊生, 害歸於民, 設策矯弊, 所以利民也."
『栗谷全書』 11:05, "大抵革舊更新, 但計其是非利害, 要在有便於民而已."
136) 尹絲淳, 「栗谷思想의 實學的 性格」, 『韓國儒學論究』(玄岩社, 1980), 159쪽 참조.
137) 『栗谷全書』 19:03, 「聖學輯要·進箚」. "帝王之學, 莫切於變化氣質, 帝王之治, 莫先於推誠用賢."

진 이를 등용하여 정사를 펼치는 이유는 안인安人·이민利民에 있다. 군주는 백성의 위에 군림하는 존재가 아니라 나라의 근본인 백성의 고통과 아픔을 들으면서 그들이 원하는 바를 해결해주며 교화시키는 존재가 되어야 한다. 그러나 군주 한 사람이 현실적인 모든 상황을 파악하기란 불가능하다. 따라서 이이는 민의民意를 보다 빠르고 정확하게 전달하고 군주의 독선을 막기 위해 여론輿論의 중요성을 강조한다.

> 임금이란 작은 몸으로 만 백성 위에 처신하고 있어서 청각은 모든 것을 다 듣기에 부족하고 시각은 모든 것을 다 보기에 부족하다. 그래서 옛날의 성왕은 반드시 온 나라 사람들의 귀를 자신의 귀로 삼아서 귀는 듣지 못하는 것이 없었고, 온 나라 사람들 눈을 자신의 눈으로 삼아서 눈은 보지 못하는 것이 없었으며, 온 나라 사람들의 마음을 자신의 마음으로 삼아서 마음은 알지 못하는 것이 없었으니, 하늘과 땅도 크다고 여길 만한 것이 못 되었고 해와 달도 밝다고 여길 만한 것이 못 되었다.[138]

통치자는 항상 민의民意의 소재가 어디에 있는지를 파악해야 한다. 민심民心이 이반되었을 때는 적절한 대책을 강구하여 백성들을 위안해야 한다. 그러나 한 사람의 총명예지에는 한계가 있어서 군주 혼자서는 세상의 공무를 다 볼 수 없다. 그러므로 여론輿論을 통

---

138) 『栗谷全書』 3:32, 「玉堂陳時弊疏」. "人君, 以眇然之身, 處億兆之上, 聽不足以盡聽, 明不足以盡視. 故古之聖王, 必以國人之耳, 爲我之耳, 聽無不聽, 以國人之目, 爲我之目, 明無不視, 以國人之心, 爲我之心, 知無不盡, 天地不足以爲大, 日月不足以爲明矣."

한 공론公論의 수렴은 무엇보다 긴요한 일이다. 이렇게 수렴된 공론은 국가의 존재원리가 되며, 이것이 국가의 원기元氣가 된다.

> 사람들이 마음으로 다 옳다고 하는 것을 공론이라 하는 것이며 공론의 소재를 국시라고 하는 것이다. 국시라고 하는 것은 한 나라의 백성들이 하지 아니하여도 함께 옳다고 동의하는 것이니, 이익으로 유혹하는 것도 아니며, 위협으로 무섭게 하는 것도 아닌 것으로서 삼척동자도 그 옳음을 아는 것이 국시이다.139)

공론公論이란 개인이나 어떤 정파의 주의·주장이 아니라 민의民意가 함축된 표현이다. 이이는 이것이야말로 국가를 지탱해주는 근본적인 기운, 곧 원기元氣라고 한다. 따라서 공론公論이 조정에 조성되어 활발한 토론을 통하여 수렴되면 나라가 잘 다스려지게 되고, 공론公論이 반영되지 않고 항간에 떠돌게 되면 나라가 어지럽고 혼란스러워진다. 그러나 만약 조정과 민간 어디에도 공론公論이 없게 되면 결국 그 나라는 망하게 된다. 왜냐하면 위정자가 공론公論을 주도하지도 못하면서 공론公論이 백성에게 있는 것을 두려워하여 그 입을 막고 죄를 다스리면, 그 나라는 필연코 망하지 않은 전례가 없기 때문이다.140)

---

139) 『栗谷全書』 7:07, 「辭大司諫兼陳洗滌東西疏」. "人心之所同然者, 謂之公論. 公論之所在, 謂之國是. 國是者, 一國之人, 不謀而同是者也. 非誘以利, 非怵以威, 而三尺童子, 亦知其是者, 此乃國是也."

140) 『栗谷全書』 7:14, 「代白參贊疏」. "公論者, 有國之元氣也. 公論在於朝廷, 則其國治, 公論在於閭巷, 則其國亂. 若上下俱無公論, 則其國亡, 何則, 在上者, 不能主公論, 而惡公論之在下也. 防之口而治其罪, 則其國, 未有不亡者也."

이처럼 통치자의 자질이 갖추어지고 언로言路를 통해 공론公論을 형성하여 여론輿論 정치를 행한다 해도 통치기구 및 행정구역에 대한 제도적 정비가 이루어지지 않는다면 안민安民을 위한 구체적인 방책은 시행할 수 없다. 이이는 통치기구의 이원화로 인한 폐해를 개혁하기 위해 왕을 중심으로 한 측근세력도 행정부의 통제 하에 있어야 한다고 주장한다. 이이는 다음과 같이 지적한다.

> 엎드려 바라옵건대, 전하께서는 법을 시행하시되 귀족·근신에서부터 시작하시고, 인을 미루어 나아가시되 뭇 백성에게까지 미치도록 하셔야 합니다. 궁궐과 통치기구를 하나로 생각하시어 환관이 가까운 것을 믿고 조신을 가볍게 여기지 않게 하시고, 모든 백성을 한결같이 보시되 내수사의 노비로 하여금 사사로움을 믿고 그릇된 욕망을 엿보지 못하게 하셔야 합니다.[141]

군주가 사사로움에 치우쳐서 측근의 세력을 비호할 경우에는 환관이 감히 왕명을 받드는 신하를 능멸하여 항거하고, 멀리해야 할 내수사內需司의 노비가 감히 분수 아닌 은혜를 바라고, 근신近臣·척신戚臣들은 임금의 칙서勅書를 만나도 피하지 않는 등 작폐가 일어난다는 것이다. 군주는 궁중宮中의 세력을 사사로이 특권화해서는 안 되며 부중府中과 마찬가지로 국가의 공적 통치기구의 일부로 생각해야 한다는 것이다. 결국 국가의 통제에서 벗어나기 쉬운 왕실

---

141) 『栗谷全書』 5:28, 「萬言封事」. "伏願殿下, 行法時於貴近, 推仁遠於衆庶, 宮府一體, 而毋使宦官恃近, 而輕, 兆紳兆民一視, 而毋使內奴恃私, 而窺非望."

등 군주의 측근들을 사적인 세력으로 비호하지 말고 엄격히 국법의 테두리에 넣음으로써 국가 통치기구를 일원화하자는 것이다.

이와 같은 입장에서 이이는 효율적인 국정 운영을 위해서는 백성들의 삶과 직결된 지방행정 단위의 책임정치가 구현되어야 한다고 본다. 이를 위해서는 무엇보다도 능력 있는 관리를 선발·임용하는 것이 필요하다. 그러나 인재를 등용하는 것에서 그치는 것이 아니라 인재를 어디에 배치하는가도 큰 문제이다. 현실적으로 지방행정 단위에서 어질고 바른 관리가 적재적소에 배치되지 않는 까닭을 이이는 지나치게 세분화된 행정구역의 문제와 관련하여 파악한다.

> 우리나라의 크기가 중국과 비교해 보면 중국의 한 개의 도에도 미치지 못하는데 중국의 관직과 위문의 수가 우리나라의 배가 되지 않으니 이로써 우리나라의 관사의 수가 쓸데없이 많음을 알 수 있다.142)

주州·읍邑을 설치하여 수령首領을 두는 것은 오직 백성을 다스리기 위함이다. 그런데 이이가 살고 있던 당대에는 읍邑은 많고 백성이 적어서 많은 수령首領이 빈 지위에 앉아 있고 지방의 백성과 아전衙前들이 날로 곤궁해지고 있다는 것이다.

이렇게 지방행정 구역의 세분화로 인한 폐해는, 첫째 백성의 수

---

142) 『栗谷全書』 4:20, 「擬陳時弊疏」. "我國之大, 比於中朝, 不及一道, 臣見, 中朝官職衙門, 不倍於我國, 可見我國之, 官司太冗也."

보다 관리의 수가 상대적으로 많기 때문에 백성들의 부담은 가중되고, 둘째 해당 지역의 사정에 맞는 관리를 임명하는 데에 어려움이 있게 된다. 따라서 이이는 두세 곳의 피폐한 읍邑이 서로 인접해 있는 곳을 병합하는 식으로 세분화된 행정단위를 개편하면 백성의 부담도 줄일 것이고 적임자의 수령首領을 선택하기가 훨씬 쉬워진다는 것이다. 이이는 지방 행정기구의 축소를 주장하지만, 한편으로 지방을 책임지고 있는 감사監司의 행정권한 확대 및 임기의 연장을 통해 책임행정주의를 주장하고 있다.

> 감사는 한 도의 주인이니, 그 직책에 오래 있으면서 백성과 더불어 서로 신뢰하여야만 왕의 교화가 베풀어지고 명령이 행하여져서, 평시에는 다스림의 업적을 이루게 될 것이며, 급박한 비상시에는 위기 상황에 응할 수 있을 것이다.[143]

당시 감사監司의 직위는 임기가 단기간이기 때문에 가족들이 따라가지 못하고 또한 외임外任을 경시하고 내직內職을 중시하는 풍토가 지배적인 분위기였다. 이러한 사정으로 인해 감사監司로 임명된 자는 부임하지 않고 사퇴할 계책을 부리거나 병을 핑계로 부임을 늦추다가 사퇴하는 등, 부임을 기피해온 것이 당시의 실정이었다. 이런 연유로 도道에는 늘 주인이 없는 것과 같고, 정사政事는 의지할 곳이 없어 백성이 혜택을 받지 못하므로 이이는 이를 시정하

---

[143] 『栗谷全書』 7:36, 「陣時弊疏」. "監司爲一道之主, 久於其職, 與民相信, 然後王化宣焉, 號令行焉, 平日可以成政, 緩急可以應變."

고자 하였던 것이다.

이이의 감사監司 권한강화 및 임기 보장에 대한 논의는 실력 있는 관료를 중앙에서 파견함으로써 지방의 정치·경제적 활성화를 이루게 하며 지속적인 정책의 일관성을 유지하려는 방책이라고 볼 수 있다. 이는 관리의 책임행정 하에 '백성을 구제'(救民)하고 '백성에게 이로움'(利民)을 주려는 이이 위민사상爲民思想의 한 단면을 보여주는 좋은 예이다.

② 옛 법제의 개혁

시대의 변화를 도외시하는 사회는 정체된 사회이다. 정체된 사회는 변화를 수용하지 못하고 현재보다 과거 회귀적이다. 이러한 사회는 기존의 체제와 법제에 의존하여 인순고식因循姑息하면서 그 틀에서 현상을 지속하고자 하는 것이 특징이다. 왜냐하면 기득권 세력은 자신들이 소유한 다양한 이권을 지속적으로 유지하기 위해 변화를 수용하려 들지 않기 때문이다.

이이는 실무행정을 담당하면서 현실의 삶을 옛 법제, 곧 구법舊法에 의존하여 재단하는 부조리한 문제점을 누구보다도 잘 파악하고 있었다. 따라서 이이는 지금까지 백성들을 피폐하게 만든 구법舊法의 폐단이 한 가지도 고쳐지지 못하고 백성의 괴로움도 풀리지 못한 것은 이전의 규정만 고수하고 변통을 생각하지 않았기 때문이라고 본다. 그렇기 때문에 구법舊法을 개혁하여 시의時宜에 맞게 변통變通할 것을 주장한다.

예로부터 제왕이 창업하여 법을 정하면, 비록 그 법이 처음에는 좋고 아름답지만 시간이 흐르고 일이 변하여 법이 오래 되면 폐단이 생기니 후대를 잇는 임금들도 이를 잘 지키고 잘 따르는 이는 반드시 마땅한 바에 따라 고쳐야 하고 옛 법만 고집하지 않아야 한다. 그러므로 진서산은 『중용』에서 말하는 계술의 뜻을 논하여 말하기를, "마땅히 유지하고 지켜야 할 경우에 지키는 것이 진실로 계술이기는 하나 마땅히 변통하여야 할 경우에 변통하는 것도 또한 계술이다" 하였으니 이 말은 참으로 다스리는 근본을 아는 사람의 말이다.[144]

인간사는 정체되어 있지 않다. 시대에 따라 변화한다. 비록 조종祖宗이 남긴 법제라 할지라도 현명한 후손은 때에 맞게 변통變通을 해야 한다. 만일 때도 바뀌고 일의 내용도 변하였음에도 변통變通을 하지 못한다면 반드시 폐단을 야기한다. '감感'이라고 하는 변화에 대한 올바른 인식을 통하여 '응應'이라고 하는 구체적 현실에 대처하는 것이 바로 『역易』의 정신이다. 이이는 과거의 법제에만 얽매여 변화된 현실을 재단하지 말고 오늘의 마땅한 바에 따라 변통變通해야 함을 강조한다. 이는 바로 시의時宜에 대한 중요성을 말하는 것이다. 이이는 시의時宜에 따른 변통變通의 당위성을 밝히기 위해 진서산의 "마땅히 변통해야 할 경우에 변통하는 것도 또한 계술"이라는 말을 인용하고 있는 것이다.

이렇게 시의時宜에 맞게 구법舊法을 개혁하는 이유는 어디에 있

---

144) 『栗谷全書』 6:16, 「應旨論事疏」. "自古帝王創業定法, 雖是盡善盡美, 而時移事變, 法久弊生, 則後嗣之善, 繼善述者, 必隨宜更化, 不膠於舊, 故眞西山, 論中庸繼述之義曰, 當持守而持守者, 固繼述也. 當變通而變通者, 亦繼述也. 此言眞知治體者也."

는가? 이이는 말한다.

> 대개 법이 오래되면 폐단이 생기는 것은 고금의 공통적인 병폐이다. 변통이 없다면 백성들의 살 길이 궁해지는 것은 필연적인 것인데, 하물며 우리나라는 여러 차례 간사한 권신의 손을 거쳐 많은 폐법이 만들어졌는데도 이 잘못된 것을 모르고 있고 폐법은 해독을 끼치고 있다. 그런데도 수 십 년 동안 한 번도 개혁하지 않아 오늘날에 이르러서는 호구의 수와 개간된 토지가 거의 반이나 줄어졌는데도 징수하는 것은 오히려 전보다 심한 까닭에 백성들이 곤궁해지고 재물이 고갈되어 뿔뿔이 흩어져 떠나버렸으므로 백성이 더욱 적어지고 부역은 날이 갈수록 심해지니, 이러한 형세로 나간다면 반드시 백성은 한 사람도 남지 않게 되고야 말 것이다.145)

백성은 나라의 근본이다. 이 나라의 근본이 편안해야 나라가 튼튼할 것인데 당시의 민생은 날로 극심하게 위축되어 마치 불이나 물속에 있는 형국이었다. 즉 현실성 없이 옛날의 규정에 의거하여 제정된 법제에 의해서 부과되는 조세租稅와 부역賦役 등으로 인하여 백성들이 정착하지 못하고 신산하게 떠돌아다니는 유민화流民化 현상을 지적하고 있다. 이처럼 법이 오래되었는데도 혁신은 하지 않고 변화된 현실을 옛날의 법 테두리에서 재단하게 되면, 직접적

---

145) 『栗谷全書』 7:29, 「陳時弊疏」. "法久弊生, 古今通患, 不有變通, 生理必窮, 況我國家, 屢經權姦之手, 多立弊法, 踵謬不改, 因微至大, 胎毒生民, 無有紀極. 而數十年來, 未嘗釐革, 至于今日, 版籍之數, 田野之闢, 太半減舊, 而責辨貢賦, 反甚於前, 故民窮財盡, 輾轉流散, 民益少而役愈苦, 其勢必至於民無孑遺, 然後乃已也."

으로 그 피해를 입고 침탈당하는 대상은 일반 백성들이라는 것이다. 따라서 이이는 구습舊習에 의한 폐해를 없애기 위해서는 이미 제정된 법이라 할지라도 시의時宜에 맞게 변통變通되어야 함을 다시 한 번 강조한다.

그런데 여기서 제기될 수 있는 문제는 과연 옛날 법제를 무엇을 기준으로 고쳐서 현실화해야 하는가 하는 점이다. 옛날의 법제라 하여 모두 잘못된 것만도 아니고, 통치를 위한다는 명목으로 현실만을 강조하여 옛날의 법제라는 이름 때문에 무조건 다 고칠 수도 없는 노릇이다. 오늘의 상황이 다르다고 해서 어제의 법을 끊임없이 고치게 되면, 일관성 있는 공정한 법 집행과 법을 통한 심리적 강제력이 이완되어 사회 기강을 유지할 수 없게 된다. 문제는 현실적 조건의 고려인데, 그런 점에서 이이는 시의時宜를 말하는 것이다. 이렇게 보면 '때에 맞음', 시의時宜라고 하는 것은 '백성들의 현실적 조건에 맞음'으로 해석되어야 한다. 결국 이이가 구법舊法과 구습舊習을 경장更張해야 함을 역설하는 것은 백성들의 삶을 보존하고 이롭게 하려는 데 있다는 점에서 보민保民・안인安人・이민利民의 정신을 확인할 있다.

③ 공납과 군역제도의 개혁

옛날이나 오늘날이나 국가의 재정 조달 중 가장 큰 비중을 차지하고 있는 것이 조세租稅이다. 국가는 조세 수입으로 국가의 예산을 집행하고 국가를 운영한다. 따라서 국민의 한 사람이라면 누구나 조세의 의무가 주어지게 되며, 국가는 국민으로부터 거두어들인 다양한 명목의 조세 수입을 엄정하게 관리해야 한다. 조선시대 전 시기를 통해서 볼 때 가장 문란했던 정책 중의 하나가 조세 정책이었다.

이이의 시대에도 이는 예외가 아니어서 공납貢納에 의한 조세는 백성들을 피폐하게 만든 원인 중의 하나이기도 했다. 이이는 공납제貢納制의 폐단에 대하여 통감하고 있었으며 이를 개혁하기 위한 방안을 건의한다.

> 지금 여러 고을에서 바쳐야 할 것들은 흔히 생산되는 것이 아니어서 산에서 물고기를 구하는 것과 같고, 바다에서 산짐승을 잡는 것 같으니, 혹은 다른 고을에서 사들이고 혹은 서울에서 사들여 백성의 부담은 더욱 가중해지는데, 더구나 공적으로 사용해야 할 물건은 넉넉하지 못하고 가구 수와 전답은 점점 줄어들고 황폐해져서 예전에는 백 사람이 바치던 것을 지난해에는 열 사람에게 독촉하여 내게 하고, 지난해에 열 사람이 바치던 것을 금년에는 한 사람에게 독촉하여 내게 하니, 그 형세는 반드시 마지막 남은 한 사람까지 이르고, 남은 한 사람도 없어진 연후에야 그치게 될 것이다.[146]

나라에 바치는 공물은 자연적인 조건에 따르기 때문에 항상 일정할 수는 없다. 물품의 생산은 수시로 변하기도 하고 토지 면적도

---

[146] 『栗谷全書』 5:10, 「萬言封事」. "今則列邑所貢, 多非所産有, 如緣木求漁, 乘船捕獸, 未免轉貿他邑, 或市于京, 民費百倍, 公用不裕, 加以民戶漸縮, 田野漸荒, 往年百人之所納, 前年責辨于十人, 前年十人之所納, 今年責辨于一人, 其勢必至於一人, 亦盡然後乃已也."

때에 따라 증감하는 것임에도 공물의 양은 이미 정해져 있다는 것이 문제이다. 때에 따른 조건은 고려하지 않고 이미 정해진 규정에 의거하여 획일적으로 부과된다는 것이다. 예전에는 여러 명이서 적은 부담으로 바치던 양을 오늘날에는 한두 명이 많은 부담을 안고 공납貢納을 해야 하니 그 폐해가 막심한 것이다.

공납貢納은 원래 각 지역의 특산물을 상납하는 것을 원칙으로 하였으나 시일이 지나면서 대납의 폐단이 발생하여 민폐가 심하게 되었다. 따라서 이이는 공납貢納의 폐해를 일소하기 위하여 공납제貢納制 개혁안의 핵심이라고 할 수 있는 수미법收米法을 제시한다.

> 해주에서 시행하고 있는 공물 납부 방법을 보니 밭 일 결마다 쌀 일 두씩을 거두어 지방관이 스스로 공물을 마련하여 서울에 납부한다. 백성들은 다만 쌀을 낼 뿐이요 서리들의 농간도 듣지 못했으니, 이것은 정말 오늘날 백성을 구할 수 있는 좋은 제도이다. 만일 이 제도를 전국적으로 시행한다면 방납의 폐단은 머지않아 스스로 없어질 것이다.[147]

이 공납제貢納制 개혁안은 우선적으로 군현의 공물 부과량을 지역의 경제력을 기준으로 책정하자는 것이며, 부과된 공물에 대해서는 백성들은 다만 그 비용으로 구하기 쉬운 쌀을 납부하자는 것이다. 이이는 지방관으로 있으면서, 지역에 부과된 공물의 실상과 실제로

---

147) 『栗谷全書』 15:06, 「東湖問答」. "余見海州貢物之法, 每田一結, 收米一斗, 官自備物, 以納于京, 民間之良法, 若以此法, 刁于四方, 則防納之弊, 不日自革矣."

부과된 공물을 백성들이 진상하지 못할 때 나타는 문제점을 직접 확인하였던 것이다. 이이가 제안하는 수미법收米法은 공납과 그에 따른 대납의 과정에서 발생하는 폐해를 파악하여 민생의 차원에서 제시한 개혁안이었다.

그러나 이이가 「동호문답東湖問答」(34세)에서 제안하였던 개혁안은 제대로 시행되지 않아서 「만언봉사萬言奉仕」(39세)에서 다시 거론된다.148) 이이는 여기서 쌀을 거두어 내는 수미收米 대신 지역 특산 현물을 납부하게 하는 본색本色을 제시한다. 공안貢案을 현실적으로 조정하고 방납防納의 근원이 되는 각 지방의 특산물 지정을 정확히 조사하여 본색本色으로 납부하자는 것이다. 그렇게 되면 폐단 많던 방납防納의 문제는 해결될 수 있으리라고 본 것이다. 이렇게 공안貢案을 개정하여 백성을 여유 있게 하고, 백성의 감정을 위로한 연후에 적당한 조세를 부과하는 것은 결국 백성을 위하는 것(利民)뿐 아니라, 국가의 재정을 위해서도 바람직한 일이라고 이이는 파악하고 있다.

공납貢納의 폐해 못지않게 시급히 개혁되어야 할 폐단 중의 하나는 군역軍役의 문제이다. 군역軍役의 문제는 공납貢納의 문제와 함께 이이의 시대에만 국한하는 문제가 아니라 조선조 전 시기 동안 백성을 피폐시키고 시달리게 만든 요인이었다. 조선의 개국 이후 별다른 외침이 없이 평화의 상태가 지속됨으로써 군정軍政은 문란해지고 군 기강은 해이되어, 일반 백성들이 받는 고통은 나날이 증폭

---

148) 『栗谷全書』 5:10, 「萬言封事」. "悉除燕山所加定, 以復祖宗之舊, 因考列邑之物產有無, 田結多少, 民戶殘盛, 推以量定, 均平如一, 必以本色, 納于各司, 則防納不令自罷, 民生如解倒懸矣. 今日急務, 無大於此矣."

되고 있는 상태였다.

이이는 당시의 군정軍政의 문란과 이에 따른 여파로써 국방의 허술함을 통감하고 양병養兵을 하여 후일을 준비해야 한다고 여러 차례 진언하나 그것은 끝내 받아들여지질 않는다.[149] 이이는 군정軍政의 문란을 바로 잡기 위해서는 먼저 군적軍籍을 정확히 작성할 것을 건의한다.

> 6년마다 군적을 새로 만들던 제도는 오랫동안 시행되지 않다가 계축년에 이르러 오랫동안 조사하지 않던 찌꺼기를 긁어모았다. 그때 명을 받든 신하들은 엄격하고 신속하게 처리하는 것을 능사로 삼고 주현에서도 그런 풍조를 받들어 미치지 못할까만 걱정하여 단지 긁어모으는 데 혹시 빠뜨릴까 염려할 뿐, 구차히 수를 채워 환난을 남김을 생각하지 못했다. 거지들까지도 모두 넣어 수를 채웠고 닭이나 개의 이름까지도 군적에 올리게 되니, 한두 해가 지나지 않아 태반이 빈 장부가 되어버렸다.[150]

조선왕조 개창 이후 16세기 중기까지는 국경지역과 해안 지방은

---

149) 이이는 당시 국방의 실무를 책임졌던 병조판서를 지내기까지 하였는데, 그의 양병론은 흔히 '10만 양병설'로 표현된다. 이이 사후 '양병설'에 대한 논의가 『조선왕조실록(선조)』에 기록되면서 임진왜란의 책임론이 퇴계학파의 유성룡과 관련되어 많은 논란을 야기한다. 정확히 '10만 양병설'을 주장하였다고 하는 근거를 찾을 수 없다는 점에서 이이의 '10만 양병설'을 부인하는 논의가 현재에도 제기되고 있지만, 양병에 대한 필요성을 주장한 이이의 입장은 부인할 수 없는 사실이다.

150) 『栗谷全書』 5:10, 「萬言封事」. "六年成籍之法, 廢而不行, 癸丑年搜括於久廢之餘. 奉使之臣, 以嚴急幹辨爲能, 州縣承風猶恐不及, 只念搜括之或遺, 不計苟充之胎患, 匃乞之人, 無不備數, 鷄犬之名, 亦得載錄, 不出一二年, 太半爲虛簿矣."

북방의 이민족과 왜구의 잦은 침범이 있었지만, 그래도 대체적으로 평화의 지속기라고 할 수 있다. 이 시기에는 오랜 평화로 말미암아 군역의 대상자를 제대로 조사를 하지 않다가 명종 8년인 1553년에 이르러 군적軍籍 조사를 하게 된 것이다. 이이는 이때 실시한 군적軍籍 조사의 무사 안일함과 실적주의의 무책임한 형식성을 지적하고 있다. 사람 수를 채우기 위하여 거지뿐만 아니라 집에서 기르는 닭이나 개의 이름까지도 군적軍籍에 올렸다는 것이다. 군적을 이렇듯 터무니없이 작성하다 보니 다음과 같은 폐단이 발생하는 것은 당연한 귀결인 것이다.

> 지금 한 명의 도망하는 백성이 있으면 반드시 그 친척과 이웃이 침탈당하게 되고, 친척과 이웃이 견딜 수가 없어서 또 도망하게 되면 그 친척의 친척, 이웃의 이웃을 또 침탈하게 되니, 한 명이 도망하면 그 피해가 무수한 가구에 미치게 되어 그 기세는 백성들이 한 사람도 남지 않은 후에야 그치게 될 것이다. 이 때문에 작년에 백 가구의 마을이 지금은 열 집도 안 되고, 열 가구가 있던 마을이 지금은 한 집도 없어서 마을이 쓸쓸하고 사람의 자취가 없어졌다.[151]

군역軍役을 못 견뎌 도망하는 자가 생기면 그 친척에게 부과하고, 그 친척도 도망하면 이웃에게 또 부과하니, 종국에는 마을이 텅 비게 되는 일이 발생할 정도로 그 폐해는 심각한 것이었다. 따

---

151) 『栗谷全書』 15:06, 「東湖問答」. "今玆一有逃散之民, 則必侵其一族及切鄰, 一族切鄰不能支保, 亦至流散, 則又侵其一族之族, 切鄰之切鄰一人之逃, 患及千戶, 其勢必至於民無孑遺, 然後乃已也. 是故昔年百家之村, 今無十室, 前歲十家之村, 今無一室, 邑里蕭條."

라서 이이는 이 폐단을 고치려면 전국의 군읍郡邑에 명령을 내려 군적軍籍을 다시 조사하여 유망절호流亡絶戶가 있으면 그 이름을 삭제하고 친척이나 이웃에 대하여는 일체 침탈하지 말아야 한다고 주장한다. 이렇게 되면 국가가 잃어버리는 것은 다만 도망한 사람들에 국한될 뿐이고 다른 친척이나 이웃은 안정되어 모자라는 군액을 머지않아 채울 수 있게 된다는 것이다.

군역軍役에 있어 또 하나의 문제는 일종의 군역 면제 혜택을 위한 대가성 뇌물의 착복과 그에 따른 국방의 공동화 현상이다. 그것이 방군수포放軍收布로 인하여 발생되는 폐단이었다.

> 뇌물이 길을 막고 위조문서가 참된 것을 가리며, 시골 백성이 소를 잡아 뇌물로 주려고 하나 아전은 베를 토색하여 소로써 베를 바꾸니 소 값이 폭락하여 서울과 지방에는 백성들의 원망이 들끓었다.152)

이이는 당시 방군수포放軍收布가 성행하는 근본적 이유가 각급 지휘관에게 현실적으로 충분한 급여를 지급하지 않기 때문에 발생한다고 보았다. 병사兵使, 수사水使, 검사僉使, 만호萬戶, 권관權官 등의 벼슬만 마련해 놓고 먹고 살수 있는 급여는 주지 않은 채 알아서 해결하도록 하니, 변방의 지휘관들이 사졸들을 침탈하는 폐단이 여기에서 시작되었다는 것이다.

---

152) 『栗谷全書』 5:10, 「萬言封事」. "賂交于路, 僞券亂其眞, 村民欲醜以牛色, 吏必求綿布, 以牛易布牛, 價頓賤京外, 皆然衆口沸騰."

당시의 방군수포放軍收布의 양상은 사졸들에게 군역軍役을 면제해 주는 대가로 면포綿布를 납부하게 하고 병영에 남아 있는 사람에게는 견디기 어려운 일을 부과하고 감당하기 어려운 부담을 지우는 형색이었다. 사졸 스스로 군역을 면제받기 위해서 면포를 상납할 것을 암묵적으로 강요하는 형편이었다. 그나마 형편이 나은 사졸은 면포를 상납함으로써 군역軍役을 면할 수 있지만, 대다수는 그렇지 못하여 고리대금을 빌려서 면제받기 위한 돈으로 사용할 정도로 그 폐단은 막심하였다. 군역軍役의 폐해를 막기 위해서는 정확한 조사를 토대로 한 군적軍籍이 작성되어야 하고 이는 또한 주기적으로 조사되어야 할 필요성이 제기되는 것이다. 그리고 설혹 도망자가 있다 하더라도 일족체린一族切鄰의 편법을 써서는 안 되며, 군관과 사졸들의 봉급을 현실화하여 지급해야 한다는 것이다.

이처럼 이이는 현실정치의 일선에서 자신의 성리학적 경륜을 바탕으로 치인治人을 위한 다양한 대책과 구체적인 방법론을 제시한다. 이것은 비교적 그의 학문태도와 일치한다는 점에서 수기修己를 바탕으로 한 치인治人, 내성內聖을 바탕으로 한 외왕外王의 조화로움을 보여주는 증거라고 할 수 있다. 그러나 무엇보다도 이이의 이러한 실천철학은 그 직접적 효과가 일반 백성들의 삶의 질을 높이고(安民), 보다 이로운 삶(利民)을 꾀하고 있다는 점에서 민본民本·위민爲民 정신이 구체화된 결과라 하겠다.

제5장

결론

1
이이 심성론의
특징과 의의

  필자가 심성론을 중심으로 이이 철학사상을 고찰하면서 관심 있게 살핀 것은 이이가 과연 선배 학자인 서경덕과 이황의 철학사상을 어떻게 이해하고, 그런 점에서 자신의 시대공간에서 이론체계를 어떻게 구축하고 있는가 하는 점이었다. 이 책에서 필자는 리기심성理氣心性의 이론뿐만 아니라, 수양공부론에서 나타나는 이들의 철학적 입장과 그 함의를 탐색하고자 하였다. 이 과정에서 이이뿐만 아니라 서경덕과 이황이 자신의 시대를 파악하기 위한 문제의식과 그것을 해결하기 위한 일관된 철학적 견해를 가지고 있다는 점을 발견할 수 있었다.
  리기론의 관점에서 본다면 지금까지 서경덕은 '기론자氣論者'로, 이황은 '주리적主理的 리기론자理氣論者'로, 이이는 '주기적主氣的 리기론자理氣論者'로 평가되어 왔다. 이 책에서는 이들에 대한 평가가 과연 정당한가의 여부를 직접적으로 따지지는 않았다. 다만 리기선후理氣先後 관점을 통하여 본체本體와 현상現象에 대한 이들의 인식을 확인함으로써 존재론적 근원을 탐색하고자 하였다.

서경덕은 현상現象과 본체本體를 리기무선후理氣無先後로 이해하면서도 궁극적 실체는 태허太虛인 기氣로 파악한다. 이황의 경우에는 현상계現象界는 리기무선후理氣無先後이지만 본체계本體界는 리선기후理先氣後라고 파악하며, 나아가 '태극생음양太極生陰陽'의 관점을 통하여 '리생기理生氣'의 입장을 보여준다. 이는 궁극적 실체로 리理를 상정하는 것이다.

이들에 비하여 이이는 서경덕과 이황의 이론을 비판적으로 수용하면서 현상現象과 본체本體는 리기무선후理氣無先後이고, 또 본체本體와 현상現象은 분리하여 파악할 수 없음을 리통기국理通氣局을 통해 설명한다. 그러나 이이는 리기무선후理氣無先後의 실질적인 리기理氣 관계도 논리적으로 추론하여 본다면 리理가 기氣보다 앞선다는 점을 인정한다.

이와 같은 입장을 통해서 본다면, 서경덕과 이황은 궁극적 실체 개념으로 각기 기氣와 리理를 상정하고 있음이 확인된다. 그리고 이들은 현상現象에서 '리理와 기氣는 선후를 나눌 수 없다'(理氣無先後)고 한다. 이것은 현상現象과 본체本體는 다르다는 것을 의미하며, 따라서 본체本體와 현상現象을 구분하여 보려는 의식이 강하게 나타난다. 이렇게 본체本體와 현상現象을 구분하는 입장을 필자는 '본체지향本體志向 의식意識'이라고 이해한다.

그러나 이이는 본체本體와 현상現象은 실질적으로 리기理氣가 공존하는 리기무선후理氣無先後라고 파악한다. 따라서 이이는 궁극적 실체 개념을 설정하지는 않는다. 태극음양太極陰陽은 '본유本有'하다는 것이 그의 사고이다. 이렇게 보면 본체本體와 현상現象을 분리하지 않을 것이라고 예상할 수 있다. 실제로 그는 리통기국설理通氣局說을 통하여 본체本體라는 것은 현상現象을 통해서만 드러날 수 있고, 현상現象은 본체本體의 근거 하에 존재할 수 있다고 말한다. 이것은 본체本體도 중시하지만, 현상現象도 중시하는 태도이다. 이 점은 서경덕과 이황이 본체本體를 중시하는 태도에 비하여 상대적으로 현상現象에 비중을 둔다는 의미로 독해 가능하지만, 그러나 무엇보다 본체本體와 현상現象을 '하나의 통일적 전체'로 보려는 이이의 입장이 반영된 것으로 이해되어야 할 것이다. 따라서 필자는 현상現象과 본체本體의 불이성不二性에 주목하는 이이의 입장을 '본체本體를 통한 현상現象의 강화'요 '현상現象을 통한 본체本體의 실현'이라고 이해한다.

결국 서경덕과 이황의 '본체지향本體志向' 의식은 가변적이고 현상적인 리기理氣보다는 일원적一元的인 기氣 혹은 일원적一元的인 리理를 중시하는 입장으로 귀결된다. 이에 비하여 이이의 '본체本體를 통한 현상現象의 강화'요 '현상現象을 통한 본체本體의 실현'이라는 입장에서는 본체本體의 영역인 본연지리本然之理와 본연지기本然之氣가 중요하지만, 현상화의 과정을 통해 전화된 유행지리流行之理와 소변지기所變之氣가 만들어내는 현실세계까지도 강조하는 경향으로 나타난다.

그렇다면 서경덕과 이황의 본체지향本體志向 의식과 이이의 본체本體를 통한 현상現象 실현의 '통일적 조화'를 중시하는 입장은 과연 어떤 철학적 함의를 갖고 있는가? 이 문제는 심성론과 수양공부론에서 다시금 확인된다.

서경덕의 경우 심성론에 관한 논의가 거의 없기 때문에 논외로 하고 이황과 이이의 견해를 살펴본다면, 이들의 논점은 도덕적 근거의 확보와 실현이라는 두 축에 있다고 보인다. 필자의 판단으로 이황이 리理의 무위성無爲性에도 불구하고 리理의 체용體用을 들어서까지 리동理動을 말하고, 리발理發을 말할 수밖에 없었던 점은 인간의 주체적 자각에 의한 도덕적 자발성을 강조하려는 데 있다. 이것은 곧 마음心 속에서 선善의 근거를 확보하고자 하는 의도이다. 따라서 이황은 본연지성本然之性에 근거하는 사단四端을 소종래所從來를 들어서 말하고, 이것은 또한 적극적으로 확충해야 한다고 본다. 도심道心의 경우에도 마찬가지이다.

이런 측면에서 이황은 정情으로 발현된 이발已發의 동動 상태보다는 마음의 본체(心體)로서 존재하는 성성을 보존하고 배양하기 위한 미발未發의 정靜 공부에 치중하는 주정主靜의 경향을 나타낸다. 왜냐하면 미발未發 상태의 본성性을 배양하는 수양공부를 수행함으로써, 그것이 이발已發 상태에 선善으로 온전히 드러날 수 있다고 보기 때문이다. 따라서 이 과정에서 끊임없는 도덕적 긴장감이 요구된다. 그것이 거경居敬이다.

이황은 경敬과 아울러 이발已發 시기의 격물치지格物致知를 통한 궁리窮理와 역행力行도 언급한다. 그러나 역행力行은 곧 경敬의 실천으로 파악하기 때문에 이황의 거경궁리居敬窮理의 수양공부론은 결국 거경居敬으로 귀착된다. 따라서 이황은 정靜 상태에서 미발함양未發涵養의 경敬 공부에 치중하는 주정주의主情主義의 입장을 보인다. 이것은 그가 도덕적 근거를 확보하기 위한 개인적 심성수양공부心性修養工夫에 침잠하고 있다는 것을 의미한다. 이런 점에서 그의 수양공부는 심체心體의 확충을 통해 개인적 한계를 넘어 타자화할 가능성을 배제할 수 없다고 하더라도, 사회실천론으로 나가는 데는 일정한 한계를 가질 수밖에 없다.

　서경덕의 경우에는 이황과 유사한 점도 발견된다. 그것은 경敬을 중시하고 주정主靜의 입장을 갖고 있다는 점이다. 서경덕은 격물치지格物致知와 관물觀物 공부를 통하여 객관세계의 리理를 파악하는 것을 중요한 공부 방법으로 여긴다. 그러나 그것은 어디까지나 존양存養을 위한 방법에 지나지 않는다. 따라서 그는 지경관리持敬觀理의 경敬 공부를 통하여 이발已發의 동動보다는 미발未發의 정靜 공부에 치중하는 경향을 나타낸다. 이 점은 표면적으로 보았을 때 이황의 수양공부론과 거의 유사하다. 그러나 이들의 경敬을 통한 주정主靜의 입장에는 명백한 차이점이 있다. 그것은 이들 공부의 착수처와 공부 내용이 서로 다르기 때문이다.

　서경덕의 경敬 공부는 심체心體로서의 리理를 배양한다는 관념이 희박하기 때문에, 리理를 보존하고 배양하기보다는 '텅빈 맑은 거울'과 같은 마음心의 상태에 '머물 것'을 요구한다. 이때 경敬은 바로 마음心의 허정虛靜한 상태에 도달하고, 또한 유지하기 위한 방법론인 셈이다. 따라서 서경덕이 주정主靜을 강조하면서 경敬 공부를 통하여 도달하려는 세계는 도가道家의 좌망坐忘과 유사한 경지가 될 수밖에 없다. 그의 철학시哲學詩에서 보이는 노장老莊의 경향과 세속을 초탈한 듯한 처사處士의 풍모는 이 점을 잘 시사한다. 결국 서경덕은 활발한 기氣를 중시하는 입장을 보이면서도, 개인적 한계에 머물러 사회적 실천론을 제시하지 못하게 된다.

　이렇게 본다면 수양공부론에서 서경덕과 이황이 보여주는 경敬

을 위주로 한 주정主靜의 입장은 마음心이 이미 드러난 이발已發의 동動 상태보다는 마음心이 아직 드러나지 않은 미발未發의 정靜 상태에서의 공부를 강조한다는 것을 의미한다. 그리고 (서경덕의 경우에는 논의할 수 없지만) 이황의 심성론에서 선善과 악惡의 근거를 근원적으로 구분하여 보려는 의식적인 성향은 소종래所從來를 구분하려는 입장으로 나타난다는 것을 확인할 수 있다. 수양공부론과 심성론에서 나타나는 이러한 경향성은 결국 이들의 리기론에서 보이는 가변적인 리기理氣로 구성되는 현상現象보다는 보다 근원적인 본체本體의 '본연한 세계'(本然之理) 혹은 '허정한 세계'(太虛)를 지향하는 의식과 동일하게 된다.

이이의 경우에는 심성론에서 심통성정心統性情의 명제를 통하여 심성정心性情의 문제를 파악하고, 여기에 의意까지 포함하여 심주성정의心主性情意를 말하고 있다. 그는 특히 심성정心性情에 대한 리기理氣 해석과 관련하여 심시기心是氣를 말한다. 이 심시기心是氣는 '기지정상氣之精爽'과 '지각知覺'을 말한 주희에 근거한 것이지만, 이황은 심心을 기氣라고 정의하지 않는다. 이이는 심心이 구조적으로 리理와 기氣가 결합된 것이긴 해도 그 작용의 측면에서는 기氣이므로 심시기心是氣라 하는 것이다.

이렇게 본다면 이이가 심시기心是氣를 주장하는 이유는 심心과 성性, 곧 심心과 리理를 분리하여 심心을 리理로 파악할 가능성을 완전히 배제하려는 입장에서 비롯된 것으로 보인다. 왜냐하면 이황의 경우처럼 마음心을 합리기合理氣로 이해하고, 또 실제 작용상에서도 합리기合理氣를 통하여 마음心의 작용이 나타나게 된다면, 마음心은 기적氣的인 측면과 리적理的인 측면으로 분리될 가능성 또한 없지 않기 때문이다.

문제는 마음心을 리적理的인 부분으로 파악할 경우, 곧 심즉리心卽理로 이해할 수도 있다는 점이다. '내 마음心이 곧 천리天理'라고 하는 깨달음은 주희나 왕수인에게서나, 이황이나 이이에게서도 실현되어야 할 유학의 이상적 경지이다. 그러나 이 상태를 체득體得하는 것은 쉽지 않다. 성인聖人의 경지에 이른 '특별한 사람들'에게나 가능한 일이다. 그래서 끊임없는 적공積功의 공부가 필요한 것이다. 이는 일반인들에게 보편적으로 적용될 수 없는 문제이다.

이이는 마음心을 리적理的인 부분으로 파악할 경우, 내 마음心 속의 리理를 실현한다고 하는 주체의 주관적 독단이 나타날 수 있다는 점을 우려한다. 이이는 검증되지 않은 주관의 독단을 방지하기 위한 방법론으로서 마음心의 작용을 기氣라 하여 심시기心是氣로 정의하고 리理인 성性과 구분하려 한다. 따라서 마음心이 드러나는 현상은 기발氣發이지 리발理發이 아니라는 것이다. 결국 이이의 심시기心是氣라고 하는 명제는 이황의 리발理發을 부정하면서, '성性인 리理'를 정情으로 드러내 주는 것이 '마음心인 기氣'의 역할이라는 점을 명확히 보여주는 명제이다.

심시기心是氣의 명제를 통해 사단칠정四端七情을 파악한다면, 이황의 견해처럼 선악의 근거가 이미 구분되어 있는 것은 아니다. 감정을 포함한 의식의 발출현상은 성발위정性發爲情의 시스템 상에서 성性이 마음心인 기氣의 작용을 통해 정情으로 현상화된 것이다. 따라서 칠정七情은 정情 그 자체를 이름한 것이고, 사단四端은 칠정七情 가운데 중절中節한 것을 지칭한 것으로 칠정七情은 사단을 포함한다.(七情包四端)

이렇게 본다면 이이의 사단칠정론四端七情論에서는 중요한 두 문제가 제기된다. 하나는 칠정七情이라고 하는 선악미정의 감정일반으로부터 사단四端을 어떻게 찾아낼 것인가 하는 점이다. 이것은 곧 중절中節을 어떻게 파악해 내느냐의 문제이다. 그리고 다른 하나는 칠정七情으로부터 사단四端을 구분해 내었다면, 이를 어떻게 지속적으로 유지할 수 있는가 하는 점과 부중절不中節한 정情을 어떻게 중절中節하도록 만들 것인가 하는 문제이다. 결국 이 문제는 중절中節 여부를 판정할 기준은 무엇이냐는 것이며, 중절中節하도록 하기 위해서는 어떠한 수양공부가 필요한 것인가 하는 점이다.

이황처럼 이미 선악의 소종래所從來가 구분된 상황이라면, 문제는 오히려 단순하다. 즉 악惡으로 흐를 수 있는 칠정七情을 중절中節하게 만들고, 선善에 근거한 사단四端은 지켜서 확충擴充하면 되는 것이다. 그러나 이이가 보기에 문제는 그렇게 단순하지 않다는 것이다. 이황이 구분한 그 선악의 기준은 무엇을 근거로 하고 있는지를 따져 물을 수밖에 없다. 이것을 찾아내는 것이 수양공부이다.

따라서 사단칠정론四端七情論에서는 더 이상 실천적 물음을 제기할 수 없기 때문에 성혼은 이 문제를 해결하기 위해서 자연스럽게 인심도심人心道心의 문제를 이이에게 거론하게 된다. 성혼의 의도는 인심人心과 도심道心을 '혹생어형기지사或生於形氣之私'와 '혹원어성명지정或原於性命之正'으로 각기 구분할 수 있다면, 사단四端과 칠정七情도 리理와 기氣로 분개分開하여 각기 분속分屬할 수 있지 않겠느냐 하는 것이다. 그러나 이이는 사단칠정四端七情의 문제는 칠정포사단七情包四端의 형태이지만 인심도심人心道心은 상위종시相爲終始이기 때문에 그 논의 구조가 다르다고 하면서 성혼과 논변을 벌이게 된다.

사단칠정四端七情을 논의하는 과정에서 파생된 문제들은 그대로 인심도심론人心道心論에 이식되고, 사변적인 이론 논쟁으로부터 실천적 수양의 문제로 논의가 전환된다. 따라서 이이의 인심도심人心道心에 대한 최종입장이 담긴 「인심도심도설人心道心圖說」에서는 특히 인심청명어도심人心聽命於道心을 문제 삼게 된다. 필자는 이이의 인심도심론人心道心論의 특징은 인심人心이라고 하는 선善도 아니고 악惡도 아닌 상태로부터 천리天理를 통해 어떻게 도심道心을 실현할 수 있고, 또 천리天理를 통하여 인심人心이 인욕人欲으로 흐르지 않게 하기 위해서는 어떠한 수양공부가 필요한 것인가의 문제에 있다고 판단한다. 그리고 이 문제에 덧붙여 제기될 수 있는 것은 그렇다면 먼저 어떻게 천리天理를 확보할 것인가와, 인심人心으로부터 어떻게 도심道心과 인욕人欲을 구분해 낼 수 있는가의 문제이다.

결국 천리天理라는 도덕의 기준이 배양되어 있어야 하고, 또한 인심人心이 천리天理의 기준을 따르기 위해서는 마음心 자체에 대한 엄밀한 성찰, 곧 성의誠意가 필요하게 된다는 것이다. 이 점에서 이이는 인심도심人心道心의 논의를 통하여 천리天理의 기준을 배양하는 경敬 공부의 필요성과 아울러 선악미정의 인심人心으로부터 천리天理가 실현된 도심道心의 방향으로 집중할 수 있는 성의공부誠意工夫를 말하는 것이다.

이이의 사단칠정四端七情과 인심도심人心道心의 문제에서 동시에 제기되는 것은 사단칠정四端七情의 중절中節 여부와 인심도심人心道心을 판별할 객관적 기준은 무엇이고, 과연 어떠한 방법으로 수양공부를 행해야 하는가 하는 점이다. 이이는 이 기준을 천리天理라고 파악한다. 이것이 곧 리理다. 이런 이유로 이이는 리기론에서 '기국

氣局의 국한성'에도 불구하고 '리통理通의 불변성'을 언급하는 것이다. 곧 가치로서 리理는 불변적이며 절대적이라는 것이다. 그러므로 이 불변적 가치를 확인하고 또 실현하는 것이 무엇보다도 중요한 문제로 대두된다. 이이는 이 불변적 가치로서의 리理를 천리天理로서의 성誠이라 하고, 실리實理로서의 실심實心이라고 한다. 이것을 찾아가는 것이 이이의 수양공부론이다.

필자는 이이의 리기론과 심성론에서 파생되는 주요한 논의점을 실천적으로 해결할 대안을 성경誠敬의 문제로 파악한다. 이이는 경敬을 '여상제상대與上帝相對'라고 하여 이황이 '대월상제對越上帝'라고 하는 것 이상으로 중요시한다. 이이는 이황만큼이나 경敬을 중시함에도 이 점이 간과되어 이이의 수양공부론을 이황의 경敬 중시 관점과 대비하여 '성誠에 있다'고 하는 논의도 없지 않았다. 그러나 필자는 이이의 경敬을 통한 '마음心의 각성과 경외감'으로부터 인격 성숙을 위한 진실하고도 정성스런 전 과정을 성지誠之라고 보며, 궁극적으로는 성誠을 지향점으로 한다는 점에서 성경수양공부론誠敬修養工夫論이라고 정의하는 것이다.

이이는 경敬에 대하여 체용론體用論을 적용하여 이해한다. 즉 경敬의 체용體用을 통해서 미발未發과 이발已發을 연결한다. 그에 따르면, 미발未發의 거경함양居敬涵養 공부는 주일무적主一無適과 같고, 이발已發의 거경성찰居敬省察 공부는 수작만변酬酌萬變과 같다는 것이다. 이 이발已發의 상태는 미발未發의 주일무적主一無適을 근거로 설정된다는 점에서 마음心의 본체本體는 이발已發 시기에도 그대로 드러날 수 있다고 본다. 따라서 미발未發 시기에는 거경함양居敬涵養 공부를 통하여 마음心을 전일하게 함으로써 심체心體인 '리理로서 성性'을 배양하는 경敬 공부에 치중해야 한다. 이이가 끊임없이 입지立志를 말하는 것도 결국은 그것이 마치 경敬의 태도와 같은 일관됨을 요구하기 때문이다. 그리고 이발已發 시기에는 미발未發 시기의 경敬 공부를 통해 확보된 마음心의 이치(心之理)를 전제로 성찰省察·궁리窮理함으로써 현상세계의 사물의 이치(事物之理)를 확인하고, 또한 내외의 이치가 일치하는지의 여부를 검증해야 한다.

그러나 여기서 이발已發 공부가 끝나는 것은 아니다. 이렇게 확인·검증된 이치(理)를 역행力行의 구체적인 예禮 실천을 통해서 체화體化해야 한다. 이 과정이 곧 인仁을 드러내는 극기복례克己復禮의 실천장이자, 복기성復其性을 위한 교기질矯氣質의 현장이다.

결국 이이의 성경수양공부론誠敬修養工夫論은 경敬으로부터 경敬의 완성을 위한 성지誠之의 과정이며, 이는 곧 리理를 실현하는 과정이다. 여기서 리理는 다름 아닌 천리天理이며 실리實理로서의 성誠이다. 인간이 성誠을 실현할 수 있는 것은 실심實心을 가지고 있기 때문이며, 이 성誠을 실현한 사람이 바로 성인聖人이다. 이이는 성경수양공부론誠敬修養工夫論을 수기修己 차원에 한정시키는 것이 아니라 현실정치에서도 그대로 구현되어야 한다는 입장에서 치인론治人論을 전개한다.

이 치인론治人論은 이이의 이론철학이 공허한 사변으로 끝나지 않음을 확인시켜주는 실천철학의 면모를 극명하게 보여준다. 치인론治人論의 중심에는 안민安民과 이민利民의 위민爲民 정신이 담겨 있다. 이것은 리통기국理通氣局의 논의에서 본체本體가 현상現象에서 실현되는 전일적 조화를 강조하듯 현실사회에서도 본체本體로서 이상理想이 각박한 현상現象에서 실현되기를 열망하는 것이다. 이런 점에서 필자는 이이의 철학적 성격을 단순히 현상적인 특성만을 강조하는 것이 아니라, '본체本體를 바탕으로 한 현상現象의 강화'이자 '현상現象을 통한 본체本體의 실현'이라는 측면으로 해석하는 것이다.

지금까지 거론한 모든 논의들을 종합해 본다면, 필자가 서경덕과 이황 그리고 이이의 리기론, 심성론, 수양공부론을 통해서 해석해 내려고 했던 것은 다음의 문제이다. 하나는 가변적인 현상세계를 추동하는 근원성이 과연 무엇이냐 하는 점이고, 다른 하나는 이런 근원성을 바탕으로 성숙한 인격은 어떻게 성취될 수 있으며, 부조리한 현상세계는 어떻게 합리적으로 일신할 수 있는가 하는 점이다. 이 문제가 시대적 현실에서 각자의 관점에 따라 서로 다른 지향을 보여주고 있기는 하지만, 서경덕·이황·이이 세 사람은 세속적인 삶의 현장에서 자신의 방식으로 바람직한 윤리·도덕적인 세계상과 인간상을 정립하고자 했다.

이 지향에 따라서 서경덕과 이황의 철학체계는 본체本體에 대한 강조를 통하여 인간이 갖추어야 할 근본, 즉 도덕적·윤리적 규범을 모색하기 위한 내면화에 치중하는 면모를 보여준다고 할 수 있다. 이이도 성리학자인 이상 기본적으로 이러한 면을 전제로 한다. 이에 덧붙여 그는 현상세계의 다양성을 인정하면서, 그 다양함을 함께 인정하고 나아갈 수 있는 객관적이고 합리적인 형식 또한 강조한다. 그것이 바로 개인 윤리의 측면에서 본다면 유가의 내면화된 도덕률인 예禮이고, 사회 공동체의 입장에서 본다면 법과 제도라고 할 수 있다. 따라서 이이가 내면의 덕성함양德性涵養과 기질변화氣質變化를 통한 수양의 중요성도 강조하면서, 또 한편으로 주관성을 탈피한 성인聖人에 의해 정립된 예禮나 객관적인 법과 제도를 통해서 끊임없이 경장更張을 역설하는 이유가 바로 여기에 있다.

결국 이이의 철학적 논의들은 궁극적으로 '인간은 어떤 존재인가?'라는 존재론적 물음에서부터 '어떻게 자기를 회복하는가?'라고 하는 내면화의 과정을 거쳐, '그렇다면 현실에서 어떻게 행위해야 하는가?'라고 하는 실천론적 차원의 문제로 귀결된다고 볼 수 있다. 이것은 이이의 입장이 당위적인 인간 존재에 대한 규정을 중시하면서도 가변적 현실의 변화 가능한 인간의 실존에 관심을 두고 있기에 나타나는 태도이다. 인간에 대한 애정과 연민이 이이 철학의 근간이다.

따라서 이이는 현실적인 인간이 '악惡을 제거하고 선善을 실현할 수 있는' 의지적 가능성을 인정하면서도 그렇지 못한 한계성 또한 분명하게 인정하게 된다. 문제는 인간의 한계성에 있는 것이다. 이런 면에서 이이는 인간이 지닌 선善한 본성性의 확충擴充뿐만 아니라 기질적 존재로서 인간이 갖는 한계성에 대한 철저한 자기 성찰을 요구한다. 이것은 곧 절제의 입장으로 나타난다. 이이는 한계적 인간이 갖는 절제라는 제한성을 오히려 인간이 인간다울 수 있는 실천적 가능성으로 파악한다. 즉 자기 자신에 대한 도덕적 긴장으로부터 제기되는 끊임없는 성찰을 통해서 기질적인 제약성을 극복하기 위한 결연한 의지적 실천행이 요구된다는 것이다.

이것은 구체적인 상황 속에서 어떤 도덕적 원칙과 기준을 통하여 선악을 판별하고 또 어떻게 윤리적 실천을 행할 것인가라고 하는 인간존재의 끊임없는 질문에 대한 하나의 답을 제시해 주는 것이라고 볼 수 있다. 이것은 단지 이이의 시대에만 한정되는 것은 아니다. 정보화 사회로 이행하는 오늘의 우리 사회에서도 인간의 본질적 가치를 실현하는 확충의 방법과 또한 기질적 제약성을 극복해 내려는 의지적 실천행은 절실히 필요한 덕목이다.

이처럼 이이의 인격 성숙을 위한 심성론의 체계는 그의 리기理氣·심성心性에 대한 이론을 근간으로 하여 구체적인 행위실천의 수양 영역을 일관하여 연결하고 있다. 이것은 그가 '리기불상잡理氣不相雜' 혹은 '리기무선후理氣無先後'의 입론을 통하여 상정하였던 본체本體와 현상現象의 일원적이면서 통일적 구조를 기발일도氣發一途와 리통기국理通氣局으로 정리하고 있다는 점에서 확인할 수 있다. 그리고 이러한 리기理氣·심성心性의 이론들은 성경誠敬의 수기修己 측면에서 주일무적主一無適한 경敬의 각성으로부터 성지誠之의 성실성을 바탕으로 '진실무망眞實無妄'한 성誠을 지향한다. 그리고 성경誠敬을 바탕으로 한 치인治人의 측면에서는 가변적인 현실세계의 부단한 혁신을 시의時宜와 시무時務, 그리고 경장更張을 통해 재정립하고 있다는 점에서, 능동적이며 주체적인 자기완성의 길을 제시하고 있다. 이것이 수기치인修己治人·내성외왕內聖外王의 도덕적 이상을 실현하는 것이고, 인격 성숙을 위한 '과정으로서의 길'이며, 성인聖人을 향한 길이다.

2
남는 문제

　이이의 철학사상이 정합적인 성격을 띠고 있음에도 몇 가지 점에서는 여전히 문제점으로 남는다. 서경덕은 기氣 자체는 시작도 끝도 없고(無始無終), 생겨나는 것도 사라지는 것도 아니어서(無生無滅) 어디에도 존재하고(遍滿) 또한 영원히 존재한다(長存)고 한다. 그러나 이이는 담일청허湛一淸虛한 기氣는 존재하지 않을 때가 많고(多有不在) 또 끊임없이 생성되어 끊임이 없다(生生不息)고 이해한다. 따라서 이이는 "리理는 불변하지만 기氣는 변하는 것이어서 원기元氣는 생생불식하여 간 것은 지나버렸고 오는 것은 이을 뿐"[1]이라 하여 낡은 기氣의 소멸과 새로운 기氣의 발생 등, 기氣의 부단한 갱신을 주장한다.
　이와 같이 본다면 이이는 기氣의 생멸生滅을 인정하고 있는 셈이

---

1) 『栗谷全書』 10:38, 「答朴和叔」. "理無變而氣有變, 元氣生生不息, 往者過來者續."

다. 기氣의 생성生成과 소멸消滅을 인정한다면, 기氣는 시작과 끝, 즉 처음 생겨날 때와 없어질 때가 있다는 것이 된다. 그런데 이이는 "음양陰陽은 시작이 없고, 동정動靜은 단서가 없다"고 말하면서, 항상 리기理氣가 무선후無先後하다고 한다. 또 리기본유理氣本有의 입장을 취하고 있는 이이李珥이고 보면, 리理만이 존재하고 기氣가 존재하지 않는 때는 없다고 한다. 따라서 기氣의 생멸生滅이라는 입장에서 서경덕의 일기장존一氣長存을 비판하는 이이의 논지는 본원기本原氣의 무시무종無始無終과 유행기流行氣의 생멸生滅이라는 이중적 관점을 보이고 있다는 점에서 모호한 측면이 발견된다.

일기장존설一氣長存說에 대한 이이의 비판은 결국 서경덕이 본체本體의 본원기本原氣와 다른 현상現象의 유행기流行氣의 생멸生滅을 인정하고 있지 않다는 점에 있다. 이 점에서 이이는 본연지기本然之氣인 본원기本原氣와 소변지기所變之氣인 유행기流行氣를 구별하는 입장을 드러낸다. 이이에 의하면 본원기本原氣는 그 시종과 단서를 찾을 수 없는 반면에 유행기流行氣는 끊임없이 생생하는 것이다. 이이는 그러나 현상現象의 유행기流行氣가 본체本體의 본원기本原氣로부터 비롯한다는 점에서 이 두 관계를 명확하게 설명하고 있지 못하다.

다음으로 주재主宰의 문제를 들 수 있다. 필자는 이이의 서경덕에 대한 비판을 통해서 이이가 서경덕이 말하는 선천先天을 인정한다고 하더라도 이 상태에서는 논리적으로 리理가 기氣보다 먼저 존재해야 한다고 하는 리理의 선재성先在性을 확인했다. 그러나 현상現象에서 이이는 리기무선후理氣無先後를 말하고 기氣에 대한 리理의 주재主宰를 말하고 있는데, 기발리승氣發理乘의 경우가 그것이라 한다. 이것은 기발氣發할 경우, 기발氣發이 그 바름을 잃지 않게 주재

主宰하는 것이 리승理乘이라는 주장이다. 이것이 보다 논리화된 형태가 리통기국理通氣局이라고 할 수 있다.

이이는 스스로 리통기국理通氣局이 본체本體의 측면에서 살핀 것이라고 단서를 달고 있지만, 그것이 또한 현상現象에 의존하는 한에 있어서 기국氣局에 의해 야기되는 왜곡된 현실에 대하여 '무위無爲'한 리理는 어떻게 그 주재력主宰力을 발휘할 수 있는가 하는 점도 문제로 남는다. 다시 말하면, 리理가 기氣를 생생하지도 않는 관계에서 유형有形인 기氣의 존재를 무형無形인 리理가 어떻게 주재主宰할 수 있는지, 그 명백한 논거가 이이에게는 부족하다는 점이다. 특히 이이는 마음心을 심시기心是氣라 하여 리理의 측면이 배제된 듯한 기氣 위주의 설명방식을 취하는데, 이것 또한 주재主宰의 문제에 있어 애매함을 보여준다. 따라서 무위無爲한 리理에 의한 주재主宰의 문제는 퇴계학파에 의해 이이가 끊임없이 비판받는 점이다.[2]

리통기국理通氣局의 해석과 관련하여 볼 때, 이이가 제기하고 있는 현상現象과 본체本體, 본체本體와 현상現象의 불가리성不可離性에 대한 논거는 다양하게 해석할 수 있는 여지를 제공하고 있다. 이이는 이 세계를 '주어진 그 상태'로 인정한다. 태극음양본유太極陰陽本有가 그것이다. 이럴 경우 이이는 현상現象 속에 본체本體가 담겨져 있다고 이해한다. 말로써 설명할 수 없는 이러한 상태를 불교에서는 불가사의不可思議라고 말하고 있지만, 이이는 이것을 리기지묘理

---

[2] 丁時翰(愚潭), 李玄逸(葛庵) 등과 같은 퇴계학파의 인물들은 李滉이 말하는 理는 '無爲而爲'의 특성을 나타내는 '活物의 理'이므로 氣에 대한 主宰性을 갖게 되지만, 李珥가 정의하는 理는 '無爲性'을 지나치게 강조한 결과 '死物의 理'로 전락했으므로 主宰性이 없다고 공박한다.

氣之妙라고 한다. 이 '묘妙'에 대한 논리로써 설명되기 어려운 본체本體와 현상現象의 상호 존재형식과 관계의 양상에 대하여 후대의 학자들은 다양한 해석을 통해 논변을 벌이게 된다. 특히 율곡학파의 한원진韓元震과 이간李柬에 의해 제기되는 리통기국理通氣局 논변은 본체本體와 현상現象을 리理와 기氣의 관계 방식을 통해 어떻게 설명할 수 있으며, 또 이것을 통해서 본연지성本然之性과 기질지성氣質之性의 문제까지 결부되면서 매우 복잡한 양상으로 전개된다. 이 논변은 결국 미발심체未發心體의 선악 유무를 비롯하여 인성물성人性物性의 동이同異를 논하는 문제[3]까지 확대·심화되고 있다.

이렇듯 이이가 제기하고 있는 기氣의 생멸生滅 여부, 리기무선후理氣無先後의 논의, 주재主宰의 문제, 리통기국理通氣局에 대한 해석상의 문제, 심시기心是氣의 문제, 인심도심人心道心 상위종시相爲終始의 문제 등은 이어지는 율곡학파 내부의 철학적 문제의식으로 심화된다. 이후 율곡학파의 쟁점은 결국 이이에 의해 제기되었던 문제적 요소를 충실히 보충하면서 논리적 완결성을 위한 철학적 심화과정이자 이론의 현실화의 과정이라고 할 수 있다.

---

[3] 李愛熙, 「朝鮮後期 人性과 物性에 대한 論爭의 硏究」(고려대학교박사학위 논문, 1990), 44쪽 참조.

| 參考文獻 |

1. 原典類

『老子』
『四書』(朱熹集註)
『書經』
『二程遺書』, 國學基本叢書(臺灣)
『朝鮮王朝實錄』(CD ROM)
『周易』, 景文社 影印本, 1979, 서울
郭齊 尹波 點校, 『朱熹集』, 四川敎育出版社, 1996.
奇大升, 『高峯全集』, 成均館大學校 大同文化硏究院, 1986.
羅欽順, 『困知記』, 中華書局, 1990.
朴　淳, 『思菴集』, 韓國文集叢刊 38, 民族文化推進會, 1990.
徐敬德, 『花潭集』, 韓國文集叢刊 24, 民族文化推進會, 1990.
成　渾, 『牛溪集』, 韓國文集叢刊 43, 民族文化推進會, 1990.
王懋竑, 『朱子年譜』, 世界書局
李　珥, 『栗谷全書』 1-2, 成均館大學校 大同文化硏究院, 1992.
李　滉, 『退溪全書』 1-5, 成均館大學校 大同文化硏究院, 1992.
張　載, 『張載集』, 中華書局, 1985년 영인
丁時翰, 『愚潭集』, 한국문집총간.
鄭之雲, 『秋巒實記』
程顥·程頤, 『二程全書』, 中文出版社, 1979.
朱　熹, 『朱子語類』, 中華書局
胡宏撰, 『胡子知言』 粤雅堂叢書本, 藝文印書館 영인본

2. 單行本

『哲學範疇史』, 中國 河南 人民出版社, 1987

『韓國文化史大系』, 고려대학교 민족문화연구소
金敬琢, 『栗谷의 研究』, 韓國學研究院, 1960, 서울.
金忠烈, 『고려유학사』, 고려대 출판부, 1987.
金忠烈, 『中國哲學散稿』 Ⅰ-Ⅱ, 온누리, 1988.
勞思光, 정인재 역, 『中國哲學史』(송명편), 서울: 탐구당, 1987년 초판
高橋亨, 조남호 역, 『조선의 유학』, 소나무, 1999.
大濱晧, 이형성 역, 『범주로 보는 주자학』, 예문서원, 1997.
牟宗三, 『心體與性體』, 臺北:正中書局, 民國58년초판 民國76년
蒙培元, 『理學範疇系統』, 人民出版社, 1989.
민족과 사상연구회, 『四端七情論』, 서광사, 1992.
裵宗鎬, 『韓國儒學史』, 延世大 出版部, 1974.
裵宗鎬, 『韓國儒學의 課題와 展開』 Ⅰ-Ⅱ, 汎學, 1979.
宋錫球, 『栗谷의 哲學思想研究』, 螢雪出版社, 1988.
島田虔次, 김석근·이근우, 『주자학과 양명학』, 까치, 1986.
安炳周, 『儒敎의 民本思想』, 大同文化研究院, 1987.
友枝龍太郎, 『朱子の思想形成』, 東京:春秋社, 昭和44년
劉明鍾, 『退溪와 栗谷의 哲學』, 東亞大 出版部, 1987.
劉述先, 『朱子哲學思想的發展與完成』, 學生書局, 民國71.
尹絲淳, 『윤사순 교수의 한국유학사상론』, 예문서원, 1997.
尹絲淳, 『退溪哲學의 研究』, 高麗大 出版部, 1983.
尹絲淳, 『韓國儒學論究』, 玄岩社, 1985.
李相殷, 『李相殷 先生全集』2, 예문서원, 1998.
李承煥, 『유가사상의 사회철학적 재조명』, 고려대학교 출판부, 1998.
張淑必, 『栗谷 李珥의 聖學研究』, 高麗大 出版部, 1992.
丁大丸, 『조선조 성리학 연구』, 강원대출판부, 1992.
朱漢民 陳谷嘉, 『湖湘學派源流』, 湖南教育出版社, 1992년
陳　來, 『朱熹哲學研究』, 中國社會科學出版社, 1987년
蔡茂松, 『退溪栗谷의 比較研究』, 成均館大 出版部, 1985.
祝平次, 『朱子學與明初理學的發展』, 臺灣學生書局, 1994.
韓國東洋哲學會編, 『東洋哲學의 本體論과 人生論』, 연세대학교 출판부, 1982.
한국사상사연구회, 『도설로 보는 한국유학』, 예문서원, 2000.

한국사상사연구회, 『인성물성론』, 한길사, 1994.
한국사상사연구회, 『조선유학의 자연철학』, 예문서원, 1998.
한국사상사연구회, 『조선유학의 학파들』, 예문서원, 1996.
黃義東, 『율곡철학연구』, 經文社, 1987.
黃俊淵, 『율곡 철학의 이해』, 서광사, 1995.

3. 論文類

琴章泰, 「退溪와 寒洲의 心槪念-聖學十圖 第六 心統性情圖에 관한 寒洲의 해석과 관련하여」, 『退溪學報』54, 1987.
金敎斌, 「徐花潭의 氣哲學에 대한 考察」, 『東洋哲學研究』5.
金敎斌, 「栗谷哲學에서의 必然性과 可變性에 대한 研究」, 『儒學思想研究』2, 儒教學會, 1987.
金基鉉, 「退溪哲學의 人間學的 理解」, 고려대 박사학위 논문, 1988.
金美榮, 「朱熹의 佛教批判과 工夫論 研究」, 고려대 박사학위 논문, 1998.
金泰鎬, 「花潭氣論研究」, 고려대 석사학위 논문, 1990.
金炯瓚, 「理氣論의 一元化 研究」, 고려대 박사학위 논문, 1996.
朴璟煥, 「張載의 氣論的 天人合一思想 研究」, 고려대 박사학위 논문, 1997.
裵宗鎬, 「栗谷의 理通氣局說」, 『東方學志』27, 연세대 국학연구원, 1981.
宋錫球, 「栗谷의 理通氣局과 그 哲學的 展開」, 『栗谷의 哲學과 韓國의 性理學』, 栗谷思想研究院, 1985.
宋錫球, 「栗谷의 哲學思想研究」, 동국대 박사학위 논문, 1981.
安炳周, 「栗谷의 天才的 資質과 栗谷思想의 自得之味」, 『韓國思想의 本質과 栗谷學』, 栗谷思想研究院, 1980.
安泳翔, 「退溪학파의 상수설과 호발설의 흐름」, 『退溪學報』93, 퇴계학연구원, 1997.
梁承武, 「주자의 중화론에 관한 연구」, 『동양철학연구』5호, 1984.
柳正東, 「天命圖說에 관한 연구」, 『동양학』12, 단국대학교, 1982.
尹絲淳, 「性理學 思考의 命題的 檢討」, 『退溪學』10, 안동대, 1999.
尹絲淳, 「性理學의 社會思想」, 『儒教思想研究』제2집, 儒教學會, 1987.
尹絲淳, 「栗谷의 道學的 人間觀」, 『栗谷學』2, 栗谷思想研究院, 1989.
尹絲淳, 「栗谷의 自然觀」, 『栗谷思想과 現代社會:第1回 國際學術會議』, 栗谷思

想硏究院, 1991.

尹絲淳, 「조선조 理氣論의 발달」, 石堂論叢 16집, 동아대학교 전통문화연구소, 1991.

尹絲淳, 「存在와 當爲에 관한 退溪의 一致觀」, 『社會와 認識』, 民音社, 1984.

尹絲淳, 「退溪의 太極生兩儀觀-그의 理의 문제점」, 『아세아연구』35, 고려대학교 아세아문제연구소, 1969.

尹天根, 「徐敬德(花潭)의 氣哲學에 있어서의 世界의 문제」, 『哲學硏究』8.

李東俊, 「16세기 韓國性理學派의 歷史意識에 관한 硏究」, 성균관대 박사학위 논문, 1975.

李東俊, 「栗谷哲學에 있어서 理의 生動性에 관한 論究」, 『玄潭 柳正東博士華甲紀念論叢』, 1981.

李東俊, 「花潭과 栗谷哲學의 異同에 관한 考察-氣論을 中心으로」, 『哲學』5, 韓國哲學會, 1971.

李相益, 「徐花潭의 理氣論에 대한 재해석」, 『退溪學報』97, 퇴계학연구원, 1998.

李承煥, 「결과주의와 동기주의의 대결」, 『東洋哲學』4집, 1993.

李承煥, 「心性과 天理」, 『哲學硏究』, 1991.

李愛熙, 「朝鮮後期 人性과 物性에 대한 論爭의 硏究」, 고려대 박사학위 논문, 1990.

張淑必, 「栗谷心性說의 理氣論的 特性」, 『哲學硏究』8, 高麗大 哲學會, 1983.

張淑必, 『栗谷 李珥의 聖學硏究』, 고려대 박사학위 논문, 1991.

田好根, 「徐敬德의 氣一元論的 世界觀에 대한 一考察」, 『儒敎思想硏究』7.

丁大丸, 「16세기 전반기 조선 성리학의 천인관」, 고려대 박사학위 논문, 1990.

丁垣在, 「지각설에 입각한 이이철학의 해석」, 서울대 박사학위 논문, 2001.

崔眞德, 『羅整菴의 理一分殊의 哲學』, 서강대 박사학위 논문, 1993.

洪元植, 「程朱學의 居敬窮理說 硏究」, 고려대 박사학위 논문, 1991.

黃義東, 「栗谷의 理氣論」, 『栗谷學』1, 栗谷思想硏究院, 1988.

黃義東, 「栗谷의 太極陰陽論과 理氣之妙」, 『청주대인문과학』4, 1985.

黃俊淵, 「栗谷哲學에 있어서 太極의 問題와 四七論의 理氣論的 解釋」, 『栗谷學』1, 栗谷思想硏究院, 1988.

● **김경호**(金璟鎬) Kim Kyungho

소속: 고려대학교 철학연구소 연구교수

강원도 고성에서 출생하여 고려대학교 철학과를 졸업하고 동대학원 철학과에서 동양철학과 한국유학을 공부한 후 박사학위(철학박사)를 취득하였다. 현재 고려대학교 철학연구소 연구교수로 있으면서 고려대에서 강의하고 있으며, 한국철학에서 '마음의 문제'와 '영성의 문제'에 관심을 갖고 이와 관련한 연구를 진행하고 있다.

저서로는 『한국유학사상대계』(공저)·『조선유학의 개념들』(공저)·『자료와 해설 한국의 철학사상』(공저)·『도설로 보는 한국유학』(공저)이 있으며, 주요 논문으로 「우담의 호발설 옹호와 율곡비판」·「성명과 형기: 욕망 조절의 성리학적 도식」·「여헌 장현광의 인심도심론 연구」·「양명 심즉리에 대한 조선유학의 응전」·「존퇴양윰-활재 이구, 퇴계학의 첨병」·「16세기 조선 지식인 사회의 심경 수용과 철학적 담론의 형성」 등이 있다.

인격 성숙의 새로운 지평-율곡의 인간론

지은이 : 김경호//펴낸이 : 고재구
초판1쇄 인쇄 : 2008년 4월 11일//초판1쇄 발행 : 2008년 4월 18일
펴낸곳 : (주)정보와사람//주소 : 고양시 일산동구 정발산동 1122번지 102호
　　　　전화 : 031)925-1475//팩스:031)925-1476//등록 : 2005년 11월 17일(제 2005-63호)
편　집 : 박분이//인　쇄 : 봉덕인쇄

ⓒ(주)정보와사람
ISBN 978-89-92913-03-4 (03100)

※ 잘못된 책은 바꾸어드립니다.